· 插图注释本 ·

Richard Paul Roe

寻找莎士比亚

探访莎剧中的意大利

The Shakespeare Guide to Italy

Retracing the Bard's Unknown Travels

〔美〕理查德·保罗·罗 著　韦春晓 译

上海译文出版社

目 录

地图目录

前　言

生活中最令人快意之事，莫过于开始一段漫长而惬意的旅行——而这样一段充满神秘与收获的智力大冒险，更让人心动。

您手上拿着的这本书，就是这场旅行的成果，收获它的人是我的父亲理查德·保罗·罗，他于2010年12月离开了人世。当父亲坐下来写作《寻找莎士比亚——探访莎剧中的意大利》时，作为一名经验丰富的律师，他深知要探究问题的核心，拿出眼见为实的证据或许是最好的途径。有位检察官面对证人对一宗谋杀案的虚假陈述，只有一句话："只说事实，夫人。"父亲听他这么说时，便为他鼓掌。

父亲致力于解开困扰他多年的一个问题：为何莎士比亚这般智慧过人，在戏中写到意大利时却屡屡犯错，写些被人认为有悖事实的东西呢？是不是因为莎士比亚从未离开过英格兰，所以只好杜撰一个子虚乌有的意大利？事实是否真是如此？父亲并不这么认为。

于是，一方面凭借他对中世纪和文艺复兴文学历史的深厚造诣，另一方面倚仗他多年从事法律行业的经验，父亲开始了他的探索之旅：亲自实地考证他口中的"意大利剧集"中故事场景发生的地方，验其正误。随着他搜遍整个意大利，父亲得出了一个又一个惊人的发现（宛如考古学家发掘出被埋没了几个世纪的艺术珍品一般）——最后证明唯一可能的结论是：莎士比亚意大利剧集中对人物和事物的描写在极大程度上都有事实依据。父亲一直惊叹道，意大利剧集中提到的几乎每个事物，至今仍可访得它们的原型——而这已然是在四百多年之后。

对于父亲来说，他的研究能引起人们的兴趣，这点令他深感欣慰。这本书可以从几个层面来阅读：一可用作帮助深入理解每个意大利剧本的导读；二可作为在意大利游览戏剧故事发生地的导游；三可作为了解十六世纪地中海地区政治文化的一扇窗口；最后，由于以往人们默认了意大利剧集的作者寸步未离“快乐的英格兰”，本书就是对传统观念所做的一次庭审式再调查。

父亲写作《探访莎剧中的意大利》的初衷，是以简明的方式用充分的证据证明，不论是谁创作了意大利剧集，他一定离开过英格兰去过欧洲大陆，不似那“埃文河畔斯特拉福德的莎士比亚”。正如父亲费尽心机所证明的，我们唯一可能得出的结论（让我们为此举手欢呼），便是不论谁创作了流芳百世的意大利剧集，他一定亲眼看到过意大利。

希拉里·罗·梅特尼奇

引　言

意大利著名莎学家厄内斯托·格列罗在他的遗作，著名讲演集《莎士比亚与意大利》中告诉世人，莎士比亚远非僵化的传统观念中那个“不学无术的戏子，对诗律一窍不通”的人；相反他是一个技艺娴熟、博学多闻、精通多种语言的艺术家。他的创作成就，其实是“源于对诗艺的深入研究……譬如古希腊罗马名家的古典文学艺术”。格列罗认为，莎士比亚“绝不是个生而知之的天才，像陨星那样从天堂降临到了人间”。

此后几年，其他学者如安德罗·韦瑟（《莎士比亚之“更疏希腊”》[2002]）和厄尔·绍尔曼（《重生的神话创作：从赫西俄德到莎士比亚》[2009]）大量地印证了格列罗的观点：即“在莎士比亚那个年代，他用作素材的一些作品还没有英译本”。他们肯定地认为，莎士比亚为自己创作戏剧和诗歌而亲自翻译了大量原始材料。格列罗写道：“在莎剧中，我们时常可以读到整段文字，几乎都是原原本本地从意大利文翻译而来，几乎没什么改动……”于是他下了结论：“我们的诗人无疑有办法搞到意大利语的手稿。”格列罗的观点得到了几代学者的认同，其中包括J. 切尔顿·柯林斯（《莎士比亚研究》[1904]）和赫尔大学的杰森·劳伦斯（“故事原型现依然存世，用华丽的意大利文写成”：《莎士比亚改编的辛西奥》[2004]）。

但莎士比亚可不只是一个意大利文学的热心读者和译者。有了维奥列特·杰弗里（《莎士比亚的威尼斯》[1932]）和刘易斯·爱因斯坦（《意大利文艺复兴在英国》[1902]）的研究成果，格列罗确信剧作家对亚平宁半岛的生活有充分的了解，因此莎士比亚不仅肯定“去过意大利”，而且“他必定走访了米兰、维罗纳、威尼斯、帕多瓦和曼图阿”。格列罗指出，“对具有莎翁这样教养和智慧的人来说”，意大利有着无法抗拒的吸引力，“因为对当时的文艺界来说，意大利无异于孕育古典文学和知识的母体”。格列罗得出这样的结论并不足为怪，如穆雷·列维瑟在《莎士比亚的意大利场景和戏剧》(1989) 中写道：“几乎在每个发生在意大利的故事里，教育和知识都成了主题。”

现在，理查德·保罗·罗的《探访莎剧中的意大利》又再度证明了格列罗的观点。格列罗曾说由《驯悍记》可见作者不仅熟谙意大利的风俗习惯，还对日常生活的微小细节了如指掌；这不可能从书本中获得，也不可能通过和去过帕多瓦的人交谈得知。对这个论断，罗表示强烈赞同。作为知名作家、学者和律师，罗曾借雷·布拉德伯里的话对我说：“优秀的作家常接触生活，平庸的作家对生活轻描淡写。”假设在伊丽莎白时期的英格兰有作家是真正浸淫在意大利文学和生活中的话，罗认为，那非莎士比亚莫属。

话说回来，除了十三部想象丰富的英格兰历史剧外，莎士比亚把大多数戏剧的场景都设定在了意大利。这种对异国文化的执着探索和阐释，在莎翁身上体现得尤其明显：他一直被许多人当作是个没见过世面的“科茨沃尔德商人”，“居家的英国人”，如一般中产阶级那样只热衷于在斯特拉福德和伦敦捞钱，而没什么精神上的追求，不会花时间去钻研古代语言、诗文艺术、历史、政治、法律和古典文学——但这后一种生活，却会因作者在意大利历史名城的游历而增光添彩，比如去一下佛罗伦萨和墨西拿；而威尼斯这个城市本身就是一个大剧场；此外还有以学术之都闻名的帕多瓦。

莎士比亚一生的创作中表现出来对意大利的执着理应受到重视。这种近乎宗教般的热情，这种一心一意的专注应该引人深思，而非一笑置之，像那些以为剧作家的个人癖好无关紧要的人那样。话说回来，假设伟大的宫廷诗人乔叟将他十四世纪的诗作背景放在了斯堪的纳维亚，或者伊迪斯·沃顿在小说里写了一群十九世纪尤卡坦半岛岛民，应该不会有读者会觉得无需深究。又或者罗拉·英格尔斯·怀尔德没有写中西部开拓者而去写了密西西比、亚拉巴马或佐治亚的种植园，那学者们一定会踏遍美国各地区寻访作者的生平和亲友。归根结底，作家们写的是*他们了解的东西*，如迪·斯泰弗勒所言："他们靠'吃'自己的生活为生。"

因此，罗在《探访莎剧中的意大利》中的创举有着重要的意义，它是数十载广泛阅读和研究的结晶，更是多年实地考察的成果。他对莎学研究所作的里程碑式的贡献，有力地回应了对莎士比亚情系意大利一说的质疑，并用无可辩驳的证据写作了本书，证明莎翁如其他伟大作家一样，书写着自己生活的世界，从中获取灵感的火种。意大利是他的第二个世界，他以自己在当地的经历为养分，塑造了他本人的，也是历史上最完美的文学成就之一：莎士比亚作品中的"意大利剧集"。

这难道还会有人怀疑吗？或许，怀疑的人总是有的。但这又是为什么呢？为什么许多人不愿看到莎士比亚去过意大利？这个发现又有什么更深的意味呢？

的确，这是个"为什么"和"是什么"的问题。

抛开莎士比亚在意大利的经历不论，大多数有鉴别力的读者都知道，一连串问题的产生，皆因莎翁作品的厚重内涵（这些剧本的作者是个无与伦比的工匠，《俄勒冈人》的编辑哈维·斯考特称赞他"聚集了一个时代的智慧宝藏"。）和来自华威郡乡间的威尔·莎士比亚之间，有着太多的不相称。后者的琐碎生平大都由别人主观臆断东拼西凑而成，却一直以来被冠以作者之名。读者们知道这个候选人——斯特拉福德的莎士比亚——曾是屠夫的学徒，后来摇身一变成了商人；这些都来自轶事传闻。给此人授予这等殊荣，实在难以服众。我们只要把闯荡意大利的莎翁和传统强加给我们的那个莎士比亚一对照，就会发现这两种身份间的脱节；而这更凸显了罗作品的重要性。老观念的支持者是那些顽固的莎士比亚“正统派”——这些人怀着虔诚的心不假思索地接受了那个粗鄙的屠夫，恶毒的偷猎者。他那双村夫的脚正如他笔下的神秘的桑树一样，寸步不离英格兰。过去的传统把莎士比亚描绘成一个不世出的天才，足不出户便可胸有成竹地描写远方的世界。出于对传统的忠诚，只要一有人提出莎剧作者通意大利语并出入于欧洲上流社会，那些一本正经的卫道士势必会出来进行反驳和嘲讽。

罗帮我们认识到，如果我们要更好地理解莎士比亚，就不能去研究那个无趣的文盲（斯特拉福德的莎士比亚一生既没写过也没收到过一封信，其子女也不识字）。总之要考究也考究不出什么来。罗知道，要揭示作者的真实身份，在没有可信传记的情况下，恰当的做法便是研究作家的作品——这是他/她文学的指印。正如人的指印一样，作品里包含的作家的生活信息也会被逐一揭晓。这种做法可不是把各种毫无关联的碎片拼凑成一个谜团，只为盲目地把作品的归属和某个真人联系起来，但这个人显然既没有条件也没有阅历去创作这些作品。

以一次调查性的探访驱散正统莎学观丢给读者的一团团烟雾弹，这个使命由罗来担当，正合文史研究的原则和传记批评的规范。毕竟我们也得靠《不可儿戏》来帮我们更好地理解隐藏在“班伯里”身后的王尔德（“给人一个面具，他便会告诉你真相”）。此外，如《长夜漫漫路迢迢》和《送冰人来了》这样的剧本也帮助我们窥探到了饱受酒精困扰的尤金·奥尼尔。戏剧只是提供了一层薄薄的面纱，而罗的《探访莎剧中的意大利》揭开了文学史上至关重要的一层面纱——那张将莎士比亚真容掩盖了几个世纪的面纱。

罗的书一出版，我们或许可以说：“太及时了！终于有说法了！”尤其是在当前的情况下，其他为莎剧作导读的作者如艾玛·

琼斯和利亚依·盖伊在他们 2005 年的《莎士比亚导读》中沮丧地表示："关于莎士比亚，我们所知的确凿事实，加起来不过两行双韵体诗句的长度。"这种悲观论调已经被重复了好几代，而琼斯和盖伊也加入了这支失望的队伍。但另一方面，作家马克·吐温（《莎士比亚死了吗?》[1909]）、乔治·格林伍德爵士（《莎士比亚是个问题吗?》[1911]）和戴安娜·普莱斯（《莎士比亚别传：作者身份的新证据》[2000]），以及著名演员马克·莱伦斯（莎士比亚环球剧场的首任艺术指导）、奥森·威尔斯、迈克尔·约克、杰里米·艾恩斯和无与伦比的德里克·雅各比爵士，则是无数莎士比亚爱好者中仅有的几位敢于冒大不韪而公开发表不同意见的人：把埃文河畔斯特拉福德的威尔·莎士比亚奉为史上最令人敬畏的文学巨匠、戏剧大师和流芳百世的诗人，这种说法根本站不住脚；因为这种观念只是基于轻信，而非建立在证据、逻辑和科学方法的基础上；一切只是来自于哗众取宠的传说，毫无根据的流言，浪漫的故事和道听途说的无稽之谈。

莎士比亚在一部不甚知名的戏剧《维罗纳二绅士》中写道："足不出户的年轻人永远只有平庸的脑瓜"。我们难以想象，一个对在国外的生活和收获抱有这样看法的作家，会是个幽居寡出偶尔出门处理生意的人。其他伊丽莎白时期和詹姆士一世时期的剧作家，如查普曼、马洛、洛奇、蒙迪、萨克维尔和琼森都是游历各国的人。若说莎士比亚没有任何旅行经历的话，简直不可思议。幸而有了罗的书，我们无须再多猜测，现在我们已经知道了真相。

丹尼尔·L. 赖特

康科迪亚大学莎士比亚著作权研究中心

波特兰，俄勒冈

序

在莎士比亚的戏剧里隐藏着一个神秘的意大利。这又是一个用生花妙笔写成的意大利，但四百年来却从未得到认可，甚至从没有人起过疑心——除了区区数人之外。它是如此精确，如此详实，而又如此美妙。作者的足迹遍及了伦巴底和威尼斯公国的领地，再越过亚平宁山脉延伸到托斯卡尼，而后往南遍历了整个西西里岛；此外，还特意到了西西里对面第勒尼安海上一处神奇的岛屿走了一遭。

所有这些描述详尽到了细节，而几乎所有地点在今天的意大利仍然可以找到。这是个从未被承认的意大利，因为普遍而顽固的传统拒绝承认它的存在，消磨了人们离家寻访它的意志。批评家们也承认，有那么几件事莎士比亚确实说对了。但他们说，他一定是从英格兰当地现成的素材中看来的，特别是因为，一般公认的作者埃文河畔斯特拉福德的威廉·莎士比亚从没去过意大利——于是人们便反反复复强调这点，以此为由解释“意大利剧集”的作者为何在写该国风物时屡屡出错。

然而，我随后将证明，剧中对全意大利各处地名和事物的描述完全符合当地的实情，足以证明剧作家曾亲自去过那些地方。今天，只要拿着“意大利剧集”在意大利走一趟，边走边把剧本当成导游册来阅读，你会慢慢意识到剧作家对这个令人兴奋的国家和它的文化有着多么深厚的了解。

在莎士比亚“第一对开本”中，戏剧被划分为喜剧、历史剧和悲剧三种。然而，如果我们把剧本按地理位置重新归类，就会看到不论是谁写了这些发生在意大利的故事，他对这个国家的兴趣丝毫不亚于自己的祖国。

共有十三部剧本的场景设定在剧作家本人的国度：其中包括基于拉斐尔·霍林谢德《英格兰、苏格兰和爱尔兰编年史》（1578）的历史剧。另外还有时代更为遥远的《李尔王》，故事发生在古不列颠；《辛白林》，故事发生在古威尔士。但当作者能够自由选择虚构剧情的地点时，他只把一部戏设定在了英格兰，即《温莎的风流娘儿们》。

而写意大利的一共也有十三部。其中十部的故事发生在中世纪和文艺复兴时期，其余三部《科利奥兰纳斯》、《泰特斯·安德洛尼克斯》和《裘力斯·恺撒》的故事发生在古罗马，时代和地点的选择同样印证了作者的博学。

除此之外还有十部戏，剧作家把每一部都设在了一个不同的国度，比如著名的《哈姆雷特》发生在丹麦，《安东尼与克莉奥佩特拉》发生在古埃及。

综上所述，共有十个剧本的场景设在意大利，一个虚构剧情的剧本设在了英格兰，另十部分别设定在世界各地。但为何会有这十比一的悬殊比例呢？为什么这个极富创意的剧作家在自选场景时，选择意大利的几率是其他国家，甚至自己的祖国英格兰的十倍呢？

许多批评家认为莎士比亚笔下意大利场景的原型是英格兰的某些地方，而他不过是给它们换了个意大利名字。但在意大利亲自检验“意大利剧集”的过程中，我发现剧作家提到或写到的地方都是当地所独有的。这又怎么可能呢？

莎士比亚第一对开本中戏剧按主要地理位置的分类

总共有十部戏的场景设定在意大利，一部设定在英格兰，另十部分别设定在世界各国。为何会有这十比一的差距呢？

意大利

《罗密欧与朱丽叶》
《维罗纳二绅士》
《驯悍记》
《威尼斯商人》
《奥赛罗》（仅第一幕）
《仲夏夜之梦》*
《终成眷属》**
《无事生非》
《冬天的故事》
《暴风雨》*

十部剧

* 据推测
** 同时也发生在法国

英格兰

《约翰王》
《理查二世》
《亨利四世》（第一部）
《亨利四世》（第二部）
《亨利五世》
《亨利六世》（第一部）
《亨利六世》（第二部）
《亨利六世》（第三部）
《理查三世》
《亨利八世》

十部剧

《温莎的风流娘儿们》　一部剧

古罗马

《科利奥兰纳斯》
《泰特斯·安德洛尼克斯》
《裘力斯·恺撒》

古不列颠/古威尔士

《李尔王》
《辛白林》

其余国外的地点

《一报还一报》（维也纳/巴黎?），《皆大欢喜》（法国），《错误的喜剧》（艾菲索斯），《爱的徒劳》（纳瓦尔），《第十二夜》（伊利里亚，或称拉古萨），《特罗伊斯和克瑞西达》（特洛伊），《雅典的泰门》（雅典），《麦克白》（苏格兰），《哈姆雷特》（丹麦），《安东尼与克莉奥佩特拉》（埃及）。

（每部剧各发生在不同地点）

莎士比亚作品中的
意大利
米兰
贝尔伽莫
帕多瓦
威尼斯
自由城/维拉弗兰卡
维罗纳
福西纳/“交接码头”
萨比昂内塔/“雅典”
曼图阿
马尔肯腾塔/“贝尔蒙特”
比萨
佛罗伦萨
里尔沃诺
锡耶纳
亚得里亚海
科西嘉岛
意大利
那不勒斯
撒丁岛
第勒尼安海
爱奥尼亚海
瓦尔卡诺
塞杰斯塔
帕勒莫
墨西拿
西西里
● 剧中明确提到的剧情发生的地点
* 剧中未说明的剧情发生地点
○ 剧中提到的地点
× 剧中提到但未指明的地点
N

关于“第一对开本”的著作权问题目前存在着广泛的争议。各国都出版了大量著作——近期已有不少，日后无疑更多——它们都声称背着莎士比亚大名的那些作品的真实作者，其实另有其人。

所有这些作品，以及那群拥护“斯特拉福德的威廉”的人都有一个共同的缺点：他们的论证纯属揣测。他们坚称他们的候选人“可能知道”，“会知道”或“无疑”能从别人那里或某本不知名的书中获得他写入剧本中的那些不同寻常的东西。这便是广为人知的所谓“莎士比亚著作权之争”。

至今为止，没有一本著作和论文对剧中作者专门写到有关意大利的文字作过庭审式的调查。事实上，他对意大利的熟悉，对它的地域、风景、具体细节、历史、地理、文化和风物的了解，简直令人称奇。

为了客观起见，本书暂且避而不提作者身份，仅称他为“剧作家”或“作者”。书中仅有几处稍加揣测，但我也明确写出了我提出这种意见的思路。除此之外，书中论及的事物均基于事实和报道事实出处的材料。另外还提供了图片、照片、绘画和地图以作旁证。

那么，不论“意大利剧集的作者”是谁，他对意大利的了解到底有多深？他在剧中透露的信息里，有哪些是通过当时的媒介找不到的呢？这种特殊的了解，对于我们认识这个游历各国，见多识广的人又有何启示呢？

让我们从《罗密欧与朱丽叶》开始，这部戏常被认为是剧作家的处女作。从另一个角度看，它又是另一个“第一”。因为一般从英国去意大利的旅人，翻过阿尔卑斯山和布伦纳山口之后，首先抵达的城市便是维罗纳。

维罗纳：《罗密欧与朱丽叶》
中的地点

第一章

《罗密欧与朱丽叶》
“维罗纳城内坚贞的爱情”

出发去意大利之前，我没有向任何人透露此行的目的。我的朋友们都知道，只要一有时间，我就会往那儿跑；这正好帮我掩饰了我在维罗纳这趟愚人之旅的真正使命。不过，这决定真的就那么愚蠢么？我心中的怀疑，会不会把我自己也给蒙骗了？唯有再次去到维罗纳，我才能得到答案。目前我能确信的也就只有这些。

到了那里，我走出旅店，心中怀着抵达目的地的喜悦；各种错综复杂的情感就开始让我心跳加速起来，一半是为了即将开始的探寻而兴奋不已；一半则是害怕闹了笑话而以失败告终；但我心里一直有股执念，想要发现一些从未被人发现过的东西——四百年来，甚至都还没有人尝试过去寻找它们。

按计划行事，我最先要找的，是件再寻常不过的东西。我要寻找一种槭树①。而且我不往别处，就只去一处地方，即西城墙的外面。这些是本地的树种，至今还留存在那里，几个世纪前周边曾是一大片繁茂的树林。

在《罗密欧与朱丽叶》的第一幕第一场里，就有关于这些树的描绘。直到现在人们都想不到，写这部戏的那位英国天才其实说得分毫不差：维罗纳城里的确有这种树，而且恰恰长在他所说的地方。在那场戏里，罗密欧的母亲，蒙太古夫人在街上遇到了她的侄子。他的名字叫班伏里奥，是罗密欧最要好的朋友。她问起班伏里奥儿子的行踪。听听班伏里奥是怎么回答的：

> 夫人，在那尊贵的太阳刚从东面
> 金黄的窗口里探眼张望前一小时，
> 我心中颇感烦闷，信步踱到城外，
> 就在彼处，在一大片*槭树林*之下，
> 这些大树扎根城下，向西面生长，
> 我见到您的儿子，一早独自徘徊。

这部不朽名剧的故事原型，并非由写下这些诗行的那位作者独创。许多人认为是他编造了这个故事，其实不然。他只是借用了别的作品。这本是意大利的一个民间故事。至少在1535年，把它抄录下来付印的人是这样告诉我们的。这个人名叫路易吉·达·波尔多，他说自己已经多次听人讲起这个故事。不过达·波尔多对"槭树"却只字未提。不过话说回来，他也不算维罗纳的本地人，他是维琴察省的一个贵族。

1535，达·波尔多的故事一经问世，就被人拿来润色了一番，做这事的也是一个意大利人，有名的故事大王马提奥·班代罗。而班代罗对"槭树"也是闭口不谈。再后来，有个法国作家皮埃尔·博埃斯图奥，把班代罗的版本拿来翻译成了法语，对故事情节添油加醋了一番，还增加了不少稀奇古怪的关于意大利的描述。不过，就连他也没提什么槭树。

博埃斯图奥的叙述不久就传到了英格兰，在那里它又经历了进

---

① 此树种学名 Platanus occidentalis，是一种生长于欧洲的槭树。与《圣经》中提及的无花果树（ficus sicomorus）有别。后者是原产于非洲的一种果树。见《路加福音 19：4》："And he ran before, and climbed up into a sycamore tree to see him: for he was to pass that way."——译注

一步的修改加工。一个叫裴恩特的英国人写了个中规中矩的散文版本；还有一个叫亚瑟·布鲁克的伙计就扯得远了。布鲁克把故事写成了一首冗长的叙事诗，往里面加进了各种荒诞不经的叙述，旁白插叙以及道德说教。他一直写了 3 020 行才歇手。布鲁克号称参考了班代罗的版本，但事实上并非如此，他用的是博埃斯图奥的版本。明眼人一看便知，因为他的诗里面还带了博埃斯图奥用的修辞。布鲁克有大片的空间可以用来写槭树，但在他的诗里面一棵也找不到。没多少人关注裴恩特的版本，不过为了这份记录的完整性，还需说明，那个散文体版本里也没有提到槭树。

所有这些演变都发生在莎剧《罗密欧与朱丽叶》问世之前。莎评家们坚称创作《罗密欧与朱丽叶》的原始素材来自布鲁克那首长篇诗作，而我们那位著名的剧作家本人则从未去过意大利。因此，可以预料他会犯一些地理知识上的错误。他们认为，剧作家臆想出了一个只属于他自己的意大利，用他的生花妙笔描写一些并不存在事物。然而，（这便是他们无法解释的事情）唯独在莎剧《罗密欧与朱丽叶》中——而非别的文献，诸如意大利语、法语文献和其他的英语版本中——明确提到了在维罗纳的西城墙外，生长着一片槭树林。

司机带着我穿过了城市，直到在克里斯托弗·哥伦布大道上的另一头。当往南转到科隆内罗·加里亚诺大道的时候，他开始减速。就在这条大街上，很久以前有一次我赶去米兰飞机场时，曾瞟见过一些树木，不过那时并不知道是什么树。

沿街缓行片刻，车停了下来。司机颇为骄傲地挥了下手喊道："看，先生！就在那儿，真的就在这里，在西面的城墙外长着我们的槭树。"果然，它们就在那里。我屏住呼吸，生怕这些不过是阳光造成的幻觉，接着，我跳下车冲上去仔细观察了那些大片的叶子以及色彩斑驳而柔和的树干，再次确认这是千真万确的事；我们的剧作家早已知道这些，并且如实地转告了读者。班伏里奥是对的。而我并不是傻子。

如今这些树群都被分散了。一条条大道和十字街，一幢幢街区以及各种城市化所特有的景观，把古老的树林分割得支离破碎。然而，罗密欧那片林子的后代仍旧生长在老地方，一如罗密欧的那个

帕里奥门：维罗纳三个西城门之一，透过拱道可以看到槭树。（作者摄）

帕里奥门外的槭树。（作者摄）

年代。假如你在心里把它们重新拼接起来，抹去现代化入侵后的痕迹，这些树群会再次复原成一大片树林；四个世纪或者更久以前，这里曾给一个为爱苦恼的年轻人提供了一片绿荫。

我们的剧作家知道这一切，关于这座城市的这些鲜为人知，无足轻重而又确凿无疑的事实。在他的戏剧营造的波澜壮阔的空间里，他特意掷下了一颗小石子来标记这片真实存在的树林。然而，由于人人都只关注那些宏大的构想，爱情故事的悬念和跌宕起伏的情节，没有人去关心这颗小石子——那就是作者发现的一点事实：维罗纳城西的槭树。

这就是那位人称对意大利一无所知的剧作家。但是真相却常在小处显露，而不在那些征服观众的名句中。真相隐藏在被人忽视的语句里——那些平淡的，奇怪的语句，那些容易被人视作杂乱，无关紧要或不相干的语句。正是这些语句，而非那些豪气冲天的话，会告诉人们作者到底知道什么。不过你得用心听。

地名也常常有同样的功能，从它能看出谁对地理一无所知，而谁是真正的见多识广。“维拉弗兰卡”就是一个例子。

一说起罗密欧与朱丽叶的故事，莎翁之前的所有作家——除路易吉·达·波尔多之外——都提到了维罗纳城外的一处地方。早期的几个版本里，当凯普莱特还在为女儿发愁那会儿，文中就出现了“维拉弗兰卡”这个地名。朱丽叶闹着不肯结婚，尤其不愿意嫁给帕里斯伯爵。她连这人的面都没见过，又如何能对他产生兴趣呢？于是在这个节骨眼上，早期版本里老父亲就命令女儿去一趟维拉弗兰卡。他告诉朱丽叶，帕里斯会到那儿来见她。班代罗转述这段故事的时候，他也用了维拉弗兰卡这个名字，不过只是略提了一下帕里斯在那里，并没有进一步详述。关于这个地方，那是在班代罗之后，讲故事的人才开始越说越有创意——也越说越离谱了。

“维拉弗兰卡”本义为“自由的城镇”。在其统治者的庇护之下，这样一处地方的商贸和集市都享有相当优越的条件，在这里从事商业活动可以免除部分乃至全部税收。除此之外，“维拉弗兰卡”并无特殊之处；也就是说，它并不是严格意义上的所谓“自由城镇”。然而在我们的剧作家笔下，《罗密欧与朱丽叶》里的“维拉弗兰卡”又有特殊的含义。正如他写到了那些槭树，他也想把一些别的东西融入到戏剧当中去，这些东西当然无法在其他版本里找到。

当亚瑟·布鲁克终于把他那首长诗写到 1 974 行的时候（这首诗被当作是我们的剧作家借鉴的原始资料），他向英国读者展现了他笔下的维拉弗兰卡。他把原来意大利语的地名（Villafranca）译成了英文弗里敦（Freetown：意为自由城或自由镇），又让老凯普莱特提到它时称之为“我的一处城堡，名唤自由城”。城堡的位置，应在城墙以外。

我们的剧作家可没有照搬，也没有借用布鲁克的描述，不仅如此，在这一点上他没有借鉴任何前人关于自由城的描写。在当时的英格兰，布鲁克的自由城或许带有些浪漫色彩，但对任何住在意大利北部的居民，或对任何去过维罗纳、钻研过它的历史、亲自走访过这些地方的人来说，把凯普莱特在维拉弗兰卡的城堡搬到维罗纳城外，这个主意实在可笑。

我们的剧作家可没有等写到 1974 行才开始写他的自由城。在他的《罗密欧与朱丽叶》，还是在第一幕第一场，甚至在提到槭树以前——几乎就在紧挨着它的前几行，我们就听到有人称它作“老自由城”。然而，我们从作者口中听说的这处地方和别人想象的老凯普莱特的城堡或其他贵族的隐居地丝毫没有联系。与之相关的是意义更加深远的事情：土地的分封以及中世纪贵族的权力。

这第一场戏的开头，上来了一帮横行于闹市的危险分子，这些人各事其主，瞅准了机会就要寻衅滋事。他们各自效力的主子便是老冤家蒙太古和凯普莱特家族。这两伙人见了面，操起武器就干了起来；紧接着连他们的主人家也参与了进来。一个动不动大呼小叫的凯普莱特加一个傲气十足的蒙太古，两个老糊涂来了反而不能如愿平息争端，倒把局面搅得更乱了。接下来，两人都得为此付出代价。正在这时，维罗纳的大亲王怒发冲冠地赶到了。统治这方土地的亲王名叫埃斯卡路斯。他的怒气镇住了在场所有人，打破城市宁静的动乱瞬间便停顿下来。

埃斯卡路斯的话掷地有声，大家都聚精会神地听着他说，甚至于会忽视他最后给两个添乱的贵族下达的命令中的一些疑点：

> 凯普莱特，你跟我一起走，
> 蒙太古，你等到下午再来，
> *到我例行审判的老自由城*
> 听候我对此事进一步裁决。

就在这里：这是剧中“自由城”出现的地方。现在剧本还完全没有提到朱丽叶，也完全没有提到帕里斯，只有自由城。不论这到底是个什么地方，目前我们知道：它有些年岁，而且是埃斯卡路斯亲王例行审判的地方。此处“例行审判”的并非是寻常小事，而是在全城人面前公开裁决的争端。除此之外，我们什么也不知道。但是为什么剧中这么早就提到了自由城呢，亲王给两人下不一样的命令，又是什么原因？

凯普莱特将立刻跟随亲王一路走下维罗纳的街道；亲王并不担心这个老家伙。但给蒙太古的命令却是要他在另一个时间到自由城来参加公开的听证。从这部戏的序诗里，读者已经得知这两个贵族各自“门第相当，又都是一家之长”[①]。可是此处，这两个本应平起平坐的人却在同一句话里得到不一样的待遇。没人能够解释个中原因。就连我们的戏剧家本人也没有详叙。相反，他突然转换了话

---

①《罗密欧与朱丽叶》序诗，第 2 行。——译注

题，让台上的人几乎都一起下了场。埃斯卡路斯的出场和下场同样是那么仓促，我们只好把注意力转到班伏里奥身上，这时他正好和伯母说起了槭树林。

自由城。而且还被作者称为“老”自由城。它究竟老在哪里？是因在此处办理公事已成惯例，还是因为建筑本身年代久远，令人肃然起敬，或别有原因。其他作者一概未称其老，也未说明此处为公开审判场所。坐落在塔塔罗河岸边的这座城镇至少从中世纪开始就已建立。在罗马帝国时期，可能还只是个村落。在这一点上，剧作家一开始就和前人产生了分歧：他恰如其分地把这个地方称作“老”自由城，并把它作为亲王公开判断是非的场地。

这些说法是否有其深意？或者只不过是信口拈来？至今还没人去问过这个问题，也没人对埃斯卡路斯针对手下两个贵族的命令的内容表示好奇——他命令蒙太古下午去什么地方，为什么要去那里？

初看此处，似乎我们的剧作家并无需在剧情开头给埃斯卡路斯安排这些台词。其他讲述罗密欧与朱丽叶故事的人通常把这事交给老凯普莱特，而且要到情节进一步发展时才会说起。相反我们的剧作家却独辟蹊径，直接把话交给了埃斯卡路斯。他为什么要写这几行令人不解的台词呢？

只有一个办法可以解开谜题。我必须亲自去探访维罗纳的维拉弗兰卡，去亲眼观察那些没人愿意花时间关注的细节。这回我离开维罗纳的旅店时，心中没有丝毫复杂的情绪。我决意要脱离别人的视角，拾起一种客观乃至犬儒的态度，抱着决心和专业的精神勇往直前，只有这样你才能期待发现惊喜，当然与此同时困难和迷惘也成了家常便饭。我心中带着疑问；现在是时候找到答案了。就这样我驱车驶出了维罗纳的城墙，随身只带了地图，几本书，照相机和两个用来“应急”的苹果，特意要去寻访一个够得上王公大人们断案的地方。

维罗纳的维拉弗兰卡位于富饶而宽广的意大利北部平原上，距维罗纳城约十六公里（十英里）之遥——驱车往西南方向三小时即可到达。很少有旅行者会去那里，尽管它十分靠近通往旅游胜地曼图阿的高速公路。维拉弗兰卡不是个大都市，但也比一般城镇要大得多。我驾车轻松驶入了市中心，想着这次我倒要不动声色地来一次调查。然而，我透过挡风玻璃看到的景象瞬间便让我的决心动摇了。这实在太震惊了。我一下子就认出，矗立在我眼前的，正是“老自由城”，那个“例行审判的场所”。剧中这名字所指并非维拉弗兰卡这个城市，而是城里的这幢建筑。城市起这个名字只是为了让那时候和后代人更方便识别它而已。这看来是个始料未及的“突发状况”，于是我伸手拿了一个苹果。

维拉弗兰卡，即老自由城，是一幢砖头筑成的大厦，建在庞大的土木地基之上。整幢建筑构成了一座威严的中世纪城堡，上面矗立着塔楼，四周开有大大小小的城门，巍然的城墙和防御工事，以及用严格的土石工艺建成的高耸的平面和粗粝的棱角。到了今天，在经受了几个世纪战乱的冲击后，老自由城的防御城墙已经破损，内部结构和厅堂也都被毁坏。然而巨大的堡垒仍旧傲然屹立在原地。尽管时过境迁，它仍象征着意大利封建时期德拉·斯卡拉家族在此地无可争议的地位和权势。

它的正门居高临下，面朝今天的城镇；有片约四分之一英亩的开阔平地，历经几个世纪后仍然留存，在门前铺开。这块地一度要宽广许多。不过今天老地方还在，照旧摆满了各色小摊小店和成堆的货物，仍像过去一样向顾客展示商品；年复一年的，就在这沉默的城墙根下，在人所仰仗的古老承诺下从事商业——这是深居在古堡核心的尊贵统治者定下的老规矩。那么，这些统治者是谁？戏剧里面的“埃斯卡路斯亲王”，在历史上是否确有其人？

路易吉·达·波尔多创作《罗密欧·蒙太奇奥和朱丽叶塔·卡佩莱蒂》时，他援引了一个维罗纳人佩里格里诺的话，据说波尔多选的版本就是根据此人所述写下来的。波尔多从佩里格里诺那里得知，当这个悲惨的故事发生时，“和蔼而仁慈的巴托罗缪·德拉·斯卡拉亲王正统治着那美丽的国度”。“埃斯卡路斯”是“德拉·斯卡拉”的一种拉丁文变体，沿用已久；其他故事家也惯用此名。当然除此之外这个族名还有些别的变体，在意大利使用最广的是“斯卡利杰罗”，用英语化的写法就是“斯卡利杰”。

德拉·斯卡拉—斯卡利杰家族的势力在十三世纪时首次达到巅峰，他们征服了维罗纳周边广阔的领土。这些战功多为马斯蒂诺·德拉·斯卡拉一世所建，直至 1260 年，他的疆土终于囊括了整个维罗纳省。这位马斯蒂诺过完了长久而荣耀的一生，卒于 1301 年；王位的继承人是他的侄子巴托罗缪。他的继位可谓众望所归，在民众的一致赞美声中登上宝座。但巴托罗缪不幸短寿，死于 1304 年。这么说来，佩里格里诺不仅确认了巴托罗缪就是故事中的埃斯卡路斯，而且把事情发生的时间限定在中世纪短短的三年当中。而维罗纳城里的人说得还要精确——即便在今天，你只消随便问一下——他们就会说：“故事发生在 1302 年”，他们回答时完全不假思索。这个确切的年份，也业已成为维罗纳人中间不可动摇的传统之一。

意大利的交通图上显示维罗纳的维拉弗兰卡时，总会额外标明“斯卡利杰罗城堡”的字样。其含义无非是说地图上此地有一座归属于斯卡利杰家族的城堡。斯卡利杰家的人造过不少城堡；此类道路图则用同样不偏不倚的标签指明各个城堡的位置。绘图的人只绘图而不写历史，他们把考究历史的工作交给别人。维拉弗兰卡的这座城堡其实有别于别的斯卡利杰城堡：只有此地才是他们的王宫的所在地，斯卡利杰家族权威的中心，同时也是他们例行审判的场所。

城堡建于 1202 年，此后一直是斯卡利杰政权的大本营，直到

1354年康格兰德·德拉·斯卡拉二世在维罗纳城内建了宏伟的维奇奥城堡[①]。康格兰德把斯卡利杰的宫廷从“老自由城”迁到了维奇奥城堡。不过在巴托罗缪统治时期的1302年，斯卡利杰家的故居就已经是座世纪古堡了：它承载着古老的传统，古老的家庭，古老的权力和古老的中世纪礼节。蒙太古毫无疑问知道自己当天下午该去哪里面见亲王。那么，既然戏剧《罗密欧与朱丽叶》里的蒙太古明白，按理说写戏剧的人必然也明白，而且知道埃斯卡路斯可以称自由城为“老自由城”。

我们的剧作家在埃斯卡路斯的那两句话中暗示的远不止这些。其中还有些东西和每个英国人——乃至每个欧洲人——都息息相关，这种关联不仅限于中世纪时期，它一直绵延持续到了文艺复兴之后。当埃斯卡路斯分开杀红了眼的凯普莱特和蒙太古两家时，他应该尊重封建社会的一条基本规则。但他却反其道而行之，更糟的是，他当时在大街上。似乎他并没有照顾两家贵族“尊贵地位的平等”，而给两人下了截然不同的指令。

在二十一世纪初的今天，我也只好揣测其中原因了。而对十六世纪的观众来说，埃斯卡路斯显然已经在这一幕把事态推向了一个不利的方向。在他的统治下（不论这在历史上是否成立），埃斯卡路斯的行为有这样一层含义：这个君主有欠公正，而且随时可能违反君主和平起平坐的贵族间古老的约定。对观众来说，这种公正的缺失已经让他们感到情况不妙了。之后我们会看到凯普莱特再次受到偏袒，见证罗密欧·蒙太古连辩解的机会都没有就遭到了驱逐。我们会亲眼见识到偏见、憎恨和不公酿成的悲剧性后果。

我们的剧作家是否在字里行间向我们透露了更多有关维罗纳的秘密，更多人所不知的真相，而不是足不出户的作家的臆想？书中

---

① 维奇奥城堡（Castelvecchio），意大利文的意思是“老城堡”。——译注

“老自由城”斯卡利杰家族在维罗纳的维拉弗兰卡的大型中世纪古堡。集市区位于上图的前景。（作者摄）

另一处明显的暗示一直困扰着我，其费解更甚于槭树林，隐晦更深于“老自由城”。这是书中提到的一个不起眼的地名，常常被人忽略，长久以来都被当成是剧作家想象力的产物。这就是第三幕中出现的“圣彼得教堂”。要知道这个名字到底有多少真实的成分，我得重新搜索维罗纳城。我必须研究古时候此地各个教区的划分，把今天城里人口中所说的故事情节发生的地点牢牢记在心里：所有的街道，广场，教堂和1302年间存在的重要建筑。虽然我当时还不完全明白，不过在开始徒步探访后我开始意识到，这些地名在剧中的安排有着出乎意料的重要意义。

罗密欧和朱丽叶的故事在维罗纳家喻户晓。这个故事已经成了当地人引以为荣的传统，代代相传。这是一个真实的悲剧，远比所有文字记载的版本古老得多。及至今天，维罗纳人仍会向你指出当时故事发生在城里的哪些地方；旅行指南里面也有不少介绍，被译成了各国语言，让世界各地慕名而来到城里的访客们都能领略到那段致命的爱情。

当莎剧里面埃斯卡路斯亲王说起“老自由城”时，我就明白剧作家本人已经熟悉维罗纳的古风；此外，就凭那片槭树林（尽管它并没有出现在今天本地人的复述当中），我有理由相信该剧的作者本人亲自来到过维罗纳。

我对这件事着了迷。我必须亲眼把剧作家的词句和维罗纳的传统作个对比。不过就我目前对他写作方法的了解来看，我几乎能确定作者“埋伏”在他的意大利剧集里的每一个细节，都能在当地找到原型。

我最终的目标是找到那座被明确提到的“圣彼得教堂”。尽管没有一场戏真正发生在这个地方（老凯普莱特仅仅提了下这个名字来威胁朱丽叶），它显然是凯普莱特家所处教区的教堂，并且应该完全符合这个维罗纳悲剧故事里面的描述。我们的作者在细节处如此较真，并非仅出于对维罗纳传统的尊重，更因他对维罗纳本身有着相当的了解。

在出发进行对比考证之前，我手中拿着一本《罗密欧与朱丽叶》坐在旅馆大厅里，把书上面编辑的按语通通删了个干净。我想来一个全新的开始，不想受其他后人说法的干扰，更何况这些编辑本人很可能自己都没来过意大利。我单单重点标出了我所能找到的剧中人物关于场景的对话——例如班伏里奥对槭树的描述。

我心里一直牢记着《莎士比亚读者百科》里面的告诫："后人编订的伊丽莎白时期戏剧通常会在场景划分和地理方位的考证等方面误导读者。"

一个兜里装着划满了线的书，另一个兜里装着折了角的维罗纳导游手册——头顶上撑了把雨伞——我在蒙蒙细雨中上了路，自信我能够证实心中所揣度的真相。

戏剧《罗密欧与朱丽叶》中有几场戏发生在"公共场合"，这从人物的对话当中可以清楚地认定。此类公共场合中有两处尤为著名，然而同时对辨识者来说也是迷惑重重。

巴托罗缪建造的宫殿坐落在绅士广场①；这栋建筑直至今日依然伫立在原处。另一处有名的地方就是香草广场②，只需从绅士广场穿过一条宽阔的拱道即可到达。这里是香草、水果和蔬菜的集散地；而前者曾经是市政管辖的区域，今天在很大程度上来说还是这样。要猜出这中间哪个地方可能是《罗密欧与朱丽叶》故事发生的场景之一（或更多），是两个广场给人们出的难题。

之前我在维罗纳也有过几次短暂的停留，有一回我问起城里的本地人，这两个广场有没有可能就是当年两大家族发生冲突的地点。人家马上给我上起了课，原话大致如下：

也许凯普莱特和蒙太古这两伙人是没什么教养，但是他们

---

① Piazza dei Signori："Square of Lords". ——译注

② Piazza delle Erbe："Square of Herbs". ——译注

也不是没有脑子的。这些人绝不会选择在巴托罗缪鼻子底下，在市政府的辖区内打架。争斗发生的地点在卡佩罗街的尽头，和圣费尔默街交汇处，那时圣费尔默街叫做“科索街”。

我还问人们是怎么知道这些的，对方不假思索地回答：“我们一直都知道的。”这显然已成了维罗纳的老传统。

背着包按导游册从一处走到另一处，我发现维罗纳人从他们故事里辨认出的每一个地点都坐落在这两个广场的东面和南面。整块区域大致可限定在阿迪杰河南向水道的东面。从剧本的场景和导游册的描述细节中我看不出有任何冲突。唯一令人费解的地方就是那片由我们的剧作家添进去的槭树林，坐落在远离其他地点的西面。

现在，尽管我已经确信凯普莱特和蒙太古绝没有在巴托罗缪·德拉·斯卡拉的窗子底下吵过架（也不可能在绅士广场或香草广场），我还是在绅士广场稍作了停留，瞻仰了那里的但丁雕像。维罗纳这座城市拥有古老的回忆；雕像从1865年起摆放在此地，而它所记录的令当地人自豪的事件，却发生在罗密欧遇见朱丽叶那不同寻常的一年：公元1302年。那一年，但丁在他的故乡佛罗伦萨被判了死刑。而正是在维罗纳，巴托罗缪·德拉·斯卡拉（即我们那位“埃斯卡路斯”亲王）给予了他庇护。在这之后的许多年，维罗纳就成了但丁的家。或许这就是达·波尔多的朋友佩里格里诺称颂亲王“和蔼而仁慈”的原因吧，但我们的戏剧家并没把他写得那么好。

从有关凯普莱特和蒙太古的各种故事版本中，读者无从得知当时但丁也正巧来到了这座城市。尽管学者对年代问题争议颇多，不过在蒙太古和凯普莱特两家争斗最甚的时期，但丁肯定已经在城里。事实上，他甚至很有可能亲眼目睹过部分的情节。在《神曲·炼狱篇》的第六章，但丁对当时的日耳曼国王阿尔布列希特一世给

绅士广场：这栋砖石建筑今天仍是维罗纳的政府所在地和警察总署。走过拱道，就可以看见"斯卡利杰门"，这里是斯卡利杰家族的墓地和家族教堂。（图片来源：作者本人收藏之明信片）

出了这样的忠告：

> Vieni a veder Montecchi e Cappelletti,
> . . . uom sanza cura . . .

> 来吧——无所顾忌的人——来看看
> 蒙太奇，卡佩莱蒂，俱已黯然①

在绅士广场对面的一角，伫立着斯卡利杰的家族教堂：圣马利亚古教堂。可以猜测，但丁当年也在这里听过弥撒。这里，高高的铁栏围着斯卡利杰家族的纪念碑，巴托罗缪·德拉·斯卡拉的石棺

① 《神曲·炼狱篇》，109—110 行。英文版本由阿伦·曼德尔鲍姆翻译。——译注

从罗密欧与朱丽叶的那个时代起就一直躺在教堂外墙上凹陷的墓穴中，丝毫不引人注目。

转过街角向东再走几步，就到了蒙太奇（即蒙太古）的宅邸，这是罗密欧在城里的家。房子的每个细节都和故事相吻合：包括它的年代、中世纪的设计风格和整体的布局。

到此折回穿过绅士广场，走过拱道进入香草广场后左转，广场的尽头开始变窄逐渐分化成两条街道。右边一条叫做马奇尼街，自从古罗马时代起就是一条重要的商业街，它往南通向古罗马的竞技场。但左边这条往西一直通向阿迪杰河，它名叫卡佩罗街。沿这条街前进，走到离绅士广场不远处的 23 号，这里就是维罗纳最为著名的景点：传说中朱丽叶的家。

绅士广场的但丁雕像，建于 1865 年。

巴托罗缪·德拉·斯卡拉之墓，即“埃斯卡路斯亲王”。墓穴建于圣马利·安提卡教堂的外墙上，这是斯卡利杰家族的教堂，位于绅士广场一隅。若要进入此地，须先经牧师长同意，因该石棺位于著名的斯卡利杰家族墓葬群（又称“斯卡利杰拱道”）中，离外面的铸铁围栏较远。铁栏上的装饰图纹包含了带有家族名号寓意的纹章图案——“楼梯”——因“德拉·斯卡拉”在意大利语中是“楼梯”之意。（作者摄）

朱丽叶的家中鲜有不是访客云集的时候，这也是人之常情，毕竟此地是见证人间真情的一座圣殿。这种地方可谓举世无双，胆小的人到了这里，若不亲自走过庭院上楼瞧瞧，那也算枉来一趟了。

这幢房子不像蒙太古（蒙太奇）家那样有史可考，人们主要按维罗纳的传统断定这是凯普莱特的家。有人指出街道名字的由来历史悠久：卡佩罗街是“凯普莱特”这个名字的变体。这个姓氏有不少写法：如“卡佩莱蒂”，“卡普莱蒂”，“卡佩列托”，“卡佩罗”等。但这一项并不足以证明当时年轻貌美的朱丽叶塔·卡佩罗（或“卡佩莱蒂”）在 1302 年间曾住在此地。尽管房屋的确是中世纪的建筑，而且看上去和故事十分吻合。

那些喜欢冷嘲热讽的人说，这房子原来不过是一间旅舍，借用了街道名字而已。我们尽可以用一句话打发这种观点：许多古宅在

斯卡利杰宫：位于绅士广场，有高耸的兰博尔迪塔。——《维罗纳：城里城外》，斯托尔蒂出版社，1996年，第67页。

罗密欧的家：蒙太古（或蒙太奇）家族在维罗纳城的房屋。（图片出自作者搜集的明信片）

历史上一度都充当过旅店的角色；而这栋房子经历过七个世纪人的使用。一百年前，它是个贫民窟，房间被分割成仄仄的小隔间，庭院里丢满了垃圾，但这些都证明不了什么。

然而，人们依旧能从这里挖掘出一点东西。二十世纪初期，意大利政府出资修葺，才使得房屋免于衰败。在它的“第一层”有个主房间——或称“大房间”。所谓第一层其实是我们美国人所说的“第二层”，意大利人称为“贵宾层”——这和罗密欧初次遇见朱丽叶时的欢庆场合十分吻合。房间经整修以后赏心悦目。可是，里面有一个细节却和剧作家台词中的描述明显不符，这一出入很少引起人们的注意。

人所瞩目的朱丽叶家的阳台位于凯普莱特家的正面大门的上

香草广场：图中可见斯卡利杰宫的南端。（图片出自作者搜集的明信片）

朱丽叶的家：卡佩罗街23号，阳台是1930年间加上去的。（图片出自作者搜集的明信片）

方，面朝进门的庭院。但在房子里面，阳台却只是主房间边上的一个附属建筑，这一点十分奇怪。在看《罗密欧与朱丽叶》的演出时我们已经习惯性地认为阳台的对面是个果园。从剧本第二幕第二场可以清楚地看到罗密欧翻过围墙进入了凯普莱特家的果园（而非入口的庭院）去追求楼上的朱丽叶。那个对着果园的阳台现在去了哪里？剧作家这次是不是犯了错？或者为图方便，篡改了事实？

果园还是阳台，这里有些蹊跷。不过朱丽叶家的院子实在过于拥挤喧嚷，我静不下心来。我要找个安静点儿的地方，看着剧本推敲一番。

《罗密欧与朱丽叶》中有三场戏，场景安排都是罗密欧在果园里而朱丽叶在楼上。然而假设几个世纪前朱丽叶家真有过果园，它的地盘肯定也已经被拥挤的城市建筑侵占了。近年来加剧的城市化进程很可能把当年的果园挤出了原址。在意大利，一个小果园曾是富庶家庭宅邸的重要组成部分。如今，这里只有一个石头铺成的小院子，位于入口大门和屋子正门之间。无奈我只得权且放弃果园一说。

可是，这阳台又该怎么说？更令人困惑的是正门上方的那个阳台。要知道《罗密欧与朱丽叶》里压根没提到什么阳台——一次都没有。不仅在剧本里找不到这两个字，在莎士比亚的其他戏剧里（不论是否与意大利相关）都找不到这个词。同样，在莎士比亚的诗作中，也找不到“阳台”一词。

剧作家在《罗密欧与朱丽叶》中的描写看来一目了然：用作者的原话，朱丽叶每次出现，都是在她“窗前”。剧作家本人从来没有为朱丽叶安排阳台。而且依我看，倘若朱丽叶的老父亲给美貌女儿的卧室建一个方便进出的阳台，也未免太糊涂了。再者，尽管目前这个阳台的确是中世纪的遗迹，但却是从另一幢建筑那儿移花接木拿来安到卡佩罗街 23 号的，是二十世纪三十年代为推广旅游业而采取的举动。朱丽叶的阳台如今虽闻名于世，原来却不在这里，至少不是在目前这个方位。

凯普莱特家的“大房间”：罗密欧或在此地初次邂逅了朱丽叶。（照片由西尔维娅·霍尔姆斯提供）

目前我还要进行两次探访。首先，我要重访朱丽叶的长眠之所，曾经的圣佛朗西斯修道院——如今的圣佛朗切斯科·阿尔·科索教堂。它地处维罗纳南边的中世纪古城墙外，坐落于邻近阿迪杰河的德尔·庞蒂埃街。其次，我要去找一座名叫“圣彼得”的中世纪教堂。这个名字和“维拉弗兰卡”一样，也在故事中被我们的剧作家提到。

离开了卡佩罗街 23 号朱丽叶的家，我开始动身前往修道院。走完了整条街，右转便到了圣费尔默大街上。在中古时期这是通向南面古城墙的道路。过去到了墙根前，路就到了尽头。不过如今古墙已被打通，道路越过了旧时的护栏继续向前延伸，方向也随之越来越偏离我们的目标：朱丽叶的忏悔神父——劳伦斯神父居住的修道院。

圣佛朗西斯修道院（即圣佛朗切斯科·阿尔·科索教堂）：劳伦斯神父在此为罗密欧与朱丽叶举行了婚礼。（作者摄）

准备出行前，我已向绅士广场的警察打听到了步行去修道院最简单的办法：沿公路大道直走一小段路，在方便的路口左转径直走到河边，然后右拐沿着河岸一直往前走到修道院。我听从了他的指点。他还说，如果要像当年朱丽叶去见劳伦斯神父那样徒步从家里走到修道院，那么，这种走法应该就是那时的女子会选择的最快捷、最安全的路线。

前身为圣方济会修道院的圣佛朗切斯科·阿尔·科索教堂，作为故事里面的教堂真是再合适不过。它位于古城墙外而远近适中。一个贵族小姐要去做忏悔时也可步行到达。今天它早就不是修道院了。经过长年的闲置，十九世纪意大利的骑兵团拿它来当做了军事基地。寺院[1]里曾到处可见墓碑和墓石——此后都被迁走了。修士的居室和大厅变成了宿舍和兵营，修道院的空地就成了操练和行军

[1] Cloister一词原指有柱子的回廊，此处指修道院内僧侣隐居修行之处。——译注

的场所。然而，这些改变并不能让决心一睹朱丽叶、帕里斯伯爵和罗密欧墓地的访客止步。这个去处至今仍在一个保存完好的地下室附近，自有拱顶的寺院内部走下即可到达。如果说作家写作时英国早已没有了修道院，那他把寺院说成“墓地”也算情有可原；那么剧本中的对白便恰如其分地描绘了圣佛朗切斯科教堂里的这个寺院及其相邻的大型墓室。

这块被剧作家称作“卡佩罗家的纪念地”的地方大得足以容纳朱丽叶家所有先祖的遗骨。墓地位于地面以下，由两个相连的空墓室组成，只在其中一个墓室里有一个沉重的粉红大理石铸成的石棺。棺盖已被打开，里面空空如也。石棺的边缘和角上被几个世纪以来到此一游的访客们凿得坑坑洼洼。这个大石棺就是传说中朱丽叶的长眠之地，尽管戏剧中并未提及这个粉色的石棺。也许，它本就不应该出现在剧中。因为即使在维罗纳，人们对这个石棺的年龄、归属和来源也一直议论纷纷。

无论如何，石棺倒不是我关注的要点。即使朱丽叶当时真的被葬在这里，故事该说的部分也都已经说了。造棺材的石匠也早已经请好（假如真是这个石棺的话）。老实讲，朱丽叶的坟墓让我感觉不太舒服：里面空无一物，供游客进出的入口和出口的楼梯是后来加上去的，里面准哥特式的窗框也令人莫名其妙。我的探索自始至终都只围绕着剧作家最后几行文字进行。这时候，朱丽叶正静静地躺在她的灵柩上。

我已经把我与《罗密欧与朱丽叶》的这段冒险行程进行到了最后一步。要走这一步，必须先把维罗纳的地图重新研究一遍，再去教区的办公室走走，查阅一点资料，最后还得去拜访一下我最信赖的那个警察局。在这里我要解开一个终极的谜题。和剧中独一无二的“槭树林”典故一样，这里也有一件事物只在莎士比亚的《罗密欧与朱丽叶》中出现过；而在任何其他文献中均无出现。正如那片槭树林，一直就没有人去关注它。想来也是，人们会说：那不就是

劳伦斯神父修道院内的寺院：在寺院一角，离拱道更远处，就有石阶通向凯普莱特家的墓穴，朱丽叶就葬在此地。（作者摄）

作者的另一个创意吗？尽管这个地名在剧中反复出现（一共三次）——而且演员们几乎是喊着说出来的。这就是“圣彼得教堂”；按后代学者的编订，这个名词出现在剧本的第三幕第五场。

在那场戏里我们首次听到了“圣彼得教堂”。那么，我一定要找到它。我必须说服自己这个地方不是在伦敦的某个书桌边造出来的。见证了剧中对槭树林，对老自由城和维罗纳周边独特地理环境的精确描述后，我愈发坚定了信心。当然，所谓“独特的地理环境”根本算不上证据；我要的是更实在的里程碑式的铁证，而且是只有我们剧作家给出的铁证——它必须是独一无二的，它必须是精确的，而且它必须出现在城市里恰当的地点。这次的考验在于我不仅要在城里找到圣彼得教堂，还得确证这座教堂完全符合剧中的描述。

凯普莱特家族的墓室：沿这些阶梯往下，便可从圣佛朗西斯修道院的寺院走到墓室。（作者摄）

我开始觉得剧作家在写作“意大利剧集”时采用了一种特别的手法。而随着我在意大利的探寻获得进一步的发现，我的怀疑得到了证实。他的方法，或者说他的“小花招”就是先明确地说出一个冷僻或特殊的地名，让人看起来像是捏造的、错误的，但实际上它却是真实存在的。这样一处地方可能未必是一出戏的发生地；而是今天我们所说的“镜头外”的某处。并且它的存在和故事情节几乎没有什么关联：但每个地方又都是独一无二的，它们代表了作者对意大利不同寻常的熟知和了解。我对自己说，随着我在意大利的探访行程的推进，凭着我手上的“意大利剧集”，我一定要倍加小心，证明我的推测是正确的。目前，我要在此间寻找剧作家笔下的圣彼得大教堂。

一切开始于剧本的第三幕第五场。朱丽叶的父亲因为女儿的婚事大发雷霆。他给她安排好了与帕里斯伯爵的婚姻，她却坚决不从。在这一段，不仅有一次，而是有三次反复提到，圣彼得大教堂是婚礼举行的地点。在我看来，这三次重复是作者故意在引起读者的注意，这是他在给出暗示。

朱丽叶的母亲最先提到婚礼会在“圣彼得教堂”进行。接着朱丽叶重复了这个名字。再接着是凯普莱特本人重复了一遍，并威胁说如果朱丽叶不愿自己走着去，就把她拖去那里。除了我们的剧作家，没有别人，甚至没有维罗纳当地人借圣彼得教堂来装点自己的故事。

由于婚礼并未真正举行，也没有哪场戏发生在这个地方，剧中三次提到的这个教堂就被读者忽略或被人当成虚构的了。如果要配得上《罗密欧与朱丽叶》这么复杂的剧情，那这个教堂应该会有哪些特征呢？要拥有哪些要素，才会让它听起来有些真实的成分呢，而非阅历肤浅者的编造呢？

传说中的“朱丽叶之墓”。（作者摄）

首先，这必须是个圣方济会的教堂。各个教派至今仍牢牢地独占着各自的领地和特权；而主持婚礼的劳伦斯神父是圣方济会的成员。当时略有地位的年轻女子，尤其是父母关爱备至的女子，通常会在自己教区的教堂成婚。这倒不是出于情感上的原因，而是为了便于保存家族成员的记录。这类场合会由一个受人尊敬的教士来主持，周边的邻里都会聚到一起来做看客；有了这些必要的因素，便可见证两人合法而长久地结合在一起。在婚礼当中，最需要依靠见证来保护自己的当属新娘一方；因此婚礼也是在新娘的教区教堂进行，而不是在新郎的教区。

那么，曾几何时，维罗纳有没有一个中世纪的圣彼得教堂呢？这就是我面对的问题。一共有四个这样的教堂可供选择：卡斯泰罗的圣彼得教堂；阿契沃尔托的圣彼得教堂；殉道者圣彼得教堂和圣彼得·因卡纳里奥教堂。

在十四世纪时，这四个教堂均已建成，更有三所是早于十四世纪建造的。每个教堂我都要亲自走访，找到有关它们的记录，并了解它们各自的职能。于是说干就干，我终于得到了以下一系列发现：

卡斯泰罗的圣彼得①教堂位于卡斯泰维奇奥②古堡内。这是斯卡利杰家族的巨型堡垒。它从来不是哪个教区的教堂，而是为方便士兵们忏悔或听取治愈心灵的弥撒之用。此外，在巴托罗缪·德拉·斯卡拉统治时期，教堂尚未建成。整座城堡在巴托罗缪死后五十年方才动工，约建于1354年，离我推断的故事背景的原型也相去甚远。

阿契沃尔托的圣彼得教堂建于十三世纪，远早于《罗密欧与朱

① Castello一词有“城堡、堡垒”之意。——译注
② Castelvecchio意为“老城堡”，教堂因此得名。——译注

丽叶》故事发生的时间。这是个迷人的小教堂，有一尊圣彼得的坐像，门上刻着“守护钥匙的使者”这几个字。这栋中世纪的建筑至今仍作为圣母堂（亦即雄伟的维罗纳大教堂）的一部分存在。它隔着一条窄窄的街道和维罗纳大教堂的南门相对。它也不是某个教区的教堂。此外它距朱丽叶的住处，比前一所教堂还要偏西。

殉道者圣彼得教堂则是一座有所不同的中世纪教堂。它紧挨着1290年建成敬献给圣安娜斯塔希娅的多明各会大教堂。旁边这所小教堂，或者更确切地说是小礼拜堂位于圣安娜斯塔希娅广场的左边，作为大教堂的附属建筑，原名“圣乔治·德·多米尼加尼”。那个被称作“殉道者圣彼得”或“维罗纳的彼得”的人是一个多明各会的神父，不是圣方济会的神父；而圣安娜斯塔希娅广场也是在朱丽叶的西面，而非东面。

最后一座，圣彼得·因卡纳里奥教堂①，初看几乎不可能找到。要不是在绅士广场的警局有个好心的警察给我画了一幅速写，恐怕我也无缘得见。速写虽画得不算太好，不过足以解决问题。但警察先生本人也告诫过我，也许我会认不出来那幢建筑曾经是个教堂。

手里有了这张速写，我离开了警局，穿过了香草广场，走上卡佩罗街，经过朱丽叶的家门，走向河边；在圣费尔默街右转后继续往前。整个过程有种似曾相识的感觉：这不就是朱丽叶去劳伦斯神父修道院那条路线的前半程吗？罗密欧和朱丽叶就沿着这条路去的修道院，而且由神父主持，在教堂秘密地举行了婚礼。

不过我手里的路线图并没有画得这么远。仅仅过了几个街口我便到了目的地，正如那位警官所言：在我面前出现了一幢小型的教堂建筑，如今外墙用灰泥刷成。

---

① 此教堂名称来源于古罗马的 carnarium，即停尸间或墓地。因教堂于 955 年建于一个墓地上得名。

剧中的“圣彼得教堂”，圣彼得·因卡纳里奥教堂：建于公元 955 年，数个世纪以来几经修葺。(作者摄)

它坐落在西庇阿·马菲街的一角（这条街是重新命名的，原为圣费尔默街的一段)，更令我惊讶的是和它相连的另一条街道正是“圣彼得·因卡纳里奥街”。这下我真的被震撼了。上一次我去寻找修道院，恰恰就在这同一个街角转的弯！由于当时的匆忙，我并没有注意到这个教堂和以它命名的街道。但有一点毫无疑问——这里是凯普莱特家族的教区——而这就是剧中三次提到的圣彼得教堂。

在 1302 年间，这座圣彼得教堂并不是灰泥建筑。但经历了许多个世纪，它原来的面貌已经大为改变，结果就成了我们今天看到的建筑格局。对于一个疲惫的旅客，尤其是心中憧憬着另一处目的地的旅客来讲，这个教堂可能都不值得看上第二眼：它的外观既不抢眼，也不显得特别古老。不过仰头张望，我还是辨认出一点中世纪的渊源：它那古老的钟楼今天仍然被保存了下来。

长久以来，这座圣彼得都没怎么发挥教堂的作用。而且它是四

座圣彼得中唯一经过大规模修缮的教堂。最早是在十九世纪下半叶，此后在二十世纪也有过几次。1882 年，教堂遭受了洪涝之灾。在二战期间，部分建筑又遭到了毁坏。几百年来它饱受苦难，好不容易坚持到了今天：经过了洪水的浸泡和战火的洗礼，也没有教区需要使用它——目前，它只被用作一个普通的会议厅。

但是，十六世纪以及罗密欧与朱丽叶生活的中世纪时期的主教辖区记录都显示，它的的确确是一座教区教堂。它初建于 955 年，于十三世纪被纳入圣方济会的管辖，迄今为止已逾六百年。看来，我无疑找到了圣彼得教堂。它和剧中给出的每一个要素都极其吻合；而又只有我们的剧作家一人提到了它；这几乎可说是《罗密欧与朱丽叶》里隐藏的密码。

与故事里城市的各个地名分布相一致，这座圣彼得教堂不仅处在朱丽叶家的教区内，而且正好在从朱丽叶家通往修道院忏悔神父处的路线上。

维罗纳
阿迪杰河
阿迪杰河
运河
列尼亚戈
塔尔塔漯河
奥斯蒂利亚
里维埃
运河
波河
塔尔塔漯河
曼图阿
波河
陆路
陆路
布列西亚
克里莫纳
波河
奥廖河
陆路
贝尔伽莫
特列佐
卡萨诺
阿达河
阿达河
陆路
马提萨那运河
陆路
蒙萨
米兰
波河

维罗纳—米兰（及回程陆路）

第二章

《维罗纳二绅士》（第一部分）
“驶向米兰”

《维罗纳二绅士》剧中的主角是两位青年，一个叫瓦伦丁，另一个叫普罗图斯。两人都是世家子弟，因而称“绅士”。他们两人的奇遇，或许用一种轻松的方式去看待便已足够。几百年来的读者们也都抱着这样的态度。不过，这部戏还有不少值得推敲的地方。不幸的是，大多数时候人们对它们一笑置之，又把它们当成剧作家丰富想象力的产物。

在莎士比亚的全部作品中，这部戏中对意大利的描述及典故最为丰富多彩。如果批评家想找一部莎翁的意大利戏剧来挑刺，它便是不二之选。评论家常说戏里面的是一个荒诞不经的意大利，还有那些从来就不曾有过的海岸和港口，以及闻所未闻的历史事件。不但有人指责戏剧家胡编乱造，还有人说他写作漫不经心，在一处对白里误把米兰叫做帕多瓦，还把米兰公爵叫成“皇帝”等。他们还说，随便什么人，只要在相关地方住上一段时间，都不会犯这种错误。

自从我发现《罗密欧与朱丽叶》的故事场景真实不虚，全无捏造之嫌后，至少这一件事已经有了分晓。可是，《维罗纳二绅士》里的地名、事物和事件又将作何解释？它们听起来的确显得十分陌生，那它们有可能是真的吗？

故事从维罗纳开始，人们所说的“讹误”也由此开始。尽管我完成了《罗密欧与朱丽叶》的搜索工作，但目前人还在维罗纳，闲暇无事可以多待一阵。出发前我恰好顺手带了一本做满了标记的《维罗纳二绅士》和一些研究材料。

当你在维罗纳街头，每到一个地方你总能轻松地在脑海里勾勒出埃斯卡路斯、朱丽叶、罗密欧、乳母和其他角色的形象。但要想象《维罗纳二绅士》里的人物和情节，却不那么容易。

我拿着剧本作为向导在维罗纳城内转悠，一开始几乎看不出它有什么用。我先想，这可能是由于维罗纳的街道和建筑外观上中世纪的风格占了主导地位，掩盖了墙内文艺复兴艺术的典雅风采。但随着进一步深究剧本，我总算明白了原因：原来这书里本没有明确提到或者描写维罗纳城内具体的地点、街道或建筑，因此便无法进行实地考察、拍摄照片。在《罗密欧与朱丽叶》中，剧作家提到并对相关地点进行了足够具体的描述；因而谁若有心去调查这些地方和它们的历史，总能有所斩获。但碰到《维罗纳二绅士》这样一部戏，情况就不同了。

故事一开场，作为主角的二位绅士就上了台。名叫瓦伦丁的那个青年正要出发去往米兰。此时他将作别最要好的朋友普罗图斯——此刻他正央求瓦伦丁留在家乡。瓦伦丁在对白中说了下面这段话：

> 别再劝我了，亲爱的普罗图斯
> 足不出户的年轻人永远只有平庸的脑瓜
> ……
> 我愿向她[1]祈求有你的陪伴

---

① 此处引文有省略，“我愿向她祈求有你的陪伴”中“她”是指普罗图斯的恋人茱莉亚。剧中原文如下：“To the sweet glances of thy honour'd love/I rather would entreat thy company.”（第一幕第一场，4—5 行）完整的译文可参见本书第三章（英文版 63 页）。——译注

同去观看美妙的大千世界
也不愿意志消沉蜗居在家
游手好闲，荒废我们的青春。

这段议论表达的态度，正说出了一般跃跃欲试的英国富家子弟的心声，它所针对的是当时上层社会的清教徒思想——比如伊丽莎白女王那位显赫的大臣伯雷男爵①的思想——认为去意大利旅行会腐蚀人的心灵。

对此瓦伦丁的话还不止这些。在他俩对话的结尾，他一面急着上路，一面对同伴说：

再说一回，别了吧；我父亲已在*锚地*②
等着见我，他要在那儿*送我上船*。

然后，在那些临别的话中他又说道："到了米兰，记得给我写信……"于是我们才知道：瓦伦丁是要从内陆城市维罗纳乘船前往另一个内陆城市米兰。

瓦伦丁的父亲显然不是在供行人车马行走的石子路或泥路上等他。瓦伦丁用的那些航海术语常常被人误解。给"road"一词作注解释为"海港"之意的，也不止《河滨版莎士比亚》一家，但随便哪个海员都知道"海港"和"锚地"是两码事。不管是水手、伊丽莎白时期的观众还是今天的读者，都不会把它们混为一谈。

---

① 威廉·塞西尔（1520—1598），第一任伯雷男爵，英国政治家，伊丽莎白一世女王的主要顾问和秘书。——译注
② 此处原文"road"，常见的意思是马路，文中指船只停靠卸货的锚点。因此下文作者才会澄清"瓦伦丁的父亲显然不是在供行人车马行走的石子路或泥路上"。——译注

所谓“锚地”，是沿着选定的狭长海道，或者各地水流宽广平坦的河边所建的适合船只停泊的开阔地（有些新近的词典也把它称为“碇泊地”）。锚地是最适宜船只下锚的地方，在此船只可以等待由驳船来卸货，也可由此前往下一个码头装卸货物，让乘客上下船。而所谓“港口”是一片有陆地环绕的宁静水域所形成的一个港湾，通常建有防波堤。港口是为海上或大湖上船只躲避风浪之用的场所，同时也适用于进行长途的商贸和运输活动。

众所周知，剧作家拥有精确的航海知识，熟谙水手的语言。比方说，在《威尼斯商人》第一幕第一场，索拉尼奥说安东尼奥正在“观看地图，寻找港口、码头和锚地”。在这里，作者把这几个不同的地方区分了开来。这些名词其实并非同义词，而他在《维罗纳二绅士》中只字未提维罗纳或者米兰有什么“港口”或“海港”。

从罗马时代开始，维罗纳就曾是一个水运重镇，为交通贸易和翻越北边布伦纳山口的旅人提供方便。沿着阿迪杰河，人们可以在意大利的许多城市间往来。你也可以从维罗纳启航，经阿迪杰河的河口到达地中海在亚得里亚海那头的海湾——然后由此前往世界各国。1580 年，法国著名散文家蒙田看到了维罗纳的锚地后，在日记中记录了维罗纳的“大型码头”。这个锚地和邻近的码头就在那座被称为“船桥”的大石桥下游。关于这座桥，读者可在意大利艺术大师伯纳多·贝洛托（1720—1780）的作品中领略其风采，这幅画作于蒙田来访之后一个多世纪。①

著名的“船桥”今天已不复存在。1805 年，自阿尔卑斯山而下的大水涌入河道，波涛严重损毁了桥梁；此后在 1882 年，整个维罗纳城又遭遇了大洪水。1805 年后人们对桥梁进行了缓慢的修复；1882 年后又再度修缮。可是大桥却在第二次世界大战中无可

① 这幅杰出的画作描绘了桥和码头的一部分；原作今在爱丁堡。——译注

挽回地被摧毁了。今天，要从原来的大桥那里过河，游客们看到的是一座流线型的钢结构大桥。当然在浪漫的人眼中，旧日的船只仍似载着货物和旅客川流不息——但这些已被火车和大卡车所替代。

维罗纳市景：画中可见“船桥”，作者伯纳多·贝洛托（1720—1780）。

除了用到“锚地”这个不太熟悉的名词外，瓦伦丁还说要“乘船”（“shipp'd”）。在当时，这个词肯定是指乘坐水上交通工具而非走陆路。只是到了今天这个词才衍生出用卡车、列车和飞机运输的意思。此外我们也知道瓦伦丁要去米兰——但只消看看意大利北部的地图，不用亲自过去，就会知道——维罗纳和米兰是内陆城市，远离任何可用于航行的海域。

离维罗纳最近的是亚得里亚海。它其实是地中海的一个海湾，位于维罗纳以东一百公里左右，和去往米兰的方向正好相反。米兰在维罗纳西面一百六十公里处，离它最近的是第勒尼安海，地中海西面的另一个海湾，它远在米兰市的南边，要一直越过亚平宁山脉再往下到热那亚湾边。但我们的剧作家不仅让瓦伦丁乘船去了米兰，还在第二幕里让另一名绅士普罗图斯也走了同样的行程，专门强调了这条路线的可行性。

“船桥”，二十世纪重建的钢铁桥。（作者摄）

许多年来在诸多给剧作家的地理知识挑刺的人当中，一百多年前的这个论断最具代表性：

> 莎士比亚对剧中国度的地理特征有着清晰的构想，而且在写作过程中严格按照构思创作，但大部分时候，这只是些理想化的，而非现实的地理特征。比如说，维罗纳是一个海上的港市，有涨落的潮汐，还有可以驶往米兰的船只；瓦伦丁的父亲在锚地等儿子上传；还有普罗图斯的侍从朗斯“恐怕要错过涨水①期了”。
>
> ——荷瑞修·布朗《威尼斯历史研究》

时至今日，类似的论调还常常被重提。有些像布朗一样的观点在论文中出现；其他的则多见于书本的脚注里，比如《河滨版莎士比亚》，这部享誉各大高校的书里指出：“莎士比亚似乎把维罗纳当

① 原文为“flood”，原意洪水，涨水，涨潮。下文对这个词和下面“tide”一词的各种意思有详细阐释。——译注

成了一个海港。”

即便是那些没有误解“锚地”一词的评论家也相信我们的剧作家把维罗纳搬到了一片子虚乌有的海上。他们之所以相信，是因为第二幕里反复地出现“潮水”（tide）[1] 一词，令他们想当然地认为这定是在海上。

在第二幕第二场，我们首先从普罗图斯口中听到了这个词。此时普罗图斯正好得知自己也必须遵循父命前往米兰。他跑到茱莉亚跟前去和她道别，临别时他说：

> 我父亲正等着我呢，不必回答。潮水快要来了。噢不，我可不是说你眼里的潮水。你的泪水一涨潮，我可要耽误时间了。保重，茱莉亚。

今天，“tide”这个词首先让我们联想到的是海水的涨落，但过去并非如此。这个词的盎格鲁-撒克逊语词源的本义是“时间”，以及与之相连的“钟点”或“时刻”等义。自那些古老的时代以后，“tide”一词越来越多地被用来指代海水和其他东西的流动，其中既有直接的用法也有引申的用法，如表示“激流”或“涨水”等意思。在《莎士比亚的语言》一书中，尤金·F. 舒马克[2]把“tide”一词定义为“涨潮高峰期，亦即最佳的时机”。他引用了《特罗伊斯和克瑞西达》第五幕第一场的两行台词：“我有要事在身，此刻正是时机[3]。”[4]

普罗图斯对茱莉亚说的话，在他而言是真心，但在观众看来则

---

① “Tide”，原意潮水，也可引申为“时机”之意。——译注

② 档案出版公司，1996 年。

③ 原文：“I have important business，/The tide whereof is now.”——《特罗伊斯和克瑞西达》第五幕第一场，第 74，75 行。——译注

④《牛津英语词典》对“tide”一词的释义共有七栏。

略有些轻佻。主要是因为话中“tide”一词是双关语，而接下来第三场里面朗斯还会继续拿这个词的双关义做文章。事实上，在第二幕的二三场，剧作家几乎是用“潮水”（tide）一词把我们淹没了，这才心满意足地停下来。

普罗图斯告别茱莉亚的话里就用到了“tide”一词的三种相关含义。一个细心的听众只要稍加留意，就会意识到，假设普罗图斯用三个不同的词代替“tide”的话，他的那两行台词大致可如下改写：

> 我父亲正等着我呢，不必回答。*时间*快到了。噢不，我可不是说你眼中的*洪流*！你的泪水一*涨潮*，我可要耽误时间了。保重，茱莉亚。

第三场开始时舞台上只有一个人物：他叫朗斯，是普罗图斯手下一个傻呵呵的侍从。“朗斯”这个让人浮想联翩的名字似乎又是作者故意用来迷惑听众的，让人又误以为它和大海有关。有一种海鱼叫做“沙鳗”①，这种小鱼在退潮时节藏身于沙滩中。我可不像莎剧注家们在注释中说的那样，认为朗斯独自站在街上。我认为他应该是在水边晃悠，在维罗纳的一个码头附近磨磨蹭蹭地任时间流去。

朗斯奉命将陪同普罗图斯共赴米兰，于是他为要背井离乡而心怀恐惧；从前他从未出过远门。此外，他也正为爱犬“小螃蟹”的命运发愁。“小螃蟹”又是一个容易使人联想起海洋的名字；但同时它也是个小小的文字游戏。因为“crab”（螃蟹）一词反过来拼写读起来就像“bark”，正是狗吠的意思。同时“bark”也可以指

---

① 沙鳗，又称玉筋鱼，英文“sand launce”，与“朗斯”（“Launce”）的名字谐音。——译注

一条小船。朗斯满口胡言消磨时间，不知不觉耽误了出行。这时候潘西诺上了台。他是普罗图斯父亲安东尼奥的管家——因此也是朗斯的顶头上司。上司现在十分恼火。他的怒气把本来就糊涂的朗斯完全吓懵了，以至于回答问题时语无伦次，把“tide”这个词听成了自己前面说的同音词“tied”① ——就这样，由普罗图斯开始的双关游戏又玩开了：

潘西诺：朗斯，快些！快些！该上船了。你的主人已在船上，你得坐小划子跟上。怎么了？

你这家伙哭什么呀？快走，蠢货。你要再拖延就要*错过涨潮*了。②

朗斯：丢了又怎么样，还有谁牵过这么不通人性的东西吗？

潘西诺：什么不通人性的东西？

朗斯：我牵了拴在这儿的狗，小螃蟹啊。

朗斯从来就不擅应对双关语和同音词（后面他还误解了别的词），而且此刻心中忧虑，根本听不进别人的话。就像沙滩上的一条沙鳗，朗斯不是埋在沙子里，而是被埋在了自己的恐慌当中。

但潘西诺受不了，一听就气炸了，于是换了说法把话说得更明白些：

“呸，你这家伙！我说你要*错过涨水期*了③，这样一来，你的旅行泡汤了，你的旅行一泡汤，你的主子也丢了……”

---

① Tied，栓（狗），牵和捆绑的意思。原型为 tie。——译注

② 原文是“lose the *tide*”，后面朗斯却听成“lose the *tied*”，意思是把牵着的狗丢了，因而才有“丢了又怎么样，还有谁牵过这么不通人性的东西”这样的回答。

③ 原文为“lose the flood”。

此处用词由“错过涨潮”（lose the tide）变成了“错过涨水期”（lose the flood）。潘西诺千方百计地想找个他觉得更明白的说法。不幸对朗斯来说，这依然模糊的很。“Flood”这个词依旧有歧义。尽管“flood”和“tide”有相似的含义，但是这里潘西诺似乎指的并不是海水的运动。对于观众来说，他想帮朗斯区分这两个词的意图是很明显的。那么潘西诺（或者剧作家本人）到底要把“flood”一词作何解释呢？如果要说清楚这个词的意思，那么应该说它一定和水流的冲击和高涨有关。可如果是这样，这究竟发生在哪里呢？

另一头的朗斯还是没开窍，他叹息道：

> 错过涨水期，错过旅行，失去主人，丢掉工作，还有我牵着的那家伙！唉，*要是这河是干枯的*，我都能用眼泪把它哭满了；如果风不起来，我叹口气就能吹着船走了。

这里朗斯还特别暗示了他们是要在一条河上航行。尽管这个天真的小子一直说话诚实，却从没有人认真推敲过他在这里明确提到“河流”这个事实。潘西诺受够了这个笨蛋后，也懒得再给他解释，直接下令让他上路了。

到此为止剧中的文字游戏总算告一段落了，但是留给人们的疑惑却没有中断：潘西诺说假如朗斯不早点动身的话，他将错过“涨水期”（flood）。而当他用“tide”一词时，他的意思也可能是指“时机”或“某个恰当的时刻”。此前我们已见过同样的用法，普罗图斯在告别茱莉亚时就是这么说的。但现在，“tide”一词听上去既像是说“涨潮”，也像是说某个关键的时刻。从没出过门的朗斯既没有理解潘西诺说“flood”这个词的用意，也没有理解他说“tide”这个词的用意。可他又如何能知道这些？这毕竟是他第一次远离家门。而朗斯也不是唯一缺乏理解力的人，整个莎学界都有他的同伴。

就这样，在维罗纳的码头边，一面有潘西诺在催促，一面有“小螃蟹”边叫唤边使劲摇着尾巴，我们可以想象眼泪汪汪的朗斯拿起船桨，抽泣着沿河划了开去，向受命前往的目的地进发。

经由阿迪杰河前往米兰，这个主意有些麻烦，因为走不多久，阿迪杰河就转向东面流入亚得里亚海了。而米兰远在西边。那么为何不直接走陆路从维罗纳向西走到米兰呢？不管怎么不便，路上总还有些落脚的地方：皮斯卡利亚①、罗纳托、布列西亚、罗瓦托以及贝尔伽莫等。于是走陆路去米兰似乎是被旅行者们所接受的唯一合理选择。

这并不是说我们的剧作家好像就对此一无所知。他知道走路可行，但同时也明白一路上的艰难险阻。在戏剧第二幕第七场他甚至亲口这样说过。这时茱莉亚一心要跟随普罗图斯，想去米兰找他。在和女伴露西塔的对话中，茱莉亚恳求说：

> ……给我想个法子吧
> 让我既能保全名声，又能
> 去找我亲爱的普罗图斯。

露西塔回答说：“唉，这条路可长得累人。”在接下来的交谈中，茱莉亚说：

> 就让我去，别再拦着我吧
> 我会像条小溪一样耐心，
> 把每一步的艰辛当成快乐，
> 直到把自己带到爱人跟前；

---

① 威尼斯的鱼市。——译注

那时我才会休息，就像那

苦难的灵魂升入了天国。

茱莉亚并不打算坐船去米兰；而是准备步行全程，也就是目前最为经济而且普遍的旅行方式。

在潘西诺和朗斯大玩文字游戏那一场，朗斯被催着去沿河追普罗图斯。在我看来，不论“涨水”的地点在那里，显然它不在城里。潘西诺口中的涨水点应该在河的下游某处。

我租了辆小车驶离了维罗纳，沿着阿迪杰河停停走走，一直开到了列尼亚戈。此地正是阿迪杰河最后向东转向的地方。在这里我一无所获。自二十世纪初开始，这条河的两岸就建立了巨大的泥堤。这样一来就算原来河岸边有什么遗留的痕迹，也都被抹去了。列尼亚戈本身也不再是一个古老的小镇子了。自从 1882 年毁灭性的洪水退去以后，重建的城市今天几乎是全新的。

我心想，假设有办法解决从维罗纳坐船到米兰这个难题，而我在维罗纳或列尼亚戈附近的阿迪杰河沿岸又一时找不到这样的办法，那么，或许我能在这趟饱受争议的旅行的终点——米兰——找到答案。

于是我翻到剧本的第二幕第四场，普罗图斯刚刚抵达米兰，迎接他的正是瓦伦丁；此时他已先到并迫切地想与普罗图斯交谈。但是普罗图斯却在这一场结尾婉言推辞了：

你请先走一步，我会打听你的住处，

我得先回锚地，到船上取点必需品

然后我就去找你。

又一次，剧作家用到了“锚地”这个词。我们已经知道，两位年轻绅士启程时，就是从一个“锚地”出发。作者不经意间的用语给了我一点启发：从维罗纳到米兰的整个行程，可能是先沿阿迪杰河航行，然后在某个地方转入波河，这期间还有“涨潮”一说；最后再由水路到达米兰。但是米兰哪有“锚地”呢？城里没有一条可供航行的河流，更别提海岸了。怎么会有什么“锚地”呢？

可能性还是有的，米兰有一样东西，有别于大川大河，但对城市来说至关重要：而且它早在瓦伦丁和普罗图斯的航行之前就已经存在了。要说明这一点，手头若有一两张意大利地图就会大有帮助。当然我们不会像文学批评家那样去使用它们。

此外，这同一幕下一场开场几行对白，曾是最让人对剧作家的地理知识起疑心的地方。瓦伦丁的侍从史皮德撞见了普罗图斯的侍从朗斯（后者刚刚抵达米兰）；史皮德招呼道：“朗斯，我凭良心起誓，欢迎你来帕多瓦！”就是因为这句话，人们便认为作者搞不清他在写什么地方。但是批评家们似乎忘了，朗斯是个傻子，而史皮德专门喜欢捉弄人。史皮德这是在寻朗斯的开心。谁知那些粗心大意的编辑们（比如编订河滨版、柯林斯版和耶鲁版的编辑们），竟然篡改了原文，把“帕多瓦”改成了“米兰”。他们认定剧作家犯了愚蠢的错误，也不看看史皮德那句“我凭良心起誓”其实就是在告诉观众他是在故意歪曲事实。

从阿尔卑斯山区下来有几条重要河流，并行向南流淌，汇聚在宏伟的波河。被雪水充盈后，波河又向东注入亚得里亚海。在以米兰为首的伦巴底地区，提契诺河是最重要的河流之一，在帕维亚附近与波河交汇。提契诺河的确可供航行，但是它在米兰城西，直线距离有三十公里左右。米兰以东二十五公里是阿达河，它在克里莫纳附近注入波河。周边有这两条非常适合航行的河流，但相距不够近，于是米兰的市民们显然明白了他们需要怎么做。

八百年前，米兰人遇到一个现实的难题：假如他们不想点法子的话，在富饶的伦巴底土地上蓬勃发展的农场很快将面临长期缺水的问题。于是他们自力更生，单凭辛勤的汗水和铁锹牛车等简单工具，开凿了一条运河，全长达五十二公里，沿着地表轮廓从提契诺河穿过农场，绕过群山一直到米兰城内。1269 年，他们又加宽加深了河道，使其便于通航，这样船只就能一直开到米兰的城门跟前。人们把这扇城门称为“提契诺门”。此后，运河一步步得到完善，直至今日仍然可以看到，人们骄傲地称之为“大运河”。

早在瓦伦丁和普罗图斯坐船旅行前几个世纪，船只甚至船队就已经在波河上穿行了，这条河简直就是一片内陆的汪洋。甚至在罗马的普林尼记载它之前，就已经有船只往来于亚得里亚海和都灵之间，距米兰足有一百三十公里之遥。“大运河”上，货船和驳船不仅可以由波河转入提契诺河驶入米兰城门；其他船只可以继续沿提契诺河到达马焦雷湖和那里的矿场，去搬运用来建造米兰大教堂的石材。

米兰人还把“大运河”与老护城河连了起来，把后者一起加宽加深，变成了围绕城市中心的另一条运河。人们把这条城里的运河称作“内河”。通过“大运河”和原先护城河所用的当地水源的补给，“内河”拥有了清澈而又持续的水流。在河道适宜的地点建有码头，以及用于抛锚停船的开阔地。“内河”相当于为抵达船只提供了一个连绵的锚地。即便是来自特拉布宗、帕勒莫或巴塞罗那的货船——只要它们在亚得里亚海过得了威尼斯的关卡，就能载着货物和旅客进入米兰的市中心。

但这样还不够方便。人们需要一条更好更快捷的路线能从波河通到米兰。于是在我们的剧作家到来一个世纪前，米兰人又开凿了一条运河。这条河往东延伸了二十九公里到了阿达河。人们称这条水道为“马提萨那运河”或“马提萨那水道”。有了它和阿达河，米兰人就有了另一条更便捷的水路在波河之间往来。但马提萨那运河只适用于一些小船，却不能承载去米兰的大船。于是终于在 1573

年，人们加宽加深了马提萨那的河道。运河上的水门被称作“王冠门”——一个世纪前由莱昂纳多·达·芬奇发明——它们是专门用来开关水闸的。大型的客船或者货船可以从波河驶入阿达河，再进入改建后的马提萨那运河，由此开到“内河”，便到达了米兰的心脏。1573 年对这座城市来说是令人欢欣鼓舞的一年，很快就有游客大老远地跑来欣赏这个工程壮举。1928 年，“内河”被填埋成了街道。这个工程切断了马提萨那运河进入米兰的入口，但是运河至今还在而且尚可供航行，我也亲自领略了一番。

我们的剧作家为两个年轻的主人公作出了正确的选择。在二十世纪前后，河上的航行相对来说比较安全，而陆上旅行则不然。在意大利的森林中有强盗出没，尤其是在米兰公爵的领地和威尼斯公国之间的林地。桥梁常常年久失修，不知深浅的渡口有可能会瞬间

米兰市的运河系统：出自 1628 年间绘制的地图。在二十世纪中叶前，米兰一直被划为意大利的重要港市之一。

吞噬过往人马；沿路还有敲诈买路钱的小封建领主们。在有些地方，所谓道路不过是些交错纵横的小道。除非租驿马轻装上路，舍得花钱，那样走陆路才算是快捷的旅行选择。

另一方面，坐船在河流和运河上航行既稳定可靠又相对舒适。旅行者可以携带各种包裹和用品，以及面包、酒和香肠等食品，同时又可避免寄居于蚊蝇滋生的旅店和踏入盗贼横行的森林。再者旅客也可带上一个贴身的随从。

在十九世纪的铁路建成以前，欧洲大陆的河流和运河上均有客船和货船在航行。若将十六世纪水路和陆路两种旅行方式作个比较，那么一匹马在陆地上行走，可以驮八分之一吨的货物，约合二百五十磅；一匹马拉的车可载八分之五吨的货，约合一千二百五十磅。两者都十分缓慢。但是在河边一匹纤马能够拉动一条载重约三十吨的驳船，约合六万磅；而在运河边则可拉动五十吨，约合十万磅的重量。一个船工在运河或河上用长桨划船几乎可以和马儿干得一样好，而且沿路省去了许多开销和麻烦。贵族们在运河上坐船旅行，带着大包小包的用品，往往是去拜访另一处府邸。水上航行是最理想的选择。

由于米兰的运河一直以来持续发挥着重要作用，直至1958年，意大利政府接管所有运河以后，它仍将米兰列为“主要海运港口”之一。而早在意大利统一前四百年，这就已是公认的事实。进入二十世纪以后，米兰和热那亚，那不勒斯，威尼斯，的里雅斯特，利沃尔诺，墨西拿，巴里等地共同被列为港口城市，米兰在意大利所有港口中的货运吞吐量列居第三位。

找到这些信息，我算是前进了一大步，但是剧中两位青年的维罗纳—米兰之旅中，还缺少一个重要环节。在米兰时我意识到，只有重溯他们的旅程并先解决一个棘手的问题，我才能安心留下来享受米兰风光，看看瓦伦丁与普罗图斯的故事。阿迪杰河与波河之间有二十公里左右的陆地，他们是怎样把船开过去的呢？在戏剧里面

抵达“大运河”的一处内港，约摄于 1905 年。（出自《米兰的运河：过去和将来》，西尔瓦那出版社，1982 年，第 26 页）

有一条线索，尽管按剧作家在意大利戏剧里惯常的迂回方式，这条信息也被巧妙地伪装了起来。那就是潘西诺口中的“涨水”（flood）一词。

今天的“大运河”。（作者摄）

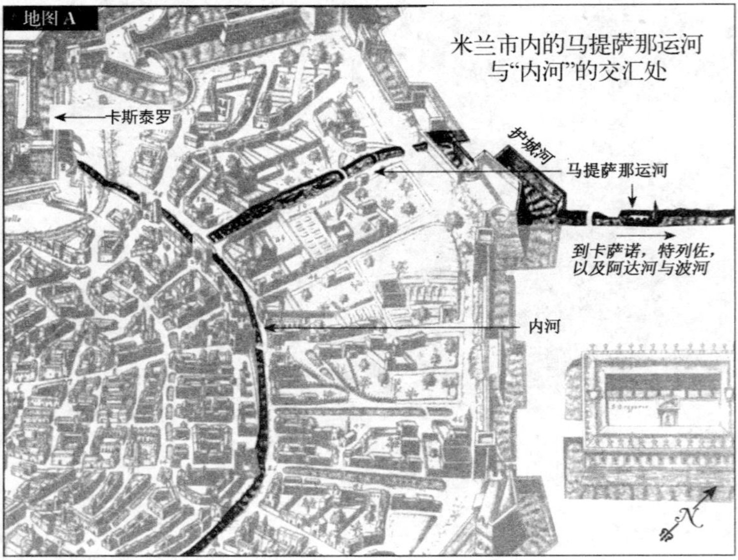
地图 A
米兰市内的马提萨那运河
与“内河”的交汇处
卡斯泰罗
护城河
马提萨那运河
到卡萨诺，特列佐，
以及阿达河与波河
内河

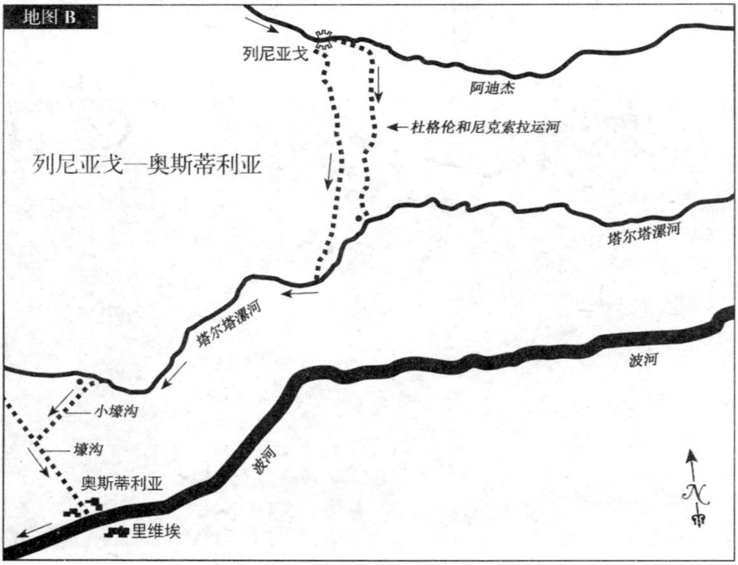
地图 B
列尼亚戈
阿迪杰
杜格伦和尼克索拉运河
列尼亚戈—奥斯蒂利亚
塔尔塔漯河
塔尔塔漯河
波河
小壕沟
壕沟
奥斯蒂利亚
波河
里维埃

米兰的马提萨那运河。(图出恩佐·皮费里编著的《米兰昔日的运河》，1886年初版)

马提萨那运河上的马拉货船。(图出《米兰的运河：过去和将来》，西尔瓦那出版社，1982年，第27页)

米兰的提契诺河港。(图出恩佐·皮费里编著的《米兰昔日的运河》，1886年初版)

潘西诺对朗斯说：

> “我说你要错过涨水期了，这样一来，你的旅行泡汤了，你的旅行一泡汤，你的主子也丢了，主子一丢……”

动身来到维罗纳之前，我有幸收到了鲁斯·米勒的来信，她是一个独立研究莎士比亚的学者，也是我长期以来的好友。她给我寄来了几本爱德华·沙利文爵士的关于莎士比亚和意大利的著作。其中有一篇发表于1908年的论文，题目就叫《莎士比亚和意大利北部的水道》。这篇文章通过仔细的研究为意大利剧集中对水道的描写进行辩护。写到《维罗纳二绅士》时，沙利文不仅描述了米兰的“大运河”和“马提萨那运河”的起源和特征，还在里面引用了意

参议院街附近的“内河”。（图出恩佐·皮费里编著的《米兰昔日的运河》，1886 年初版）

议会街附近的“内河”，摄于约 1920 年。（图出《米兰的运河：过去和将来》，西尔瓦那出版社，1982 年，第 103 页）

大利本地历史学家和旅行者的著作。在这以前做莎士比亚研究的人中很少有人做到这一步。以下引用他写到米兰的部分文字：

> 我们发现在 1497 年，城市一方面通过马提萨那运河与阿达河有水上交通。另一方面通过“大运河”与提契诺河，波河和马焦雷湖有水上交通——这些情况足够印证卡尔洛·帕尼亚诺在 1520 年发表的观点，即尽管米兰去海遥远，仍可被看作一个海运城市。

在我看来，《维罗纳二绅士》中旅途起点和终点的那两个“锚地”，加上中间潘西诺所说的“涨水”，都等于是在敦促我留下来找到答案。在沙利文的论文中，并没有迹象表明他亲自来意大利进行过实地考察，而我恰好就在这里，准备好了要进行一次研究。在阿迪杰河与波河之间，无论如何必须存在一条运河，把这最为重要的两大水路联系起来。那么，这应该是一条至关重要的运河，而且因其重要性使然，必须有人*按规定的时间*进行操作。此时河上的水门会被相继吊起（即“涨水”），之后再用泄洪闸放下：这样就造成了一个定期的“涨水”过程，而河上的船员都了解这个时间并按它来安排在阿迪杰河与波河之间的航程。若有这样一说，那么潘西诺的焦虑就解释得通了。他一看到朗斯在码头边磨蹭便骂开了：“呸，你这家伙！……你要错过涨水期了……”

上回我循着阿迪杰河搜寻的时候，是从维罗纳下到了列尼亚戈。这一回，我要南下到更远的地方，寻遍这两条河间所有的陆地。在我的地图上，我用圆规以列尼亚戈为圆心画了一条弧线到波河，我发现在离它河岸西南方向约二十公里有一处地方的最适合作为我这条假想的运河的另一端：那是古老的河港奥斯蒂利亚。

在爱德华·沙利文爵士文章的脚注里写道：

> 这条壕沟，或者说运河，在奥斯蒂利亚（古称奥斯提亚）把塔尔塔漯河与波河连接了起来。这条运河无疑自公元1000年以来就已存在……而且极有可能是1510年威尼斯的船队从波河遁入阿迪杰河所用的那条运河，如圭齐亚蒂尼所言。（此处指圭齐亚蒂尼十六世纪的名著《意大利史》）

列尼亚戈也是一个古老的城镇，也就是说如奥斯蒂利亚一样，它建在目前这个地理位置，也有着古老的渊源：它要不就是作为两河间向西航行的港口，要不就是作为一个离奥斯蒂利亚最近的节点，通过我这条假想中的运河即可到达。假如米兰人在1269年就能挖出一条五十二公里的运河，1470年又挖了一条二十九公里的

米兰市“大运河”上的“王冠门”。

运河，那么依我看维罗纳人或者曼图阿人有充分的时间挖一条区区二十公里的运河，以供瓦伦丁和普罗图斯这样的旅人使用。可是地图上却并没有这条运河。

在两河之间的乡野，我倒是真的见到了几条较大的运河穿过农场，但是它们上面建满了水坝和堤道，看起来像是现代的灌溉水渠。另外在阿迪杰和波河之间我也找到了那条相对不那么引人注目的河流，即圭齐亚蒂尼提到的塔尔塔漯河，穿过农场在两条大河之间向西穿行。可如今它上面也建了许多堤道，所以看上去也像条灌溉水渠而非自然的河流。

一想起沙利文提到的奥斯蒂利亚，还有那条被他称作“壕沟”的运河，我调转车头就往那儿开去了。那里正是我假想的运河的另一头。可是一到那里，我失望地发现这里并没有什么运河的影子。但是通过陪同我的翻译和当地老人的交谈中，我得知这里原来确有一条连接到波河的运河，人们叫它“壕沟”。但就米兰人所知，这条河流最远只能通到塔尔塔漯河，而且已于 1928 年因蚊蝇滋生而被弃用填埋。

米兰的达·芬奇纪念碑：达·芬奇设计是“王冠门”的设计者。达·芬奇的设计使得运河得以拓宽并容纳大型船只，极大地促进了意大利十六世纪的经济发展。（作者摄）

通过和奥斯蒂利亚当地人的接触，我得知在波河彼岸那受人尊敬的里维埃，有位有识之士曾写过奥斯蒂利亚的历史。我于是穿越了大河（当然是从现代的大桥走的）到了里维埃的贡查加宫，这里曾经是市政厅。我非常荣幸地得到了里维埃市市长本人的亲自接见，而他在一位可爱的译员陪同下，带我拜访了季诺·马格里教授。马格里教授是研究波河的专家，他慷慨地为我提供了有史料记载的关于“壕沟”的细节，给了我几本他和其他学者所著的关于“壕沟”、波河以及其他重要地方的书。其中一部重要的作品就是他的《拿破仑时期的奥斯蒂利亚》，该书于 1982 年在奥斯蒂利亚出版，它成了我们进一步详谈的催化剂。

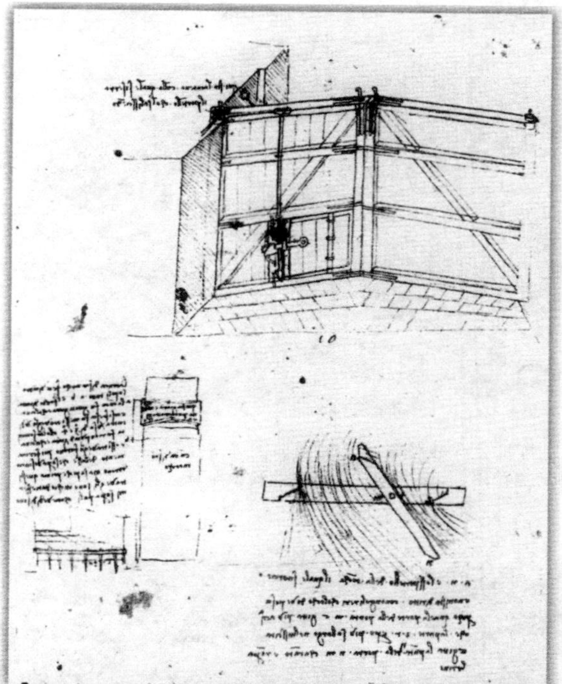

莱昂纳多·达·芬奇设计的“王冠门”：图为达·芬奇亲笔绘制的设计图。“王冠门”由两扇水闸门组成。闸门固定在运河两岸，面向水流的上游以一定角度打开。这个设计使河流的宽度加倍并易于操作。莱昂纳多的革命性发明一直被沿用至今。（图出恩佐·皮费里编著的《米兰昔日的运河》，1886年初版）

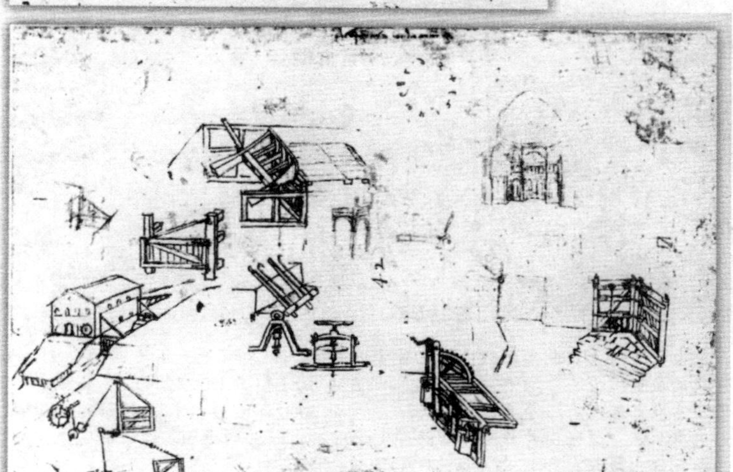

十六世纪的“驳船”：可用于称呼任何水上的船只。作者 J. F. 科斯塔，版画家。（选自《布伦塔的里维埃》，保罗·提托著，熊猫出版社，前言第一页）

在意大利运河上用驳船航行：时间对于过去的人们又有另一层不同的含义。尽管驳船航速缓慢，但它却宽敞舒适——更不用说和陆上交通相比要安全得多。请注意在船尾只有一个船夫在使长桨。（照片出自电影《木屐树》，导演埃曼诺·奥尔米。这张图片作为历史的再现被用在《米兰的运河：过去和将来》中，西尔瓦那出版社，1982 年，第 44 页）

在书中一处地方，马格里不经意地提到了另一条河："小壕沟"，并说沿着它能从列尼亚戈航行至此。在另一处他又说它是"从列尼亚戈过来的常用水道"。我向他请教这些说法的历史背景。1928年，当他还是一个小男孩时，他曾亲眼看到老"壕沟"和"小壕沟"被填埋。他还告诉我在奥斯蒂利亚哪里可以买到1895年拍摄的这两条河的老照片。

1405年，当维罗纳成了名叫"威尼托-伦巴多"的威尼斯公国的一部分以后，从阿尔卑斯山到亚得里亚海之间的阿迪杰河河道就成了威尼斯的财产。古老的列尼亚戈于是成了新兴的威尼托—伦巴多边境的重镇。

驳船于"锚地"靠岸：意大利北部运河交通队商贸货运和行李运输都至关重要。泊船点或者"锚地"建在城内，沿河道按固定的距离设立，与今日的公交车站相仿。(照片出自电影《木屐树》，导演埃曼诺·奥尔米。这张图片作为历史的再现被用在《米兰的运河：过去和将来》中，西尔瓦那出版社，1982年，第48页)

1438—1439年间，曼图阿侯爵吉昂佛朗切斯科·贡查加正在和威尼斯开战。吉昂佛朗切斯科进攻了列尼亚戈，欲摧毁航行于阿迪杰河上的威尼斯战船。为了把自己的战船从波河上拉过来，吉昂佛朗切斯科·贡查加对“壕沟”进行了整修，甚至开凿了一条捷径“小壕沟”，这是从“壕沟”分出来的一条支流，一直连到塔尔塔漯河（“壕沟”也与塔尔塔漯河相连，但角度于他的战船不利）。于是现在我有了一条更为有力的线索。如果说吉昂佛朗切斯科用“小壕沟”缩短了“壕沟”，并准备由此袭击阿迪杰河上的威尼斯战船，那么他必定要用到一条源自塔尔塔漯河某处并靠近它与“小壕沟”交汇点的运河，再驶完余下的航程来到阿迪杰河上。但具体在哪个位置，又如何转向，连马格里也无法说清。虽说他记得的确有过这样两条运河，但两者都在十九世纪末或者二十世纪初消失了。

奥斯蒂利亚：市中心的××塞墩布里街，图中可以看到“壕沟”（照片摄于1895年）。（图片来源：作者本人收藏的明信片）

我告诉马格里，有一部英国的戏剧叫做《维罗纳二绅士》，里面写到了去往米兰的航道；另一部戏剧《驯悍记》里则提到了米兰与威尼斯之间的争斗。然后，马格里告诉我奥斯蒂利亚、“壕沟”、

与“壕沟”并行的伯尔第奥里街（照片摄于1895年）。（图片来源：作者本人收藏之明信片）

“小壕沟”以及直到塔尔塔漯河边的领域都是曼图阿的领地。而河对岸就是威尼斯的势力范围。他告诉我在维罗纳的公共图书馆里或许有关于塔尔塔漯河与列尼亚戈之间运河工程的记载；另外，在维罗纳省的档案馆也或许能找到有用的信息。

随着交谈进一步深入，我还了解到一些有趣而又复杂的重要史实。比如我知道了曾经确有一个把波河、塔尔塔漯河以及阿迪杰河连接起来的运河体系。但很不幸，没有任何遗迹保存下来。我也了解到，过去从波河开往阿迪杰河的船只会在奥斯蒂利亚下波河，穿过这个城市进入“壕沟”，然后右转进入“小壕沟”，这样就到了塔尔塔漯河。接着船只会沿塔尔塔漯河驶入尼克索拉运河或者并行的杜格伦运河，通过它们就可以在列尼亚戈进入阿迪杰河。我试着把这个复杂的路线画下来，一面参考第一次徒劳搜索时所用的商业地图。马格里点头称许，说我画得没错。

回到维罗纳以后，我在翻译的陪同下直奔公共图书馆。那里的图书管理员从书目卡片中选了四本书，浏览了一番。她并没有找到多少有用的信息，尽管有几处地方似乎证明了马格里的说法。这周的下半段，翻译和我去了维罗纳省档案馆，在那里经过一番苦苦搜寻，我们在馆藏文件中找到了一幅地图，题名《威尼斯省的边界和塔尔塔漯河的沿岸》。当这尘封的地图被展开时，我屏住了呼吸。而当我看到由一条条运河组成的体系把阿迪杰河、塔尔塔漯河和波河连接起来时，我的心几乎停止了跳动。这就是我的证据。终于，此刻展现在我眼前的，是无可争议的铁证：我长久以来持有的观点

奥斯蒂利亚："壕沟"，（照片摄于 1895 年）。（图片来源：作者本人收藏的明信片）

是正确的。这幅 1713 年绘制的地图经过上色。它不仅印证了马格里的描述，而我也更欣喜地发现它和我自己手绘的草图如出一辙。维罗纳档案馆的这幅地图极为重要，我决定必须复印下来放在我书里。不过仔细看过我手中的副本后，我有些担心它印出来后不够清晰。我别无他法，只好誊下来，将比例调至约和我手里的商业地图一致。不过抛开技术上的问题不论，我的直觉看来准确无误：在维罗纳和米兰之间的水路航行不仅发生在两个青年的故事里，它还曾经是真实的历史。

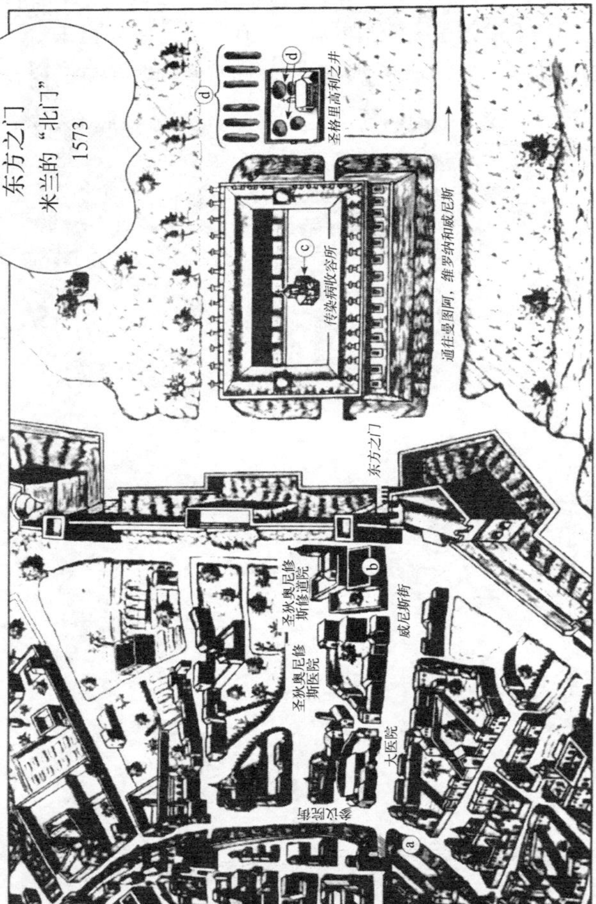

a. 内河
b. 修道院围墙
c. 圣马利·德拉·桑尼塔(60年后重新命名为圣卡洛·博洛米欧)
d. 圣格里高利之井(出自作者收藏的十六世纪地图)

第三章

《维罗纳二绅士》（第二部分）“米兰：到达与启航”

在《维罗纳二绅士》一剧中，瓦伦丁动身前并未将一切都告诉普罗图斯。或者也有可能普罗图斯已经知道瓦伦丁米兰之行的真正原因。但仅从第一幕第二场的对白看，他并不像是知情的样子。

一开场普罗图斯极力想说服瓦伦丁留在维罗纳家中。而瓦伦丁这样回答：

别再劝我了，亲爱的普罗图斯
足不出户的年轻人永远只有平庸的脑瓜
在你那芳名远播的爱人的眼前，
我愿向她祈求有你的陪伴
同去观看美妙的大千世界
也不愿意志消沉蜗居在家
游手好闲，荒废我们的青春。

不论普罗图斯当时是否知道瓦伦丁的真正意图，观众们目前是绝不知情的。但看到第一幕第三场时，我们心下就明白了——或许比普罗图斯还更早些——这件事比“观看美妙的大千世界”要紧得多，实在是个千载难逢的良机。

第三场开始时，普罗图斯的父亲安东尼奥和管家潘西诺一同出现在台上。两人有一段耐人寻味的交谈：

安东尼奥：潘西诺，刚才我的兄弟和你
　　在走廊里谈些什么要事？
潘西诺：他说起了他的侄子——您的儿子。
安东尼奥：是吗，都说了什么？
潘西诺：他说，不明白为什么老爷您
　　让他在家里虚度自己的青春。
　　而其他声望不及我们的人家
　　都把儿子送去外面寻找机遇；
　　有人去打仗，在战场博功名；
　　有人去远航寻找新的岛屿；
　　有人去大学里面钻研学问；
　　他说，里面不论哪种活动
　　都十分适合您儿子普罗图斯；
　　他要我来和您也好好说说，
　　别再让他在家里消磨时光。
　　年轻时不出去增长点阅历，
　　在他这个年纪倒是种阻碍。
安东尼奥：其实不消你讲，
　　一个月来我正在斟酌此事；
　　心想如此任时间白白过去，
　　若没经过外面世界的考验
　　这样他以后恐怕难成大器；
　　阅历要靠勤奋努力来获得，
　　再通过时间积累日臻完美。
　　告诉我，我将他送去哪里最好？

潘西诺：我想老爷您并不是不知道，
　　他的好友，年轻的瓦伦丁，
　　正在宫廷里面侍奉皇上。
安东尼奥：这我知道。
潘西诺：我想，老爷送他去那里甚好
　　在宫廷里他可以操练武艺，
　　听优雅的谈吐，和贵族结交
　　又可观摩与他的青春和身份
　　匹配的种种活动。
安东尼奥：说得对，我赞同你的建议，
　　你会看到我是如何赞赏你，
　　大家马上就能见到行动，
　　我要送他去皇上的宫廷。
潘西诺：如果您乐意，明天唐·阿方索
　　和其他几位有身份的绅士
　　就要启程去觐见皇上
　　并将向他请求为他效劳。
安东尼奥：很好的旅伴，普罗图斯就跟他们走。

这些维罗纳的年轻人去米兰，是为一桩关于前程的大事：去“觐见皇上，并请求为他效劳”。当然，如果他们恰好在路上欣赏到了奇妙的风景，自然更好。但他们背井离乡是为了走在时代的前面，用意大利人的话说，就是要在“皇上”面前留下一个好印象，以期谋得高位。

意大利语里专门有一个词用来指代个人的追求，不论是官职、爵位、荣誉或别的什么，他们都称之为“私物”。要知道具体如何得到它，有内行已经专门写了一本著作给出了指导。他的名字叫巴尔达萨雷·卡斯蒂里奥内，他的大作就是《廷臣之书》，1528 年出版于威尼斯。

这些年轻人要做的事——为皇帝效劳——似乎显得与事实不符。他们是维罗纳人，因此就是享有自治权的威尼斯公国的子民。可是他们却要前去觐见居住在米兰公爵封地的统治者。他们穿过边境，从一个国家来到另一个国家，而两地常常势不两立，一直以来争战不休。不过，当有“私物”可得时，这一切都不值得担心。立场问题在十六世纪根本不算什么。

瓦伦丁和普罗图斯也不过是遵照父命行事。他们的父亲在面对许多选择时作出了明智的决定。潘西诺把它们的追求和其他正当的行业放在一起：比如打仗①，发现新岛屿，上大学等，“不论哪种活动”都行。我们的剧作家不仅一一列举了这些活动；他还会在其他戏剧里专门写到其中几样。在《终成眷属》里面，伯特兰伯爵尽管是法国人，却跑去托斯卡尼打仗；而在《驯悍记》里，年轻的世家子弟路森修要去帕多瓦的大学读书。

尽管欧洲其他国家的特权阶级家庭从1528年后的确都开始阅读《廷臣之书》，但在阳关灿烂的意大利，它的运用自然又有不同之处。据说这种区别一直延续了下来。正如路易吉·巴尔齐尼在他那本饶有趣味的《意大利人》中写卡斯蒂里奥内时写的：

> 也许作者的教诲深深地烙在了他同胞的意识中，因此现在已经成了他们天性的一部分；或者说更可能的是，他自己身为意大利人，只不过把当时几乎无人不知的东西记录成文了，自然几个世纪以后人们仍不会忘记这些知识。

---

① 奥利弗·罗干在《威尼斯的文化和历史：1470—1490》中写道：“大批乡绅从戎时都在欧洲其他权贵的军队效力，在皇帝军队中尤为多见，当时外省的贵族青睐哈布斯堡王朝，相信在他们周围可得到更好的待遇。”

不管是哪种情况，这些青年去米兰时，要不就是心中谨记这些教诲，要不就是怀着天生追求成功的渴望。那么，再也没有比去皇帝宫廷里面更好的机会和地方了——这不是公爵或国王的宫殿，而是最有权威的宫殿——在那里大把的机遇在等着他们，简直让他们难以置信。而这个宫廷恰好近在咫尺，只需跨过边界去到米兰，只需在平稳的河流运河上安安稳稳地从自己城里的码头直接航行到米兰的市中心，即可轻松到达。

但要完成这一壮举却有个难题。剧作家的批评者已经写了又写，声称作者认为米兰有个“皇宫”，这真是荒谬。他们对此各抒己见，如新福尔嘉图书馆版《维罗纳二绅士》190页的“长注释”中这样写道：

> 1.3.28. 皇上：莎士比亚有时在剧中把住在米兰宫廷里的统治者称为“皇帝”，有时称“公爵”。有注家曾指出神圣罗马帝国的皇帝查尔斯五世也同时统治米兰的公爵封地。这个史实或许和剧情相关，抑或这两个名称的混用仅是早期戏剧中另一处前后不符的情况。

批评家们对自己的结论总是信心满满，指出自从罗马覆灭以后，米兰从来不是哪个帝国的都城。米兰只是一个公爵封地，这是事实。它的统治者是一个公爵。他们说，这里作者又犯了错误。——但是他真的错了吗？尽管作者写这些旅行者要去见“皇上”，“皇上”却没在剧中出现。在《维罗纳二绅士》中唯一可以找到的权威是“米兰公爵”。在热衷挑刺的人中已形成一种习惯，把这种情况都归因于作者对米兰历史和地位的无知。

每当剧作家开始旁敲侧击地写某些细节时，就该引起我们注意了。《罗密欧与朱丽叶》中三次提到的“圣彼得教堂”就是一个极好的例子。同样在《维罗纳二绅士》里，他不仅三次提到了“皇上”，还三次提到了他的宫殿，称之为“皇帝的住所”或“统治者的住所”。看来他似乎费了好大劲来犯一个关于意大利的错误。那么这个皇帝会是谁？如果他理应出现在米兰，为什么他又不出现呢？

在十五世纪的大部分时间里，意大利十分繁荣。它的文艺复兴让全世界为之倾倒。尽管内战不断，它北部的封建领主至少有实力抵抗大部分的外族入侵。但是到了1494年，情况就变了。这时法国的查尔斯八世入侵了意大利。当时被称为“摩尔人”的米兰公爵路德维科·斯佛萨请他来意大利帮忙对付那些令人头疼的邻国。法国这次入侵标志着后面意大利三十多年混乱局面的开始。一个又一个法国国王入侵，进行劫掠和破坏。只有一些组织涣散的部队和意大利几个邻邦组成的脆弱同盟进行一些抵抗。接着，另一个查尔斯又从阿尔卑斯山和比利牛斯山另一面的西班牙、德国和瑞士以解围的名义派兵过来。

这另一个查尔斯自称“卡洛斯”，是欧洲大陆自查理曼大帝以来最强大的君主。他就是西班牙国王（1516）和神圣罗马帝国皇帝（1519）查尔斯五世。除西班牙和中欧之外，他的领地包含了所有属于西班牙的新大陆、低地国家以及那不勒斯、西西里和撒丁岛等王国。他通过征战和继承控制了地中海地区战略要地的岛屿以及北非的部分地区。此外，一些意大利的公爵也向他称臣，宣誓效忠。

就是这个查尔斯皇帝在意大利的国土上迎战了法国人和它们的同盟，其中包括美第奇家族的教皇克莱门特七世。1525年查尔斯在帕维亚击败了法国国王佛朗西斯一世，他手下那些难以教化的雇佣兵袭击并洗劫了罗马城，这事在历史上有记载，被称为“罗马的沦陷”，经过这场悲剧，此后多年罗马只剩下废墟和贫困。

整个事件令人难以理解，历史学家们差不多放弃了对其进行完整的描述。在短短二十四个月里，皇帝更换了训练有素的部队，与教皇克莱门特议和并围攻了反叛的佛罗伦萨公国，再次把美第奇家族扶上统治者的位置。

最后在1529年8月5日，通过签订《坎布莱合约》，意大利又重获了和平。米兰以及意大利大部分地区都成了西班牙王室的附属国。之后，皇帝来到意大利作一次凯旋之旅。1530年在博洛尼亚，他获得了最高殊荣，加冕成为皇帝，典礼由克莱门特七世主持，这就是那个和皇帝站到一边的教皇。事实上，查尔斯五世几乎不需要教皇给他加冕，正如朱利亚斯·诺威奇在《威尼斯史》中所说：

> 这不是一场必须举行的典礼。他之前的几个皇帝包括麦克西米兰都没有进行加冕，而查尔斯自己也已经在皇位上坐了十年，并没有得到所谓权威的最后认可。但事实是，只有当教皇把皇冠放在他头上后，他才可以名正言顺地称帝，而对一个拥有强烈神圣使命感的人来说，头衔和仪式两者皆不可少。

这个皇帝希望巩固他在米兰公爵封地的权威。米兰公爵佛朗切斯科并非他的臣下，尽管皇帝本人作主把十二岁的侄女，丹麦的克里斯蒂娜许配给老弱而和善的公爵。鉴于皇帝的军队驻扎在意大利北部，到1533年公爵终于在多方面压力和引诱下屈服了。他把皇帝请到米兰接受他的宣誓，并将米兰公爵封地交给皇权。皇帝陛下欣然接受了佛朗切斯科的请求。

当人们听说皇帝陛下将到米兰进行必要的仪式时，城里乃至整个领地上远远近近的地方都沸腾了。准备工作紧锣密鼓地开展起来。不单是意大利的贵族和平民开始聚集，远近各路艺术家和工匠也都赶来帮着装点城市。吉昂佛郎切斯科·贡查加——那个欠了皇帝人情的曼图阿公爵派来了著名的宫廷画家圭里奥（朱利奥）·罗曼诺①——他是唯一被我们剧作家提到的艺术家——来创作一个美

① 《冬天的故事》第五幕第二场。

查尔斯五世肖像。1584 年，(作者提香)。这位皇帝坐在椅子上，穿着自己喜爱的西班牙服装。

轮美奂的“帝国凯旋门”。米兰的当地人安排了大型的演武格斗场。皇室的纹章被印上了每扇城门、每扇教堂大门和斯福切斯科城堡的里里外外。这幢巨大的石头建筑今天仍可看到，是意大利文艺复兴的代表性建筑。查尔斯五世的西班牙军队已经在这里安营扎寨，这会让公爵更加死心塌地效忠皇上。

公爵的府邸在城堡里面，已经过一番布置。这个名为“小城堡庭院”的地方是专门留给皇帝使用的，在这期间公爵和家人暂住在文艺复兴时期建造的“慈悲的圣母马利亚”修道院。这个地方在当时享有盛誉。因为四十年前达·芬奇就在此创作了《最后的晚餐》。

举世闻名的米兰大教堂经过了节日的装点，此外还添上了皇家的纹章；在中央大门上有这样的铭文：

> 哦众望所归的恺撒啊，您击溃了土耳其人，重塑了基督教共和国的和平，以新的契约统一了意大利，请您安抚并扶助这饱受摧残的城市吧。

1533年3月10日的傍晚，查尔斯到达了米兰，由“罗马门”进入城市，这相传是古罗马皇帝进城用的门。乐队奏起了皇家的托卡塔，一路彩旗飞扬，贵族们穿着查尔斯五世穿着的西班牙装束候立于一旁。皇帝径直来到大教堂，走进那扇中央大门接受加冕仪式。礼毕后，他被护送到准备停当的“小城堡庭院”，在这里除了为他和随从准备的最上等的待遇之外，还配有一个宝座和其他宫廷装饰。第二天，他接受了公爵的宣誓，在接下来的几天中，他稍事休息，主持了一些政务，并同众人进行了交谈。

米兰公爵的宫殿“小城堡庭院”：位于斯福切斯科城堡内部。（作者摄）

第二天，即3月14日一早，皇帝与随从人马外出狩猎。他原计划要出行两三天。但是他并没有回城。相反，人们发现他和他的人马悄悄越过了提契诺河和波河，翻过了利古里亚的亚平宁山脉到了海边；最后他在热那亚上了一条船回了西班牙。

这是记录下来的文字。但就像所有公文一样，记录员本人没有发表意见。不过佛朗切斯科·圭齐亚蒂尼在《意大利史》中倒是说起了这件事，按他的说法“皇帝本人急于回西班牙，是有几层原因；但最主要的是他急于生子，因为他的妻子还留在家里”。

查尔斯再也没有回过米兰。他从城里消失得太快了，显然没有足够的时间出现在戏剧里。但是他的突然离去却正好给了瓦伦丁和普罗图斯另一个施展身手的机会。现在公爵搬回了斯福切斯科城堡，城里的彩饰，除了皇帝的纹章外都被一一卸除。同时米兰大教堂门前的那段请愿的铭文也被摘了下来。但是皇帝驾到的确切时间是肯定的：1533 年 3 月 10 日傍晚至 1533 年 3 月 14 日早晨。

剧作家不仅在剧中写到了米兰历史中尴尬的一页，而且还唤起了人们对那位皇帝和他的孝子菲利普的记忆。在戏剧写作完成的时候，菲利普正好继承了家里日不落的地产，还和英格兰结下了三重怨。先是查尔斯五世遗留下来的一笔旧账，西班牙人觉得阿拉贡的凯瑟琳（查尔斯的姑妈，菲利普的姑婆）受了亨利八世的凌辱，亨利为娶伊丽莎白一世的母亲[①]，将凯瑟琳抛弃并软禁起来。其次英国人对菲利普和凯瑟琳之女，人称“血腥玛丽”的玛丽·都铎的婚姻恶语相向；这场婚姻让他在名义上有了自称“英格兰国王”的权利。第三，玛丽死后，菲利普向伊丽莎白求婚，遭到拒绝。查尔斯未能征服英格兰，便把征服法国周边国家的重任交给了菲利普。而就目前来说，菲利普还没有尽到孝道。

随着皇帝的不辞而别和春天的临近，我们那两位前途远大的青年和城里的其他人一样有些不知所措。瓦伦丁既已先到，普罗图斯也将随后到来，但城里已经没有什么可供观赏的帝王景象了。他俩的父亲也许很失望，不过两个儿子倒满不在乎。出了家门以后，就该给自己找点事了。瓦伦丁在这方面带了个头。他爱上了一个叫西尔维娅的女子，是米兰公爵的女儿，也是第四幕第二场第三十八行

---

① 安妮·博林（1501—1536）。——译注

那首名曲《谁是西尔维娅?》的女主人公。戏剧里面的公爵显然不是历史上的公爵本人;真正的米兰公爵并没有女儿。于是这样我们又回到了想象中的世界。

大约一个世纪以前,《维罗纳二绅士》的批评家们认定我们的戏剧家至少对米兰的一处地方有明确的了解。他在戏剧里提到了米兰城外的一个教堂,而且还提到了它的真名:圣格里高利。再精确点,第四幕第二场中作者提到的不是教堂本身,而是“圣格里高利之井”。许多批评家都研究过这口井。他们认为它的确是存在的,而且惊讶剧作家连这都知道,但他们也各有各的说法,有说这是一眼泉水,有说这真是一口井。

为了支持剧作家从没出过英格兰这个观点,有人解释说这可能是作者从一幅十六世纪的米兰地图上看来的。这幅名叫“布朗和霍根伯格”的米兰地图是一本德国地图册《全世界的城市》里的一页,该书出版于1572至1598年间。图册行销各地,其中也包括英格兰。在那幅地图上,有个标错了位置的“圣格里高利”教堂,但却没有“井”。此外在城北还有一幢大型四方建筑,紧挨着一扇叫做“东方之门”的城门。十六世纪的人绘制地图时很少画到城墙外的事物——除非他们认为它有足够的重要性。

这幢巨大的建筑是米兰的传染病隔离院,米兰人简称“拉萨勒托”。地图在隔离院中间的大院里画了一个小教堂,写着“格里高利”的字样。我那本可靠的米兰导游册①说这个小教堂在当时应该叫做“圣马利亚健康教堂”,而非“圣格里高利”。

意大利的许多城市都有传染病隔离院,均以《圣经》中死而复生的拉萨路的名字命名。在瘟疫时期,它被用来隔离病人或者看起来不健康的旅行者,是官方控制瘟疫受害者和传播者的集中营。一

① 《阿戈斯蒂尼导游——米兰》,阿戈斯蒂尼地理研究所,1990。

米兰的传染病隔离院。前五个拱门里面的房间今天被用作俄国东正教的教堂。

收容所内部。(作者摄)

般在城外划出一块地给这些人，供他们在那里祈祷，尝试治疗，但几乎所有人都死在了里面。在城墙内靠近病院的地方是一个修道院，里面住着关爱垂死病人的善良修士。

米兰的隔离病院规模庞大，四面围墙，每条长约五百码，整个病院占地约一百五十万平方英尺，约合十四万平方米或十四公顷。围墙和外面的护城壕到1880年就基本上全部消失了，如今这个轮廓主要由四条街道确定下来：圣格里高利街，拉萨勒托街，维托里奥·威尼托街和布宜诺斯艾利斯街。这是个巨大的地方，足以容纳数以千计的病人，历史上至少两次隔离人数的确达到了这个数目。1575年，一场瘟疫降临到意大利多个地区，1576年，瘟疫扩散到了米兰。大量染病和垂死的人被送到隔离病院，瘟疫高峰时期里面有多达一千六百人。

今天米兰的交通图上有一个叫“圣格里高利”的教堂，它就在几近消亡的隔离病院对面。这是个建于1900年的大教堂。地处十六世纪的城墙以外。我在圣器室找到了一个牧师，他正准备去做弥撒，不过正好有点时间为我解答一两个迫切需要解决的问题。

首先，我想弄明白圣格里高利是否一直就在老地方，还是它的原址建在隔离病院内。其次，我想知道教堂内（不管在哪个地方）是否曾有一口井。我告诉他，传说在老隔离病院内有个教堂，教堂里有一口以圣格里高利命名的井。他便问我“到底是谁这么说来着?”我答是一些英美的作家把它称作“圣格里高利之井”。我特意地避免了提到剧作家的大名。

我问了牧师的意见，但从他脸上的表情就能看出他的想法：这儿来了个异想天开的美国疯子，站在他的房间里。牧师本人十分和蔼，要不是我这个时候来圣坛前追问，本会更加耐心地回答我。在我提问时，他把头摇得和拨浪鼓似的：

> 不，不，我们圣格里高利教堂从来就不在隔离病院里面。

你们都只会看那张德国的破地图。那根本不对。圣格里高利一直在外面。我们最早的一栋建筑在这条街同一侧几米开外。我们的教堂就建在老建筑的遗骨上。隔离病院在马路的另一头。

那水井又是怎么回事?

从来没有，这里从没有水流、泉水、喷泉、水井或别的水源。不管大的小的通通没有。即便有，也不在这个教堂里，更不在隔离病院的小教堂内。那都是编出来的。

最后这句话把我逗乐了。他的意思是这些全是“凭空想象出来的”。我还问了他，隔离病院里的小教堂后来怎么样了。他说:

它还在那儿!原来那是个露天的祭坛，用来给病人做弥撒。现在成了一个小教堂，名叫“拉萨勒托的圣卡洛·博洛米欧”，是为了纪念瘟疫时期①的英雄圣卡洛而建的。它就在列科街上，你自己去看看吧。

牧师装束已毕正要离去。但是转念一想，他忽然走到一个文件箱前，拿出一张纸递给我。“拿着，”他说，“这是张正确的地图，你可以带走。在最底下你可以看见我们老教堂的一部分。”等他快走到门前时，他又转身说了句“去读一下曼佐尼”，这才离开了。

我悄悄走出了教堂。唱诗班刚刚开始演唱圣歌。我站在台阶上思索起来。刚才牧师说“我们现在的教堂建在老建筑的*遗骨*上”，这又是什么意思?可惜我已错过了细问的机会。“遗骨”，什么是“遗骨”呢?我踱到隔离病院的小教堂，在那里却一无所获。

---

① 并非 1576—1577 年那次瘟疫，而是 1630 年那一次。

我确信牧师让我去读“曼佐尼”，意思是让我去读他的《约婚夫妇》——这是意大利一部里程碑式的小说，作者是亚历山德罗·曼佐尼（1785—1873），米兰著名作家、历史学家和政治家。这本书我在多年以前就已拜读过，记得书中写到米兰曾发生过一次可怕的瘟疫。于是我心里惦记着要去找个英译本；不过目前手上还有更要紧的任务。假设这里曾经真的有一个圣格里高利之井，也许今天它还在这条街上，就在牧师所说的教堂旧址。于是我在那里尝试找了一下水井，可是什么也没有发现。

幸运的是，我早些时候经人引见结识了米兰的伊莲娜·塞义塔博士。她是个研究米兰历史的专家。在研究突然失踪的“皇帝”时，我就向她寻求了帮助。在向她叙述这第二个“米兰问题”时，我告诉她我在威尼斯听到的一些令人费解的话。在那里，我告诉一个威尼斯朋友我计划去米兰做些研究，我说起要去寻找一口神秘的“圣格里高利之井”。我朋友一听大吃一惊，她这样对我说：

> 不管这个名字是什么含义，这一定是样恐怖的东西。我的祖母来自米兰；当我还是个小女孩时，我记得她说起过这个名字，她把它当作“地狱”的同义词；不过我就只知道这些。

塞义塔博士答应帮我去寻找答案。

在剧中，“圣格里高利之井”是这么出现的：当普罗图斯见到瓦伦丁的女友，美丽的西尔维娅时，他也坠入了爱河，神魂颠倒。而迟钝的瓦伦丁却丝毫没有察觉。他的注意力被另一个叫修里奥的人给分散了。这个人物也是个有钱无脑的主，同样从维罗纳来到城里，也想赢得西尔维娅的芳心。不巧的是，修里奥已经得到了她父亲公爵大人的首肯。普罗图斯决定将他打发掉。

普罗图斯对观众很是坦白。他说：“我既已对瓦伦丁不义，便要对修里奥不仁。”他成功地让修里奥听任自己摆布。此人比瓦伦

圣马利亚健康教堂：坐落于隔离病院中心。原来这些拱门是打开的，躺在担架上的病人可仰视圣母尊荣。在第二次可怕的瘟疫后，教堂易名“拉萨勒托的圣卡洛·博洛米欧”（约 1620 年）以纪念无私照料病人的贵族卡洛·博洛米欧。

丁还要愚钝，居然相信普罗图斯会代他向西尔维娅表白。他认为有必要事先和普罗图斯共同谋划一番，于是问他该去哪里碰头。普罗图斯答“在圣格里高利之井”。按我在威尼斯朋友祖母的说法，普罗图斯（相当于剧作家本人）选择了一个恐怖的地方。他指示情敌在暗夜前往，休想再走后门回城。

在《维罗纳二绅士》中有一条清晰的路线。它开始于斯福切斯科城堡（即西尔维娅父亲的住处），止于米兰城外的森林——即戏剧中最后一个场景。在这两地之间的某处，我确信有一个“圣格里高利之井”。我相信剧作家对这条线路的了解，这是瓦伦丁和史皮德最先走的路线，然后西尔维娅也会走这条路，最后几乎剧中每个角色都会走一遍这条路。我仔细观察了重点剧情，排除无关剧情和对白（如西尔维娅的夜曲、普罗图斯对茱莉亚的背信弃义等），画出了一条符合十六世纪真实情况的路线，结果和戏剧家的描述完全一致。

从西城墙内的斯福切斯科城堡这里，共有三队人先后出发。第一次是瓦伦丁被公爵逮个正着，被押送出城（第三幕第一场）；第二次是西尔维娅从这里出发（第五幕第二、三场）；第三次是公爵、普罗图斯和茱莉亚，再加一个修里奥（第五幕第二场）。

1629 年的隔离病院和圣格里高利教堂。

瓦伦丁一走，两面三刀的普罗图斯就主动提出送他走“城门”出城。瓦伦丁于是对朗斯说：“你要是看见我的跟班（史皮德），让他赶紧来北门找我。”朗斯遵命照办，稍后对史皮德说：“你家主人在北门等你。”这里说的北门，事实上就是“东方之门”，它位于北城墙上，“布朗和霍根伯格”的地图上的命名是正确的。而且不论古今，几乎米兰所有的地图上都是这么命名的，尽管今天人们也常叫它“威尼斯之门”。“Orientale”一词，显然指“东方”，而出门往东一直走就到了威尼斯。这并不是指这个城市的具体方位，而是指穿过这扇门后道路的走向。

有些人想当然地认为去东边的旅人不会走北门，而应该走东门，然后直接穿过中间的平原到达曼图阿。这么想的人主要是对当地地形和曼图阿或者威尼斯的常用路线缺乏了解。这条路线是先往北前进一阵再转向东面的。中间的平原上种植的主要作物是水稻，大片稻田都会被水浸没，到处都是灌溉用的运河。在这里，从阿尔卑斯山上下来的河流在平原上变成宽大的水流，难以修建渡口，架桥更无可能。因此旅人会选择走干旱的陆路，寻找溪水相对较窄的地方，以及有桥和渡口的地方过河；沿途寻找城镇和旅店休憩。因此我们才会看到公爵相当明智地对出发寻找西尔维娅的人说：

> 你们赶紧上马，在去曼图阿的
> 山麓高地上与我会和。
> （指阿尔卑斯山南麓山脚下的上坡地段）

写这些话的人对道路的走向一清二楚。

在第四幕第一场，瓦伦丁和史皮德自北门出城。刚过隔离病院，他们就撞见了一伙滑稽的强盗。众所周知，十六世纪时旅行者一出城墙，法律和秩序就消失得无影无踪了。大家还知道在米兰城外，尤其是城北的地界上到处都是强贼。他们在这个地区胡作非为，而这里正是米兰和威尼斯公国的边界，终于 1572 年两个原先互不买账的政府甚至因为这些强盗签订了一个合约——1580 年又再度续签——双方允许任意一方政府的官兵追赶强盗直至本国城墙外六英里处。

那么剧中两个被驱逐的人物是在哪里遇上强盗的呢？在著名的《河滨版莎士比亚》中，对这一场景的描述是："地点：米兰和曼图阿之间的森林。”剑桥版使用了相同的描述。《耶鲁莎士比亚》的注解稍有不同：米兰和维罗纳之间的森林。然而在对白当中根本找不到暗示这个场景的语句。剧作家本人倒是明明白白地指出了正确的说法，而且这也不是什么“森林”。足不出户的英国编辑们作注时就完全搞错了。第二个强盗是这样问瓦伦丁的：

> 你愿不愿意做我们的首领
> 借困顿落魄之机造福大家
> 与我们共同生活在*旷野*上？①

《牛津英语词典》把“wilderness”一词解释为“未经开垦的地区或土地，无人居住，只有动物栖息”。看一下戏剧家对“旷野”一词的用法，在这一部和其他作品里，他从来就没有把“旷野”和“森林”当同义词使用过，而编辑们却恰恰这样做了。这个小错误到底重不重要？——如果作者是否了解意大利是个大问题，那这毫无疑问不是个小错误。

现在让我们暂时放下正在城堡和旷野之间的瓦伦丁和史皮德，转到西尔维娅和爱格勒莫爵士走的那条迂回的线路。在第四幕第三场，西尔维娅请求爱格勒莫爵士陪她出逃去找瓦伦丁，“去曼图阿，我听说他住在那里。”爱格勒莫爵士问道“我在哪里见您？”西尔维娅回答“在帕特里克神父的修室，我要去那里忏悔”。② 这里没有地名，没有修道院名，但却写明了神父的名字——这是个爱尔兰人的名字。

这部戏完成前不久，有个爱尔兰的圣方济会神父帕特里克·欧

① “旷野”一词原文为 wilderness：“And live as we do in this wilderness.”——译注

② 朱丽叶和西尔维娅都用修道院作掩护从家里出逃去见恋人，显然这是意大利年轻女子惯用的伎俩，在信奉清教的英格兰则行不通。

希利去了西班牙的阿尔加拉大学学习。欧希利一度卷入了推翻英国对爱尔兰统治，试图把查尔斯五世私生子奥地利的唐·约翰推上爱尔兰王位的政治阴谋。

在西班牙小有名气后，欧希利被召唤到罗马。1576 年 7 月 4 日，教皇格里高利八世封他为爱尔兰的梅雅主教。他在罗马稍作停留，便经陆路回到了自己的辖区。据史实推断，他应该会等到 1575—1576 年的米兰瘟疫过后再进城。米兰一直是北行的旅人休憩和补给的地方，接下来就要准备翻越阿尔卑斯山脉了。当他到达爱尔兰的克里郡时，欧希利旋即遭到英国人的逮捕。1578 年 8 月 22 日，他被处以绞刑。[①] 唐·约翰同父异母的兄长菲利普二世声称自己从未支持过爱尔兰的这场政变，英国人也从来没有相信过他。(这只是我的推测：帕特里克·欧希利神父可能就是剧中提到的帕特里克神父。)

去往曼图阿的前半程，和去维罗纳及威尼斯走的是同一条道，至今依然如此，一直要到靠东边的布列西亚才分道扬镳。从米兰到两地的路线，都从同一扇北门开始延伸。

爱格勒莫爵士将会按期而至，到达帕特里克神父住所旁边的修道院。西尔维娅匆匆赶来说：

> 走吧，好爱格勒莫，
> 从寺院墙边的后门出去，
> 我怕被密探跟踪。

在中世纪和文艺复兴时期，主要城门往往在夜间关闭。大门一侧会有个差人把守的通道称为“后门”。如果一个人身份明白，或

① 出自《国家传记辞典》。安东尼·蒙迪在 1582 年《英国人在罗马的生活》中也对欧希利发表了评论。

者给看守足够的贿赂（如《约婚夫妇》中洛伦佐在第三十四章中所为），便可在闭门后进出城市。我意识到西尔维娅不愿走开放的“东方之门”，因为她说“我怕被密探跟踪”，或许是指她父亲的手下。她想乘他们不备，待天黑大门关闭后，从“寺院墙边的后门”溜走。此外，这时天色将晚；爱格勒莫在这一场开始时就说“太阳已经为西边的天空镀上了金光”；那么这时暮色应该已经笼罩在他们头上了。

我徒步检查了城市北墙的外观，从原来的“东方之门”（现已不存）的位置出发，走到第二扇朝西的大门“新门”为止。这边围墙内的一大片地曾是修道院及其设施占据的地方。现在这里建的是议会大厦、意大利旅行俱乐部的总部、自然博物馆和天文博物馆，所有建筑都被环抱在米兰著名的“公共花园”里面。假设这里曾有过后门的话，现在我再也找不到了。尽管我在老“东方之门”旧址以西二十几米处似乎看到了一个小门的遗迹，它就在城门外原隔离病院的对面。这点淡淡的痕迹会不会就是剧中所说“寺院墙边的后门”呢？

这里是辛劳的神父们出入修道院最快捷最省事的途径：当他们要在瘟疫时期照料病人时，他们要夜以继日地在寺院和病院两头奔波。

当然，西尔维娅和爱格勒莫离开城市时是另有打算，他们会走过隔离病院的转角到通往曼图阿的路上。这一切在我看来很有可能，可惜我无法为这个“后门”的存在提供证据。

我来到斯福切斯科著名的伯塔列里地图和印画收藏馆，想去再找几张米兰地图。在那里我得知修道院本属于圣方济会，和我之前遇见的牧师以及帕特里克·欧希利同属一个教派。修道院及其庞大的附属建筑可以在许多地图上找到，比如安东尼奥·拉普列里 1573 年绘制的这张。我按年代顺序把别的画有同样寺院建筑和城墙的地图翻阅了一遍，一直翻到 1699 年。这个修道院名叫圣狄奥尼修斯，圣狄奥尼修斯是圣方济会的神父，这一点曼佐尼在《约婚夫妇》中已经写过。

我向伯塔列里的工作人员说明了我要寻找的东西，他们回答说，公开销售的地图上不可能找到“后门”；向人们透露城墙上有个可供出入的“后门”是种不负责任的行为。我说，这个可能存在的后门或许是神父出入隔离病院的捷径，他们回答说：“那除了神父以外，还有谁需要知道这扇后门呢？而神父们自己肯定是知道的。”

在第五幕第一场，当西尔维娅告诉爱格勒莫从后门离开时，爱格勒莫回答道：

> 别怕，离这不到三里格就是森林
> 只要我们*到得那里*，就安全了。

此处爱格勒莫指的并非是门外的旷野，而是指三里格开外更远处的林子。《牛津英语词典》说“里格”是“旅行中用来度量距离的单位，随着国家不同而略有差异，通常是在三英里左右”。这样说来按爱格勒莫的意思，一旦他们到达森林就安全了。于是我们可知森林约在米兰城外不到九英里处。戏剧家计算精准的地方还不止这些。事实上，十六世纪时从城墙到森林的距离约有七八英里弯弯曲曲的道路。如曼佐尼在《约婚夫妇》中所言，唯一的直行路线只有沿着隔离病院走的那一小段。

在第五幕第三场中，强盗们截住了西尔维娅。爱格勒莫爵士得以逃脱。这时他们*并不在*森林，但许多注家都写他们在森林。他们应该在米兰城外的旷野上。在那里强盗丙对强盗甲说：“你带她去林子西边去。”在十六世纪，这片林子在旷野的北面或东北面，在城门外九英里处，而大路穿过树林通往蒙萨。经过蒙萨以后地势升高，路线再向东转向维罗纳和曼图阿。

与此同时，在第五幕第二场时画面又回到了城堡内。公爵得知西尔维娅并没有按她说的去忏悔；相反有人看见她在森林里面。公爵一下子着急起来，他命令修里奥、普罗图斯和“塞巴斯蒂安”（我们之前已经知道“他”实际上是茱莉亚）：“你们赶紧上马，在去曼图阿的山麓高地上与我会和。他们往那儿逃走了。”公爵并不知道西尔维娅此时在林子的西面，离大路尚有一点距离。她是被强盗们掳过去的。

于是，这段“恋人之路”从北门开始，或者说从修道院墙边的小门开始，穿过旷野进入森林而终。在第五幕第四场戏剧也在那里接近了尾声。

我们的剧作家几乎把所有的角色都引到了靠近蒙萨的森林里。他们在那里演出最后一场戏。从“旷野”和“林子”或“森林”的区别，以及它们之间三里格的距离，我个人确信剧作家本人对米兰城外的地理状况了如指掌。

现在是时候离开米兰和公爵领地，回到加利福尼亚了。过了不久，我从伊莲娜·塞义塔博士那里收到一个大信封，里面包着我迫切想要知道的东西；它们又一次证明了剧作家了解他写到的地方。

在1575—1576年那次毁灭性的瘟疫期间，几千名患病者被带到隔离病院。病院共有两扇门：一扇靠近“东方之门”，是常用的入口。第二扇门在隔离病院的另一头，与圣格里高利教堂隔街对望。在圣格里高利后面就是那片巨大的旷野。有条大道穿过它先往北到蒙萨附近的森林，然后又转向东面。

在病院的巨大隔离区内，数以千计的人在这里死去。在这无助的时刻要按基督徒的仪式安葬死者，不管形式如何简单，那么就必须有一块邻近的宗教仪式场地。尸体被堆成一堆用推车运到圣格里高利教堂那不断扩大的墓地。在那里先是挖出了几条壕沟，接着又挖出几个深坑；推车就被推到边上直接把里面骇人的东西倒进去，一层叠一层，日复一日，月复一月，圣格里高利成了一个真正的人间地狱。这里并没有什么喷泉或水源，有的只是墓园和大型坟场，这个地方后来就被称作“圣格里高利之井”①。

剧作家在这么多地方当中，偏偏选中了最恐怖的一个，好让普罗图斯拿它把修里奥吓回维罗纳老家。修里奥去的正是这个圣格里高利之井。它在城墙之外，紧挨着巨大荒凉的隔离病院，远离有人行走的大道，前面是一片强盗出没的荒原。剧作家借“普罗图斯”之名把米兰周边的地形摸了个遍，这才把修里奥差去——他想逃跑的时候，说不定就正好有强盗把他绑架了。

现在我终于明白了牧师所说的“遗骨上面”到底是什么意思了。这座十九世纪的圣格里高利教堂就建在那悲惨恐怖的“圣格里高利之井”上面。

剧作家把不同时间段的历史事件并列在一起，比如说把1533年3月14日查尔斯五世的离去和1577年左右结束的瘟疫放到了一起。这并不会影响观众的兴致，伊丽莎白时期人们的时间观可不像我们现在这么刻板。

注释：

米兰史上对这些骇人听闻的事件有详细记载，参见：

·保罗·贝兰塔尼·达·萨罗的《瘟疫对话集》，费德里科·奥德里奇编订，1957：这是组织和领导隔离病院工作的神父的回忆录。包括曼佐尼在内的历史学家都认为，这场瘟疫的严重程度和1575—1576年那场基本相当。

·V. 卡文戈的《隔离病院：米兰一个地区的历史》，米兰：NED出版社，1986。

·P. 毕塞德《米兰疫情的真实叙述》，博洛尼亚：1630，书中可见插图。

·S. 拉图阿塔，《米兰的描述》卷一，米兰：1737。前书中埋葬坑的图画出自本书。

① 米兰人用两个词来形容圣格里高利教堂的这些大埋葬坑，除了“圣格里高利之井”外，另一个是“隔离病院的大坑”（Foppone del Lazzaretto ）。这个名字也出现在老米兰方言中，foppone是大坑的意思。

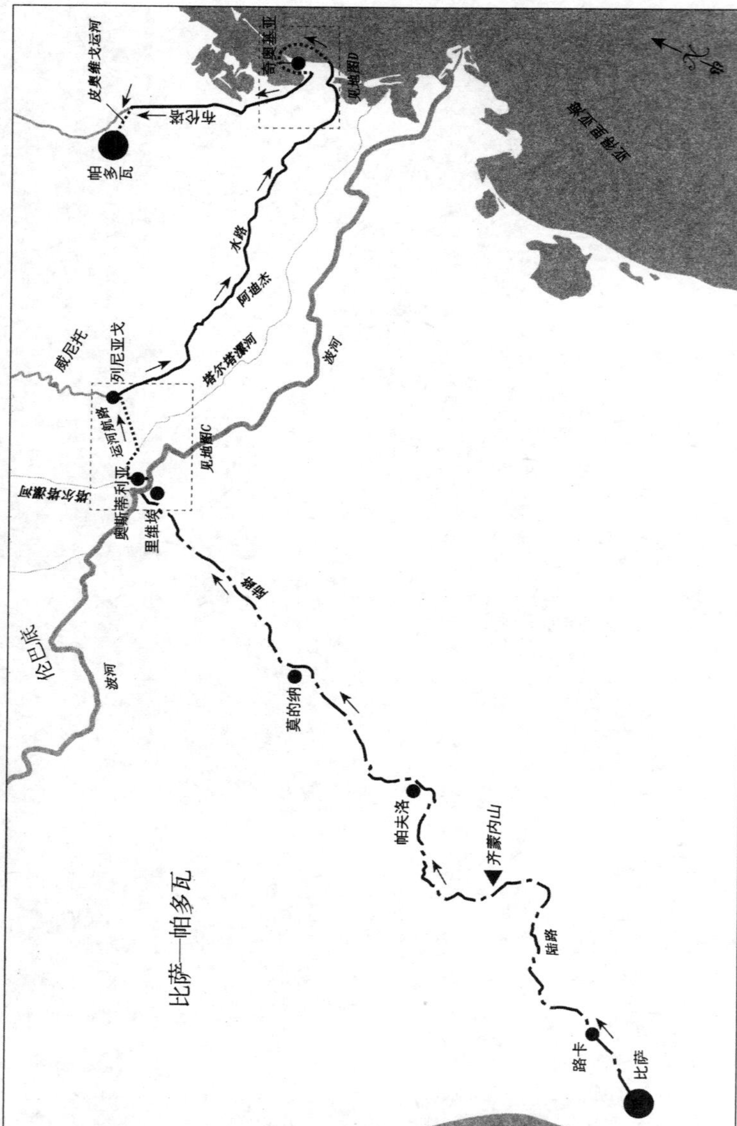
比萨—帕多瓦
比萨
路卡
陆路
齐蒙内山
帕夫洛
莫的纳
伦巴底
波河
里维埃
奥斯蒂利亚
见地图C
运河航路
列尼亚戈
威尼托
阿迪杰
水路
波河
帕多瓦
皮奥维戈运河
奇奥基亚
见地图D
亚得里亚海

第四章

《驯悍记》
“从比萨到帕多瓦”

《驯悍记》的剧情几乎全都发生在帕多瓦十六世纪的城墙内，这是意大利东北部一座有名的大学城。这部戏讲的是几个年轻人追求巴普蒂斯塔·米诺拉的两个女儿的故事。长女名叫凯瑟琳娜，也叫凯特，次女名叫比安卡。正剧开始前还有个两场的序曲，是个剧中剧，但场景不在帕多瓦，而是在英格兰，讲的是几个人一起联手捉弄酒鬼克里斯托弗·斯赖的趣事。直到 1725 年，才有人给这一幕加上了题目。诗人亚历山大·蒲柏编订该剧时，将它定名为《引子》，后代就沿用了这个叫法。由于我们考察的主题是意大利而非英格兰，引子一节我们暂且避过不谈。

《驯悍记》在帕多瓦拉开序幕，开场时台上有两位青年。先发言的叫路森修；一旁的听者是侍从特拉尼奥。路森修上来就给观众说了一大通，讲明了自己的身份，家住何方，从何而来，为何而来，在何处求学，家父何人等。单从这个角色上我们就可以看出剧作家对意大利的了解。路森修还专门提到了意大利北部广阔的“伦巴底”地区。

从前我认为路森修不过是信口开河，找几个意大利名词来给自己的对白增色。但后来我逐渐认识到莎士比亚的剧中没有“信口开河”的话。他的话里面总有些道理，虽说这个道理经常被人忽略。这里的“伦巴底”一词出现在路森修台词的前四行：

特拉尼奥，我久仰帕多瓦美名
想亲眼看看这文化艺术的摇篮，
现在我来到了丰饶的伦巴底①
这个伟大国度里宜人的花园。

这句话里的一个介词常被人误读。路森修说：“现在我来到了丰饶的伦巴底”。介词“for”在这句话里并没有意义，尽管从第一对开本以来这个用法反复地出现在各个版本中。《耶鲁莎士比亚》在脚注里引到读者说“for”应该写作“in”，于是这句话就变成了“现在我来到了丰饶的伦巴底”。《新福尔嘉图书馆版莎士比亚》基本认同了这个观点。但是这个注家的改动其实导致了一个地理常识上的错误。帕多*瓦并不在伦巴底地区*；它属于东边威尼斯的领地。

与此不同，《河滨版莎士比亚》把路森修的“I am arriv'd”解释为“我在去……的路上”。这个说法的问题在于路森修*显然*不在去伦巴底的路上，而是在去威尼斯的路上，因为帕多瓦就在那里。帕多瓦并不是一个中转站，路森修说得明明白白，这是他的目的地，而且他已经到达了这里，这点只要读完他的话就清楚了。路森修来到帕多瓦后准备安顿下来，要在这里的大学学点宝贵知识——在邂逅凯特的妹妹比安卡之前至少他还没有留在城内的其他理由。

这个介词的反常用法会不会有什么重要性呢？是的，而且我还要用符合逻辑的办法来进行说明。试想所有的介词放在这个地方，唯一可能有意义的只有“from”（来自）。那么，剧作家会不会想说

---

① 出自《驯悍记》第一幕第一场第三行，原文：“I am arriv'd for fruitful Italy.”介词用的是“for”。

路森修“从伦巴底而来”？

在第一对开本所印的戏剧中人们发现了大量的用词错误。数量之巨，足以证明作者本人并未参与校对四开本甚至对开本的工作。关于《驯悍记》，学者们早已仔细研究过里面词语的用法。到二十世纪为止，他们一共提出了约三百五十种增补、更换或修订的方案，经过反复争论，最后还是基本被现代的版本所采纳了。其中包括把“你们的”（yours）改成“我们的”（ours），把“寻找”（seek）改成“双脚”（feet）；把“骨感”（bony）改成“美丽”（bonny）；把“烛台”（sconce）改成“斜视”（askance）；把“我”（me）改成“里”（in）；另一处又把“我”（me）改成“没有”（none）；诸如此类。虽说每部莎剧都经过修订，但《驯悍记》还是在数量上创了个记录。

稍后路森修又说：“我离开了比萨/来到了帕多瓦”。假设我提出的 路森修“从伦巴底而来”的结论是正确的，那么他到底是从伦巴底还是从比萨过来的呢？或者两个说法都对？有没有可能是，他在同一趟去帕多瓦的旅行中，同时经过了这两个地方？由于比萨要远得多，即便他路过了伦巴底，为什么还要专门提起它呢？他照样可以经由其他地方过来。这里面必有原因，也许这是剧作家自己了解的重要信息。

路森修在去到帕多瓦的路上，如果走的是罗马时代遗留下来的公路，就很可能会经过伦巴底。十六世纪时人们仍然乐于使用整修过的古罗马公路。在意大利到处可以购买详细介绍这些道路的考古地图。当我沿着路森修可能走过的古道从比萨前往帕多瓦时，我遵循了一条久经考验的准则：假如一条现代公路与一条古罗马公路的线路基本一致，那么这就证明罗马古道至今依然是最实用的选择，即使是在拥有大型推土机的今天也不能改变这个事实。罗马的公路和现代公路重合时，驾车的旅行者就能再次体验一下在古罗马帝国

帕多瓦大学：又称“博宫”[①]。路森修即来自求学。（出自《帕多瓦导游》，威尼斯：1817）

的公路上前进的惊喜。脚下就是那些久经风霜的石头，只不过上面多铺了一层柏油而已。

我到了路森修旅程的起点比萨，再从那里沿着不同的路线往返于阿尔卑斯山之间，最后到达帕多瓦。我要看看文艺复兴时期的人会用什么办法跨越这巨大的屏障；它把佛罗伦萨和比萨所在的托斯卡尼和帕多瓦所在的威尼托地区分了开来。

我发现对路森修来说，一共有三条线路可供选择；而每条线路最后都会通到波河岸边的某一处。这条河也就成了伦巴底的西南边界。之后，旅人就可以“从伦巴底”沿河往南向帕多瓦前进。

其中最短的路线是从比萨的一条古罗马公路出发（今天重新铺过柏油后命名为 S12 高速公路）。这条路一直通到卢卡，然后翻过亚平宁山脉下到波河南面的平原。从那里几乎走直线就能到河畔重

① “Il Bò”或“Palazzo del Bò”，是老帕多瓦大学的主要建筑。——译注

镇里维埃。里维埃隔着波河与奥斯蒂利亚相望，这就是《维罗纳二绅士》中瓦伦丁和普罗图斯去的城市，只不过他们是从维罗纳来到米兰，方向正好相反。两位绅士分别沿阿迪杰河从维罗纳航行到列尼亚戈，进入连接列尼亚戈和奥斯蒂利亚的古运河，再从奥斯蒂利亚航行到波河，从这里他们坐上舒适的船只一路航行到了米兰。

在这部戏里，路森修和同伴会采用同一条路线反向航行，利用那时还未填埋的运河舒舒服服地从奥斯蒂利亚驶往帕多瓦。路森修先是沿罗马古道走陆路从比萨到了奥斯蒂利亚，此时换乘船只走水路却不只是为了舒适和方便的缘故。在路森修那个年代，罗马古道和其他能够到达帕多瓦的道路慢慢地都被泛滥的河泥淹没了。

路森修这段行程的重要性，在于它能帮我们搞清楚路森修知道些什么，做过些什么，说过些什么；以及剧作家本人知道哪些事，还让笔下角色做过、说过哪些事。里维埃和奥斯蒂利亚都是曼图阿公爵的领地，曼图阿又是伦巴底的重要组成部分。而列尼亚戈是威尼斯的要塞。路森修和特拉尼奥交谈时，应该说的是真实的情况："我从丰饶的伦巴底而来"（这是我建议的修订）。此前他乘船从奥斯蒂利亚到了帕多瓦——这与行程的第一段相比是个重要的转折；那时他们走陆路从比萨来到了里维埃。这个转变应该足以说明路森修为何把伦巴底作为行程的关键。

路森修说完开场白后，特拉尼奥开始接话。这时路森修转向了台下，提高嗓门对一个还未露面的角色说：

> 比昂代罗，你要是也上岸了
> 我们便可立马收拾停当
> 找个合适的寓所，招待一下
> 我们在帕多瓦结识的朋友。

这里说到的"上岸"一事，又引来一番荒唐的评论。比如《河滨版莎士比亚》里的注释说："正如许多内陆城市一样，帕多瓦被莎士比亚赠予了一个港口。"路森修的行程中，从里维埃到奥斯蒂利亚再到帕多瓦，沿路航行过的河流和运河都好端端地在原地流淌，虽说波河上的奥斯蒂利亚，以及阿迪杰河上的列尼亚戈之间的运河链已经消失。路森修说的话一点儿也没错。

瓦伦丁和普罗图斯从奥斯蒂利亚西行到米兰时逆流航行在波河上。这条河其实是自西向东注入了亚得里亚海。相较于并行与北面水流迅速的阿迪杰河，波河水流缓慢，流经的路线也更为曲折悠长。另一个有助于航行的原因是，阿迪杰河的河口比波河更靠近布伦塔河（有别于"布伦塔运河"）。

在离开比萨之前，路森修应该已经了解到去帕多瓦有水陆两条路线。按他自己的话说，他的父亲是一个"在全世界交游广泛的富商"。如果他是这样一个人，那么理应教给儿子从比萨到帕多瓦最实用的路线。此外，正如一般意气风发的富家子弟的做派，路森修要"找个合适的寓所"，招待在帕多瓦结识的朋友。为了在这里过上如意的生活，他还得带上一大堆富人的财产，比如行李、靴子、床单、书本、衣物和烛台等。从亚平宁山脉一路下来疲惫不堪，不管是脚酸还是胯酸，路森修都会很乐意解放一下自己，把重负变成船载的货物，这主意简直令人难以抗拒。再者，路森修和旅伴也可以坐在遮阳的帆布下面，享受美酒佳肴，舒舒服服地坐着软软的垫子，再也不用住在臭虫肆虐的旅店了。现在我们知道，路森修在里维埃或者奥斯蒂利亚租借或者买了一条船，然后经由前面所说的运河与塔尔塔漯河的连接点，扬帆或划桨驶完余下的去帕多瓦的路。

一旦路森修离开阿迪杰河口沿亚得里亚海岸向北航行，他就会直接转入布伦塔河，接着开往帕多瓦。如果河口积满了淤泥——这是时常发生的情况——路森修会先驶入旁边的奇奥基亚市的潟湖，然后经过"伦巴多"运河驶入布伦塔河。"伦巴多"是很久以前挖的一条凿通了布伦塔河的运河，它在该河河口上游某处横穿潟湖与

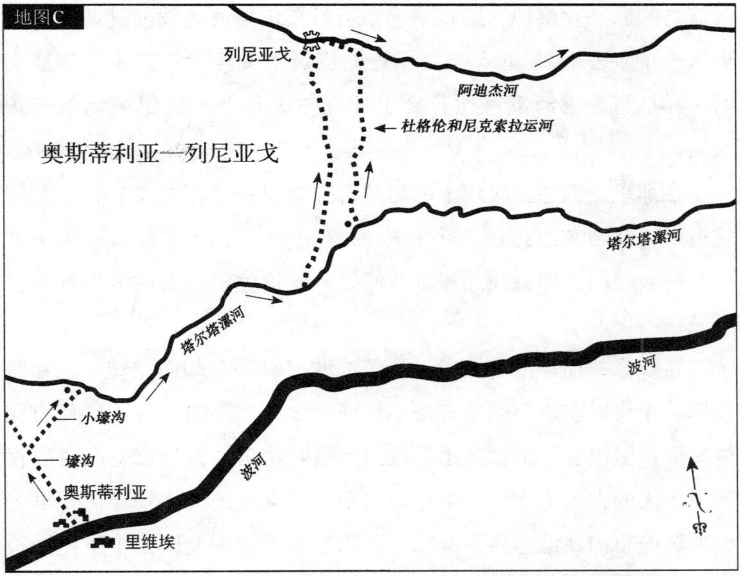
地图C
列尼亚戈
阿迪杰河
杜格伦和尼克索拉运河
奥斯蒂利亚—列尼亚戈
塔尔塔漯河
塔尔塔漯河
波河
小壕沟
壕沟
波河
奥斯蒂利亚
里维埃

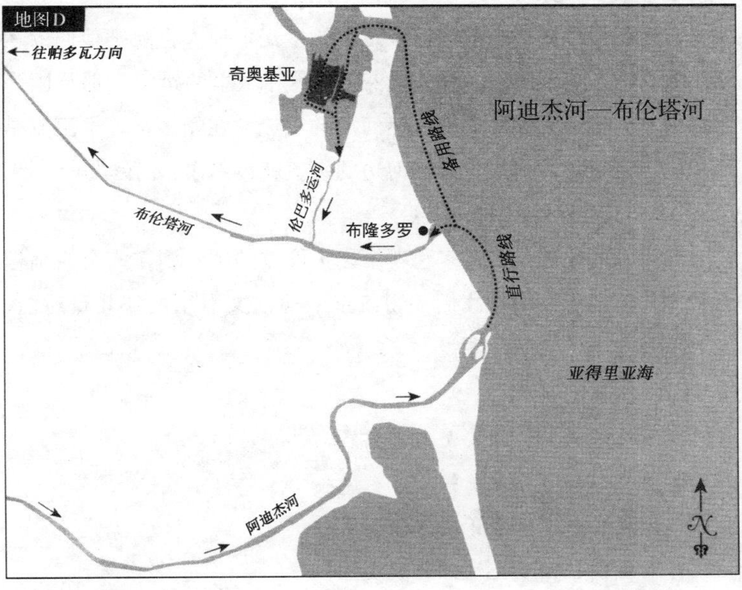
地图D
往帕多瓦方向
奇奥基亚
阿迪杰河—布伦塔河
备用路线
伦巴多运河
布伦塔河
布隆多罗
直行路线
亚得里亚海
阿迪杰河

河流之间的一片湿地。路森修于是会沿布伦塔河继续前进约二十英里（三十多公里），进入与之相连的皮奥维戈运河。这条运河像支箭一样从布伦塔河笔直地开到了环绕帕多瓦十六世纪城墙下的护城河。

在那里，到达护城河上的船只都要遵循一条老规矩：先向右转航行，再绕回左边到达一个宽敞的停泊处，正对着名为“码头之门”的大城门。船只在那里进行卸货，支付关税，而旅客们则各自进城。

路森修的船却没有照做。到了护城河以后它却向左转了。在路森修的年代，左边不远处有条小运河，今天已不复存在；它径直穿过城墙，紧挨着“萨拉齐纳”城门。当时这扇门附近就是一直留存到了今天的古天文台。这条小运河把十六世纪的大型护城河与早先中世纪的小护城河连接了起来。路森修来到帕多瓦时，中世纪的护城河已经成了一条环形水道，就像米兰中世纪的“内河”一样，成了十六世纪城区扩建后的运河渠道。帕多瓦本地人喜欢把他们的运河称为“河”，直至今天他们仍然这样称呼城里的运河，那是因为在古罗马时代，它们的确是自然河流的支流。在帕多瓦，主河流是蜿蜒的巴克里奥内河。这样运河边的街道就被称作“河滨”。

路森修的小船是在帕多瓦哪个码头停靠的呢？剧作家会明确告诉我们具体地点，不过我们还得细读一遍前文引用的那几行对白。他对还在台下的比昂代罗说：

> *比昂代罗，你要是也上岸了*
> *我们便可立马收拾停当*
> *找个合适的寓所，招待一下*
> *我们在帕多瓦结识的朋友。*

由此可见，戏剧的第一个场景必须是一个码头或者“锚地”。这样，路森修的船只方可在比昂代罗听得见的地方停船，同时便捷地卸下货物；而同伴们可以迅速找到寓所。如果路森修说“立马收拾停当”，那么他就是在告诉听众寓所在他们周围几步路远的地方就能找到。这么近的距离，他和特拉尼奥大可以亲自去走一趟，见见房东，谈谈租金，完了再出来招呼比昂代罗上岸。

路森修刚给比昂代罗下完指令，迎面就有五个人谈笑风生而来。特拉尼奥开始想上去打个招呼，他对路森修说：“主人，有人来欢迎我们进城了。”可这些人并没有注意这两个青年，他们也有自己的事情要操心。

这五个人是巴普蒂斯塔·米诺拉以及他的两个女儿凯瑟琳娜（凯特）和比安卡；另外还有两个男人，其中一个叫霍滕西奥，另一个是个老丑角，叫格列米欧。原来这两人都是来向比安卡求婚的，因此没人有闲心来关注路边两个陌生的年轻人。他们有更要紧的事要处理，那就是将来的婚事。但这又算是哪一回事？这群人为什么在公共场合大谈私事？答案很简单：他们是十六世纪的意大利人，因此并不认为自己身处“公共场合”。与其这么说，倒不如说他们是在巴普蒂斯塔的“室外客厅”来得恰当。这片区域正好在他家门前。这样的观念和举止至今在意大利市镇和乡村都十分普遍。一等到阳光不那么猛烈时，邻里们就会把椅子甚至桌子全都搬到门外去。

剧作家的文字打消了一切关于巴普蒂斯塔家就在附近的质疑。当话题转到关于比安卡的婚事时，巴普蒂斯塔认为她不便在场，于是说道：“比安卡，你先进屋。”他不是说“回家”或“回避”。这说明他们就在米诺拉寓所前面，他让比安卡先进屋里。而她却不愿听从，这时他们的位置再次被强调了一遍。讨论婚事时巴普蒂斯塔说到比安卡需要接受教育，这时他顿了顿，又重复了一遍刚才的命令。“进屋去，比安卡。”看来不仅正门在此，而且路森修和特拉尼奥也近在咫尺。

皮奥维戈运河，自布伦塔河笔直流向帕多瓦。

皮奥维戈运河，与帕多瓦十六世纪城墙交界处。（作者摄）

目前我们心里已经可以列出一张第一场场景设置的清单：一条运河，一个码头，一间体面的旅舍，一片空地，可以是条街道，也可以是个广场；另外至少有一处以上的私家住宅。十六世纪意大利城镇的房屋和欧洲其他国家的房屋一样，极少离群而建；它们都肩并肩地建在一起。

那么我们列出的这个清单是否符合事实？这些事物在帕多瓦是否真的存在？尽管这个组合有些奇特，但有头脑的业主在旅客停船的地方开设旅店也是人之常情。而我深感剧作家必定是特指某个具体的地方。我希望通过再次阅读戏剧发现一些独特、唯一的暗示。我需要耐心和细致，不过剧作家也没有令我失望。

故事接着展开。凯特有个脾气火爆的追求者，名叫皮特鲁乔，恰好从附近威尼斯省的维罗纳赶来求婚。他来得正是时候，让所有

帕多瓦的船只碇泊处，或称“锚地”。路森修的船只靠岸的地点。（作者从运河桥上拍摄）。

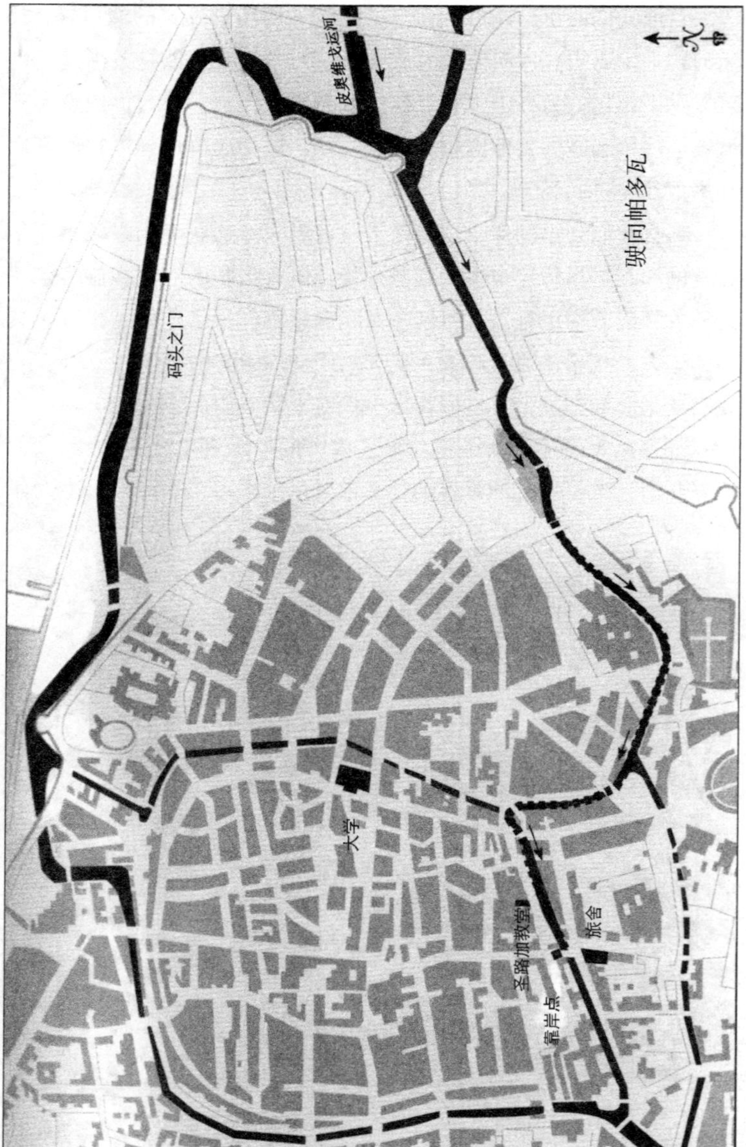
皮奥维戈运河
驶向帕多瓦
码头之门
大学
圣路加教堂
旅舍
靠岸点

“一家体面的旅舍”。路森修的寓所，前方有一块空地（或称小广场），距停泊处仅几步之遥。（作者摄）

人都松了口气。由于当时风俗要求长女必须最先结婚①，因此皮特鲁乔先和她父亲议定了女儿的嫁妆。那时在意大利一旦嫁妆谈妥，通常婚礼就会立刻举行——往往是在当天。戏剧第三幕第二场，当时在场的格列米欧为大家描述了凯特的婚礼。按照一般意大利家庭的规矩，我们可以想象婚礼应在凯特家教区的教堂进行。这应该不是个重要的大教堂，因为格列米欧在描述典礼时把牧师成为“代理

① 长女必须先出嫁的规矩由来已久，虽说现在在许多人看来是不可理喻。至少在《圣经》时代就已经有了这样的习俗。《创世记》第二十九章里，拉班提出了同样的要求。这一章里，雅各想要拉班的小女儿拉结，而不是年长的利亚。拉班对他说：“大女儿没有给人，先给小女儿，我们这里没有这样的规矩。”

牧师”。“代理牧师”这个神职称呼在莎士比亚全集中一共出现过四次。而“牧师”或“牧师们”一共出现了七十四次。

“代理牧师”是牧师的一种，后来我在帕多瓦发现剧作家十分清楚他在写什么。当一个宗教集会的规模较小而需从别处派牧师来主持仪式、布道或忏悔时，称此人为“代理牧师”，因为他是代行职责。但是格列米欧没有告诉我们小教堂的名字，而作者也悠着劲儿先不说，尽管他在其他戏剧里面把意大利的教堂名字说得一清二楚。我们已经在米兰找到了“圣格里高利”，并在维罗纳找到了“圣彼得”。

直到第四幕第四场的结尾，我们才终于得知这个教区教堂的名字：圣路加。这一场里比昂代罗告知路森修，他与比安卡结婚的障碍已经清除；风俗要求凯特必须先结婚这点已经做到了。接着比昂代罗对路森修说：“圣路加教堂的老牧师全天听候您吩咐。”名字终于出现了：圣路加教堂。

剧本并未在凯特结婚时提及婚礼安排的细节，但比昂代罗说出圣路加教堂后，又向路森修叙述了这些要求：

> ……先确保获得“版权所有，不得翻印”[①]（此句只为打趣，实际上是书商印书申明拥有版权的用语）的权利，再到教堂找来牧师，执事，再找几个靠得住的见证人……

这是十六世纪时的特殊要求，当然那句假正经的拉丁文除外（不识字的比昂代罗不知从哪里听来的）。如今看来这些几乎不引人注意，因为大家早已对此习以为常，可在十六世纪时意大利以外的地方并不总是遵守这些规矩。在意大利剧集里面，没有哪句话是信口开河的，在当时都有特别的用意。比昂代罗这话是特意说给英格

① 原文为拉丁文：“cum pivilegio ad imprimendum solum”。——译注

兰的当权者们听的；当时在英格兰，无耻的婚姻诈骗屡见不鲜，让天真的女子上当。这样的婚礼轻易地就能被否认，因为当事人在举行婚礼时故意不找见证人，也没有留下教堂记录证明婚礼确实已经举行。秘密婚姻、非正式婚姻以及缺少见证人的婚姻多而成患，尤以英格兰为甚。没有见证人以及合法的教堂记录证明两人的结合，法庭可以让新娘一贫如洗，让孩子沦为私生子。

人们常认为特伦特的天主教委员会反应迟缓，没能及时纠正对宗教法规的侵犯以正视听，不过它终于在 1563 年 11 月 11 日对天主教徒宣布，从此以后所有婚礼若没有牧师和两到三个见证人在场，就将被视作无效。从那天起，按宗教法令皮特鲁乔、路森修和圣路加的老牧师就应该遵守法令。而在基本信奉清教的英格兰则不是这么回事。直到十八世纪中叶，英国议会和英国国教教会才出台相应的对策。亨利八世曾想通过立法来杜绝这类丑行，但在其子爱德华六世在位期间，这条法令又被废除了。

第四幕第四场结尾，比昂代罗又一次提到了教堂，他滑稽地宣布：

> 我家主人还要叫我去圣路加教堂，关照牧师做好准备，等候你和随从……

现在我们已经知道：这就是剧作家的手段。重复名字、反复强调，这都是他个人用来暗示读者或观众引起注意的技巧。作者是在告诉我们巴普蒂斯塔·米诺拉和女儿住在圣路加教堂的教区内。

无疑，由于人们认定意大利剧集中的地名和事物皆为虚构，至今没有人去帕多瓦找过“圣路加”。但我只用了五分钟，就在教区办公室拿到了它的地址："九月二十日街 22 号"①，旧名圣路加街，在孔蒂巷和里亚尔托街中间。在城市档案馆的帮助下，再加上参考了一本在附近购买的书，我发现圣路加是一座中世纪教堂，早在 1350 年前就在今天的地址建成了。

一个名叫塞昆多·乔瓦尼九世的人的著作里写道，十四世纪前半段，帕多瓦的中世纪围墙有十九扇门（这些城墙的位置都在十六世纪的城墙里面）。他写明了每一扇门的名字。大部分城门都以附近的教堂命名。在他列出的名单上有"圣路加和梵佐的圣马利亚之门"。圣路加教堂其实就和梵佐的圣马利亚教堂隔街相望，只不过今天已经没有了中世纪的外观。按塞昆多·乔瓦尼的说法，早在《驯悍记》写作前两个世纪，这两个教堂就已建成。

名叫"圣路加"的教区教堂：位于码头和旅舍附近。（作者摄）

① 原文"22 via Venti Settembre"，街名的意思是"九月二十日"。

按教堂正门上方匾书记载，1815 年（奥地利控制意大利北部时期），圣路加经历了大规模的修葺，翻新了教堂的正面，结果它的外观就成了今天这种新古典主义的风格。长期以来这个小教堂一直受到人们的关爱，外墙上不断变化的颜色便是证明：二十年前我看到的那种黄色又被刷成了亮丽的粉红色。圣路加的内部尽管也是赏心悦目，却没有惊人的艺术品。但它有一个非常精美的祭坛，由本地艺术家皮特罗·达米尼设计。上面画着圣路加创作福音书的图案，旁边是圣马利和四名十九世纪城市的守护者。

小小的圣路加正好处在帕多瓦中世纪的围墙以内，靠近一块建有拱门的空地，称作乔瓦尼·巴巴里戈门。走过拱门，我发现自己进入到了《驯悍记》第一幕第一场的情景中。环视四周，我心想自己真是找对了地方。直到今天，我眼前这些景物布局的每个元素都和第一场对白的描述吻合得天衣无缝。其中有：

· 一条水道（现已因几个世纪的碎石堆积而变窄）

· 一个停泊点（码头或者锚地），船只可在此靠岸（现在只有一个平台）。

· 水道上有座桥，连接着

· 一条邻近圣路加的小道

· 一片开阔地，建有集中的建筑群（这块地半是街道，半是广场）

建筑群中有一幢房子，在开阔地一角正对着桥，只有这幢房子建得略比其他楼房高一些。它的底楼有一个拱道。这幢楼要好好研究。

站在桥上想象着路森修、比昂代罗、巴普蒂斯塔和他的两个女儿，我打开文件夹里的笔记、地图、速写和来自帕多瓦博物馆的复

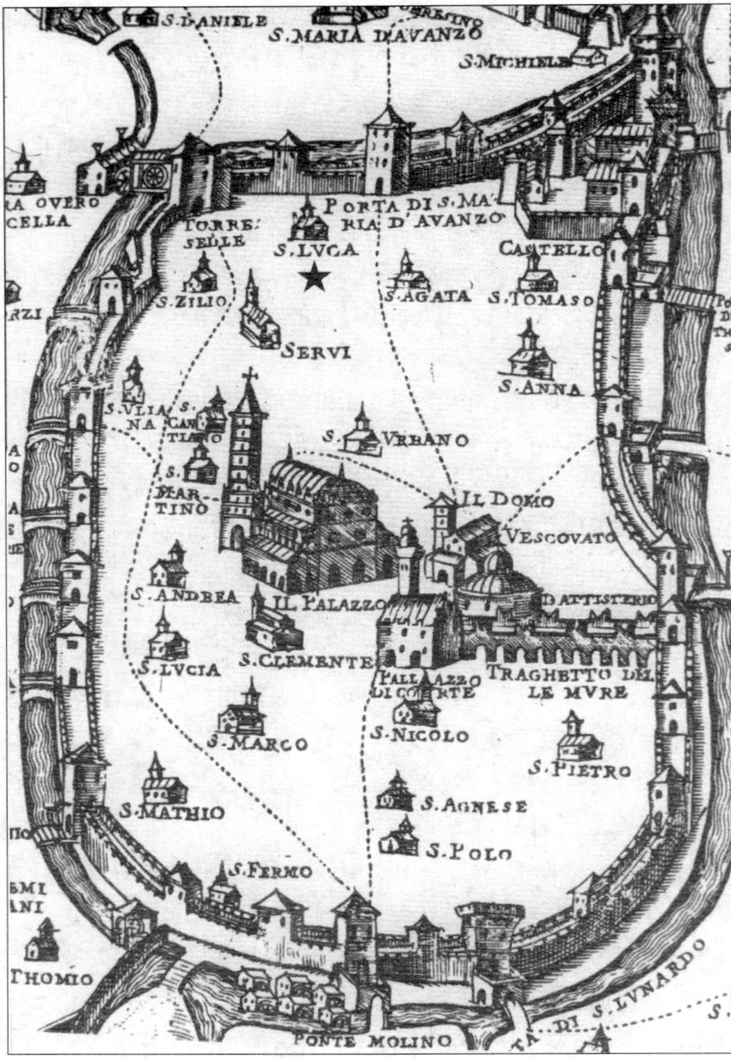

这幅十三世纪的帕多瓦的地图显示的是圣路加这个小教堂（图中星号上方的"S. Lvca"）修缮前的外观。（翻印自一幅中世纪地图，出自阿・巴尔松《福佑的克里先佐・达・坎波桑皮罗》，帕多瓦，1941）

印文档。这是十八世纪时一位“测绘家”洛伦佐·马吉的一幅地图，作于1718年12月17日。图画得并不怎么出色——马吉不算专业，他的绘画手法笨拙，歪歪扭扭，也没有固定的比例尺。但尽管如此，它对证明我的理论还是相当有用。我们只能勉强看到“圣路加”的名字，而他画到的许多其他建筑已经不复存在。水道堂而皇之地被标成了“河”，而不是“运河”或“航道”。在桥边有一个地方清楚地标上了“Porto”的字样，这是“码头”的意思，这是路森修靠岸的最佳地点。

马吉的图上还有些字样，我费了九牛二虎之力才辨认出来。但当我认出它们以后，我先是大吃一惊，而后又大笑起来。在他描绘的建筑脚边有几行字——这就是桥边上，底层建有拱门的那幢楼。我仔细一看，上面写的是“Osteria”——这是意大利语里“旅舍”或“旅店”，或者“寄宿地”的意思。这幅速写明明白白地标出了路森修在异乡的家。这幢建筑保存完好，看上去应会经久不衰。难怪路森修站在这幢楼前和特拉尼奥说话时，还能在说到一半时又去招呼比昂代罗，后者此时就在下面码头边停靠的船上听候差遣。

站在同一座桥上慢慢转身，尽览剧作家描绘的真实的一切，我突然发现，我正好站在《驯悍记》作者四百年前正好站立的地方，四周风景尽收眼底。

稍后在第二幕第一场，格列米欧为争取比安卡的青睐，向巴普蒂斯塔描述了自己的财富：

> 首先，您知道，我城里的房子
> 富丽堂皇，里面尽是金银器皿
> 金盆玉壶可供清洗她的小手，
> 我的帷幕是提尔的锦缎制成，
> 象牙箱子里面堆满了金币，

杉木柜子里满是绫罗绸缎，
富贵的衣裳，绣帐，和华盖，
精美亚麻，珍珠土耳其绒垫
威尼斯的金线织成的流苏，
铜器、锡器以及诸如此类
家居用品，一应俱全……

熟悉《驯悍记》的旅行者当中，有人参观过威尼托区一栋威尼斯公寓，里面仍保留着文艺复兴时期的华丽装饰。他们看后曾说，这些意大利房屋的内部装饰和格列米欧的描述有着惊人的相似——而他说的这些一点都不像都铎时期富人的宅邸。

同一场戏里面的后几行里，还是格列米欧，他为了争比安卡又添加了一个有关他的财富的细节。他说比安卡若做了他的夫人，“就将另外再获得一条阿戈西大商船，此刻就停在马赛勒斯的锚地。”（格列米欧说的“马赛勒斯”就是法国的马赛。）这里又有一个问题：“阿戈西大商船”原来是指拉古萨的商船，这是亚得里亚海另一面的一个城邦。但这并不能说明格列米欧不可能拥有这种商船，只能说他足够精明，把船泊在了国外，因为在威尼斯公国拥有外邦船只是违法行为（参见第五章）。从格列米欧早先吹嘘的话中可以看出他是一个奶牛场的农场主——他曾骄傲地告诉巴普斯蒂塔，他的农场上有一百头产奶的母牛和六十头公牛。现在，他又有了一条商船，虽说他没有直言是自己的财产，只是说比安卡会得到它。

格列米欧满口大话，但毕竟他只是个“老丑角”，这是意大利“即兴喜剧”中的一个固定角色。这种戏剧形式深深影响了英国戏剧家写的意大利戏剧。因此，英国观众中有不少人都知道，“老丑角”就是一个傻老头——有时还会说说谎。这也可以解释为什么在格列米欧的婚姻投入中突然冒出一条商船，这类情景英国人看了就会被引得发笑。

特拉尼奥尽管无知却很聪明。他假装成路森修，试图打败格列米欧赢得比安卡的婚事。他又添油加醋地吹起了路森修的老爹，并说：“谁都知道我父亲有不止三条阿戈西大商船，另有两条三桅帆船和十二条轻帆船。”这话几乎不可能是真的，因为阿戈西大商船只有拉古萨人有。

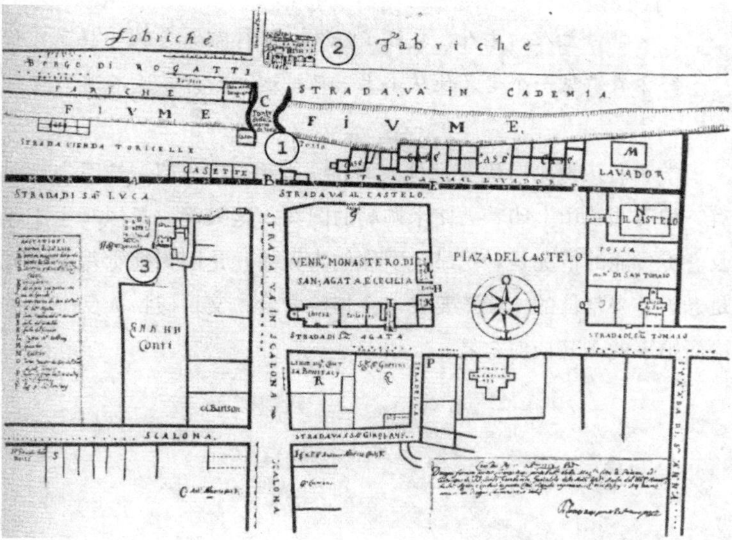

洛伦佐·马吉的帕多瓦：这幅图作于1718年，画出了《驯悍记》第一幕第一场中包含的所有元素：码头（码头 porto＝1）是路森修停船的地方；旅舍（旅舍 osteria＝2）是他居住的地方；圣路加教堂（圣路加 San Luca＝3）是比安卡与凯瑟琳娜婚礼的地点。（出自阿·巴尔松《福佑的克里先佐·达·坎波桑皮罗》，帕多瓦，1941。），也可参见《圣托马索的历史和艺术》。（帕多瓦，1966）原地图保存在帕多瓦市立博物馆，编号 F. 6330。

在这部戏所有的印刷版本中，说到轻帆船（light galley）时都用了同一个形容词“紧凑”（tight），这是个印刷错误。这个词应该是“轻便”（light），这才能准确描述十六世纪地中海的单桅帆船。他们是“轻”帆船，而作者无疑在他的意大利之行中了解到这点，甚至可能亲自乘坐过。英国的海域上没有这样的船只。

特拉尼奥意识到要让巴普蒂斯塔相信自己有能力赢取比安卡，还须找人扮演路森修的父亲。这个人到此地不能太久，而且还得乐意撒这个谎给特拉尼奥帮腔。我们在第四幕第二场得知他派了比昂代罗去城门附近寻找这样一个拿得出手的人物。

同一场中我们看到比昂代罗上场时对特拉尼奥喊道：

> 哦，主人，主人，我找了好久，累得都像条狗一样了！但终于我看见一个老天使从山上下来，这个人再合适不过了。

学者们认为比昂代罗把他发现的人称作“天使”，是因为当时有一种英国钱币上印着天使米迦勒的图案。这只能说是风马牛不相及。更可能的情况是，比昂代罗称他为天使，是因为他觉得这个人是老天差来帮忙的。毕竟要找一个相貌堂堂，又肯假扮人父去帮忙协商婚事的人又谈何容易？

“十二条轻帆船”：这据说是拉斐尔画的速写，画了一条单桅地中海轻便帆船（出自威尼斯学会艺术馆）。

特拉尼奥问比昂代罗“这是个什么人?”，比昂代罗回答：

他是个外邦商人或是个学究
我不甚了解，但他穿着体面
步态容貌极像一位老父亲。

比昂代罗对自己招募的人的营生一无所知，但那个人外表可敬，两种职业似乎都很适合他。“学究”是学校里教书的人，或者说是“私人教师”。而“外邦商人”（marcantant）的意大利原文写作“mercantante”，英语的写法去掉了结尾的 e，因此英语中正确的拼写法是“mercantant”。

我个人揣测，这个词里面第一个“a”是印刷错误。它最早出现在第一对开本，以后的版本则依样画瓢。不但说“mercantant”在英语里是个生僻词，而且除了这部戏，还没有人在英语文学里用过这个词。《牛津英语词典》受了第一对开本对这个词拼写的影响，也把它拼成了那个错误的形式，给出的定义是“商人”。这对于一个十六世纪的外地商人来说，有一点儿对，又有点不对。《布莱克法律辞典》说得更确切一些，把“mercantant”定义为“外来商人”，但即便是这个定义也需要限定一个范畴。尽管“mercantant”是个到处旅行的商业代理人，但他属于一个特殊的种类。

比昂代罗招募的人可不是个学究，他是个外邦的汇票商人。在这一幕接近尾声时，从他和特拉尼奥的对话中我们可以看出他职业的具体情况：

商人：上帝保佑您，先生！
特拉尼奥（假扮路森修）：上帝保佑您，先生，欢迎！
　　　　您是路过此处还是到此地来？
商人：我要在这里耽搁上一两周

然后继续上路，去到罗马城

若得上帝保佑，再去的黎波里，

特拉尼奥：请问您是哪里人？

商人：我来自曼图阿。

特拉尼奥：我的老天爷！您是曼图阿人？

却为何不顾性命来到帕多瓦？

商人：不顾性命？敢问此话怎讲？

特拉尼奥：曼图阿来的任何人到了帕多瓦

都是死路一条，您还不知道吗？

你们的船只能停靠在威尼斯，

公爵大人因和你们公爵争执

已经公开发布并宣读了禁令。

这真是奇事，你要不是新来

说不定已经听到禁令宣读了。

商人：哎呀，先生，这下可坏了。

因为我手上还有佛罗伦萨的

汇票，正要在这儿取钱呢。

从这段对白可以看出，剧作家对意大利重要的银行业的运作有相当的了解。

尤为值得注意的细节是，这个外邦商人偏偏说自己来自曼图阿。首先我们已经知道这个人是个职业的旅行家，这从他那满满的行程和广泛的游历可见一斑。他从佛罗伦萨来到了帕多瓦，接着还要走得更远，也许是去威尼斯；再接着又转回南面直奔罗马。此后有趣的是，他说要去的黎波里。这个地方在地中海另一头北非的巴尔巴里海岸。这里会定期运来苏丹金矿出产的金粉。这使得它成了重要的金融中心。

其次，在他们对话的结尾，这个商人把他这种云游的职业的具体目的说得更加明白了。他说他有“汇票”。这种金融手段在中世纪的欧洲、近东和北美十分普遍。这类“汇票”有着神奇的用途：先用较低的价格买进某异地银行的汇票，此券写明在将来某日期会支付一定数量的钱财。这样就用比券面价格低的价格买进，待到期后在另一个城市的某个银行兑换全部数额。其中差价就是购买者的利润。①

在许多意大利城市如曼图阿、威尼斯、佛罗伦萨和罗马，都有这种发行汇票、降价出售和偿还的生意。此外在欧洲其他地方如安特卫普、里昂、法兰克福和伦敦等地也有类似的行业。如果要去伦敦，汇票的持有者就必须过海，通常是到伦敦市区边上的泰晤士河河岸。这样就不会在半路碰上英国的拦路贼，这些人和他们的意大利同行比起来，还不够称“强盗”。

对剧中商人尤为重要的是，在的黎波里有出售打折汇票的人和相应的银行，这是剧作家显然知道的一个惊人的事实。从商人所说的话中可以看出他的职业已经十分明白：他是为打折汇票出售者收集汇票的代理人，而出售者本人住在曼图阿。

多年以来，我十分看不惯《驯悍记》的编辑们试图把冒充路森修父亲的人的台词标成是“学究”所说。在《爱的徒劳》中，剧作家大大地嘲讽了所谓“学究”这种人。但在《驯悍记》中却没有这般对待冒名顶替的那个人物。拒用“商人”而用“学究”，或许是早期英国抄写员的一个错误。对汇票商人不熟悉的人可能就会犯此类错误，但他们都知道学究是什么样的人。这个至今仍反复出现的错误是否出于同一种无知？有些编辑把《维罗纳二绅士》第二幕第

① 汇票与期票有所不同，它没有涉及借贷或收取利息的过程。放债收取利息在当时是重罪，也是宗教上的罪行，而发行汇票却不是，虽说这种金融活动最后的结果完全一致：纯粹的变戏法。

二场中史皮德的那句“欢迎来到帕多瓦”改成“欢迎来到米兰”时会有所迟疑；但没有一个编辑想到用正确的“外邦商人”来代替“学究”。

上文引用的特拉尼奥与汇票商人的对话中，商人透露他来自曼图阿。这是戏剧家给出的另一个秘密信号：曼图阿被连续提到了三次。此外，在撒谎说威尼斯公爵（帕多瓦属于威尼斯公国）与曼图阿公爵争吵时，戏剧家特别提到了曼图阿的这位公爵，他是贡查加家族的一员。这个家族统治曼图阿已经有好几个世纪了。

在费尔南德·布劳德尔的大作《菲利普二世时期的地中海地区和地中海》第一卷468页，作者写道：

> 贡查加家族的代理人为主人购买纯种马匹，在突尼斯和奥兰就如同在自家城市热那亚和威尼斯一样，带着巴尔巴里的货币汇票自由出入（汇票的担保人是当地的基督教商人）……

这势必会包括柏柏尔人居住的的黎波里。这里人们支付款项时用的是黄金，而意大利正好缺少这种比白银更受欢迎的贵金属；那时的银子因为西班牙人的贪婪而在迅速地贬值。

戏剧家也听说了一些贡查加家族的传闻。他用惯常的迂回方式在戏剧中提了一下。通过特拉尼奥这个角色，我们得知曼图阿公爵拥有海船，这也成了人们讥讽作者的笑柄。但事实是，在波河附近，曼图阿公爵蓄有一支商船与战船兼备的强大舰队，足以驶往波河、阿迪杰河、亚得里亚海或更远的地方。

《驯悍记》共有十四次写到遥远的比萨，不仅因为这是路森修的家乡，也因为剧作家热衷于用比萨来玩文字游戏。似乎作者特别偏爱和比萨相关的双关语：他在剧中两次将它编成了对白。可这不同寻常的比萨双关语又一次遭到了评论家的忽视。要是我没去过比萨，我或许也不会注意到这里有个双关，和《罗密欧与朱丽叶》中的一处相仿但更明显。在《罗》剧第三幕第一场中，茂丘西奥被狂暴的提伯尔特刺中，躺在罗密欧怀里奄奄一息：

> 罗密欧：振作点，伙计；这伤口不会致命。
> 茂丘西奥：是的，它没有一口井那样深，
> 　　也没有一扇老教堂门那样宽，
> 　　但却足够取走我的性命了。
> 　　明天你来找我，我就是个墓中人了。①

在《驯悍记》的第一幕第一场，路森修说起自己的出生地是"以肃穆之人闻名的比萨"②。之后在第四幕第二场，当"学究"（汇票商人）被问到有没有去过比萨时，他回答：

> 是的，先生，我多次去到比萨
> 以肃穆之人闻名的比萨。

正如茂丘西奥将成为"墓中人"，"学究"与路森修所说的"肃穆之人"——也可以理解为"坟墓里的人"——而并非指活着的比萨的市民，虽说比萨的确是庄严肃穆。剧作家说的"肃穆之人"是指已经去世的人，或至少是他们当中最受人尊敬的人。他们是葬在城中被称作"圣地"的墓地里的比萨人。"圣地"又称"纪念圣

---

① 原文此行作："Ask for me tomorrow, and you/Will find me a grave man [...]"。"Grave"一词有双关，一指"坟墓"，也有"肃穆"、"严肃"之意。——译注

② 此行原文作："Pisa, renowned for grave citizens"。"Grave"一词也有双关。表面上在此作"肃穆"解，但又因比萨有著名墓葬群，所以也有"墓中人"之意。——译注

地”。因为意大利语把墓地叫做“圣地”（camposanto），字面意思是“神圣的区域”或“神圣的土地”。比萨这块墓地也是独一无二的一处地方。

在十字军东征期间，比萨通过运送朝圣者和军队渡海去耶路撒冷而致富。比萨大主教兰弗兰奇（1108—1178）注意到归来的船只卸下旅客后，装上了石头或者其他异域的货物用来压舱，这些东西通常不值几个钱。于是他让回来的船都装上耶路撒冷卡瓦利山的泥土，这是耶稣基督被钉上十字架的地方，相传泥土里有基督的血。这些泥土被撒到比萨大教堂和洗礼堂边一片长方形的开阔地上，如此便造就了一个墓地，城里有福之人就可以被安葬在这极为神圣的土壤中。

约一百年后，人们在这片埋葬区四周建起了典雅的大理石建筑，内墙上满是意大利一流艺术家创作的浮雕。于是当地人几百年来引以为豪的这片驰名全意大利的“圣地”和比萨斜塔一起，至今仍是著名的旅游景点。“圣地”有几百个坟墓和著名纪念碑，虽说自从空间用完以后就不再有人下葬到此，但是直到十六世纪时，“圣地”才真正停止接收有身份的死者。这时候也恰好与剧作家写作的时间相符。

在开始第五章神秘的威尼斯之旅前，有必要提到第五幕第一场中的一个“贝尔伽莫的造帆人”。

这是在路森修的真正父亲文森修来到帕多瓦找儿子时提到的。特拉尼奥出现了并且举止粗鲁。文森修当即认出了他，并且大吃一惊。为了终结这场假面闹剧，以及特拉尼奥吹嘘父亲有钱的谎话，文森修喝道：“你父亲？你这奴才！他是个贝尔伽莫的造帆人。”文森修说的话有可能是真的。尽管贝尔伽莫是阿尔卑斯山下的城市，离意大利的海岸可说是远得不能再远了。文森修的话又曾被当作是作者对意大利地理无知的证据。

在亚历山德罗·曼佐尼的《约婚夫妇》中，出身卑微的主角是个裁缝，1630年时，他终于在贝尔伽莫找到了安定的生活和工作。贝尔伽莫从中世纪到现在都精于纺织品的制造。在不同的时期生产的织物有天鹅绒、丝绸、羊毛、绒面呢和针织品，并一直生产用大麻纤维制成的帆布。

这部戏写成时，威尼斯公国最上等的大麻产于近伦巴底区的皮埃蒙特。而第二等上好的大麻就产自伦巴底，贝尔伽莫就位于伦巴底。用这里的大麻制成的布有个意大利名字叫做“canovaccio”。这个词来源于希腊语“kannibis”，意为“大麻”，英语就写作“canvas”（帆布）。

那时所有的布匹，包括帆布都是由手摇纺车织成的，并不是很宽。用作船帆时，帆布需要缝在一起，经剪裁以后再镶边，最后做好透气孔。造帆人在帆布出产地工作，而并非在拥挤喧嚷的港口，这样他们可以静静地专心干活。他们只需按照规定的大小和规格造帆即可。英语里面这叫“制作规范”，意大利语叫“la valutazione”。做好以后，一块的船帆就被卷起来通过运河、河流和海洋送到地中海各地，这是当时的惯例。造帆人只需知道制作规范，有一个七英尺的凳子，一包针线和一块好帆布即可开工。

剧作家知道贝尔伽莫是地中海世界主要的船帆产地，也知道特拉尼奥的父亲的确是个造帆工人。

夏洛克在威尼斯
新盖托区
夏洛克的棚屋
里亚尔托
从1524年到1591年没有
通往里亚尔托的桥梁
大运河
公爵府和法庭
圣马可广场
渡口，鲍西亚从交接码
头过来到达的码头

第五章

《威尼斯商人》（第一部分）
“威尼斯： 城市和帝国”

曾有好几个世纪，大片的海外领土使得威尼斯公国成了一个帝国。相当一段时间内其领土也包括了亚得里亚海东部沿岸的所有重要城市。不仅如此，这“最为宁静的威尼斯公国”在更东面的地中海港口也都拥有贸易租界。对《奥赛罗》和《威尼斯商人》这两部戏来说更重要的是，在从 1473 年 11 月 13 日起到 1571 年 8 月 5 日最终投降于土耳其人这段时间中，威尼斯人还把一个战略重地塞浦路斯岛划为了自己的领地。

十六世纪后半叶，英国那位天才的剧作家来到威尼斯帝国的心脏：富有传奇色彩的威尼斯城。他走遍了城市，细细观察这个层次分明的社会、它那实行了几百年的法制政府、它的传统、它的文化和它的种种规矩。他认真研究了这里的银行业和商业的运作。他去探访了城里的海港、运河、街道和广场，看到了城中炫丽的表演、聚会和庆典；他深深地窥见了威尼斯的灵魂。他用无与伦比的技艺，写出了一个除一人之外皆大欢喜的故事。而这一个人的沉冤却从未得雪：这是一部没有死亡的悲剧。

《威尼斯商人》一开场，台上共有三个角色：安东尼奥——题目中的“商人”，以及他的随从萨列里奥，还有同为商人的索拉尼奥。安东尼奥说：

老实说，我不知为何这般闷闷不乐，
你们说为我担心，我也自心烦不已；
可是我究竟怎样让烦恼缠上了身，
它因何而来，从何而来，我不知道，
这没来由的忧愁将我苦苦地折磨，
我都快变得不认识自己了。

萨列里奥回答说：

你的心是在海上颠簸呢，
惦记着张满帆的阿戈西商船，
它们就像水上的达官贵人，
又似海洋中的一处处胜景
把那些小商船都比了下去，
它们向你的船行礼致敬
插翅般从你的船边飞驶而过。

阿戈西大商船是一种特殊的船只，由伊利里亚城市拉古萨的商人建造，拉古萨今名“杜勃罗文克”。这种船极好辨认，因为船上插着圣布莱斯（塞尔维亚语作“圣弗拉”）的旗帜，这是拉古萨的守护圣人的名字。①

伊丽莎白时期的人知道这种商船的外观，而从剧中对白也可看

---

① 这个名字的出现，是因为英国人的舌头难以发出“拉古萨”这个音。英国十六世纪的海上贸易记录把拉古萨来的商船分别写作“拉古西”、“阿古西”、“阿戈斯”、“阿戈西”等（《新英语词典》，1888，克莱兰登出版社）。更常见的《牛津英语词典》指出，阿戈西大商船是“拉古萨的一种船或大帆船，其多种拼写法的产生无疑是因为拉古萨在十六世纪的英语里常以‘阿拉古斯’、‘阿拉古伊斯’、‘阿拉戈萨’等形式出现”。

出威尼斯商人安东尼奥似乎违反了威尼斯的老规矩。安东尼奥的货物在一条外国商船上，尽管他口头上否认，实际上他对租来的商船的命运的担忧，远不及他对船上货物的担忧。正如萨列里奥稍后所言："我知道安东尼奥一想到他的货物就发愁。"

对安东尼奥表示同情的同时，萨列里奥也透露了更多隐情：

一阵吹凉热汤的风
都能把我吹病了，只要一想
海上的大风会造成什么损失。
只要看一看沙漏里面的沙子
就会想起海边的浅滩和沙地
看见我的圣安德鲁陷在沙里
……
要是我去到教堂
看到石头建成的神圣殿堂
怎会不立刻想到可怕的礁石
它们只要碰一碰我的船舷
就会把上面的香料撒入水里
用我的绸缎给巨浪做了衣裳
总之，还不是一会儿价值连城
一会儿又一文不值……
……
不消对我说，我知道安东尼奥
一想到货物就忧心忡忡。

通过萨列里奥的话，剧作家告诉了我们几件事。其中有一件，对进入威尼斯潟湖的英国海员尤为重要。剧作家在这里警告他们提防搁浅。

在《威尼斯的世界》[①] 一书中，詹姆士·莫里斯引用了萨列里奥的话：

> 威尼斯人十分畏惧搁浅。风暴、恶魔、海盗和妖怪都会出现在威尼斯水手的传说里；但这些都比不上浅滩。威尼斯的圣克里斯托弗经常被刻画成背着年幼的基督涉水渡过泻湖里危机重重的浅滩；种种圣传里也不免隐隐提到一处泥泞的滩涂……
>
> 于是很早以前，出于这种忧惧，威尼斯人对泻湖进行了测绘，用木杆标出了安全的航道……

剧作家不仅告诉我们安东尼奥用阿戈西大商船从事贸易，还说明了他的一些货物——“香料”和“丝绸”是用另一种船只装载的。萨列里奥称之为“我那满载的圣安德鲁”。正如安东尼奥在和同行交谈时说的：“我的生意并不只寄托在一条船上。”

这是一种什么船呢？

“安德鲁”是由大名鼎鼎的热那亚雇佣兵队长安德烈亚·多利亚（1468—1560）拥有的一种船；后来由侄孙乔瓦尼·安德烈亚·多利亚继承下来。安德烈亚·多利亚是热那亚最有权势的将军和政治领袖。他被神圣罗马帝国皇帝查尔斯五世赐予了“国家之父和解放者”的称号，表彰他为皇帝的服务。同时他也是热那亚一个巨富家族的族长，这个家庭通过银行业、金融业和海运业积累了大量财富。从安德烈亚·多利亚开始，该家族就用“安德烈亚”来命名他们的船只，这种命名法后来也被乔瓦尼沿用。比如说，有的船被叫做“海上的泡沫安德烈亚”、“海浪安德烈亚”、“海鸥安德烈亚”、

---

① 《威尼斯的世界》，詹姆士·莫里斯著，1960，1973 年版。

十六世纪的威尼斯商人：这可能就是“商人”安东尼奥所着的装束。“商人形象在威尼斯历史中有着重要的地位，在威尼斯，商人的盈利总是和处世哲学及对快乐和美的追求联系在一起。”原题：西萨里·维切里奥，“商人”，出自《世界各地古代与现代的习俗》，威尼斯：1590。（引用自《威尼斯的别墅》，M·穆拉罗和P·马尔顿。马格纳斯出版社，乌迪内，意大利：1986年，第25页）

“海豚安德烈亚”等①。于是安德烈亚（或者英语安德鲁）就成了打着安德烈亚旗号的海船的代名词，安东尼奥根本就没有使用威尼斯的船；他的所有货物都装在阿戈西或安德鲁上。

值得一提的是，剧作家在戏剧一开场就告诉大家，这个威尼斯人用的是外邦船只。这里面包含着惊人的信息。在当时，英国人和欧洲大陆人都知道，威尼斯有条约定俗成的规矩，几百年都未曾改变：威尼斯的商人不能拥有也不能租用外邦船只。通过人物间的对

① 见茱莉亚·古丽·阿尔特洛奇著，《热那亚的船只和长矛》，原载《莎士比亚著作权研究》，1959年春季刊。

话，作者给出了他想让观众了解的一个信息：威尼斯有了新的发展趋势。

这是唯独剧作家一人给出的信息，用他惯常的手法糅合在故事中。而作为该剧素材的其他故事中只字未提这件事。

该剧的素材主要来自两个故事。第一个叫《傻子》，又名《一磅肉的故事》。这则古老的故事写于1378年，作者舍尔·乔瓦尼·费奥伦蒂诺，1558年初版，1596年被译成英文出版。

另一则故事名叫《匣子的故事》，讲的是通过选择正确的匣子（或装饰盒）来赢取美人芳心的事。故事发生在欧洲大陆上几个地方，它是一个拉丁故事集《传奇录》中的一部分，成书于1472年，到了1595年才被译成英文。

尽管在《一磅肉的故事》中有一些运货的船只，它们显然都是来自威尼斯的船，在《匣子的故事》里没有出现船只。写到阿戈西和安德鲁，这都是剧作家本人的创意。

此处与威尼斯传统的不符是否能有合理的解释呢？剧作家为何要强调这些船的不同国籍？我又一次求助于我最为欣赏的史学家：费尔南德·布劳德尔和约翰·朱利亚斯·诺威奇。我查询了《威尼斯史》和一些更专门的著作。我又一次发现，我们天才的剧作家在写到意大利的细节时从不信口开河。

约在1550年间，英格兰的船只几乎已从地中海地区销声匿迹了。个中原因很复杂，但其中必然包含来自神圣罗马帝国和教皇日积月累的敌意。英国人的对策就是使用威尼斯商船——没错——还有拉古萨和热那亚的商船，获取意大利的葡萄、酒、油和其他地中海商品。但到1573年，威尼斯的商船就不再来英格兰了。威尼斯的年轻一代因海盗祸患而背弃了航海的老传统。更麻烦的是，威尼斯的造船厂正好短缺木材，于是使用其他邦国的船只，尤其是拉古萨和热那亚的商船，就成了更经济的选择。

1573 年是关键的一年，英国人开始对这种情况作出反应，派出自己的船只去试探地中海的情况。他们发现，西班牙人并不像他们原先认为的那样可怕：菲利普二世几乎把所有注意力和全部战船都移出了地中海，开始重点关注美洲的新大陆。与此同时令他们喜出望外的是，他们发现英国船只在此大受欢迎，尤其是在托斯卡尼和威尼斯的海港。于是英国人开始频繁出现并打探地中海地区的新商机。除此以外，有一定地位的英国人开始来意大利学习它的语言和历史，也欣赏到了此时蓬勃发展的戏剧艺术。

对英国企业家来说，海上贸易前景广阔。要说运输，用英国和荷兰的船只则最为经济，主要因为它们快捷而又可靠。与自古以来的地中海地区航海传统不同，英国水手并不沿着蜿蜒的地中海海岸行进并和海岸线保持一定距离。英国人往往行驶直线，以罗盘导航。他们的船员并不像意大利海员那样按周领取薪水，而是每次航行以后领取报酬；他们的船只也不像意大利商船那样笨重迟缓，如萨列里奥所说：

> (……) 似海洋中的一处处胜景
> 把那些小商船都比了下去，
> 它们向你的船行礼致敬，
> 插翅般从你的船边飞驶而过。

这既是优美的诗篇，又是对北方那种快速小商船（比如英国商船）栩栩如生的描绘。这种船只能够绕着地中海人喜欢的沉重的大商船行驶。后来英国舰队摧毁西班牙的无敌舰队就很能体现这一优势。英国人在地中海地区日益频繁的活动，及其在商业上的成功，使得这一地区的商贸成了英国最重要的对外商业活动。1579 年 9 月 11 日，英女王正式为累凡特公司颁发王室专利，允许其在东地中海的累凡特地区从事贸易。

剧作家还提供了其他信息，可以佐证他对威尼斯的了解。这个信息并未直接给出，但可以从安东尼奥的大商船队列中看出。在第一幕第三场，放债的夏洛克说起安东尼奥可靠的信誉：

> 他有艘开往的黎波里的阿戈西商船，另有一艘开往西印度群岛；我在集市上又听说，他还有一艘去了墨西哥，另一艘去了英国，此外还有遍及海外各地的生意……

之后在第三幕第二场，巴萨尼奥收到了安东尼奥的来信，他一边读一边高呼：

> 难道他所有的船都遇难了，没有一艘回来？
> 那些从的黎波里、墨西哥和英格兰来的船，
> 那些从里斯本、巴尔巴里和印度过来的船
> 竟然没有一条侥幸逃过祸害商贾的礁石？

夏洛克提到了五个具体的目的地，并说另外还有；巴萨尼奥说了六个，几乎完全与夏洛克一致。所有地点在历史上来说都是精准无误的。

威尼斯的船只满载着珍奇的货物来到英格兰，这是一道常见的风景。但1573年以后，这些船就不再到来了。这是因为威尼斯人担心受到新近交恶的西班牙的阻挠。交恶的起因，是威尼斯出于迫切的自身需要，和信奉伊斯兰教的奥斯曼土耳其国王签订了“君士坦丁堡和平协议”。菲利普二世形容这个协议为反基督教的行为，下令禁止任何威尼斯船只驶入西班牙帝国的港口。由于墨西哥属于帝国的一部分，那里便成了威尼斯船只的禁地。

墨西哥整个国家在讨论剧作家对威尼斯的了解时常常被专门提

起。批评家指出由于威尼斯船只被禁止在墨西哥交易，把它作为安东尼奥的商船的目的地，那时剧作家犯了错误。然而我们之前就已看到，以后还会看到，错的不是剧作家；而是人们没有意识到那种大商船并不是威尼斯的船只。拉古萨的阿戈西大商船在墨西哥一贯受人欢迎，有可能其中某一条曾经真的运载过安东尼奥的货物。夏洛克和巴萨尼奥也提到其他威尼斯船只不会或无法停靠的港口，但拉古萨的阿戈西商船却可以停靠。

说起"印度"一词，它在当时的欧洲语言和英语中可以指代两个地方。后来人们才把这种模糊的叫法区分开来，把加勒比海地区称为"西印度"；把印度、锡兰和香料群岛称为"东印度"。那时并没有记录表明威尼斯船只到过东印度，却有拉古萨商船到达的零星记载。西印度群岛无疑是西班牙帝国的一部分，包括加勒比海和周边地区。

另外，夏洛克和巴萨尼奥两人都提到了同一个目的地：的黎波里。这个名词也可泛指两个地方：一个是累凡特海岸的一座城市，另一个是北非沿岸的城市。如《驯悍记》（第四章）中外邦商人的情况，这个"的黎波里"更有可能是突尼斯东边北非海岸线上的那个地方，因为此地出产黄金。与土耳其人交易时黄金是必需品，因为这些人鄙视西方人使用的白银。但是两个的黎波里都可作为威尼斯和拉古萨船只沿途停靠的港口；他们在沿非洲巴尔巴里海岸的某些港口也会受到欢迎。

总而言之，在夏洛克和巴萨尼奥列出的领地上，飘着拉古萨旗帜的船只都会受到欢迎。但对威尼斯而言，尤其是在1573年以后，情况就发生了变化。十六世纪的威尼斯商人们知道该怎么做，而我们的剧作家同样知道。

威尼斯城里所有值得称道的地方，只有一处在《威尼斯商人》中有明确的指出。这就是里亚尔托区，整座城市的金融区。

里亚尔托的中心是一个相对小型的广场，称作“里亚尔托的圣贾科莫广场”。它的位置靠近威尼斯的“大运河”，约在“S”形河道的中段。尽管里亚尔托在剧中出现了五次，却没有一场戏设定在那里。

早在《威尼斯商人》成书前 1000 年，里亚尔托就被公认为是威尼斯地理上和经济上的中心。相传威尼斯人就是在这一小块旱地上开始建造他们的潟湖之城。这个事件确切日期可考：公元 421 年 3 月 25 日的正午。威尼斯人今天依然会庆祝这个特殊的日子。又有传说认为里亚尔托广场的圣贾科莫教堂是威尼斯最早的教堂，但目前这幢建筑建于 1097 年。

人们常把里亚尔托区和那座白色的大石桥搞混了。这座桥两边开满商铺，横跨大运河，是今天威尼斯游客最为青睐的去处。它名叫“里亚尔托”桥，连接了里亚尔托区和城市的另一头。在 1854 年另一座桥建成之前，它是步行过大运河的唯一途径。基于某种未知的原因，人们常错误地认为威尼斯的银行家们在里亚尔托桥上而非在里亚尔托区内营业。事实上在十六世纪的大部分时间里，真正的里亚尔托桥都还没有建成。

它的前身是一座木结构搭建的桥梁。若要一睹其真容，可参见 1496 年的油画“里亚尔托上的十字架圣迹”，作者维托里·卡帕奇奥。这座桥于 1524 年 8 月 14 日不幸坍塌落入大运河中，为了重建此桥，人们又争论了数十年。到 1588 年的 6 月 9 日，这座现在久负盛名的桥终于开始正式动工了。直到 1591 年，工程才全部结束。在此期间，威尼斯人过河时就站在名叫“贡多轮·达·普拉达”的小摆渡船上，耐心地乘到对岸。这种渡船类似于今天威尼斯河上大型的“贡多拉”。但是，我们只有先确认剧作家游历威尼斯的时间，才能确认他是否亲眼看见了大运河上的里亚尔托桥。

对《威尼斯商人》的故事尤为重要的是，里亚尔托区是城里的

里亚尔托：几个世纪以来，商人、银行家和船主都把里亚尔托作为商业中心。两幅画作于十八世纪早期至中期，作者乔瓦尼·安东尼奥·卡诺列托(1679—1768)。上图：里亚尔托的圣贾科莫广场全景。下图：里亚尔托的圣贾科莫教堂。

里亚尔托桥：图为维托里奥·卡尔帕乔（约1465—约1522）的名画《十字架圣迹》中的细节。图中的里亚尔托桥初建于1496年，是一座木结构桥；1524年桥体坍塌落入大运河中。直到过了将近七年，原来的木桥才被现在这座石桥所代替。

贵族、富商和金融家每日云集之处。其繁忙程度犹如蜂巢一般。在那里，威尼斯的商人们除了交割生意之外，也会互相攀谈交换信息——尤其是关于海运的信息；他们一起谈生意，结成合作伙伴，买卖货物，借还贷款等。在那里，每天早上银行家们都会在“老工坊”大楼的拱道里摆起长凳，账本一开，一天的工作就开始了。那时的里亚尔托甚至可能是整个西方世界中最重要，且无疑是最有名的金融交易区。这也正是“外邦商人”们常来的地方，比如说，他们会从曼图阿等地带着汇票而来。

关于剧情发生的其他地方，剧作家常在对话中描述它们。只要在威尼斯住上一天，拿着剧本到处走走，想重访安东尼奥、夏洛克或鲍西亚足迹的有心人，就很有可能为一两个场景找到真实的地名，正如你能找到真正的“盖托区”一样。

声名远播的威尼斯的犹太人无疑就是夏洛克。但在剧中还有其他两个犹太人。一个是夏洛克的女儿杰西卡，她在剧中与人私奔；另一个叫杜伯尔，一个添乱的角色。十六世纪威尼斯的犹太人都不被算作威尼斯的公民。他们的身份，是经威尼斯参议院的默许而居住在城内的外国人。犹太人早在十三世纪末就被驱逐出英格兰；他们不断遭到骚扰，又被驱逐出西班牙和葡萄牙；在德国也受到攻击和欺辱，历尽磨难。如果欧洲的犹太人想要得到一丁点儿安宁的话，那就得到意大利来，特别是到曼图阿的贡查加家族管辖的领地，以及费拉拉的埃斯登西家族的领地，再有就是来威尼斯。

在威尼斯，从十五世纪晚期开始，犹太人就得到了接纳，尽管欢迎中也带点吝啬。大部分行业都对他们关上了大门，而银行业却没有。他们几乎没有可将资本投入运作的地方，于是放债收取利息就成了他们谋生的手段。

因此我们在向非犹太教商人放债的生意中碰见夏洛克便不足为奇。非犹太教（基督徒）商人们也乐于接受这些贷款以平衡收支。但接着情况就发生了变化：商人们开始抱怨说收取利息是一种罪过，但却忽略了自己也直接参与其中这个事实。这样的循环导致了双方的互不信任和敌意。

夏洛克首次出场是在第一幕的第三场。他和巴萨尼奥在进行商谈借款三千达克特金币的事宜——这是一大笔钱。巴萨尼奥是个身无分文的年轻贵族，急需偿清欠款，用剩余的钱财将自己装点一番，以期赢得富家千金鲍西亚的芳心。鲍西亚是威尼斯威尼托区一桩大宅子的女主人，也是她父亲的继承人。

在威尼斯，放债收取利息通常是被法律和教会禁止的。可是从摩西的时代起，这里面就有空子可钻，使其在某些情形下可以合法进行。在《圣经》中，摩西五书的第三书叫做《申命记》。其中第二十三章第十九和二十行，按照今天标准修订版的译文，摩西下令道：

> 你们借钱、粮食或其他东西给同胞，不可计算利息。
>
> 借钱给外族人可以计算利息，借给同胞则不可。这样，你们的上帝和主人就会在你们将占领的那片土地上事事赐福于你们呢。

今天我们一提起夏洛克，就会不自觉地想要阐释他在剧中的性格和处境。不管这部戏是煽动反犹情绪，还是仅仅展现了当时威尼斯的历史状况，通常人们都会认为这部戏是彻底的反犹主义。特别在近几年，不少人联合抵制《威尼斯商人》的演出。但是，却很少有人为另一件事痛心疾首：这部戏里的安东尼奥和他的同伴们也一样仗势欺人、说谎偷盗，没有一丝基督徒的虔诚。在这部戏中，夏洛克只是一个无依无靠的少数派成员，成了众矢之的，被旁人经年累月的侮辱逼得几乎精神失常。①

第一幕第三场开始后，夏洛克和巴萨尼奥间的对话就像一般职业放债人（包括今天的银行和信贷员）和未来贷款人之间的交谈，不过对方是个极有可能会赖账的人。此时并没有与巴萨尼奥提出的担保人一起协商借还手续。夏洛克问道："我可以和安东尼奥聊聊

---

① 要在莎剧中寻找关于犹太人的描写，我们只能看《威尼斯商人》。莎士比亚其他作品中几乎没有怎么出现"犹太人"一词，除了以下零星提到的五次，如下：在《维罗纳二绅士》中写到"就算是犹太人都会在我们离别时流泪"，"你是个希伯来人，犹太人，因此不配成基督徒"；在《爱的徒劳》中写到"我的心肝，我的好犹太！"；在《仲夏夜之梦》中写到"颜色像棺材上的红玫瑰/最敏捷、最年轻、也最可爱的犹太人"；在《无事生非》中有"如果我不爱她，我就是犹太人"。"希伯来语"这个词只用了三次。一次在《维罗纳二绅士》中，两次在《威尼斯商人》中用作"犹太人"的变体，其中一次是夏洛克在说起杜伯尔时自己提到的。

吗?”而巴萨尼奥的回答却是带着条件的：“如果你愿意和我们共进晚餐的话。”

这是个不怀好意的邀请。没有一个守教规的犹太人会在一个不合礼节的餐桌上用餐。夏洛克心知巴萨尼奥也知道这一点。抛开以往受过这些人凌辱这一层，就这一件事便足以令他记恨。剧作家对这种惊人的文化差异了如指掌，而在当时的英格兰并没有犹太人。在他的回复中，夏洛克和巴萨尼奥挑明了立场，于是英国观众也了解到十六世纪重商主义下的威尼斯城里的一些基本礼节：

> 我可以和你做买卖，交谈，走路等，但我不会和你一起吃饭，饮酒和祈祷。

说到这里，安东尼奥上了场。可是夏洛克并不急于招呼他，反而对着观众说了一段旁白，表达自己对安东尼奥的憎恨。当巴萨尼奥叫他时，夏洛克说：

> 我在估算手头的现款
> 凭我的记忆推测
> 我一时无法凑齐
> 三千的数额：但这无妨，
> 我族里的犹太富翁杜伯尔
> 可以提供足够的数目。

了解威尼斯犹太人的人都知道“我族里的犹太人”这句话绝不是冗余的信息。这说明剧作家明白犹太人按各自籍贯不同也有所分别。夏洛克指的是威尼斯城里不同国籍的犹太人，这也涉及了他们各自的装束，日常用语（希伯来语并非日常用语）以及各自的行业和专长。

在威尼斯只占总人口少数的犹太人中却有着各种不同的国籍。其中自然有意大利籍的犹太人。但是尽管他们先于其他人多年到来，却只占少数。最大的一支是来自德国和中欧的犹太人。他们被叫做“阿什肯纳什”（希伯来语对德国的称呼）。第二大的一支是来自累凡特的犹太人，主要来自土耳其，但也有从叙利亚和累凡特即地中海地区过来的人。累凡特的犹太人常常和家乡保持着重要的贸易关系，同时他们也有特别容易辨认的特征。比如说，他们戴着淡黄色的薄纱帽。这种穿戴表示了他们同胞之间的团结。另外还有一支逐渐壮大的，是西班牙的犹太人，这些人先后遭到费迪南德和伊莎贝拉，以及查尔斯五世和菲利普二世的驱逐。他们是充满活力而又具备教养的西法迪克（希伯来语“西班牙”）犹太人。除此以外还有来自其他国家的部落。

剧作家在写夏洛克说杜伯尔的话时，同时也告诉了读者他清楚犹太人居住区里面各家族的区别：从没出过国门，从没遇见过犹太人的英国人是不会知道这些细节的。

作者对威尼斯的犹太人装束也有所了解。他在第一幕第三场提到了这一点，夏洛克在回忆过去的屈辱时说道：

> 你骂我是异教徒，杀人的狗
> 把唾沫吐在我的犹太长袍上。

“犹太长袍”，意大利语称“贾巴诺”，用华达呢制成，中世纪以来就有人穿着。这是一种宽松的大披风，更像是披在身上的外衣。它长及双脚，中间束腰。这种服装把人包裹得严严实实，用途很广，在旅行时尤其常用。它不适合体力劳动，但却不妨碍犹太人穿着，因为反正法律也禁止他们从事这类职业。性格保守的犹太人钟爱这种宽大的长袍，特别是德国来的犹太人。因此当基督徒不再穿着这种衣服时，他们还继续穿着。

这些原因足以令夏洛克把他的衣服称作“犹太人的”长袍。但也有可能是他故意这么说的，因为两个世纪以前，在1409年的5月5日，此后又在1496年的3月25日，威尼斯的参议院强制居住在威尼斯的犹太人在衣服的胸前缝上“罗泰拉”，即黄布制成的字母“O”。如法令中写的：“布制的标记缝在胸口正中”。

剧作家显然知道这种“犹太人的长袍”是威尼斯犹太人穿着的带有显著区别性标志的服装。

犹太人长袍：夏洛克的穿着或近似于图中所绘的装束。这是银行家诺尔沙穿着的犹太人长袍。“罗泰拉”即犹太人胸口显著位置的黄色图形标记。这是油画《献给维多利亚的圣马利亚》中的一个细节。（出自《潟湖上的盖托区：威尼斯盖托区的历史和艺术》，恩伯托·福提斯著，罗伯托·马提奥达翻译，斯托尔蒂出版社，（1988—1993），第14页）

在《威尼斯商人》第二幕第二场，我们首次听说了威尼斯的盖托区，之前“盖托”一词都没有出现。剧中先是夏洛克的小丑侍从朗斯洛·高波发了一通滑稽的独白，然后他那几近失明的老父上了台。他还没认出自己的儿子便问道：“年轻的先生，请问到犹太老爷家怎么走？”

这个老人在剧中只是被称为“高波”，这个叫法在莎评中出现了较大分歧。有人说“高波”（Gobbo）一词在意大利语中正是“驼背”的意思。另有一人指出在里亚尔托广场上有一块石基，形状正如一个驼背的人。它站在一排台阶边上，支撑着一个用来公布官方通告的平台。尽管这个石头“高波”十分有趣，但我发现它和《威尼斯商人》剧中的老车夫高波其实没有什么关联。

事实上，“Gobbo”一词并非只有“驼背”一个意思：它也可以是“弯着腰”的意思，比如“被重负压得弯了腰”。在意大利，把石基造成像一个弓着背弯着腰的人的形象，这并不罕见。在教堂里经常可以看见这样的形象顶着装圣水的石盆。我不太相信《威尼斯商人》剧中的高波是个驼背：他应该是个牵马拉车的工人，尽管有点失明不能立刻认出儿子朗斯洛。高波正在去往盖托区的路上，他要到夏洛克家里去，向他问安，送他“一盘鸽子肉”。因为夏洛克是他那一无所长的儿子的雇主。

这盘礼物在意大利并不稀罕。C. A. 布朗在 1838 年的《莎士比亚的自传诗》中说道：这是一种谦卑而周全的意大利式恭维。今天，游客们常常惊讶于威尼斯圣马可广场上大群的信鸽（鸽子当中的一种）。大多数人觉得新鲜，许多威尼斯人却嫌它们脏。在高波的年代，鸟是养在屋顶笼子里的，于是理所当然地成了一座拥挤的城市中便宜而方便的肉食来源。如今它们的后代自由自在地到处飞翔，把粪便拉在人行道、栏杆、雕塑和教堂上；还时不时在人头上方便一下。

高波想去盖托区找夏洛克的住处，送上礼物。但请注意他的台词：第一次，他称朗斯洛为“年轻的先生”，第二次称他“年轻的绅士先生”。然后他又一次问起同一个问题：“请问，到犹太老爷家怎么走？”

我们已经在别的剧本里领会了作者反复强调同一个名字的用意——显然现在我们得特别注意——并仔细推敲——剧作家重复的词。

高波并不是问去“盖托区”的路。在莎翁全集中“盖托”一词并非随处可见。在英格兰，这个词直到 1611 年才首次在印刷品上出现。人们最早在托马斯·科里亚特的《旅行杂谈》中见到了它，作者这样写道："犹太人社团聚居的地方成为'盖托'[……]"

朗斯洛对他父亲的回答堪称经典，又滑稽得颇有一些威尼斯的风情：

> 到下一个拐角往右转，再下一个拐角往左转；再下一个转角，哪儿都不用转，只要弯弯曲曲地走下去就到了犹太人的家。

高波回答："老天爷，这地方可不好找！"这种指路的风格，正是威尼斯本地人帮助陌生路人时惯用的。

老父亲和儿子都知道，只要老人沿着弯弯曲曲的街道绕到那个地方，就有人会直接帮他指出夏洛克的房子。那时在威尼斯的建筑上并没有地址和门牌号；即便是今天，门牌号码也只有邮递员才看得懂。

在父子对话的末尾，朗斯洛想要捉弄父亲一把，他转过身子，于是老人碰到了他背上齐肩的头发，却误以为是他脸上的胡须。于是高波惊叹道：

> 赞美上帝！你的胡子真够长的！你脸上的毛，比我那拉车的马儿多宾尾巴上的还多！

高波的选词又招来了人们的批评。首先，作为威尼斯人，高波给马儿起了一个英文名字。但这部戏是写给英国人而不是威尼斯观众看的，在选取名字时也是如此。其实，意大利剧集中几乎所有的动物名字都是英文名，以方便观众识别。

另一种批评的观点是威尼斯并没有马。其实不然，在十六世纪，威尼斯贵族仍然会操练马术，这对他们的军事力量而言至关重要，他们在威尼斯的圣佛朗切斯科·德拉·维尼亚教堂前的空地演练，马厩就在旁边。而高波的多宾是拉车的马，通常拴在拖车的转轴上。在今天的威尼斯，还可以看见一些古桥上有平缓的石坡，可避免绊到马脚；另外还有用石块铺成有坡度的两条平行的道路，正好可供标准大小的拖车行走。

> “盖托”（Ghetto）：在对这个词词源的诸多猜测中，最可能的说法是它是“borghetto”一词的缩写，borghetto 是 borgo（城镇）一词的简略写法。——《牛津英语词典》

这是我见过对这个词最好的释义，但在阅读关于夏洛克住处的资料时，你会发现这却不是最常见的解释。

通常人们会告诉你，这个词是意大利语“getto”的变体，尽管在意大利语中“g”后面如果跟着“e”，这个字母应该发英语中“j”的音。“Getto”指的是冶炼金属的工厂。也许某人在翻看一本意大利语词典时看到了这个词，于是提出当时在威尼斯的那片区域一定有过一个冶金厂。这种逻辑导致了错误的信息。我一直对这种解释不满；在意大利语中强辅音“gh”和弱辅音“g”是有很大区别的，我无法想象意大利人会用这种拼法来代替“g”。

今天的盖托区在总体外表上和夏洛克时代差不多。唯一的区别是十六世纪时由于人口拥挤两次加盖了许多高层建筑；另外，被称作“新大地”的广场一边的建筑也被推平了，用来建造现在的犹太人养老院。

盖托区是在 1516 年 3 月 29 日的一条威尼斯法律通过后建立的：

> 犹太人须集中居住在圣吉罗拉莫附近的盖托区的房屋内。如此，他们晚间不可外出。此外须建两扇大门，一扇在“老盖

托”一侧，那里有一座桥，另一扇在桥的另一边——即每处各有一扇门。两扇门在每天清晨马兰格纳钟（圣马可教堂的大钟）敲响时打开，午夜时分关闭；由四名基督教徒守卫，守卫人员由犹太人自己指派并承担费用，其全额由市委决定［……］

威尼斯新盖托区鸟瞰。（出自《潟湖上的盖托区：威尼斯盖托区的历史和艺术》，恩伯托·福提斯著，罗伯托·马提奥达翻译，斯托尔蒂出版社，1988—1993）

这条法令颁布时，威尼斯共有约七百万犹太人，他们全都来自意大利或德国。由于在别处受迫害的犹太人纷至沓来，威尼斯作为世界商业中心气氛又相对别的欧洲国家来说最为自由宽松，对犹太人有很大吸引力，因此人口数字逐年增长。有些犹太人几代都住在威尼斯，这些人基本上都是1373年间从意大利中南部过来的难民，原先散居在城中各处。

直到十五世纪末，尽管犹太人背负重税，商业和职业活动严重受限，但至少人们还能容忍他们。很少有犹太人受到身体伤害。但1490年的一件丑事改变了这一切，自那以后，他们在城里的存在开始逐渐成了人们担忧乃至反对的事情。反犹主义开始在意大利抬头，街头上有人煽动，牧师在布道台上怂恿。无数个提案被提交至威尼斯的参议院，要求隔离或者驱逐犹太人，以至于1516年出台了一项妥协政策，让犹太人全部集中居住在盖托区。

要看懂威尼斯的种族分离政策，还有必要指出，德国访客都被要求集中居住在里亚尔托广场对面的房子里，尽管说房子本身十分宽敞。塞尔维亚人，希腊人和亚美尼亚人在晚间也只能待在几个区内，虽说这些区域没有大门或者围栏。威尼斯还有另一个限制，城里允许犹太人在盖托区进行宗教礼拜；但人数更多的路德派教徒却不许在城里任何地方举行仪式。

犹太人的盖托区实际上就是威尼斯城内的一个岛屿。四周环绕着一条条运河，只有通过两扇大门外的两座桥方可进出。

根据守门人的选择和雇佣方式，以及城门只在夜深时刻关闭这个事实，有人认为盖托区具有双重目的：一方面是基督徒的排外和宗教分离，另一方面（或许更为重要的）是为了保护犹太人在夜间免受外面暴徒和恶棍的骚扰。

在盖托区还有其他一些特别的设施：比如为基督徒提供贷款的银行；为需要各种银币的旅行者提供钱币兑换服务的商铺；还有对威尼斯所有顾客开放的商店，出售新旧衣服、珍奇织物、珠宝、食品和其他各种商品。这对基督徒来说尤其方便，因为盖托区的休息日与别处不同，星期日威尼斯其他地方的店铺关门时，这里的店面仍然开张营业。此外，在盖托区的广场上还有精彩的戏剧和音乐表演。

一说到高波在盖托区找夏洛克的房子，我们又看到有人急于证明剧作家对意大利的无知。在阿登版《威尼斯商人》的脚注里有这样一段唐突的话："这个问题提得可笑，在威尼斯城里可能住着近五千名犹太人。"也许这的确有可能，但什么时候那里真正住满过五千人却是另一回事。在考察意大利的犹太人人口时，关键要知道当时进行人口调查或人口估算的日期。在不同的年份，盖托区的人口会有较大的波动，这在十六世纪尤为明显。

比如在 1559 年至 1575 年经济回落时期，尤其是在 1570—1573 年与土耳其的战争时期，威尼斯发生过针对犹太人的严重迫害，致使许多家庭迁往累凡特。在这以后，由于 1575—1576 年爆发瘟疫，犹太人人口又再次锐减，这次可怕的大爆发使得城里共有五万人丧生——占了整个威尼斯人口的三分之一到二分之一。如费迪南德·布劳德尔所言，威尼斯在这件事以后再也没能完全振作起来。到了 1585 年，威尼斯城里只有约一千四百二十四个犹太人。①

要在这么一个封闭、狭小而稳定的社区里找个人——尽管据说有五千人居住——一个陌生人只要随处问几个问题就能得知所寻人的住处。而在那片围起来的社区里，人的姓氏往往就会暗示他的国籍，使得搜寻更为方便。只要打探到一些情况，在犹太教堂或邻里间问问就能找出方位。有人说，即便是在布鲁克林，高波也用不了寻找多久。

说起夏洛克要割一磅肉这个荒诞之举，第三幕第一场里夏洛克对杜伯尔说的那几句话更促使他下定了决心。在我看来，这一场是夏洛克人生重要的转折点，值得一读再读。这是个杰出的篇章，是对屡遭侮辱的夏洛克的生动描绘；他先是被安东尼奥那些烦人的朋友萨列里奥和索拉尼奥调侃；又来一个火上浇油的同胞告诉他亲生女儿在挥霍自己的钱财。从杜伯尔那儿得知心爱的妻子留下的定情

① 布劳德尔的《地中海》第二卷，第 814—821 页。

信物被用来买了个猴子时，他终于被逼得受不了了。

杜伯尔若不是搬弄是非，就是故意拿这些伤心事来气夏洛克。（看到第五幕开始前，我们才会知道虽然杰西卡的确偷盗了财物，但她并没有去热那亚，而是去了鲍西亚的别墅。）说完这些伤人的话后，杜伯尔突然转变了话题。他说："安东尼奥死定了。"

残酷的现实击中了夏洛克。如果夏洛克的钱款没能及时偿还，那么最多他也就能得到一磅毫无用处的人肉，用他在这一场早些时候的话说，只能"用来钓鱼"。

三个月前，夏洛克没有足够的现款让安东尼奥担保借出三千达克特，于是他自己去借了钱来。现在杰西卡把他给整垮了。而不久他还要归还自己的债主杜伯尔同样数目的钱。夏洛克一想立刻对杜伯尔说：

> 去，杜伯尔，花点钱找个官员，提前半个月通知安东尼奥。要是他爽了约，我要挖出他的心来；只要威尼斯没有他，生意就由我说了算。*去吧，杜伯尔，咱们在教堂见；去吧，好杜伯尔，我们去教堂，杜伯尔。*

在这种时候向犹太长老寻求道德指引似乎不合夏洛克的心境，而且他也不需要杜伯尔陪同。考虑到夏洛克最直接的威胁在经济方面，我所能想到的就是他要去处理一点生意，以缓解燃眉之急，而此时非常需要"好杜伯尔"和其他在教堂里的人共同参与。在盖托区，社区政府是由长老为首的小委员会组成的，教堂不仅是宗教仪式进行的场所。这里面或许有一种社区的团结精神——这是历史上犹太人最为可贵的精神。

夏洛克说"我们的教堂"，而不是"教堂"，他这么说有充分的理由。在盖托区不同国籍的犹太人有不同的教堂，称作

"斯科拉"①。1575 年的"意大利斯科拉"建成以前，意大利国籍的犹太人都在一个小型斯科拉进行礼拜。阿什肯纳什，即德国籍犹太人在 1529 年建立了自己的教堂，称作"大特笛莎"，1532 年又建造了规模较小的"神圣社区"。最典型的累凡特式斯科拉建成于 1538 年，随后就在附近又建起了第二个，"卢扎拖斯科拉"。西班牙式的斯科拉建于 1584 年。这些建筑现在都还在威尼斯的盖托区，有两所今天仍对所有游客开放。一度在这里还有美苏拉明斯科拉和柯汉宁斯科拉。若不是导游带我走访了盖托区，我压根不会想到《威尼斯商人》作者用"我们"这个定语是有用意的。夏洛克说"我们的"教堂，那么不是指"大特笛莎"，就是指"神圣社区"。

夏洛克会和杜伯尔在那里会面，说明剧作家不仅知道不同的族拥有各自的教堂，也知道教堂发挥着多种功能。除了礼拜堂外，教堂里还有其他房间：比如有一个"书院"；一个处理宗教和社区行政事务的地方；一个会议室；另外的房间可供集会所用。犹太人不会在家里或者神圣的地方做买卖，那么这些附属的房间就可以用来盟誓、见证和签订合同；也可用作私下交谈或者商谈——尤其适合讨论敏感的话题。

熟悉威尼斯的斯科拉内部结构的人，未必全是犹太人。这是个"布道的年代"，在当时，布道的艺术作为学术演讲的一种形式方兴未艾，人文主义成了当时的时尚。各路学者都会来听取这些使用意大利语的讲道和哲学对话——其中博学的长老塞缪尔·尤达·卡泽内伦伯根（1521—1597）最受世人欢迎。

在《威尼斯商人》剧中有个关于盖托区细节十分有趣，这就是夏洛克的家。虽然我明知去找这个房子是件蠢事，但我还是决定去调查一番。促使我这样做的是剧中的一处暗示，那时安东尼奥的同

① "Scola"，有"学院"的意思。

党里似乎有人在打鬼主意。原话出自第二幕第二场结尾，葛莱西安诺对巴萨尼奥说："你不能按我今晚的行为来判断我。"这听起来像不像他们要干坏事？

紧接着这句话，在下面第二幕的第三场，杰西卡正在家里和小丑朗斯洛交谈。如同莎剧中许多短小的场景一样，这一场也颇耐人寻味。朗斯洛正要辞去夏洛克家的工作，而杰西卡给了他一封信转交给她那信基督的爱人洛伦佐，并交代说："悄悄地交给他。"在第二幕第四场中，朗斯洛的确传递了信件，但却没有"悄悄地"做，从那一场仅有的几句对白中我们得知了葛莱西安诺、萨列里奥和洛伦佐在谋划一件事，而且做这件事还要穿上伪装，需要选准时机并且"准备充分"。这让人不免疑心，不管他们做的什么事，都不会是什么好事。

接着，洛伦佐透露了杰西卡信件的内容：她告诉他怎样盗取父亲的财物并把她劫走。这些小偷们准备利用威尼斯人常公开佩戴面

红色银行：紧挨着夏洛克的小棚屋，照片中它的左边就是有四个拱门的"红色银行"。（照片由西尔维娅·霍尔姆斯提供）

具这个习惯——人们不光在过狂欢节时这样做，平时也会戴面具。只要有人牵个头，一大群戴着面具寻欢作乐的人就会拥上街头。这让心有不满的夏洛克把他们称作“丢了脸的基督徒白痴”。这些面具和服装虽然有趣，却也为小偷们提供了绝佳的掩护。

第二幕第六场：两个密谋的人，葛莱西安诺和萨列里奥，穿戴得像参加舞会的人一样上了场。从对话中我们可看出他们身在盖托区。葛莱西安诺说：

就在这棚屋之下，洛伦佐

让我们在此守望。

“棚屋”——这就是那个有趣的细节。

夏洛克的棚屋：从新盖托区的广场取景，夏洛克的棚屋在正前方，由三根柱子支撑。（照片经西尔维娅·霍尔姆斯授权提供）

在莎士比亚所有的作品中，“棚屋”只出现过两次，一次在这里，另一次在《无事生非》的第三幕第三场。经典的第十一版《大不列颠百科全书》中说“这个词的中古英语形式是 pentis［……］，一种附属于，或者依附于另一建筑的房子，词源是‘appendere’，意为‘依附于’”。幸运的是，对我寻找真相十分有帮助的是《牛津英语词典》引用了 1625 年间说到“棚屋”这个词的例子。一份曼彻斯特民事法庭的报告中写道“支起一根柱子，在上面造了大型棚屋”。这正是我在盖托区发现的唯一的一幢这样的建筑：第二层楼从一幢建筑的边上凸出，下面用几根柱子支撑。这种类型的房子在盖托区绝无仅有。

作者在他熟悉的意大利指出这个地方，又一次体现了惊人的精确性，而且还把它巧妙地写进了故事里面，正如他把路森修的住宅写了进去，把米兰的“圣格里高利之井”和维罗纳的槭树林也写了进去一样。在接下来的篇章里，更多关于意大利的那些不为人知的事情还会继续被揭晓。

第六章

《威尼斯商人》（第二部分）
"威尼斯：困顿与考验"

在真正见到鲍西亚之前，我们已经久仰了《威尼斯商人》中女主人公的大名。如前一章所叙，开篇第一场，安东尼奥与巴萨尼奥单独在台上商议从夏洛克①那里借款三千的事。安东尼奥说：

> 好吧，告诉我那是怎样的女子
> 令你发誓要去秘密寻访，②
> 今天你已应允了告诉我的。

巴萨尼奥回答：

> 在贝尔蒙特有一位富家之女，
> 长得容貌出众……

"贝尔蒙特"。几个世纪以来，人们一直努力地寻找这个意大利地名的位置。前一章中提到那部名为《傻子》的意大利故事中（这个故事给了《威尼斯商人》一定的启发），有个想象中的临海城堡叫做贝尔蒙特。因此，人们便认为剧中的贝尔蒙特是在亚得里亚海的海岸线上。但剧作家的贝尔蒙特并不在海边，也不是什么城堡。在《威尼斯商人》剧中，贝尔蒙特是一个乡间别墅，这从剧作家笔下人物的口中便可得知，而且它的位置就在距威尼斯潟湖不远处。

第二幕第二场一开始，观众会发现台上的布景是乡间别墅内一处雅致的房间。金发碧眼的鲍西亚正与一名年轻的乌发女子在交谈。她是鲍西亚的女伴。有着这样的发色，难怪她叫尼莉莎③。两个年轻女子在讨论前来拜访的男子。他们都是求婚者，其中若有人解开了鲍西亚父亲贝尔蒙特老爷的谜题，便可娶回鲍西亚；破解谜题是成为她丈夫的先决条件。现在，鲍西亚居丧的时期已满，竞赛就开始了。那时的观众都默认鲍西亚这样的贵族女子自然会严格遵守戴孝的期限。

在第二场的这个时候，鲍西亚已经接见过几位候选人，但一个都没符合老父的要求。她把这些人全都嘲弄了一番，其中对年轻的英国男爵富肯布里奇尤为刻薄，先是说他的装束混搭各国的风格，后又挑剔他的举止（或许是因为他缺少社交手腕），说道：

> 你知道我对他什么也没说，因为说了他也不懂，而他的话我也听不懂：他既不会说拉丁语或法语，也不会说意大利语；你可以替我作证，我的英语是多么可怜：他长得倒是不错——唉！可惜谁愿意和一个哑巴打手势交谈呢？

在威尼斯的宫殿和别墅里面，一个贵族要受人欢迎，一口流利的佛罗伦萨腔的意大利语，以及熟练的拉丁语或法语，是必备的条

---

① 具有讽刺意味的是，夏洛克自己现金短缺，还得向杜伯尔借款后再转借。
② 记得这句话的观众，在第三幕第二场巴萨尼奥来到贝尔蒙特时，就已经猜到这次“秘密朝圣”是为了见到鲍西亚，定下他们将来的婚事，并决定自己要选择哪个匣子。
③ 在意大利语中，表示“黑色”或“黑暗”的词是“nerezza”。

件。在威尼斯的上流社会，人们同时使用三种语言交谈，并能轻松理解和阅读其中任意一种语言；因此鲍西亚会认为自己选的丈夫必须会这三门语言。我不禁疑心，创造她的英国剧作家应该也是这么认为的。威尼斯的日常用语至今仍是一种与纯正意大利语相去甚远的方言。“威尼斯意大利语”里夹杂着大量古老的伦巴底词汇和其他当地外来语的词汇。因此这种语言在今天仍如同一门外语。如今在威尼斯和维罗纳可以买到威尼斯方言的词典，当然威尼斯本地人从不奢望外国人会说他们这种复杂的语言。

伊丽莎白时期的旅行者总会好奇地去各地寻找威尼斯领土上那些典雅的别墅。它们一般归富庶的农场主拥有，正面看上去戒备森严，气势雄伟。十六世纪以后，由于对谷物的需求以及对原先依赖进口的生活必需品需求的增加，它们的数量也逐年增多。

威尼斯的经济在多种因素的作用下发生了变化。其中之一就是威尼斯的造船业变得越来越艰难，像安东尼奥这样的商人于是发现用外国商船运输更为经济。此外给货运提供保险的服务也变得越来越普遍。与此同时，海上运输的危险则日益增加——西班牙方面的敌意渐深，土耳其和巴尔巴里的海盗也令人头疼。然而，尽管周围的世界在发生剧变，对威尼斯的富人来说，他们的世界似乎并没有多大改变。

在欧洲，除了威尼斯外再找不到这样的别墅。今天的游客会把它们当成享乐休闲的殿堂，一个可从城中偷得一日之闲的新鲜去处，一个聚会宴请的场所。这固然没错，但是它们的功能却不止这点。带有古典立柱的中央宫殿旁边那些向两边延伸的建筑不仅仅是个装饰：它们有着必要的用途。这两翼的房间里住着农场的工人和奴隶，摆设着犁，鞍辔，铁锹，镰刀，收割完毕的谷物，还圈养着家畜，也可停放拖车和推车，甚至还可能有一两驾马车。它们都是在附近大块田地上开发农业所必需的设备。这种独具威尼斯风格的别墅融合了惊人的艺术美感和彻底的实用主义。

鲍西亚正是从父亲那里继承了这样一处别墅。老父亲和其他十六世纪威尼斯的富人一样，注意到由于国家重视海外航运和贸易，国内大片未开垦的土地一直被人忽略了，而这片土地一直延伸到了伦巴底地区。除此之外，1573 年其他意大利城邦与威尼斯树敌之后，它失去了重要的食物来源，比如西西里的小麦等。如第五章所述，威尼斯的船只已不再驶往英格兰，转而与非基督教的土耳其签订了一条对本国而言至关重要的贸易条约。基本上被孤立的威尼斯公国因此只能自力更生。

他们开始了自己的农产业，一大批富裕的农场主招来了著名的建筑师维琴察的安德烈亚·帕拉迪奥，让他在自己土地上建造宏伟的新古典建筑。帕拉迪奥的建筑风格驰名世界，受到众人的欢迎。1570 年安德烈亚·帕拉迪奥被任命为威尼斯的总建筑师。此后人们一直采用他独特的设计来建造房屋，直到他去世五百年后，以他名字命名的“帕拉迪奥式建筑风格”仍旧被人们借鉴。

这就是威尼斯威尼托区的贵族农庄；它们从威尼斯潟湖沿岸的农田上慢慢地发展了起来。它们中间最为耀眼的建筑伫立在布伦塔运河的沿岸，今天有专门的游船载着兴致勃勃的旅客来欣赏这里的建筑。

故事进行到第三幕第四场之前，剧作家迟迟没有透露有关贝尔蒙特位置的线索。当鲍西亚开始秘密谋划时，我们总算得知了一些重要信息。她意欲乔装打扮成青年男子去往威尼斯，以律师的身份出现在法庭上，为安东尼奥辩护并免去被夏洛克割去一磅肉的惩罚。

在这一场里，鲍西亚在只有女伴尼莉莎在场的情况下，对可靠的侍从巴尔萨泽说：

巴尔萨泽，我素知你诚实可信，
可别让我失望了，拿着这封信
火速将它送去帕多瓦，
交我表兄贝拉里奥博士亲启
若他有口信或衣物交付于你，
我恳请你，速速将它带回，
送到去威尼斯的交接渡口
其他不必多言，赶紧去吧，
我会在那里等候。

巴尔萨泽走后，鲍西亚在这一幕最后几行对尼莉莎说：

……我会让你知道整个计划，
车子已在林园门口等候，等上了车
再告诉你；那么赶紧去吧，
今天我们可得赶二十英里路。

按鲍西亚的话，要实行计划，她会先去开往威尼斯的“交接渡口”。她们将在马车里静候巴尔萨泽送来贝拉里奥博士的东西。之后鲍西亚和尼莉莎便会下车从“交接渡口”上船，然后渡河去威尼斯。

“交接渡口”①？这又是什么地方？在第一对开本中“Tranect”一词首字母还用了大写，作为专有名词，很有可能是有所指的。在当代编订的《威尼斯商人》中，这个词被改成了小写（“tranect”）。前面我们已经看到，以后还会继续看到，拼写对剧作家来说有着重

① “交接渡口”一词莎剧中的原文为“tranect”。“tra-”有交接之义，“nect”又有“联系”之义。——译注

鲍西亚的目的地，威尼斯的“码头”：位于公爵府的对面并靠近法院。（出自《威尼斯的前景：卡纳列托绘制，安东尼奥·韦森蒂尼雕刻》第二部分，第11号，达拉·维亚内罗出版社，1984）

要意义。如果剧作家在戏里特意用大写代替小写字母，词义就会大不一样。编辑们似乎并没有意识到某些名词的首字母大写，其实是暗指某件具体的事物，而非一个笼统的种类。他这么做，既是为了精确表达，也是为了强调，当然也为了那些不仅是泛泛浏览剧本的细心读者。

我们可以根据《威尼斯商人》台词中的线索作一个推测，再现鲍西亚和巴尔萨泽的行程和会和；由于巴尔萨泽从帕多瓦去“交接渡口”，而鲍西亚从布伦塔运河上的贝尔蒙特去往同一个地方，那么这个“交接渡口”势必在一个方便前往威尼斯的位置。

由此可见，“交接渡口”必须在靠近旱地的地方——这样马车才能停靠。同时它又得临水——这样威尼斯的渡船才能停靠。难道真的会有这样一处地方吗？

事实是肯定的，然而它的名字却不叫“交接渡口”（Tranect）。意大利人称之为“福西纳”（Fusina）。在威尼斯从古到今的地图上，

布伦塔运河：今日的容貌与十六世纪时相差无几。（作者摄）

这块区域里没有叫做“Tranect”的地方，但却有“福西纳”这个地方。

如果剧作家的话可靠的话（到现在我们应该相信他），“交接渡口”（Tranect），即鲍西亚与巴尔萨泽会面的地方应该是福西纳（不过我疑心巴尔萨泽不会乘坐从帕多瓦到福西纳的渡船；如果紧急的话，他应该沿这当时建在布伦塔运河边的堤道一路跑到福西纳，现在这条路叫做 S11 高速公路）。仔细查看潟湖周围的地理环境以后，我发现除了福西纳以外别无可能；而且它与鲍西亚计算出来的总路程相符（这点我们稍后便知）。从福西纳穿过潟湖到达另一边的码头正好五英里，这个地点在公爵府和法院的正前方；而鲍西亚就是要去法院。（参见第五章地图）

鲍西亚的用词也表明福西纳和威尼斯之间的渡船与帕多瓦和福西纳之间的渡船不尽相同。她是对的。在这个十六世纪的故事中，威尼斯有几种不同的水上交通方式。潟湖上的大型公共渡轮是由水手或舵手用长桨驾驶的；在运河上的公共渡船是用马或骡子牵引的（有时也有人划桨）。

人们在分析意大利剧集时做出的种种推测中，对“交接渡口”（Tranect）一词的解释最欠考据。特拉福德派一致认为“Tranect”一词为意大利语“traghetto”一词之误，这个词按不同语境既可以指渡船，也可以指渡口。比如印章经典系列版的《威尼斯商人》用了首字母小写的“tranect”一词（剧作家专门把它的首字母大写了），而且只给出了这样一条注释：“tranect，意为渡口。”新企鹅版莎士比亚用另一个词“traject”代替“tranect”，试图把“traghetto”这个词英语化，如下：

> Traject，“Q”本①和“F”本②写作“tranect”；该词或源自意大利语“traghetto”，渡口之意。见弗洛里奥的《词语的世界》（1598 年版）。此外（托马斯·）科里亚特写到“在威尼

① “Q”是莎士比亚早期印刷版本“第一四开本”的缩写。——译注
② “F”是 1623 年版莎士比亚“第一对开本”的缩写。——译注

斯有十三个渡口，通称为‘traghetti’”。距帕多瓦二十英里，临布伦塔运河，有一处水坝控制威尼斯湿地水位；此地或建了一个渡口或桥头，*莎士比亚可能从旅行者的传闻中知道了这个地方*。

阿登版莎士比亚也在脚注里用“traject”代替了“traghetto”，原文如下：

> “Q”本的“Tranect”或为“traject”之误；等同于意大利语中“traghetto”，一个渡口。该词出现在弗洛里奥《词语的世界》（1598 年版）。史蒂文斯［乔治·史蒂文斯（1736—1800），莎学家，莎剧编订者］认为“Tranect”即意大利语中的“tranare”有“拖”，“穿过”，“游过”的意思，但此释义有些牵强，且无法解释“-ect”的词尾。

乔治·史蒂文斯其实是对的……

这就是一些典型的“注释”，完全忽略了该剧写于弗洛里奥和科里亚特作品出版前这个事实。原来是编辑们自己把《威尼斯商人》的写作时间定在偏晚的 1596—1597 年（我本人并不认同）。弗洛里奥的书出版于 1598 年，科里亚特的书出版于 1611 年。

把这些臆测都抛弃以后，我开始重新寻找答案。我找到了维奥列特·M. 杰弗里的著作，这名学者于 1932 年 1 月在《当代语言研究》上发表了她在这个问题上的发现。杰弗里夫人的考据十分彻底而且无可辩驳。鲍西亚和尼莉莎的马车等候的地方是真实存在的，它有确切的地名，叫做“里扎·福西纳”，后简化成“福西纳”。“福西纳”意为“纺锤”，而“里扎”（Lizza）在这个语境下似乎是指“地方”或“入口”。而里扎·福西纳可以译为“纺锤之地”，后来就简化到只剩下“纺锤”这个名字。

关于里扎·福西纳，杰弗里说道：

> 这是个偏僻的小村子，旅行家们会写到它，皆因此地有个水坝，上面有个神奇的机械装置能把船从运河引到潟湖的。这个工程十分引人注目，几乎没有人在靠近威尼斯时会不提一下。由于旅行者从法国，英格兰和佛兰德斯来的路线经过帕多瓦，于是许多人必须得坐这个运输机过河。

杰弗里还找到了对应的拉丁文记载，她写道：

> 1602 年《意大利环游记》的无名氏作者写到了里扎·福西纳和它巧妙的构造："这个完美的设计使得船只离开了水面在陆地上航行。"

此外她还写道：

> 在《海格力斯·普罗迪修斯》(《海格力斯·普罗迪修斯：或王子的生活与旅行》，作者史蒂芬努斯·皮基乌斯，安特卫普，1578 年版）一书中，作者把它说成是一个"传输机"，此外安德烈亚·斯科托和保罗·亨泽的著作中也用到了类似的名词。

杰弗里还列出了 1444 年以来有关它的归属权的档案，其间引用了威尼斯档案馆中大量的证据。

杰弗里和我都注意到了伟大的法国散文家蒙田，他自 1580 年秋开始穿越意大利进行长途跋涉。杰弗里引用了蒙田的法语原作，我这里引用的是英译本。蒙田来意大利主要是为了造访此地著名的温泉，同时也想在那些美丽的城市里逗留一阵，比如罗马，佛罗伦萨和威尼斯。1580 年的这次旅行中，他几乎每天都要记录自己的见闻。当身体有所不适时，秘书就帮他补上当日的记录。这些记录集成了《蒙田旅行札记》，此书经历了时间的考验，至今仍是人们喜读的作品。

1580 年 11 月 3 日，蒙田到达了帕多瓦，他在那里一直住到了 11 月 15 日。在《札记》中他写道：

> 周六一早，我们沿一条美丽的堤道顺着运河离开了城市，道路两旁是丰饶的麦田，成行的树木为葡萄园提供了极佳的绿荫，路边点缀着赏心悦目的建筑。这其中有一幢是康塔里尼家族的房子，正门上有一行铭文，写到国王陛下（法国的亨利三世）曾在从波兰返回的途中旅居此地。接着我们走了二十英里到了福西纳，在那里用了餐。这里只有一个客栈，人们从此渡往威尼斯。在这里，所有沿着（布伦塔）运河而来的船只停靠时都借助于一个机械；由两匹马拉动滑轮，像拉水车一样牵引着船只。船只被置于一块底下装着轮子的厚木板上，运到通往威尼斯城的“海”（实为潟湖）上。我在此午餐完毕后上了一条贡多拉，航行了五英里在晚饭时分到达了威尼斯。

另一个版本的描述来自费恩斯·莫里森（1566—1630），他是英国的旅行家和作家，他在 1617 年的游记中写道：

> 1594 年的春天……我开始了意大利之旅。乘上从帕多瓦东门出发的驳船，由纤马拉着沿布伦塔河［实为布伦塔运河］前进；穿过两到三座小桥［这些“小桥”其实是水闸，莫里森不知其详］，行约二十英里，我们到了一个叫里扎·福西纳的村子，这里有条水坝拦住了布伦塔运河的水流，以防止水路打开后威尼斯那边的湿地泥沙沉淀形成通往城里的旱路……在这

里，我们的船由一个“机关”载着出了布伦塔运河进入威尼斯湿地，我们和其他乘客稍事休整取用了一些酒肉……

“Tranect”是一个拉丁词，拉丁语是欧洲的通用语言，对旅行者来说十分重要。正如“connect”意为“连接”，“tranect”意为“交接”。另一个变体是“transect”，几乎每本词典中这个词都有两个定义。用来指代鲍西亚及尼莉莎等待上船的那个地方时，两种说法都说得通，但又略有不同。用作动词，它的意思是“切断，横穿，走捷径”或“穿过”，“交接”的意思；用作名词时它指的是一片狭小的陆地。这样剧作家一举两得地描写了福西纳这个工程本身以及它的功能：一小块旱地和一个在河道间运送船只的机关。

然而工程技术的革新和发展终于使得里扎·福西纳的交接渡口走到了尽头。在十七世纪时，隔离布伦塔运河和威尼斯潟湖的水坝被打通并装上了水闸。这样一来，可供船只直接在潟湖和布伦塔运河之间航行的水道被打开了。里扎·福西纳，这个鲍西亚口中的“交接渡口”就被废弃了。但这一切都发生在剧作家完成这部耐人寻味的大作以后。

鲍西亚嘱咐巴尔萨泽（第三幕第四场）去帕多瓦获取表兄的衣物和口信，再到福西纳的交接渡口见她；而后她和尼莉莎坐着马车去那里等候巴尔萨泽的到来。两个年轻女子将乘渡船穿过潟湖到达公爵府对面的码头。

鲍西亚对行程长短了如指掌。她告诉尼莉莎“今天我们要赶二十英里路”。（一英里与意大利的二十里长度相同）。这样我们就有了一些可以用来定位贝尔蒙特的线索。

从交接渡口到威尼斯的码头一共是五英里，若从交接渡口到贝尔蒙特也是五英里，那么总长就是十英里。为安东尼奥辩护成功后，鲍西亚说要直接回到贝尔蒙特。这就意味着她要赶的路又增加了一倍。如果我的计算正确的话，鲍西亚的整个旅行加起来应该正好是她所说的二十英里。

那么距离交接渡口五英里处会不会有一座庄园正是我们的贝尔蒙特呢？事实果真如此。它名叫“佛斯卡里庄园”，有时又称“马尔肯腾塔（意为‘不满者’）庄园”，原因是附近有一个小镇正好以此为名。

佛斯卡里-马尔肯腾塔庄园是帕拉迪奥最著名的建筑之一，约建成于 1560 年。它的倒影映照在布伦塔运河水上，至今仍属于佛斯卡里家族的产业。建筑内部房间装饰有富丽堂皇的壁画，令人联想起朱利奥·罗曼诺的绘画，这所庄园也曾因接纳过法国国王亨利三世（1574—1589）而闻名。虽说它现在是威尼斯大学的所在地，

鲍西亚的“贝尔蒙特”：布伦塔运河上的这幢辉煌宫殿，佛斯卡里-马尔肯腾塔庄园，由安德烈亚·帕拉迪奥（1549—1563）设计建造。（版画由 J. F. 科斯塔于十六世纪创作，出自《布伦塔河上奇美的湖边别墅》，作者保罗·蒂托，熊猫出版社，1987 年，第 12 页）

佛斯卡里-马尔肯腾塔庄园仍会开放供游人参观。从这里到威尼斯十分方便，对鲍西亚这位芳名远播的女继承人来说，也是“贝尔蒙特”的最佳地址。

在反复研读《威尼斯商人》剧本时，我注意到巴尔萨泽走后，鲍西亚对尼莉莎说了一句奇怪的话。她向女伴描述了登上去威尼斯的渡船时将穿着的装束。“两个人都打扮得像青年男子”，而她自己会“打扮得更英俊些”。她还添了句“要把匕首佩得更潇洒些”。鲍西亚不打算佩带长剑这种欧洲男性公开佩带的危险武器，她想带一把匕首。

剑一般被认为是攻击性的武器；但匕首却通常被认为是用来自卫的。法律严格禁止在威尼斯城内佩剑。想到这里，我翻开《哈佛莎士比亚指南》，找到了一些有趣的内容：“在第一对开本的三十六部戏剧中，三十五部有男性佩剑出场。只有一部没有出现剑，那就是《威尼斯商人》。尽管《奥赛罗》的第一幕第二场也是发生在威尼斯，而伊阿古和罗德里格也都拿着剑，但这是个合理的例外情况，因为这两人都是穿着威尼斯军队制服的军官。”

鲍西亚的“贝尔蒙特”：佛斯卡里庄园，今天的外观。（作者摄）

戏剧进行到第三幕第三场时，我们知道安东尼奥已经来不及还清欠夏洛克的债务了。巴萨尼奥已经把借来的钱归还了债主，其他的用来取悦鲍西亚和她的家人了。巴萨尼奥也曾算计着用鲍西亚的嫁妆来归还夏洛克的欠款，但他一时又不能和女继承人成婚。按照契约的条款，等结婚时间到来时，还款期限早已过了。安东尼奥现在要准备割一磅肉给夏洛克：契约上没有写明其他的解决方案。在这简短的一幕中，我们看到安东尼奥将被投入监狱，等待法庭决定是否执行这种可怕的还债方式。

在这个案件中相关的实体法（相对于程序法而言）是当时各国共同遵守的准则的一部分，也是商人和银行家约定俗成的规矩的一部分，称为“商人法”或者“商贸法”。今天我们通常称之为“贸易法”或“贸易法规”。在十六世纪，英国和威尼斯使用这种法律，在欧洲其他国家和地中海沿岸地区也都通用。剧作家仅把它称为“法律”；但英国观众都知道他的意思。许多人还知道与执行契约相关的是商人法中的哪些条文。

夏洛克在离场前被愤怒冲昏了头，只能一遍又一遍地说：

> 我一定要按照契约执行，说什么也没用
> 我已经立了誓，要按契约执行……

夏洛克走后，索拉尼奥对安东尼奥说：

> 我相信公爵大人
> 一定不会允许他执行这一处罚。

但安东尼奥出人意料地变得理性起来，他回答：

> 即便是公爵也不能改变法律程序，
> 外邦人来我们威尼斯交易，

如果他们的财物被剥夺
就会有损整个公国的法律公正，
因为我们城邦的贸易和繁荣
须倚仗各国商人来往。去吧——
这些不如意已让我身心疲惫，
或许明天我连一磅肉都拿不出来
去还给那嗜血的债主了。
唉狱官，走吧。上帝，请让巴萨尼奥
来看我替他还债，我死而无怨。

在《傻子》这个故事里，有一个差不多的段落，如果翻译成英语大致如下：

> 犹太人回答说既然欠款没能按时付清，他也不想要钱，他要割那一磅肉；这招来了巨大的争议，每个人都责怪犹太人；但由于威尼斯是个法治国家，犹太人在城民中享有同等的权利，没有人敢公开说他不是，他们只能恳求他。

当契约的签订符合法律规范，有账单、合同、支票和商人法批准的程序可依时，其他口头证明、身份头衔及其他旁证和辩解都不能作为证据。一切须凭纸张，即契约本身说话；一张纸代表了一切。而要求从债务人身上割一磅肉这样诡异的契约会导致理性的商人法完全始料未及的棘手问题。这在那个相对野蛮的时代也是让人啧啧称奇的。

第四幕第一场，威尼斯公国的公爵①——威尼斯方言称“总

① 他在剧中一直被称为“公爵”，而威尼斯和热那亚的统治者称为“总督”。剧作家用公爵一词代替，是为了在英语中突出他作为“公国”统治者的崇高地位，尽管这些称谓本身代表着不同的权威。

督”，就面对着这样一个史无前例的难题。如果按照史实，公爵本人是不会主审这种案件的；在这里他是整个威尼斯的象征。这个奇案审理的过程完全是戏剧化的，与威尼斯和英格兰都没什么关系。而对于那些喜欢追究技术问题的批评，评论者应该知道《威尼斯商人》是演给英国观众而不是威尼斯观众看的。

安东尼奥的审判这场独具匠心的戏遭到了不少批评。有些人指责说剧作家并没有按照商贸法的正确步骤和规定来写，而十六世纪的人确实是严格遵守商贸法的。还有人批评这场庭审戏，说它滥用证据的可采纳性，混淆逻辑和因果。如果按照商贸法，鲍西亚的宽恕请求绝不会得到允许。对于这些，我要说的是尽管在剧中鲍西亚获准扮演了一回律师，但她的雄辩之辞看来却都说给聋子听了。这整个过程虽说是对商贸法的歪曲，却一直是基于对契约的“忠实阐释”上，契约上只允许“一磅肉”，没有算上血液的重量。

不管剧作家写庭审这场戏的真正意图如何，里面鲍西亚的讲话和她向夏洛克索取的重罚已经使它闻名于世。《威尼斯商人》里面这独一无二的一出，正如莎士比亚评论家们所言①，是“世界文学中一篇最机智的庭审讽刺文”。

---

① H. 辛斯海默，《夏洛克》，第 139 页。

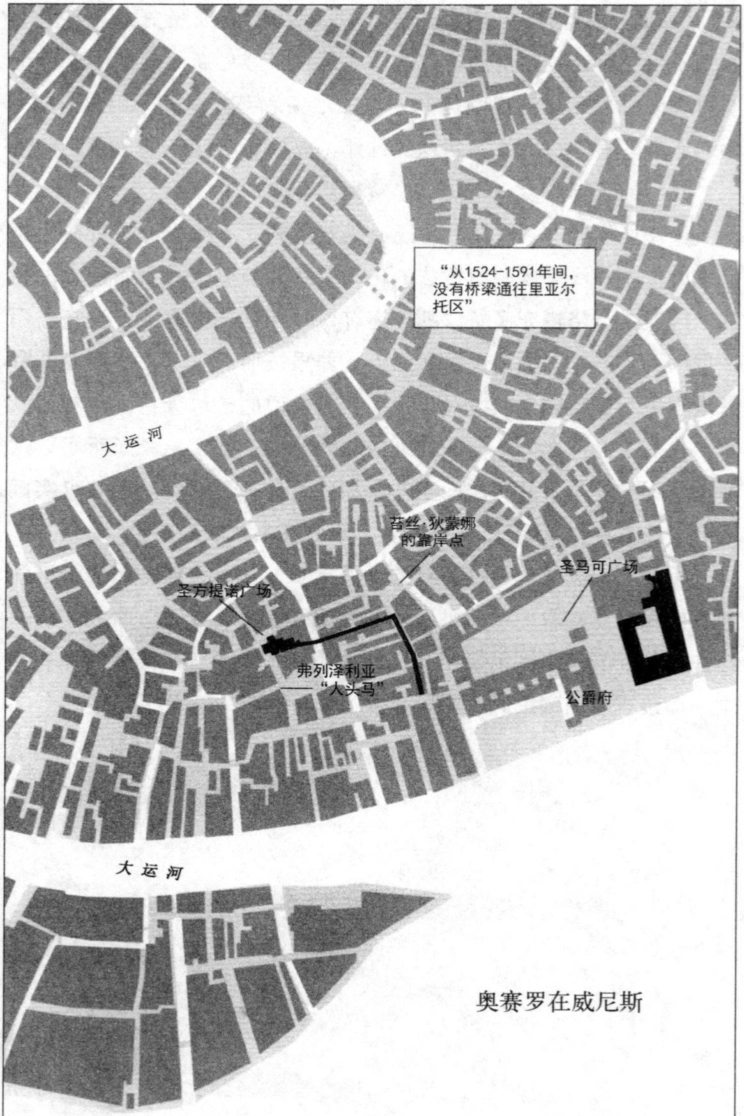
“从1524-1591年间，
没有桥梁通往里亚尔
托区”
大运河
苔丝·狄蒙娜
的靠岸点
圣马可广场
圣方提诺广场
弗列泽利亚
——“人头马”
公爵府
大运河
奥赛罗在威尼斯

第七章

《奥赛罗》
“陌生的人和街道，宝剑与革履”

《威尼斯的摩尔人奥赛罗的悲剧》整个第一幕都发生在威尼斯。这部戏从第二幕到第五幕的其他剧情发生在塞浦路斯。由于本书关注的重点是剧作家的意大利之行及其对意大利的了解，本章仅仅引用了其余部分的几行对白。

《奥赛罗》的主要故事情节来自意大利学者、作家乔瓦尼·巴蒂斯塔·杰拉尔第（又名辛西奥，1504—1573）的故事集。原作名为《一百一十则故事》，1565 年出版于威尼斯。书中故事由 1527 年在海上航行的十位青年男女轮流讲述。奥赛罗的故事是第三部分的第七个小故事，原作并没有标题。正如他创作其他意大利戏剧一样，剧作家对原作进行了更深层的挖掘和改编；用美妙的对白使这部戏成为了世界文学和戏剧史上的瑰宝。此外，在 1753 年以前，还没有出现辛西奥作品的英译本，于是人们开始猜测剧作家是如何看到了辛西奥的故事。以下是阿登版莎士比亚第三版《奥赛罗》附录的节选：

> 1583 年出现了 G. 沙皮乌斯的法语译本，现存最早的英译本出版于 1753 年。沙皮乌斯忠于意大利原文，只在细节处有所改动，莎士比亚也许读过两个版本中的一个，或者某个失传

> 的英译本……无论如何，曾经很有可能有过一个失传的英译本，其翻译过程中同时参考了意大利语和法语的文本。

这个“失传的英译本”的说法，在几乎所有关于意大利剧集的研究中盛行，当研究者找不到英译的意大利文本或拉丁文原作时，就会采用此说。这个说法正好印证了剧作家“不识拉丁，更疏希腊”——这是本·琼森在第一对开本中写的模棱两可的评论。提出“失传本”的概念后，《阿登版》的编辑又写道：

> 不论辛西奥，沙皮乌斯，或失传的英译本中哪个是莎士比亚使用的素材，剧中来自辛西奥作品的语句数量惊人，这可能是直接借用，也可能是间接通过另一版本借用的……

《河滨版莎士比亚》在评论中说道：

> 按目前发现的文本证据看，作者似乎看过辛西奥的意大利原文……

看过？莫非剧作家竟然还能读懂意大利文，这怎么可能！

辛西奥的故事开始是关于威尼斯的摩尔人的一段叙述，但这个摩尔人并没有给出名字。他生性勇猛，在战场上从容不迫而又应对自如，于是受到了威尼斯“元老院”（威尼斯公国的行政团体）的重视。

接着故事讲到有个贞节而美丽的女子苔丝狄蒙娜［原文如此］，受了“摩尔人品行的吸引而非出于女人的欲望”，坠入了爱河，而他也一样爱上了她。接着辛西奥的故事进一步发展，摩尔人被派到塞浦路斯当指挥官，苔丝狄蒙娜随行前往；这样，原作的叙述就从威尼斯转到了塞浦路斯。

原书出版于1565年，因此原来的故事并没有像《奥赛罗》那样把1570年土耳其进攻塞浦路斯的战事作为背景。所有关于威尼斯的细节，包括人物地名等，在本章中若有提及者均出自《奥赛罗》。在辛西奥的故事中，倒没有什么特别关于威尼斯的细节。

《奥赛罗》一开场，时间是在夜间，台上有两个人物：一个是人格扭曲性格叛逆的伊阿古，另一个是傻乎乎的浪漫主义者罗德里戈。罗德里戈看似并非威尼斯本地人；伊阿古则肯定不是威尼斯人。除他俩以外，所有其他出场的剧中人，包括奥赛罗和凯西奥都是威尼斯人。

有一种可能性是伊阿古作为一个十六世纪的西班牙人，因受本国历史影响，天生对摩尔人怀有仇恨。“伊阿古”（“Iago”）是个西班牙名字，对应英语中的“詹姆士”，法语中的“雅克”，以及意大利语中的“贾科莫”。对去过西班牙康的波斯特拉朝圣的人来说，这个名字并不陌生。这座西班牙西北角的城镇有个敬献给圣詹姆士的朝圣者大教堂，通常就写作“圣地亚哥”（“Santiago”）。

从戏剧开始的自白来看，伊阿古是个职业军人，而且在来威尼斯以前就在奥赛罗麾下四处征战。在戏剧中段第二幕第三场有一点关于他国籍的提示。此时钟声正好敲响，伊阿古叫道：“谁在那儿敲钟？见鬼！（Diablo!）嘿！”“Diablo”意为“魔鬼”，这是个西班牙词，和意大利语中的“diavolo”对应。

罗德里戈也在威尼斯的军队，但他的职务尚不明确。在中世纪、文艺复兴时期以及之后相当长的一段时间内，许多军队的战士都是来自欧洲各地的雇佣兵。但是罗德里戈显然在威尼斯已有一段时日，至少他已经认识了苔丝狄蒙娜的父亲。后者这样对他说：

> 我警告过你，别在我门前晃悠

你已经明明白白地听我说过

我女儿不能嫁给你……

这一幕开始时，伊阿古与罗德里戈对话时主要是伊阿古在抱怨奥赛罗。奥赛罗刚刚受命带兵向塞浦路斯进发。伊阿古说他痛恨奥赛罗是因为他拒绝任命自己做塞浦路斯的副将。在十六世纪的军队里，“lieutenant”这个词应该是指权利仅次于将领的军衔，它的字面意思是“守营者”。奥赛罗任命他做了“掌旗官”，这是个稍低一点的军衔，负责在战场上扛大旗，但在十六世纪这个职位也有一定的行政权力。

伊阿古和罗德里戈此时在威尼斯议员勃拉班修家门口的一条街上。既然是参议员，那么他应该是一个贵族。更重要的一点是，勃拉班修是苔丝狄蒙娜的父亲，他的女儿已与奥赛罗私奔，而他至今仍蒙在鼓里。伊阿古一心要给奥赛罗找麻烦，又想尽可能把自己隐藏起来，于是他怂恿罗德里戈去勃拉班修家一扇窗子前大声通报这个坏消息。

当勃拉班修打开窗帘时，他很可能只穿着睡衣站在那里；因为伊阿古大着胆子叫道：“我的天，老爷，你遭劫啦，快穿上袍子吧，这下脸丢大了!”这个逆贼竟然在公共街道上无礼地大嚷，好让这块区域里的人全都听见，让勃拉班修倍感耻辱。

说到勃拉班修的“袍子”，伊阿古说的并不是礼服或者浴袍，而是指参议员的官服，这是所有威尼斯参议员在公共场合必须穿着的有标志性的衣服。参议员的袍子是一种显眼的黑色长袍——夏天用亚麻镶边，冬天用貂皮镶边——他们在大街上着这种装束，让人时时刻刻感到政府的威严。日复一日地，每个参议员都是这副打扮，在城里各处办理公务。这种风俗对英格兰和其他欧洲国家来说却很陌生。这很值得我们思考，若非剧作家亲眼见过，注意到这种服装的特别之处，他又怎会在写威尼斯参议员时明确地提

一个威尼斯参议员的肖像：人物穿着参议员的黑色长袍。作于十六世纪。

到他的长袍呢？

伊阿古接着开始用污言秽语诽谤苔丝狄蒙娜，这些话对老父亲来说同样不堪入耳。他说道："你的女儿要给一匹黑马骑了"，再有，"你女儿和那摩尔人干那禽兽一样的勾当"。这样广而告之后，罗德里戈又来添油加醋地说了一番，他说苔丝狄蒙娜不仅跑了，而且她

在此夜深人静无人留意的时刻
被拐走了，身边没有个像样的护卫
只有一个谁都雇得起的下贱船夫。

伊阿古自信勃拉班修会坚持立刻找到苔丝狄蒙娜——说完后他自己便溜之大吉了，不过走前他还叮嘱罗德里戈："把搜寻的人领到'人头马'那儿去……"伊阿古只用这一句话告诉罗德里戈去哪里寻找奥赛罗和苔丝狄蒙娜。接着勃拉班修和随从人等带着火把下

了楼，不出所料他准备去搜索女儿的下落。

当勃拉班修在街头见到罗德里戈时，他满怀焦虑地问道：

勃拉班修：你知道
　　　　　我们到哪里能找到她和摩尔人？
罗德里戈：我想我可以找到他，只要你肯
　　　　　多带几个得力护卫与我同去。
勃拉班修：请你带路，我要挨家挨户去搜
　　　　　大部分人都听从我：拿好家伙！
　　　　　再去叫上几个*负责巡夜的*警官①。
　　　　　走吧，罗德里戈，我一定重谢你。

经罗德里戈一说要“多带几个得力的护卫”，勃拉班修转向随从命令他们“拿好家伙”。这些“家伙”只能是些家用的刀具，因为在威尼斯只有穿制服的军官才准许佩剑。他还让他们去“叫上几个负责巡夜的警官”。

伊阿古只是简单地对罗德里戈说“把他们领到‘人头马’那里”。罗德里戈对城里还算熟悉，这件事倒是能轻易办到。但对戏外的人来说，这“人头马”可不好找。它究竟在哪儿，又会是个什

① “巡夜官”是授权保护地产的官员，他们有时也会帮助保护个人安全。这个短语出现在第一对开本中，后为大部分现代版本沿用；少数版本采用四开本的说法：“一些特别得力的警官”，但这是错的。斯特拉福德派的学者在1597年出版于英格兰的《威尼斯公国和政府》中找到了关于这些官员的描述，这是个英译本，由刘易斯·卢克诺译自加斯帕罗·康塔里尼红衣主教（1483—1542）的原作“Della Republica et Magistrati de Venetia”。原作早些时候在威尼斯出版。这些官员被安排在威尼斯的六个区内，在夜间负责保护房产——偶尔也保护个人。

么样的地方呢？

一般人都不怎么细读剧作家的对白。大多数人都不愿意按准确的字面意思去理解——其实，剧作家的对白都应该这么看——可是人们却做出各种各样的阐释，譬如：

在最新的阿登版《奥赛罗》中，关于“人头马”的脚注这样写道：

> 门上带有人头马像标记（即希腊神话中半人半马的怪物，或指奥赛罗天性中的两面性）的旅店或房子。

河滨版说它是：

> 一个旅店（其门口有传统的人头马像，即作射箭状的人头马标志）。

《莎士比亚人名辞典》用了类似的解释，还加上下面这段话：

> 有些批评家指出“人头马”是海军或部队指挥官的寓所或者军械库。门口可能会刻上一个射手的图案。但这是一个人的雕像而不是人头马。许多批评家不认同这个观点。奥赛罗那个时代的旅店中并没有叫“人头马”的；但也有可能莎士比亚在影射某件当时的事物，这也是他惯常的手法。

“影射某件当时的事物”这句话其实没有为我们提供任何信息，只不过是说“我不知道”罢了。

剧作家的话里的意思可不是这么简简单单就说完了。在勃拉班修和罗德里戈那段焦虑的对话中，里面提到了“巡夜的警官”；罗德里戈又说“我想我可以找到他（指奥赛罗）”。勃拉班修说“我要

挨家挨户去搜”。话题的重点在于挨家挨户，还不是指旅店。

另一件事发生在第一幕第二场，地点是“人头马”附近的一条街道。伊阿古警告奥赛罗说勃拉班修正在怒气冲冲地寻找他。但几乎与此同时，凯西奥也从公爵府过来了，招呼奥赛罗去见公爵大人（即威尼斯总督）和其他参议员。他们刚刚获悉土耳其已经开始攻打塞浦路斯。凯西奥说大家都急着在找奥赛罗，但他“*却不在自己的寓所*”。尽管凯西奥已经把话说得如此明白，我惊讶地发现，鹈鹕版的《奥赛罗》竟然在此处作注说，场景发生在“奥赛罗的寓所前”，和凯西奥的话正好相反。

此外，奥赛罗对凯西奥说：

> 幸而我让你给找到了，
> 待我*进屋去*说一句话
> 这就跟你走。

从这里难道看不出来奥赛罗是进屋去和苔丝狄蒙娜道别吗？奥赛罗进屋后，凯西奥问伊阿古道：“旗官，他在此何事？”伊阿古先是以惯常的风格对奥赛罗风言风语几句，又说：“他结婚了。”这里剧作家再次暗示第二场戏发生在“人头马”——在这里搜寻有了结果，大家发现奥赛罗在一所房子里。那么“人头马”应该是一条马路，或者一个广场，或者是两边盖着房子的街区；而不应该是一个旅店或军营。事实上，如果我们相信剧作家的话，这应该是威尼斯城里有着“人头马”之名的一个地方。

今天的威尼斯只有一小部分地方和街道用该处的景物来命名。这小部分名字会令陌生人受益匪浅。这些地名会显示该地区最常见的事物，只要把这个名词加上“-eria”或“-ria”的词尾就行了，意思是“……的地方”或“……的工坊”。例如“科迪利亚

(Corderia：造绳索的地方)"，"俄比利亚（Erberia：蔬菜市场)"，"方德里亚（Fonderia：铸造厂)"，"墨西利亚（Merceria：干货市场)"，"皮斯卡利亚（Pescaria：鱼市)"，"斯巴达里亚（Spadaria：造剑厂)"以及"斯皮泽利亚（Spezieria：药铺或杂货铺)"。在当代的地图上没有叫做"人头马"的地方，却有一个"弗列泽利亚(Frezzeria)"，这个名字指的是"箭"和"造箭的工匠"，曾经有人慕名来到威尼斯大量购买这里生产的弓箭。在这能工巧匠云集的城市里，生产的应该也是上等的弓箭。

在第七次修订的阿登版《奥赛罗》中，著名学者 M. R. 雷德利为"人头马"作注时写道：

> V. M. 杰弗里女士在《现代语言研究》1932 年 1 月刊中指出莎士比亚用这个词来指代"弗列泽利亚"，即造箭工坊所在的街道。但是这个初看非常有趣的解释存在一个问题：这样伊阿古对罗德里戈指出的地址便*不够确切*。

我再从维奥列特·M. 杰弗里 1932 年的那篇杰作①里摘录她另一部作品《莎士比亚的威尼斯》中的一段话。杰弗里女士发现"人头马"：

> ……不是别的，正是弗列泽利亚（Frezzeria）[这是威尼斯方言的拼法，意大利文拼作 Frecciaria]，这是一条狭窄的街道，自圣马可广场边上的圣摩西旅店而始，右转止于圣方蒂诺广场边的巴卡罗利桥。弗列泽利亚街因造箭工匠在此开设店铺而得名。1271 年工匠们的商会分化成了各个专门的分支：有造弓箭的，有铸剑的，有做餐具的，有做剑鞘的，还有纯粹的铁

① 《当代语言研究》，第 27 卷。

匠。他们工坊的名字也被用来命名城里的各条街道。

在同一篇文章的前面，杰弗里写道：

> 把“人头马”确定为威尼斯的一条街道，这绝不是主观臆断。史料显示，这条街在十三世纪时就叫做“人头马”；马林·萨努托在他的日记中写道，1518年7月12日夜间“人头马”那里发生了大火，造成了重大损失。在莎士比亚的时代，这条街是一条繁华的大道。著名雕刻家贾科莫·佛朗哥的店铺就在此处有太阳标记的地方。

在这段引文下面，杰弗里指出：

> 在莎士比亚的时代，“弓箭”一词在意大利语中有两种说法，一种是frezza，另一种是sagitta（有“人马”之意）。
>
> ……
>
> 事实上，莎士比亚会用这个拉丁化的名词，或许是受了马克·安东尼奥·萨别利科著作的影响。在《威尼斯的地理》中这条街就被称作“弓箭制造厂”（“vicus Sagittarius”）①。

剧中并未给出参议员勃拉班修的住址（无疑他住在同一个广场），但可以断定苔丝狄蒙娜上船的地方，即便不是在自家楼下，也是在附近。要是参议员家里连个停船的地方都没有，倒是件怪事。她秘密之行另一头上岸的地方，应该也离目的地不远，我们现

---

① 杰弗里为上文作的脚注里说“马可·安东尼奥·科西奥·萨别利科·达·维科瓦罗在1478年写了威尼斯史……”她的引文出自1560年出版的《作品全集》，巴塞利亚，卷4。

在知道这条街共有三个叫法，意大利语叫“弗列泽利亚”，拉丁语叫“人头马”（“Sagittarius”），英语化后写作“Sagittary”。

那么，“人头马”街上有没有适合苔丝狄蒙娜上岸的地点呢？我是否还能相信剧作家用词的精确性？于是我亲自动身去走访了一下。“弗列泽利亚——人头马”这条街并不在运河边，但不出所料，在它几步开外就是一条与之并行的运河：奥西奥罗运河。在它岸边有一个停靠点叫“奥西奥罗基地”。这条运河现在流入到一个大型的河流盆地，“奥西奥罗盆地”。各地驶来的贡多拉在此汇聚，接载从圣马可广场过来的游客；但十六世纪时没有这个河流盆地，只有一条向右转的河道，称作卡瓦列托运河。我很轻易地就能想象奥赛罗站在奥西奥罗码头等着苔丝狄蒙娜，然后带着她安全回到不远处两人私会的房子里。

戏剧第一幕第二场，奥赛罗作为一名男子汉首次经受了考验。此时凯西奥正在弗列泽利亚——“人头马”街的寓所前与他交谈，而罗德里戈和勃拉班修正好带着随从及巡夜的警官赶到了。这些侍从携带的武器五花八门，可能会有棍子、斧子、菜刀等：剑却是法律明令禁止的。他们一到，罗德里戈就对勃拉班修说：“先生，摩尔人在此。”奥赛罗见他们全副武装朝自己冲过来，却用命令的口吻说道：“喂！站住！”这时怒发冲冠的勃拉班修吼道：“给我打倒这个贼人！”此处我们却在许多当代版本中找到了这样一条舞台说明：*双方都拔出了剑*。

剧作家本人并未添加这条舞台说明。四开本和第一对开本中均没有这句话。这句话是十八世纪时由尼古拉斯·劳尔添加到剧本中去的。此人常被称为“威廉·莎士比亚”的第一位编订者和“权威的”传记作者，这里的莎士比亚当然指的是斯特拉福德的威廉·莎士比亚。与剧作家不同的是，劳尔对威尼斯关于佩剑的禁令一无所知。只有享有特权和身居高位者才能在特定场合佩剑。此外可以佩剑的还有穿着制服的军官，伊阿古和罗德里戈两人都是。劳尔的舞

弗列泽利亚——“人头马”：威尼斯这条名叫弗列泽利亚的街道，在奥赛罗的时代称为“人头马”。苔丝狄蒙娜和奥赛罗私会的房子就在这条街。（作者摄）

台说明不仅加错了地方，还加在了不该加的人身上。

如果说劳尔指示的舞台动作真要补全剧作家的台词里的意思，它至少要和下文中伊阿古对罗德里戈喊的那句话联系起来。狡猾的伊阿古企图表现忠诚，急于保护奥赛罗，他说："罗德里戈！你放马过来，先生，我陪你玩！"这显然是发出了决斗的挑衅，也只有在这种关头才会拔剑。

按照剧作家写的对白看，这群人中能拔剑的也就只有两个人：伊阿古和罗德里戈。伊阿古对罗德里戈说的那句话，任何一个十六世纪的欧洲男子都会立刻明白：这是决斗到死的挑战，而且发出的对象不是别人，正是罗德里戈。伊阿古拔出剑来像是要动真格，于是罗德里戈也逢场作戏地拔出了剑。

如果依照劳尔的舞台说明，那"人头马"（弗列泽利亚街）就成了斗殴的场所，而奥赛罗本人也成了与人拔剑相向的参与者，这和奥赛罗本人的表现恰恰相反。这条说明剥夺了剧作家在对白中赋予他的威严和从容。手无寸铁的奥赛罗制止了伊阿古和罗德里戈虚张声势的表演；正如鹈鹕版《奥赛罗》的编辑杰拉尔德·伊得斯·本特利所言：奥赛罗对伊阿古和罗德里戈说话时就像久经沙场的老兵对玩闹的小孩子说话一般，"把剑放起来①，露水会让它们生锈的。"伊丽莎白时代说"放起来"，就是"收起来"的意思。接着奥赛罗依然从容不迫地转而用恭敬的口吻对勃拉班修说：

> 老先生，您这样德高望重，应该用年纪说话，何必动武。②

---

① 原文为"keep up your swords"，"keep up"为收起来的意思。——译注

② 这些武器是仆人拿来当家伙使的杂物。看到《威尼斯商人》中剧作家谨慎到只让鲍西亚带匕首进城，我在此只想指出作者会在这另一部杰作中以同样谨慎的态度对待在威尼斯携带武器的事情。

第一幕第一场中，勃拉班修得知苔丝狄蒙娜私奔后，他的第一反应是“她怎么走的?”苔丝狄蒙娜作为威尼斯贵族的独生女，晚上应是被锁入深闺的，这是剧作家知道的一条规矩。不论其他地方、其他地位的父亲会怎么做，至少在威尼斯的贵族中间家家都是如此：威尼斯的自由主义风气尤其令家长们担忧。[①] 威尼斯女人们生活中最大的共同点就是“无趣”：人身自由受到限制，身边只有家人和仆人作伴；只能由女眷陪同去教堂祈祷，在家人监视下会见未来夫婿的人选；如勃拉班修在第二场中所言，这些人得是“那些有钱的鬈发宠儿们”。剧作家知道威尼斯的青年会把头发鬈起，只留一缕头发在前额。除此以外还能见些什么人呢？家庭教师，裁缝，以及来访的亲戚。显然，父亲们认为这样足够让“小宝贝们”满意了，确实一般情况下也是如此。但苔丝狄蒙娜可不满意，而杰西卡和其他一些女子也同样不会满意。苔丝狄蒙娜早就想找个法子逃出去了。

比如那位声名狼藉的比安卡·卡佩罗便是这样一个女子，她是真实生活中威尼斯人的女儿。她的父亲是巴托罗缪·卡佩罗，卡佩罗是威尼斯城里最为富裕和尊贵的家族之一。她天生美貌，尤以一对蓝眼睛远近闻名。十五岁时，比安卡爱上了威尼斯的一个店员。他们私奔去了佛罗伦萨，但不久她又成了美第奇大公科西莫一世之子佛朗切斯科的情妇。最终随着科西莫一世，佛朗切斯科的妻子和她自己丈夫的离世，比安卡当上了托斯卡尼的大公爵夫人。（参见第十二章）

相较于比安卡·卡佩罗，我是在维托里·卡巴奇奥（约 1465—

---

① 和苔丝狄蒙娜被锁在金碧辉煌的牢狱这一点不同，当夏洛克在《威尼斯商人》第二幕第五场外出用晚餐时，把钥匙交给了女儿杰西卡，叮嘱她“锁好房门”。但从后面发生的事看来，杰西卡比苔丝狄蒙娜更靠不住，竟还偷窃了父亲的金币。

约 1522）的画中看到了更符合苔丝狄蒙娜形象的描绘；这是两位贵族女子中较年轻的那位，这幅画约作于 1520 年。十九世纪时罗斯金误把画中人物当成了两个宫女，这个误读延续了很久。直到最近学者们才肯定地认为这两名女子身上到处都流露出高贵和富裕的特征。从栏杆上花盆表面的纹章就可以认出她们家族的名称。在《威尼斯的艺术和建筑》一书中，艺术史家奥古斯都·根梯利对卡巴奇奥的油画有以下评论：

> 她们衣着高贵，发型时髦，却不流于俗艳，而她们的举止也很适合阳台这个地方；在贵族家庭，阳台是个休闲放松的地方……油画中除了描绘实物，即二人形象、衣物、阳台和头饰之外，还特意插入了象征性符号，逐一描绘了世俗对妇女的各种道德约束：单身和已婚的妇女须守节操，已婚女子要懂得自制，最重要的是要会表现得谦卑和羞怯，对欲念之事要时刻保持警惕，并用美德去转化它……较年轻的那个女子用忧郁的眼神直视前方，她一定是即将成婚或新婚不久；只有这样的人才会在颈上佩戴珍珠。

虽说上面的引文已经提供了不少信息，但我还是在根梯利的话外看到了其他值得注意的东西。这幅画形象地展示了那种让人崩溃的倦怠，闭塞和无聊。威尼斯的女人们却不得不忍受这一切。难怪她们会渴望刺激，不时犯一点小错作为暗暗的报复，有的（虽然罕见）甚至选择逃跑。

我把这幅画放在这里还有另一层原因：这两个女子都有金黄色的头发——可能经过漂白——而且头发的盘法和《威尼斯商人》第一幕第一场中巴萨尼奥形容鲍西亚时一模一样：

> 她那金光闪闪的头发

《两个威尼斯的贵妇》，作者维托里·卡巴奇奥（约1465—约1522），作于木板上，描绘了一对百无聊赖的母女，两人均为威尼斯贵族，在自家豪宅屋顶的露台上消磨时间。这幅画印证了一句谚语："怠惰的心是恶魔的工坊。"画作正好描绘了苔丝狄蒙娜的生活环境。（画中面貌较柔和的那位被认为是母亲）

像金羊毛一样吹在额上
贝尔蒙特变成了科尔科斯海滩
引得无数伊阿古前来追求。

在第三幕第二场，《威尼斯商人》又一次写到这种风格，巴萨尼奥在谈论虚假的美时说：

……看看所谓的美貌吧
那些都是论斤购买的脂粉，
涂在脸上创造了自然的奇迹
涂得越浓重，便越是轻浮，
至于那些盘蛇般的金丝卷发，

随风恣意飘动……

《奥赛罗》第一幕第三场，奥赛罗和苔丝狄蒙娜向公爵、勃拉班修以及一班元老作了解释，并指出他们的结合应该得到认可，此时勃拉班修的怒火略略地平息了，但心中的伤痛却并未痊愈。在那段话里（开头是“上帝和你同在，我已无话可说”），他转向苔丝狄蒙娜说道：

因为你这件事儿，宝贝，
我真心庆幸我没有别的女儿，
否则这次私奔就是教我使用暴力
给她们加上镣铐①……

“Clogs”，这个词又有多重含义。在《牛津英语词典》中，第六条解释说它是一种“木底的衬鞋或拖鞋，在某些地区主要由妇女穿着，以防双脚沾水或泥污”。可见对人来说“clogs”指的是木屐。但对牲畜来说，这个词就是桎梏和束缚的意思，以限制食草的家畜在牧场上的行动。意大利语中拴牲口的工具叫做“pastoria”（链），但指代“木屐”的却有另一个词语“zoccolo”（复数为“zoccoli”），这个词和牧人以及家畜均毫无关联。一般来说，人穿着的木屐限制行动，但在威尼斯却不一样。这里的木屐与众不同。对苔丝狄蒙娜来说，它们虽然抬高了她的身子，却妨碍了她的自由。

木屐在十四世纪被引入，当时城里许多石铺的街道和广场泥泞不堪，到处都是水洼，包括圣马可广场也是。这种鞋子的底慢慢地被越做越高，一直到十七世纪都还有人穿着，在富人中间这是用来炫耀财富的东西。女人家庭越是富裕，穿的木屐底就越高，有的高

① “镣铐”一词原文作“clogs”。——译注

到令她不得不把手搭在同行的仆人肩上才能行走。今天在威尼斯的科勒博物馆还可以看到木屐的样子。那时候，鞋底高达十八到二十英寸的木屐都不算稀罕。

1645 年 6 月，约翰·艾弗林开始在威尼斯暂住，他在《手记》中记载了许多当时的见闻，其中就有这些被他称作“高跟鞋”的木屐。艾弗林写道：

> 看看这些夫人们爬着进出贡多拉真是滑稽，这都是由于她们穿着高跟鞋之故；再看到她们下了那两个木头架子，一下子短了大半截，也令人发笑；这样的人我一共见了三十个左右，几乎比众人高出了一半在街上走来走去。

荷瑞修·布朗在《威尼斯历史研究》一书中这样评论穿着高脚木屐的风俗：

> 圣迪迪埃的《威尼斯公国及其乡村》中有则故事，似乎有助于理解莎剧中这个段落的意图。这个法国旅行家写到法国使节和总督交谈时说鞋子要是不做得这么高，其实更方便；这时公爵边上一个元老严肃地打断他说：“没错。太方便，太过方便了。”

用近代历史事件或者当时正在发生的事件作为虚构故事的背景，会增加其可信度。剧作家在《奥赛罗》剧中就用了这种手法，巧妙地把故事植入了 1570 年塞浦路斯的战事中，这件事情的发生，就在 1565 年辛西奥的故事出版后不久。因此，辛西奥故事中的“摩尔人”其实与时势有着紧密的联系，这点常常被忽略。1565 年的威尼斯人读辛西奥的书时自然会明白公爵和元老们为何要派将领带上军队和战船去塞浦路斯岛。因为自从“伟大的苏里曼”

(1494—1566) 成为奥斯曼帝国的苏丹后，土耳其在欧洲、北非和地中海的势力就开始逐渐扩大。威尼斯向离土耳其西海岸不远的塞浦路斯增派驻军，算是未雨绸缪，或者说是个谨慎之举，特别是因为一年之后，伟大的苏里曼去世了。继位的是他儿子赛利姆二世，传说这人嗜酒成性，外号“酒鬼”。1570 年初，赛利姆二世的使节从伊斯坦布尔来到威尼斯。使节于 1570 年 3 月 28 日到达，要求与总督和“学院”中的六位元老面谈，并传达了奥斯曼苏丹的手信。信件开头是一串典型东方式的套话：

> 赛利姆，奥斯曼苏丹，土耳其皇帝，贵族中的贵族，国王中的国王，上帝的影子，人间天堂的主人，耶路撒冷的主宰，致威尼斯领主：
>
> 本王向你索取塞浦路斯，你须心甘情愿将它奉上，以免刀兵相见，否则本王将在各处向你们无情地宣战；彼时再休想倚仗你们的财富，因为它将像退潮的洪水一般离你而去。
>
> 如此，小心切勿激起本王的怒火……
>
> ——出自诺威奇《威尼斯史》

短短几个月之内，塞浦路斯告急的消息就传到了遥远的英格兰。这是个剪去威尼斯帝国羽翼的大好时机，结果可能会使人们能够更容易地与塞浦路斯通商。果然，1573 年，英国商船在消失了二十五年后，又一次穿过了直布罗陀海峡。以此为背景，剧作家开始了自己的改编。他把《奥赛罗》开始的时间设定为 1570 年 7 月 1 日土耳其舰队出现在塞浦路斯海岸线上的那一天。两天后，舰队在塞利尼斯（今拉纳卡）靠岸，攻打塞浦路斯的战争开始了。

历史上的这一幕发生在辛西奥的故事出版后约五年。这是剧作家的一种手法，借用人们熟知的历史事件，同时在地理上和时间上又有一定距离，再对其进行压缩加工为戏剧增添紧张气氛。

露台上漂白头发的女子：木屐躺在脚边。（水彩画）

四个世纪过去了，剧作家颠倒时间顺序的做法使他成了众矢之的，被认为是对历史无知；那些明显“加工”过的历史事件被指责为失实。但正如意大利剧集中的众多插曲一样（例如查尔斯五世访问米兰的日期等），这个时间，以及其他历史事件虽然不尽在同一时间发生，但它们都十分接近1573年这个年份。而恰恰在这一年，英国的商船开始驶入了塞浦路斯。

由于塞浦路斯受到威尼斯的严苛统治，岛上的希腊居民虽为基督徒，却广泛地拥护穆斯林入侵者，以求得到更宽松的治理。巧的是威尼斯封给塞浦路斯统治者的称号正是“副将”。在《奥赛罗》里我们记得凯西奥这个“外邦人”被任命为塞浦路斯副将，在奥赛罗外出时代理政务，伊阿古因此怀恨在心。但凯西奥可能身兼了两个职能，一个是军事职能，另一个是经济职能。后者对威尼斯的商

十六世纪威尼斯时髦贵妇穿着的高底“木屐”。参见前面两幅插图，在《两个威尼斯的贵妇》这幅画中，注意看中间靠左面一双红色的木屐（照片由西尔维娅·霍尔姆斯提供）

人王公们意义更为重大。

伊阿古指责凯西奥不擅打仗，在第一幕第一场抱怨道：

他是个什么人呢？
说白了是个算术大师，
名叫迈克尔·凯西奥，一个佛罗伦萨人，
一个几乎为了娇妻而误了大业的家伙
他从来不曾在沙场上带过兵，
对打仗排兵布阵的事情
懂得不比个老闺女多——只会空谈
在这方面，穿着长袍的元老们说的
也像他一样头头是道，光说不练，
这就是他做军人的资格……

或许伊阿古的话暗示十六世纪威尼斯有某种相关用人政策，认为拥有相当于现在的MBA或CPA证书的人更能胜任副将一职，因为他更善于管理塞浦路斯的进出口和税务等事项；这样一来，显然精通算术的凯西奥是比伊阿古这等雇佣军人更适合的人选。通过伊阿古的吹毛求疵，剧作家实际上煞费苦心地描写了凯西奥各方面的才能。

在塞浦路斯，副将凯西奥表现得诚实但缺乏主见，被伊阿古任意摆布；他优柔寡断，又因仰慕苔丝狄蒙娜而被砍断了腿。而历史上在土耳其进攻塞浦路斯之际，真正的副将名叫尼古洛·丹多罗，约翰·朱利亚斯·诺威奇在《威尼斯史》中形容此人“反复无常，胆小怕事，犹豫不决，一会儿歇斯底里，一会儿又消极懈怠”。

由此可见，悲剧人物奥赛罗帮我们意识到，剧作家对当时影响英格兰在地中海贸易和权利规划的复杂情况是多么的了解。

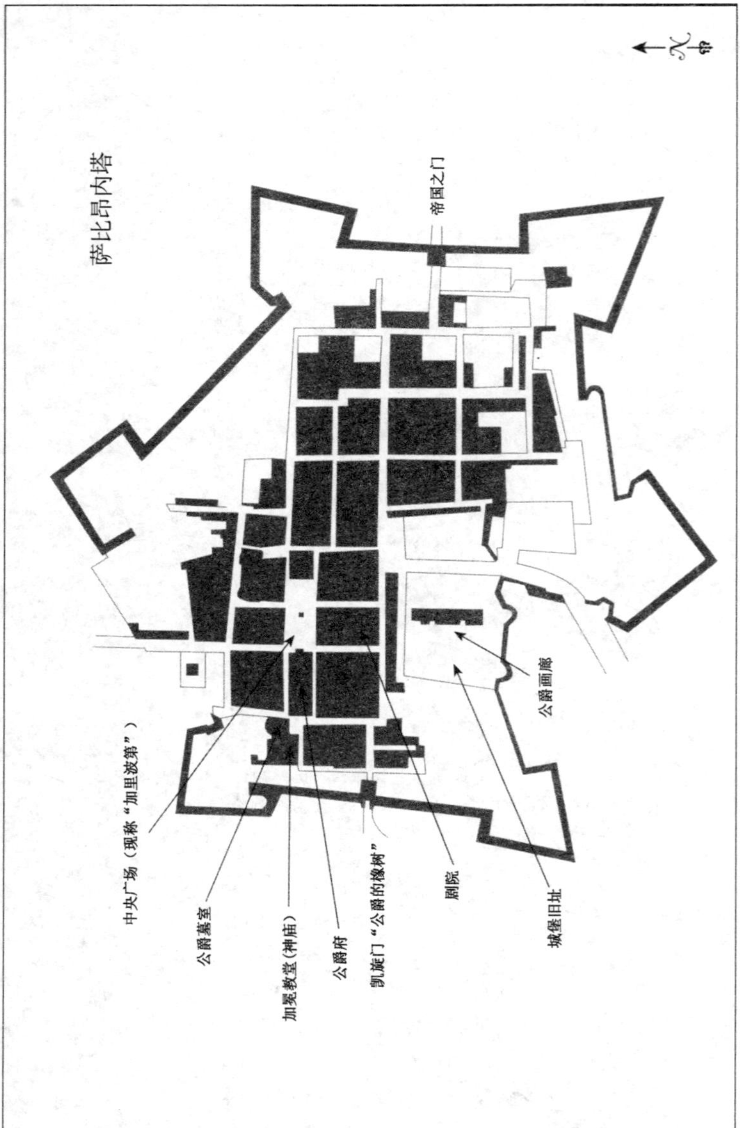
萨比昂内塔
北
帝国之门
公爵画廊
城堡旧址
剧院
凯旋门“公爵的橡树”
公爵府
加冕教堂（神庙）
公爵墓室
中央广场（现称“加里波第”）

第八章

《仲夏夜之梦》“萨比昂内塔的仲夏”

从维罗纳到佛罗伦萨的途中，我为了欣赏朱利奥·罗曼诺（约1499—1546）①的杰作在曼图阿稍作停留。这次旅行对我来讲不亚于一次朝圣：朱利奥·罗曼诺是唯一被剧作家提到的文艺复兴艺术家。他的名字在《冬天的故事》第五幕第二场由“绅士丙”说起：

> 不，公主听说有一尊母亲的雕像
> 暂时由波利娜代为保管，
> 为这件作品，意大利的名师
> 朱利奥·罗曼诺倾注了多年心血
> 若是他能如上帝一般
> 吹口神气让雕像活过来，
> 那简直与真人无二，造得如此完美……

几天后一个周日的早晨，我整装待发去往佛罗伦萨。在餐桌上我和另一个旅行者聊了几句。他问我有没有去拜访过曼图阿边上一个特别的小城，名叫萨比昂内塔。我从没听说过这个地方。他说，这地方值得一去，它简直就是一个理想化的建筑艺术展，所有建筑都以同一种十六世纪晚期的风格建成；称为“格调派”。此外，整个城镇完全是在十六世纪的统治者，博学的维斯帕西亚诺·贡查加公爵亲自督导下完成的。

他说建议我去是因为星期日小城会向游人开放，有导游带领游客游览，而今天恰逢周日。不久前萨比昂内塔刚刚经过修缮，几乎恢复到了十六世纪建成之初的样子。我立刻来了兴趣。对我来说，这不过是去绕个圈子；虽说我当时并不认为萨比昂内塔和意大利剧集之间有什么联系，但我意识到 1573—1574 年间正是这个城市建造的时间，而且有一部分已经完工；这正是意大利剧集中许多历史典故发生的时间。我想，不管怎样，我都可以体验一下身处我最钟情的那段历史的快乐。就这样，我上了路。

萨比昂内塔，在曼图阿西南约四十公里（约二十五英里）处，在 420 高速旁边，今天仍有巨大的城墙环绕。我轻松驶过了华丽而威严的城门：凯旋门。大门面朝公路西边而开；进入城内，一路上我看到了里面迷人的石铺小路。在正前方，我看到有些人围在一幢楼前。我在附近停了车。从门前的标示上，我认出这是当地的旅游局，另有一小块匾额说现在正是游城的时间。我买了张票，得到了一本小册子，题为“La Piccola Atena”——“小雅典”。另外我还买了本英文的导游册，里面是彩色的图片和七十多页的文字叙述。

我们的导游详细地为我们解说了城里街道广场的规划和布置，另外她还向我们介绍了兴建城市的那位受启蒙思想影响的公爵。他就是维斯帕西亚诺·贡查加·科罗纳（1531—1591）。他属于强大的贡查加家族中从戎的一支。维斯帕西亚诺于 1531 年 12 月 6 日出生于教皇辖区罗马涅内的福尔里。父亲路易吉·贡查加是效力于查

① 朱利奥·罗曼诺主要因其绘画被载入史册，但他在世时也是曼图阿著名的雕刻家和建筑工程师；这说明剧作家的知识比学者们所认为的要全面得多。

萨比昂内塔的城墙和护城河。城墙上各个要塞的设计风格和气魄都体现出这个时期的防御技术已达到了艺术的高度。（作者摄）

尔斯五世手下的一名显赫的雇佣兵队长。路易吉常被称作“罗多蒙特”；他在维斯帕西亚诺一岁时病故。

十多岁时，维斯帕西亚诺被送去西班牙皇宫，在那里接受了学院和军事教育。菲利普二世在位时期，他的地位逐渐升高，对军事也日益精通，后来他做到了将军和总督，并在欧洲和北非都建有大量建筑。维斯帕西亚诺醉心于罗马建筑师和工程师维特鲁威的风格。维特鲁威著有仅存于世的罗马建筑学论著《建筑学》，维斯帕西亚诺身边时刻带着这本书，连上战场也不例外。

我们沿途走到好几幢雄伟的大楼里参观，其中包括一度金碧辉煌的公爵府、避暑宫和一些建有画廊、博物馆、私人教堂和墓室的建筑，还去了一个精致典雅的小剧场，甚至还去了公爵习武的游廊——这对他那个时代的贵族来说是一种传统。我记得以前参观过的公爵府或者皇宫里，这种设施都是必备的组成部分。当然，这整座城市都可说是公爵的殿堂。事实上，他的护卫、医生、副官和侍

维斯帕西亚诺·贡查加·科罗纳，萨比昂内塔第一代公爵：据传由安东尼奥·莫洛所作。这幅画陈列于科莫市立博物馆。（出自《萨比昂内塔：城市导游》，布里诺艺术出版社，1996 年，第 68 页）

公爵府：维斯帕西亚诺所建最早的建筑之一。图中面对广场的建筑正面还部分保持着原貌。（作者摄）

从都居住在城内的大厦中。这里每幢建筑，每种设计，所有的原材料以及每个细节都须经过维斯帕西亚诺·贡查加本人的审核。这座围城，是他智慧的结晶，也是独一无二的艺术杰作。

萨比昂内塔内一些建筑曾是公爵接纳宾客的场所。他喜好结交意大利的博学之士和西欧各地的贵族贤士，请他们来到自己城里做客。在此他们能欣赏到他收藏的大量绘画和雕塑，参与节日沙龙以及他毕生资助的学术演讲。就这样，维斯帕西亚诺的座上宾和日益增多的来访者让萨比昂内塔得到了“小雅典”的雅号，这并非是因为它的建筑风格像雅典，而是因为它是个学者智士云集的胜地。

1591年维斯帕西亚诺死后，这一切都结束了。直到二十世纪后半段，有意大利文史学家和艺术家参加的类似盛会才再度开展，这中间停顿了约有四百年。

旅途末了，我们站在萨比昂内塔凯旋门的阴影中，导游说这条通道又名“Il Quercia dei Duca”，由于不认识“Quercia”一词，我去问了同行的人，他回答说：“橡树——公爵的橡树。”我不由大吃一惊，旁人以为我听错了，又重复了一遍：“导游说是‘公爵的橡树’。”我这时已经激动得快喘不过气来了，只能背靠着墙试图镇定下来。“公爵的橡树”——这会是真的吗？

《仲夏夜之梦》！剧作家曾到过萨比昂内塔！我的脑子一下子变得亮堂了。毫无疑问。这一切都太符合了。我好不容易走回车里，全身瘫软。我拿起作者标记的《仲夏夜之梦》迅速翻看了一遍，的确这部戏发生在雅典。这一点不仅在第一幕就有说明，而且我数了一下，全剧共有三十多处提到“雅典”或“雅典人”——但耐人寻味的是，却没有提到“希腊人”，“希腊”，“阿提卡”或“阿提卡人”；只有“雅典”和“雅典人”。这可不是巧合。剧作家特意要让他的“梦”发生在“雅典”。但事实越来越明白，这个所谓的“雅典”其实是此地——萨比昂内塔，意大利的“小雅典”。

“公爵的橡树”？我的脑子一下子转开了。

贡查加骑马的雕像：1589年由威尼斯艺术家雕刻的十尊雕像中，只有四尊完整地保存了下来。十九世纪早期的火灾毁坏了雕像原来的存放地——公爵府中的“骏马堂”。这一系列中的贡查加家族成员皆全副武装，以显示维斯帕西亚诺是将领的后裔。

在《仲夏夜之梦》第一幕第二场，为了表达对忒修斯和他美丽的新娘希波吕塔的敬意，六个村夫决定共同出演一台戏。他们是木匠昆斯、细木工斯纳格、织工波顿、风箱修理工弗鲁特、白铁匠斯诺特以及裁缝斯塔夫林。他们表演的剧目是古老的爱情故事《皮拉摩斯和塞斯比》。他们聚在一起讨论准备工作和角色分配：

波顿：我们到那碰头，在那排练节目
我可以大胆放肆些。加把劲儿
我们要干得漂亮：再见。
昆斯：咱们在公爵的橡树见。

多年以来人们一直认为，所谓“公爵的橡树”是希腊雅典城外一棵巨大的橡树。关于它的评论少之又少，而且也只说是靠近城里的一片林中的橡树，由于外表奇特而被冠以公爵之名。但现在我们已经看到剧作家多次写到意大利各种不同寻常的事物，那么看到这里出现“公爵的橡树”以后，我们理应停下来好好想想，而不能草率地忽略了。说真的，这一回剧作家企图引起人们注意的方式真的有些过于晦涩了。

不管人们怎样翻查英雄忒修斯的传奇历史，也找不出这样一处地名。此外在古希腊也没有真正的“公爵”，尽管乔叟也这样称呼它的统治者①。“公爵”（法语里是“duc”，在意大利语中是“duca”，在德语里是“Herzog”）是西欧的贵族头衔。在法语和意大利语中“公爵”一词源于拉丁语“dux”；在古希腊时期没有这个爵位，但在文艺复兴的意大利却有。

发生在《仲夏夜之梦》中另一处独一无二的典故在现代版本中却都没有得到重视，这也是由编者们盲目的宗教热诚导致的。但这是一个重要的典故，也是和《仲夏夜之梦》场景设定之谜相辅相成的证据。

这就是《仲夏夜之梦》第四幕第一场中提到的一个词，“神庙”（temple），首字母是小写的“t”。在这一场结尾，小写的“temple”一词在主要现代版本中出现在下面的对白中。

忒修斯：恋人们，你们幸运地相遇了
稍后我们再听你们的故事，
伊吉斯，你不得不委屈一下
在这神庙里面，我即将
让这两对情人永远结合。

① 在《骑士的故事》中，乔叟把忒修斯称作“公爵”，但却是出于不同的缘由。

凯旋门：多年以来这都是进出萨比昂内塔的唯一通道。它同时也被称作“公爵的橡树”，因为大门口正对一片橡树林，这里是十六世纪时公爵的狩猎场。这个名称并非特指大门，而是指整条通道。（作者摄）

紧接着又出现了这样一段对话：

狄米特律斯：你们真能断定
我们是清醒的吗？我倒觉得
我们还在睡梦中。你是觉得
公爵来过，让我们跟他走吗？
赫米亚：是的，我的父亲也在。
海伦娜：还有希波吕塔。
拉山德：他让我们跟他去神庙。

在四开本和第一对开本中，“神庙”（Temple）的首字母是大写的，这样它的拼写就应是“Temple”。这当然是个小问题，但如本书第三章和后面第九章中所述，在试图定位剧作家笔下“雅典”时，这个拼写却有大意义。“小雅典”萨比昂内塔就有一个“神

在“公爵的橡树”下：这扇钉满了钉子的小门通往中央拱门上方的楼廊及凯旋门的顶部。（作者摄）

庙”。在维斯帕西亚诺·贡查加·科罗纳的墓室边上，有一个“加冕的圣女教堂”。而这个小教堂常被简称为“神庙”，前面有一个大写的“T”。

如果说剧作家在旅途中被设计精美的萨比昂内塔吸引的话，这丝毫不令人感到奇怪。他甚至有可能受邀来到了这里。当他的想象力一开始驰骋，那么离创作出梦境一般的剧作就只有一步之遥了，只要再加一个应景的标题就成了一部杰作。

一般认为，剧作家受过的教育包括希腊文和历史，或许他写作时想起了古希腊的爱情故事《皮拉摩斯和塞斯比》，又联想到古希腊传奇英雄国王忒修斯，以及被他征服做了他王后的亚马孙女王希波吕塔。但这只是或许。确凿无疑的是，《仲夏夜之梦》剧中这段罗曼史的两个人物和神话传说中的希腊英雄大相径庭。

加冕的圣女教堂：游人必须走过这座小教堂才能到达维斯帕西亚诺·贡查加的墓室，陵墓紧挨教堂而建，是为了让它立于神圣的土地之上。（出自《萨比昂内塔：游城指南》，布里诺艺术出版社，1992 年，第 23 页）

维斯帕西亚诺·贡查加的陵墓（内部），紧靠加冕的圣女教堂。由乔瓦尼·巴蒂斯塔于 1592 年设计建造，被认为与教堂其他部分的建筑风格不够相符。但这些珍稀的大理石是由维斯帕西亚诺亲自选材的，也是他亲自下令把大型铜雕置于墓上的。（出自《萨比昂内塔：游城指南》，布里诺艺术出版社，1992 年，第 25 页）

通过解密“小雅典”、“公爵的橡树”和“神庙”这三件事物——我们可以断定剧作家来过萨比昂内塔。通过这一次意外的收获，我发现了另一部以意大利作为背景的莎剧；这部戏的确发生在意大利，而非人们认为的古希腊。

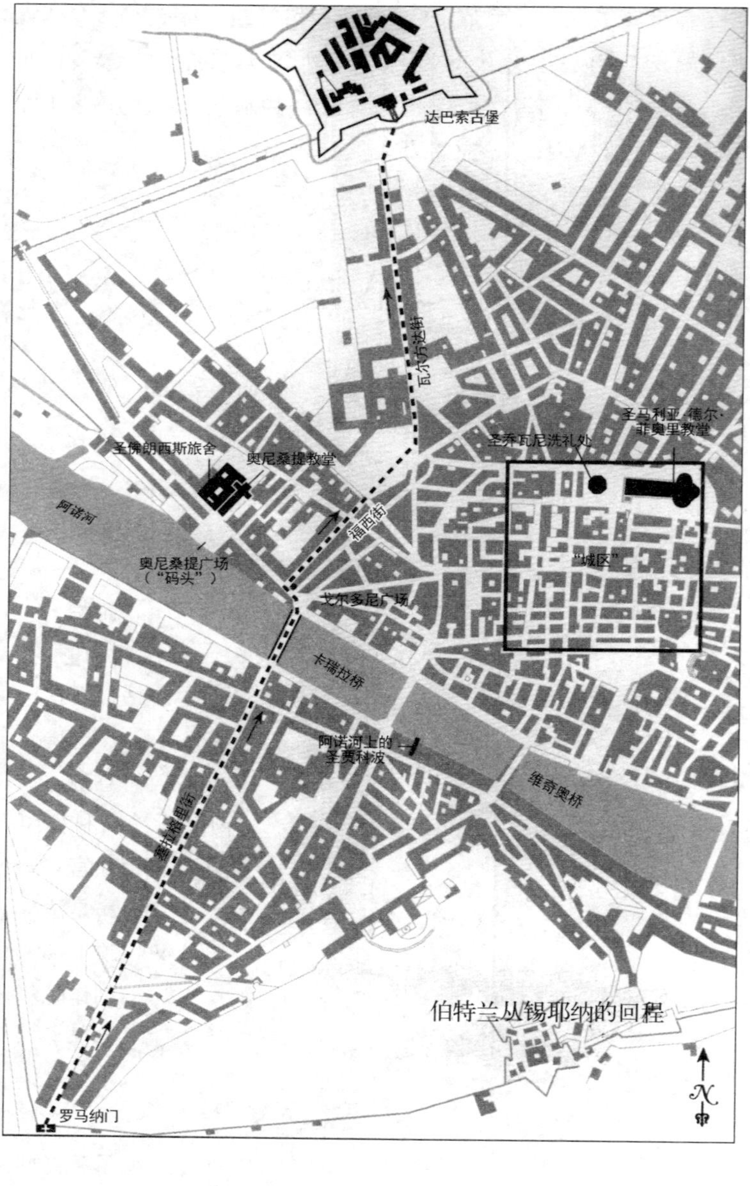
达巴索古堡
瓦尔方达街
圣马利亚·德尔·菲奥里教堂
圣乔瓦尼洗礼处
圣佛朗西斯旅舍
奥尼桑提教堂
阿诺河
福西街
奥尼桑提广场
（“码头”）
“城区”
戈尔多尼广场
卡瑞拉桥
阿诺河上的
圣贾科波
维奇奥桥
塞拉格里街
伯特兰从锡耶纳的回程
罗马纳门
N

第九章

《终成眷属》
“法国和佛罗伦萨”

《终成眷属》的故事从法国开始，也在法国结束，其中有四场戏发生在巴黎，十一场发生在“罗西里昂（Rossillion）”（这是早期英语的拼法，今作“鲁西荣”①）。另有八场戏发生在某意大利城市及其附近，这很有可能是佛罗伦萨。

关于法国的地名，剧中没有说明具体的地理位置，而关于佛罗伦萨，粗看似乎也没有什么证据，但若细细品味字里行间的意思，情况就慢慢不一样了——我们得时刻记住，剧作家说话喜欢拐弯抹角和使用双关语，引用意大利地名的方法也别具一格——这表明他对佛罗伦萨和周边地区有着深入的了解。这些都是他特意融入到故事当中的知识，为此，我把《终成眷属》也列为一部意大利戏剧。

说起法国，我们可以推断那四场戏发生的地点是卢浮宫，剧中罗西里昂的地址则不甚明了。评论家们说剧中的罗西里昂是法国西南部靠近比利牛斯山脉的一个旧省，原来是西班牙的领土，直到1659年才正式成为法国的一部分②。而此时距离戏剧的创作时间已经过了七十年。《莎士比亚名词辞典》指出“莎士比亚忽视了鲁西荣地区更接近西班牙这个事实”；这不过是再次抛出剧作家对地理无知的神话。

在寻找剧作家笔下罗西里昂位置的线索时，我翻到了乔瓦尼·

薄伽丘（1313—1375）的《十日谈》中的一篇："贝尔特拉莫·德·罗西格里昂和芝列塔·德·拿保纳的故事"。薄伽丘并没具体给出罗西里昂的具体方位，但他在故事开头写道：

> 在法兰西王国曾经住着一个贵族，叫做罗西格里昂伯爵依什纳尔……（"罗西格里昂"是"罗西里昂"或"鲁西荣"的意大利语写法）

这样说来，薄伽丘的罗西里昂伯爵其实住在法国而非西班牙。这是一个不错的开端，但排除西班牙之后，罗西里昂，鲁西荣，或罗西格里昂的地点仍无法确认，我还需要更多史实。现在我知道薄伽丘在写作时，就有三个地方叫这同一个名字：其中一个的确当时是西班牙的领地，另有两个城镇显然是在法国。薄伽丘帮我排除了西班牙，那么我目前的调查的重点完全就在法国了。

《终成眷属》一开始，剧作家告诉我们年轻的罗西里昂伯爵伯特兰是法兰西国王的臣仆，因为他的父亲老伯爵已经去世，而伯特兰尚未成年。按照当时在英法以及其他欧洲国家同行的封建律法，伯特兰将由他的主公法国国王监护，而他将侍奉国王直至年满二十一岁。在第一幕第一场，伯特兰对母亲罗西里昂伯爵夫人说：

> ……我须在陛下跟前听命
> 因我现在由国王监护……

于是伯特兰离家去了巴黎，进入法律规定的监护期。从剧中这几句话，我们可以间接获得一些有关罗西里昂这个所在的一些确凿

---

① Roussillon 是法国南部与意大利及地中海接壤的历史地区。——译注
② 按照《比利牛斯条约》的协定。

信息，当然这些信息还不足以用作下结论。伯特兰的旅程就已经暗示出地点必定在法国的这两个城镇中，而非西班牙境内。如果幸运的话，只要再做些实地考察，跑一点路，就能进一步缩小范围。

法国的两个鲁西荣之一是个位置险要的中世纪村庄，在吕贝隆以北沃克吕兹地区，距阿普特不远处的一片山地上。这个村子建在悬崖之上，用的是本地采集的红色和赭色石块。村庄在阳光下熠熠生辉，也是一个赏心悦目的旅游胜地。可惜它从前的统治者应该是一位阿维尼翁伯爵，而非鲁西荣伯爵：这个地方并不合适。

另一个法国的鲁西荣在伊泽尔地区，而且确曾有过以该地名为头衔的伯爵，早在十世纪时便有了这一支鲁西荣伯爵，但在《终成眷属》完成时，这个家族的血脉已经断了。这个鲁西荣在隆河东面里昂以南约四十公里，在一条今天叫做 N7 国道的大路上。

如今与 N7 并行的 A7 高速公路穿过古老的城镇，将它一分为二；西面的部分靠近隆河——现名“鲁西荣之门”，在高速公路东面的部分就只叫做鲁西荣。

原来古城堡的部分建筑，以及现存的鲁西荣城堡（市政厅所在地）都在东边。这个城堡并非伯爵本人所建，而是由图尔农红衣主教建造。鲁西荣没有了伯爵以后，他购得了这块地，于 1522 年建造了城堡。

这座宽敞迷人的城堡中常有旅行的王公贵族来访，其中既有法国人也有外国人。1574 年，亨利三世从阿维尼翁回巴黎的途中也曾在此逗留。十年之前，1564 年的 7 月 16 日，查尔斯九世即位后环游法国，在城堡里居住了一个月，同行的还有他的母亲凯瑟琳·德·美第奇。查尔斯九世在此颁布了重要的鲁西荣法令，宣布从此以后，历法的新年将从每年的 1 月 1 日算起。这比教皇格里高利改革作出同样的决定早了十八年。由于国王法令的出台，法国人自豪地改变了古老的朱利安历法，连外国人都知道，这个重要事件正是发生在鲁西荣。法令让这个城市声名鹊起并持续了多年。

鲁西荣城堡，建成于十六世纪，这是伯特兰在法国的家。今天这个建筑群是鲁西荣市政厅的所在地。（作者摄）

这个隆河上的鲁西荣正是《终成眷属》中“罗西里昂”的最后一条证据出现在戏剧末尾，法国国王先到了马赛（剧中写作“马赛勒斯”）；国王接着离开了那里到了罗西里昂。而这个城镇正好在马赛通往首都巴黎的路上。国王既不是远走比利牛斯山去拜访敌对的西班牙，也不是去往沃克吕兹山区的偏僻村庄（连此地的伯爵都不以地名为头衔），这些地点都没有意义。国王是要返回首都，而鲁西荣正在这条路上。

《终成眷属》剧中的女主人公海伦①是个平民女子，她是一位饱学之士杰拉德·德·拿保纳遗下的女儿，拿保纳是老罗西里昂伯爵和夫人的家庭医生。父亲死后，海伦由守寡的伯爵夫人，即伯特

---

① 第一对开本《终成眷属》文本中有1次把她的名字写作“海伦娜”(Helena)，其余14次写作“海伦”（拼写做“Hellen”）。现代编订的版本基本上都把“Hellen”的拼法改成“Helen”却不用“Helena”，但在注家注释和文论中她一直被称作Helena而非Helen，尽管这种拼法在剧中只出现过一次。“新福尔嘉图书馆版”《终成眷属》的编者芭芭拉·A. 莫阿特和保罗·威斯汀是据我所知仅有两位称她为“Helen”的编辑。在我个人看来，现代拼法的“Helen”是个更为适宜的名字，因为这里的“海伦”和《仲夏夜之梦》中的“海伦娜”性格迥异。

兰的妈妈照顾。正如伯爵夫人在第一幕第一场所言，海伦“被留给我照看”。这样，海伦和伯特兰就在同一屋檐下长大，而年轻的海伦悄悄地爱上了伯特兰。

海伦的父亲去世之前教会了她一些医术，其中包括治愈“瘘管”的方法——这在当时指的是一种有结节的脓肿，若不及时治疗便会致命。如《十日谈》中所常见的关于医治的故事一样，无巧不成书，正好国王得了此病，无论多么高明的医生也医治不了。

第一幕一开始，伯特兰作为患病国王的侍从启程去了巴黎。到第二幕第一场时，海伦也已经到达，欲奉上治疗瘘管的秘方，但她同时也承认此行也是出于一些自身的考虑。然而伯特兰当时也在场，这无论如何可不算巧合。

第二幕第三场，海伦的治疗获得了成功。作为回报，国王准许她选择宫里任意一位未婚的贵族与之成婚。不出观众所料，海伦选中了伯特兰。可后者却喊道：“一个穷医生的女儿做我的妻子，那我还不得一辈子嫌弃她?”但君命不可违，不管伯特兰多么不情愿，婚礼还是举行了，伯特兰怒不可遏，在这一场结束前他赌咒说：“我要去托斯卡尼打仗，绝不和她同房。”

托斯卡尼的战事。这是什么？伯特兰究竟是什么用意？

第一幕第二场中，在幸运的医治和不幸的婚事发生前，国王和两个大臣有一场谈话，这里我们可以得知关于托斯卡尼战争的信息，顺便也能长点历史知识。

国王：佛罗伦萨和锡耶纳相持不下，
　　　双方实力难分伯仲，还在继续
　　　猛烈地交战。
臣甲：是有这样的传闻，陛下。
国王：不，这是千真万确的；我已收到

奥地利表兄的来信证实此事
他警告说，佛罗伦萨将向我们
请求支援，但我们这位老朋友
已经有所判断，似乎希望我们
拒绝向他们增援。

臣甲：他的友情和智慧
一向受陛下赞美，凭这点
您该充分信任他。

国王：他给我们的答复增添了底气，
佛罗伦萨虽没来，已先被拒，
但我们的世家子弟若是自愿
去托斯卡尼参战，可自行前往
愿意站在哪一边都行。

臣乙：这倒不失为一个机会
让我们的贵族们去磨练磨练
呼吸点新鲜空气，大干一场。

用现在的话来说，国王大致是讲佛罗伦萨和锡耶纳打来打去难分高下，但还不停火。今天看来国王的话不仅古怪还有点背信弃义，他说自己手下的贵族如果愿意参战，即使是帮敌方，他也不反对。

然而在那个年代，这种做法其实并不罕见。帮外国人效力打仗不算对君主不忠，相反会被作为青年人引以为豪的资历，这种“磨练”日后在侍奉自家国王时便会发挥作用。

第二个大臣说年轻的贵族们渴望呼吸新鲜空气（指寻求刺激）和大干一场（意指去冒险闯荡）。但要注意的是他们说到“奥地利表兄”时带着嘲讽的口气。如果我们在故事情节以外考察一下真实的历史，就会揭示出一条有关这个“虚构人物”身份的有力线索。对于欧洲的君主来说，互称“表兄”是一种习惯，有时他们的确真的是表亲，但更要紧的是，当法国国王称“表兄”奥地利君主为“我们这位老朋友”，而大臣甲称颂他的“友情和智慧”时，伊丽莎白时期的观众说不定会嗤笑起来，他们知道这不过是嘴上说说，还带着调侃之意。国王和他的大臣们其实全都害怕这个“奥地利表兄”，连英国人也要让他三分。他究竟是何许人？历史会告诉我们真相，我稍后也将细细分解。

几个世纪以来，佛罗伦萨和锡耶纳之间的摩擦、冲突和战争极其频繁，无法一一枚举。争执的起源是两国共有的一条边界——有史可考的最早冲突发生在 1129 年——此后两国就成了一对难以化解的老冤家。再后来由于法国、西班牙或奥地利等外来势力的介入，双方积怨愈深。偶尔缔结的停战协议无一不被打破，造成了一个破坏和苦难的循环。终于，在第一次冲突爆发四个世纪之后，即佛罗伦萨的科西莫·德·美第奇一世统治期间（1537—1574），佛罗伦萨和锡耶纳之间的恩仇总算有了个结果，到 1555 年 4 月时，锡耶纳几乎完全被征服了。

我们不能确认这是否就是伯特兰去参加的“托斯卡尼的战事”，但这似乎比较符合史实。现在我们对剧作家用典的习惯也已有所了解：他常常引用那些恰好要被观众淡忘的历史事件，因此，如果说《终成眷属》里面的战事是 1555 年托斯卡尼的战争的话，应该说得过去。话说回来，战争发生的时间距该剧写作的时间，也不过只隔了一代人。

这个观点还有其他史实的佐证，十六世纪中期锡耶纳和佛罗伦萨的历史，以及法国和奥地利的历史都可以解释法国国王和大臣们对话中的言外之意。

“奥地利”指的是奥地利大公和神圣罗马帝国皇帝查尔斯五世（1519—1556 年在位），他在奥地利的公爵领地只是哈布斯堡家族的众多领土之一（参见第三章）。使得英法都忌惮其雄厚实力和战略的不是别人，正是这个君主。

英格兰和查尔斯五世（参见第三章）有过几次摩擦，后来他未竟的事业被转到他的儿子和继承人，菲利普二世（1527—1598）①手中。至于法国，这个国家和他也有些过节。法国历代国王一直在意大利有军事活动，这令奥地利和神圣罗马帝国的皇帝们恼怒不已，因为他们也有各自的野心。而佛朗西斯一世（1515—1547）和他的"表兄"之间的私人恩怨也使得情况变得更为复杂。事情开始于1515年，佛朗西斯一世重新开始了法国在意大利的征战，并攻占了米兰。此后在1519年，查尔斯五世也赢得了大多数选票成了神圣罗马帝国的皇帝；这令竞争对手之一的佛朗西斯一世大为光火。1525年，查尔斯五世又在帕维亚击败了佛朗西斯一世并将其囚禁。这还不够：佛朗西斯一世占领了勃艮第的公爵领地；但查尔斯五世也以"勇敢的查尔斯"后裔的名义宣称拥有勃艮第；而后佛朗西斯一世又宣称法国对查尔斯五世所占的佛兰德斯和阿尔图瓦地区拥有主权；查尔斯五世统治着那不勒斯，但佛朗西斯一世又作为安茹王朝的继承人宣称拥有那不勒斯——此类纠葛层出不穷。

战事还在延续，条约一旦缔结即告破裂，佛朗西斯一世死后，他的儿子亨利二世（1547—1559年在位）② 继续保持敌对态度——这终于导致了1555年发生在亨利二世和查尔斯五世在位时的托斯卡尼战争——这场战争正好符合伯特兰所说的"去托斯卡尼打仗"的话。

如果我们再注意听一下剧中的对白，就会发现和事实再吻合不过了。在第一幕第二场国王和大臣的对话中，国王说道：

---

① 1556年登基，称为菲利普二世。
② 然而亨利二世是否真得过瘘管，这一点不得而知。

……奥地利表兄的来信证实此事
他警告说，佛罗伦萨将向我们
请求支援，但我们这位老朋友
已经有所判断，似乎希望我们
拒绝向他们增援。

这里国王说起他从奥地利收到的信件时用了“警告”（含威胁之意）一词。“佛罗伦萨”指的是科西莫·德·美第奇一世。这条消息其实是查尔斯五世（“奥地利”）对亨利二世（剧中法王原型）说：“如果科西莫向你要人和钱财，你最好别答应。”

实际上，这条消息是警告法国国王别插手。但国王通过给自己手下自由参战的许可，假装中立；但如果手下贵族有勇有谋的话，他们绝不会去帮锡耶纳打仗（真实情况比这还要复杂，法王亨利二世的王后是凯瑟琳·德·美第奇，她在佛罗伦萨出生长大，是和科西莫一世真正有血缘关系的表亲。）

这里给出的历史片段，远不能尽述十六世纪瓦卢瓦家族和哈布斯堡家族之间的恩怨及其中令人眼花缭乱的尔虞我诈。尽管历史知识可以帮助我们把1555年结束的那场托斯卡尼战争和剧中的战事联系起来，但把这些事件当成《终成眷属》的历史背景，是我个人提出的观点，它们是薄伽丘《十日谈》中托斯卡尼战争的更新。在1623年的第一对开本出版前，《终成眷属》还从未被印刷过；而且无论在伊丽莎白一世还是詹姆士一世统治时期都没有这部戏的相关记录。它甚至可能还包含了对伊丽莎白时期贵族和朝臣的影射。这意味着这部戏有可能并没有公开演出——它或许只是为了取悦伊丽莎白和她的宫廷所作。

当我们看到第三幕第二场时，伯特兰已经赌气去了佛罗伦萨并给罗西里昂寄了两封家书——一封写给他的母亲伯爵夫人，另一封写给海伦。他对母亲写道："我虽与她结婚，但不会与她同房，永远也不会。"对海伦他写道：

> 你若能拿到我手上这枚戒指，并把我亲生的小孩抱到我的跟前，那么我就当你的丈夫；但说完"那么"之后，我还要说一句"永远不可能"。

这就是伯特兰对海伦的挑衅，也是剧情发展的基础。如此，海伦便知道了自己该如何行动才能让伯特兰甘心成为自己的丈夫。他说伯特兰的信是他的"护照"——的确，有了这封信，她才有理由离家。这一场戏结尾，她像在和伯特兰本人倾诉一般，忧伤地说了下面这些话（观众也会因为她不时提到"天使"、"天堂"和"离去"而为她担忧）：

> ……回来吧，罗西里昂，
> ……我将要离去；
> 既然我在此地，你不愿回家
> 难道我还要继续留下？不，不！
> 尽管天堂的微风吹拂着房子
> 天使们守护着它，我还是得离开。

接下来的第三幕第三场一共只有十行台词，地点应是佛罗伦萨某处。在此，佛罗伦萨公爵在众将士面前对伯特兰宣布："我任命你为骑兵统帅①。"可见伯特兰在佛罗伦萨已经有一段时日，已向公爵呈递了文书，要求为他效力。

---

①"Cavalry"（骑兵）这个词在莎剧中并未出现；指代骑兵时用的是"马"（horse）一词。

由于伯特兰没到法定继承的年龄，属于“未成年人”，公爵的任命常常被认为不符合事实。然而在十六世纪，年龄并不能妨碍一个人被委以重任。那个时期的贵族们年纪轻轻就已经熟谙兵马久经沙场了。第十一版《大英百科全书》中关于埃塞克斯伯爵罗伯特·德弗罗（1560—1601）的记载如下：

> 1585 年（年仅 19 岁），他就随继父莱斯特伯爵出征荷兰并在祖特芬战役中立下战功……1587 年（年仅 21 岁）他被任命为骑兵统帅并受封为嘉德骑士。

在欧洲大陆也有类似的例子，比如内穆尔公爵加斯顿·德·富瓦，他和佛朗西斯一世和亨利二世是同时代人。加斯顿刚成年时就已是一个出色的军队领袖了。

在第三幕第四场，海伦给公爵夫人留下的信中写道：

> 我将去朝拜圣雅各之庙，
> 大胆的爱情在我心中作祟
> 我将跣足走上冰冷的泥地
> 以神圣的誓言来弥补过失。

她信件的结尾似乎有种不祥的预兆：

> 他比我和死神都要完美
> 我愿拥抱死神来给他自由。

从这几行中，我们可以看出海伦要去西班牙康波斯特拉的圣地朝圣，这个神庙是敬献给圣詹姆士（西班牙语作“圣地亚哥”，法语作“圣雅各”，意大利语作“圣贾科波”）。但剧中并没有证据表明她真的去了那个地方，即便是只去走过一遭的可能性也很小。稍后我们就会找到足够的理由怀疑她是否有时间去作这样一次长途跋涉。

事实是，伯特兰一去意大利，海伦就跟着去了。她决心隐姓埋名，打探实情并了结自己这桩婚事。过不了多久，她就会再次出现，而这时她已经获得了一切必要的信息，准备给我们一个惊喜了。

第三幕第五场中多次迂回地提到了佛罗伦萨；这是我把《终成眷属》也列为意大利剧集的原因。在这一场戏中，戏剧家展现了他对这个城市的了解，他笔下的描述直接证明了他亲自走过那里的街道，访问过那里的名胜，还学会了当地的口头禅——甚至还记住了某个广场边上一幢不起眼的房子，但这幢建筑曾有一个极具本土特色的名字。

在考察那幢房子之前，这场戏里还有些令人困惑的地方没有解答。在第五场开始有两处舞台说明，都提到了“进城号角”（“tucket”）。原文如下：“佛罗伦萨。城墙外。远处进城号角声。”各个版本的写法大体上都是如此。在第七行又出现了第二次进城号角（“tucket”）。这里面的“tucket”① 一词指的是一连串和谐的音符，通常由小号演奏。

关于第一声号角，我们不应有什么疑问，这从演员的口头回应

---

① “Tucket”一词是意大利语“toccata”（“托卡塔”）的英语写法。词源是拉丁语“tocare”，意为“弹奏”。在文艺复兴时期的意大利，“托卡塔”还可以指皇室和贵族的宣言。因其调子华丽引人注目，这种风格很快在十七世纪早期被作曲家用作音乐创作的素材，其中包括科雷利和巴赫。

就可以看出，尤其是这句话出现在了第一对开本中。第二声号角在我们看来有些问题。

第一串号角①响起时，有四个女性角色——寡妇，寡妇的女儿狄安娜，维奥伦塔和玛丽安娜随同一干人等上了台。剧作家有意不告诉观众这群人会站在哪里，因为此时只听到“远处的号角声”。对现代观众来说“tucket”这个词的意思有些陌生，但对伊丽莎白时期的观众来说，这种声音会立刻引起他们的注意——对佛罗伦萨人来说同样如此。中世纪和文艺复兴时期的人们已经习惯性地会对号角声做出反应，因为他们知道这声音意味着什么。剧中人当时会想到那是年轻的罗西里昂伯爵的号角，此时他在佛罗伦萨已经确立了名声。

他的号角声过后，并没有跟着发布军令，那么这可能是告诉佛罗伦萨城民（寡妇和众人）：伯特兰已经到了佛罗伦萨城门口，他的报信人②按规矩要宣告他的到来。

---

① “Tucket”一词只在莎士比亚剧本对白中出现过一次，即《亨利五世》第四幕的第二场，在法国阵营中王太子和众领袖到齐后，元帅下令发出两声号角：“快鸣起喇叭/响起号角，发出*上马的信号*。”（“响起”一词剧本原文用的是“sonance”，也是发声之意，这里发出号角声，预告众人即将发布君王或贵族的指令。）《亨利五世》中这几行文字中“号角”和“上马的信号”常被当成是同一种意思，而非各有各的含义，《牛津英语词典》正是据此给出了“tucket”的释义。事实上，元帅是命令号手先演奏表示通告的号角声（告知众人是哪位君王或贵族将发布命令），然后再发出上马的号令。上马的指令只是一系列骑兵号令中的一种。这种区别在《终成眷属》中更为明显，因为伯特兰临城的号角声和行军的号令之间有三十行的间隔。第一对开本《威尼斯商人》中有条舞台说明把两者区分了开来：第五章第一场中先有一条说明“进城号角响起”，随后洛伦佐对鲍西亚说：“你的丈夫就快到了，我听见了他的号声。”这里只有信息，而没有发布命令。这里号角声的性质与《终成眷属》第三幕第五场开始时号角声的性质相同。

② “报信人”是一行人马中必备的人员，由此例可见：富有的十七代牛津伯爵爱德华·德·维尔1575年1月去巴黎时，只携带了少量随行人员，其中包括：两个贵族、两个侍从、一个财务官、一个管家、一个食客，外加一个报信人。这便是随行团最精简的组成。

在该剧所有现代版本中，第七行另有一处号角声，这就是那有争议的第二声号角。这个舞台说明可能会误导读者——更糟的是，它根本就是错误的。这里的号角声是在该剧成书一百四十五年后由爱德华·卡佩尔添加的，后为历代编者所沿用。在第一对开本中，这里并没有“进城号角”这句舞台说明。事实上这第二次鸣号并不是宣告有要人进城的号角，而是用军号发出的一条“信号”，是一条军令；这两种号角声之间有天壤之别。

《牛津英语词典》中说“tucket”一词为小号演奏的“华丽乐段”①，它是骑兵行军的*信号*。词典中也有关于“flourish”（“华丽乐段”）一词的注释，如下：“在音乐中，‘flourish’指的是演奏华丽而*无意义的*装饰音乐。”《牛津英语词典》注释中的问题是，小号的声音不可能同时既是一种“信号”，传达有意义的信息，又是一个无意义的装饰。《牛津英语词典》犯了个错误——这个论断可能会冒犯这本词典神圣的地位。

小号上的“信号”是一连串简短而容易辨识的音符或乐段，用以传达特定的指令。这些指令基本上都是军令，指挥军人上马、行军、冲锋或撤退等。

而被称为“tucket”的号角是由报信人发出的通告，音乐告知人们某位身居高位的大人物已经到达城市、城堡或王宫的大门口。每个要人都有自己独特的号角声（有时也写成“touch”）。

第五场一开始远处的号角声响起后，观众已经猜到伯特兰快到了。但由于他的号角声后面没有跟着行军的号令，他们会认为此刻或许伯爵正在佛罗伦萨城门口。

狄安娜的话更令人相信报信人宣告的是伯特兰的到来，她说“大家都说法国伯爵的功劳可大了。”寡妇回答：“听说他生擒了对

① 此处原文为：[...] a tucket as a “flourish on a trumpet; a signal for marching used by cavalry troops”. 原书第 200 页。——译注

方的首领，手刃了公爵的兄弟。”[1] 她话里用的动词过去式[2]告诉我们这些事情发生在过去。胜利归来名声大震的伯特兰已经到了佛罗伦萨，听到号角以后，人人都知道不久就能看到他了。

号角声过后，寡妇说：

快来呀，如果他们快进城了
我们就瞧不见啦。

“如果他们快进城了……”寡妇这句话是什么意思？假设舞台说明无误的话，那寡妇根本用不着说“如果”，因为他们确实快到城门口了，不是吗？

自1768年爱德华·卡佩尔改动了剧本后，编者们便错误地断定寡妇和众人站在“佛罗伦萨的城墙外”。之前我们也这么认为，毕竟这是舞台说明里的话。但事实上，寡妇和其他人都在佛罗伦萨城墙内。编者们之所以插入“佛罗伦萨的城墙外”这句话，是因为他们不明白寡妇说的“城”这个词的真实含义。

在第一对开本中，寡妇的对白中“城”（City）一词是首字母大写的，应是“City”而非“city”。这里就应该用早期的拼写法。这样一来寡妇那句“如果他们快进城了”就有了意义——而且这正是寡妇的本意。大写的“C”会改变人们对佛罗伦萨历史的理解，也

① 据《北意大利蓝皮导游》所载，科西莫一世把彻底打败锡耶纳的任务交给了嗜血成性的马里尼亚诺侯爵，后者围剿十八个月攻下了城池。不知剧作家在写寡妇描述伯特兰战功时是否想到了这位侯爵。寡妇此处显然指的不是佛罗伦萨公爵的兄弟，而是锡耶纳公爵的兄弟。

② 此处动词过去式指“reported”，“slew”。原文如下：“It is reported that he has taken their greatest commander; and that with his own hand he slew the duke's brother.”（第三幕第五场，第5—7行）

会告诉我们寡妇真正担心的是什么。

对佛罗伦萨而言："城"有种特别的含义。即使在今天，人们在交谈中也经常会用到"la Citta"（"城"）这个词，此时它并非指佛罗伦萨的全境。它在句子中的真正含义，随着编者们把大写改成小写而丢失了。一个专有名词被当成普通名词来指代佛罗伦萨全境。但其实不然。

在莎剧中，大写常常有着重要作用。例如第三章中讲到米兰北门时用的"North-gate"一词在第一对开本中是不用大写的［中间的连词符号是为了指出"north-"（"北"）是定语，说明在米兰所有城门中，那扇具体的门在那个方位］。"North Gate"或"Northgate"从来就不是它的真名。而针对寡妇这个例子，正确的方法正好相反，我们应该重新采用第一对开本中的大写。"城（the City)"指的是佛罗伦萨城墙内一块特定的区域——今天依然如此。

在佛罗伦萨，"城"指的是阿诺河以北一块轮廓分明的老城区。这里原是罗马人的古城佛罗伦西亚。这块区域按古罗马的设计风格建成一个长方形，笔直的街道交错成网格状。中间有个大广场称为"论坛"，即现在的"共和国广场"。在中世纪历经几度小规模的整修后，这块叫做佛罗伦西亚的核心地区保存了下来，伫立在现代的佛罗伦萨市。原古罗马人的居住地的大致轮廓今天仍依稀可辨。北面以德·切伦塔尼街为界，西面以托纳博尼和隆迪内利街为界，东面以德尔·普罗孔索罗街为界。南端的边界处建有一堵墙，邻近阿诺河，仍留出一小块空地供船只靠岸卸货。这片古城区才是寡妇所说的"城"。

正如伦敦市区（the City）中"city"一词的首字母需要大写一样，这是一个专有名词——同时也说明伦敦的渊源与佛罗伦萨类似——那么在意大利这个词也应该大写。因为佛罗伦萨的"城"表达着相同的含义。

听到伯特兰的号角后，寡妇说她担心他们所处的位置看不到全景。但从狄安娜口中关于“法国伯爵”的话，以及寡妇的话中，观众可以肯定伯特兰和他的骑兵已经到了老城区的一扇门外。

这扇门会在什么地方？这队人马从何而来，在佛罗伦萨城内的目的地又在哪里？鉴于狄安娜和寡妇谈到了伯特兰过去的战功，那么他和他的军队很可能是从南面约七十公里（合四十英里）处的锡耶纳而来。这意味着他们会从最南边的罗马纳门进入，这扇门处在佛罗伦萨通往锡耶纳的罗马古道上。巨大的城门至今仍然耸立在原地。

然而，寡妇却有所顾虑，她说了一句：“如果他们快进城了”；我们现在知道“城”在佛罗伦萨以内。这句话让观众明白她感觉自己似乎站错了地方。伯特兰若是往“城”里去，军队应从罗马纳大门进入，走过阿诺河上的维奇奥桥进城；而寡妇应在两座桥以外的地方等候。这样，她就应该站在卡瑞拉桥（“马车桥”）附近。如此一行人向“城”中前进时，她便会错过看热闹的良机。

此外寡妇还有另一层担忧：

> 我们白费劲儿了，他们往反方向去了
>
> 听啊！*你们听一听号声就明白了*。

寡妇听到了小号演奏的声音。但这不是进城的号角。这一行人已经在城里，而且就在不远处。但他们的具体位置是哪里呢？寡妇喊了一声“听”以引起周围人群的注意，来确认军队在佛罗伦萨内行进的方向。

爱德华·卡佩尔的舞台说明很容易理解：他一看到寡妇说“听号声”，就再加了一遍“进城号角”。但在故事中，此时的号声如果当真是进城的号角，那么这就又一次宣告伯特兰到了“城门”跟前——但伊丽莎白时期的观众早已了解这一点。虽说卡佩尔犯的是一个“诚实的错误”，可是他对文本的增补反而会让熟悉进城号角的人觉得摸不着头脑。

那么伯特兰和他的人马将去到什么地方呢？他们为什么要往古城走？假设他们是去古城的“共和国广场”接受欢迎，我们可以想象战士们会先下马，走过圣乔瓦尼广场，进入佛罗伦萨的大教堂——德尔·菲奥里的圣马利亚教堂，参加欢迎仪式。接下来，又怎么样呢？这些人又累又饿，又饥又渴——战马们也是一样。无疑在佛罗伦萨应该有更好的去处——那里可以休息、洗澡、补充能量、换洗衣物；补给完毕后才去面见公爵接受正式的欢迎。

城里还真有这样一处地方，那就是佛罗伦萨城北一个巨大的堡垒“达巴索”。它由亚历山德罗·德·美第奇建于1534年，配备有马厩、厨房、军械库、医院、营房和军官住宅等设施——打仗归来的军士所需的东西这里一应俱全——伯特兰和他的手下在四月里整日行军后，可以在此得到休息，饮水，食物和酒。一切都只在这一处地方。

对于回到佛罗伦萨的将士来说，这里其实不远。从罗马纳大门进城后，骑兵队会沿着塞拉格里街直行，穿过阿诺河上的卡瑞拉桥，然后向左徐行到戈尔多尼广场①上的奥尼桑提堡，再分成两路，先沿福西街，后沿稍长的瓦尔方达街径直进入达巴索。路线基本上呈一条直线。这无疑将是他们选择的路线。这是疲惫军队从罗马纳大门进城后，到达落脚点的最短路线。

真实情况还远远不止这些。有确凿的证据表明，戈尔多尼广场

---

① 那个时代流过戈尔多尼广场的河边并没有叫做伦家诺的河滨道，今天这里有条名叫伦家诺·亚美利哥·维斯普契的道路。阿诺河以北建筑的围墙一直延伸到了水边，如果想从一片空地看到过桥（卡瑞拉桥）而来的行军队伍，就只能站在戈尔多尼广场。要想知道寡妇为何如此兴奋地想看行军，今天去佛罗伦萨的游客们可以去蒙图吉区斯提伯特博物馆看下那里真人大小全副穿戴的十六世纪骑兵和马匹塑像。本章也附有照片(见228图)。

罗马纳大门：这是从罗马纳街进入佛罗伦萨南门入口处的景观。这条路是佛罗伦萨和罗马之间的主干道。从锡耶纳胜利归来后，伯特兰正是由此门和骑兵一起进了城。

罗马纳大门（内部）。（照片由西尔维娅·霍尔姆斯提供）

不仅就是伯特兰经过的地方（十六世纪时可能有另一个名字），同时它也是寡妇及其同伴等候的地方。凭着经验，寡妇已经知道行军队伍会用这条路线进佛罗伦萨，更明确的是，这个地方距离那个她

达巴索：这个庞大的军事基地于 1534 年由亚历山德罗·德·美第奇建造，它是伯特兰和骑兵们到达佛罗伦萨后落脚的地方。（照片由西尔维娅·霍尔姆斯提供）

称之为“房子”的住所只有一小段距离。稍后寡妇就会说出为什么这个位置就是剧中所指的地方；但在这之前，我们还有个惊人的发现。

剧中的那位“朝圣者”也来到了这里。观众很快就认出她是海伦，只是穿着朝圣者的衣服。她既没有去西班牙，也没有死去。她来到寡妇站立的地方，常被大家认为是戏剧性的巧合，是作者按民间故事的老套路故意安排的。事实并非如此。像海伦这样扮成陌生人来办事时，和公共场合的人们攀谈比去敲人家的房门要有效得多。

对戏剧故事发展来说更为重要的是，海伦已经在佛罗伦萨逗留了一阵，彻底详查了伯特兰的行踪和他在当地的作为。接下来的几场戏中，我们就会看到海伦的发现。获取所需的信息以后，海伦才穿上朝圣者的衣服去了戈尔多尼广场——在那儿“碰巧”遇见了寡妇和狄安娜。海伦不仅知道伯特兰对狄安娜的企图，还知道狄安娜是谁，寡妇做什么营生，以及其他能够引诱伯特兰上钩的信息。

她给丈夫设下的计谋叫做“床第之计”。这倒不是剧作家的创意。这种计策在中世纪和文艺复兴的传奇故事中就被使用过。由于此计并不涉及作者对意大利的知识，在此只需说明，海伦明白该怎样将它付诸行动，以此来制服伯特兰的怒火和挑衅。

寡妇看见海伦过来，说道：

> 瞧，这边过来一个朝圣者；我知道她定会住我的客店；他们之间会相互介绍，让我来问她一问：上帝保佑你，朝圣者！你要去哪儿？

海伦回答说：

去圣雅各·勒·格朗[1]。

请问香客们[2]都住哪儿？

寡妇的回答相当重要，但又常被误解。她说：

“在圣佛朗西斯，就在这里的码头边。”

码头。这回寡妇又是什么意思？佛罗伦萨的码头？

在佛罗伦萨的确有一个“码头”。另外，码头（“Port”）这个词的首字母还是应该大写，因为这在剧中会产生重要分别。

尽管我只标记了寡妇话中的一部分，其实，这句话里面的每个词都应该表示强调。假设我们要在剧中找一句确凿无疑的话来证明《终成眷属》的意大利背景的确是佛罗伦萨，同时还能显出剧作家对城市历史和地理惊人的了解，那么这必然是寡妇在第三幕第五场说的这句话。

首字母大写的“Port”一词，是罗马古城佛罗伦西亚南墙和阿诺河之间这片区域的古名。编者们去掉了原剧中的大写，完全是出于对佛罗伦萨这个码头的无知。先前我也不知道，多亏我那博学的朋友，佛罗伦萨哈佛文艺复兴研究中心的芝诺·科尔蒂教授为我指点迷津。经过科尔蒂的指教，我才彻底明白“码头”以及前面说的

---

① 此处其实意味深长，耐人寻味，海伦以“圣雅各·勒·格朗”朝圣者的身份在此出现在这些妇女所站的位置上，是极能让人信服的。从戈尔多尼广场眺望阿诺河对岸，可以看见西南偏南方向上罗马风格的教堂后殿。临河的两扇大窗做成著名的圣雅各·勒·格朗扇贝的形状，意大利语中这个名字叫做“圣贾科波”。这幢教堂建筑，恰如其分地被叫做“阿诺河上的圣贾科波”；它是一个朝圣者们经常造访的教堂。大门前的门廊建于1526年，正对着圣贾科波街。

② 十六世纪时“palmer”（香客）和“pilgrim”（朝圣者）两词常被用作同义词。

“古城”是怎么一回事。

简而言之，意大利语中“porta”意为“大门”或“门”，而“porto”意为“码头”或“海港”。这在本书前面第二章已有论述——码头并不一定要在海岸边——在意大利，一条宽阔的河边就可以建码头。在古罗马时代，佛罗伦萨也十分靠近第勒尼安海的海岸。在英语里，“porta”和“porto”两词词尾的元音消失了，于是便产生了歧义。这又正好被好玩文字游戏的戏剧家所利用。

通常在现代英语中，我们不会用“port”一词指代大门，但这个词本身确有这个含义。事实上，剧作家常常变换着使用这个词的几种意思。[①] 在《终成眷属》中“port”一词的用法，让人联想起《维罗纳二绅士》中“time”，“tide”，“tied”三个词的用法。作者乐此不疲地玩弄着一种、两种，甚至三种歧义。这三种意思分别为：1. 大门；2. 普通码头；3. 特指佛罗伦萨的古码头。

在罗马时代，古城墙和阿诺河之间的地区就是佛罗伦萨的古码头。那时这个码头的主要功用是运输从厄尔巴岛上的矿场开采的铁矿石。人们砍下了佛罗伦萨北面山坡上的树木，用来冶炼金属。

到中世纪时，运来的主要货物变成了粗羊毛，人们把羊毛运到佛罗伦萨进行压毛、分束、去脂、清洗、梳理、上浆、粗纺等加工。待羊毛未全干时经过编织、去节、修剪等工序，再展开晾到大棚里去晒干。接着就可以给羊毛上色，使用的是圣方济会僧侣调配的上等染料。[②] 如此羊毛产业一直保持着持续的发展。

粗羊毛来自地中海周边各地，但最上乘的却来自遥远的英格

---

① 莎剧中“port”一词一共出现了二十次：七次用于指代个人举止仪态；五处明确指代海港或类似地点；另有五处既可以指海港，也可以指门，依各人理解而定；另有两处指代大门。

② “许多工匠的名字，以及他们工作过的地方名字后来都成了佛罗伦萨城里街道的名字。如‘拉瓦托埃’、‘萨波纳依’、‘丁托里’、‘齐玛托里’等（分别指清洗坊、上皂工、染工和修剪工）。”——出自博苏克《佛罗伦萨指南》

兰。按照佛罗伦萨与英国科茨沃兹山中修道院之间的长期协议，货物还没运达，一整年的羊毛就先被预订了。那时羊毛工业是佛罗伦萨最为重要的经济和财富基础。一度城中四分之一的居民都从事与羊毛相关的产业。正是这些实力雄厚的佛罗伦萨羊毛商们出资请布鲁内列斯基建造了佛罗伦萨大教堂（圣马利亚·德尔·菲奥里大教堂）上的巨型圆顶。粗羊毛从欧洲各地到来，在佛罗伦萨被做成了世界一流的布匹，一直远销到了中东地区。由于工业的迅猛发展，城里又建造了切斯特广场用作羊毛交易，这个广场几乎是隔着阿诺河正对着古码头。

城里到处都有马车在奔跑，为工匠和商人运输产品和工具，并将羊毛运往各个加工点；在石铺的古罗马码头上，还有每年新到的粗羊毛等待运送，加工完成的产品也要运到此地准备出口。剧中寡妇所处的卡瑞拉桥（意为“马车桥”）的名字，就足以说明城里的盛况。古码头对佛罗伦萨周边城镇的重要性永久地印在了城里人的脑海中，即便后来有些船只不能再沿河驶入佛罗伦萨，人们还是习惯用“码头”这个雅号来称呼它。

几个世纪来古码头和卡瑞拉桥都由被称为乌米利亚提的本笃会僧侣的维护。1256年，这个教派在码头边建立了一个设施齐全的大型修道院。僧侣们把修道院命名为“奥尼桑提”，即“万圣”之意。今天的教堂仍然叫这个名字。修道院弃用后，教堂名字“奥尼桑提”就被用来指代周边的地区了，于是古码头就获得了现在的官方名称“奥尼桑提广场”。但几个世纪以来在本地人口中，这里一直被叫做“码头”。

了解了这些以后，我又一次来到这里调查奥尼桑提广场和邻近的戈尔多尼广场，这个小广场因竖有意大利戏剧家卡尔洛·戈尔多尼（1707—1793）的雕像而得名，走过卡瑞拉桥后便可到达。

从戈尔多尼广场分出了六条街道。其中最重要的一条叫做“奥尼桑提镇街”，它通往奥尼桑提广场。我已经知道伯特兰和他的骑兵队会穿过戈尔多尼广场直走进入达巴索，于是我自问：“寡妇和她的同伴应该站在哪里，才能既看到行军队伍，又方便为海伦指点朝圣者的居住点圣佛朗西斯呢?”

我站在戈尔多尼广场四下观察了一番，便有了结果。一切要素都十分符合。如果寡妇站在戈尔多尼广场和奥尼桑提镇街交汇的角上，那么她既能看到行进的部队，又能指点海伦。在这个位置，只需手指一点，寡妇就能准确地告诉她，朝圣者的旅舍就在“这里的码头边上”。事实果真如此：前文提到某广场上的那幢本地建筑恰恰就在码头边上。

因年代久远，我们只知道出于某些未知的原因，科西莫一世逐渐对乌米利亚提失去了好感。1561 年，他将他们驱逐出了佛罗伦萨，于是圣方济会的僧侣就得到了奥尼桑提的教堂、修道院及其他设施和特权。直到今天，奥尼桑提仍旧属于圣方济会。

在教育程度不高的时代，人们常用标志性的符号来指示地名——如纹章、王冠、玫瑰和大象图案等。与人见面时，你可以告诉别人去“王冠”标记处，或者去“蓝野猪”那儿，去“大象”那儿，在佛罗伦萨也可以说去“圣佛朗西斯”。当寡妇说“在圣佛朗西斯”时，就包含了“标记”的意思。

在去往佛罗伦萨以前，我曾徒劳地尝试过寻找圣佛朗西斯，不过我把它大致定位在了码头附近。我经过一番上下求索都没搞清楚这个标记是什么样子，最后一拍脑袋恍然大悟：其实只要找个圣方济会修道院打个电话问问不就行了。我给加利福尼亚的一个圣方济会修道院挂了电话，次日就收到了对方友善的回信，寄给我一幅典型的圣佛朗西斯标志的速写。我第二次去佛罗伦萨时，听到科尔蒂教授说“码头”就是奥尼桑提广场的古名；我立刻赶去那里寻找我的目标。我仔细把面对奥尼桑提广场的建筑搜了个遍，担心我要寻

奥尼桑提广场，又称“码头”：图中可见奥尼桑提（“万圣”）教堂；它的左边是回廊的入口，再往左（阴影处）是圣佛朗西斯朝圣者的旅舍。

圣佛朗西斯朝圣者旅舍：请注意大门正上方的圣佛朗西斯标志。海伦曾穿着朝圣者的装束借宿于此。（照片由西尔维娅·霍尔姆斯提供）

找的地方会不会被推倒盖起了那两个大酒店。在搜索无果而沮丧之际，我拿出随身携带的《终成眷属》翻查了一下。这一次又是寡妇的话提醒了我。寡妇并没有说“在码头里面”，而是说“在*码头边上*”。“边上”或许是指紧挨着广场的地方。

难道说，剧作家对于如此偏僻而陌生的地方都能说得这样准确吗？我进行了进一步的研究。在奥尼桑提广场外，走过一堵圣方济会修道院的围墙，有幢毫不起眼的建筑，但它却有扇高大的门——一看到门上雕刻的图案，我的双眼就瞪大了。这正是圣佛朗西斯的标志，自十六世纪末教堂易主后便原封不动地保存到了现在。雕刻的图案比我带来的速写更有真实感，但图案本身几乎完全一致：标志的顶部是一个十字架，下面是一对交叉的手臂，前景中，基督赤裸的手臂上有十字架的伤痕。在基督手臂后面是圣佛朗西斯的手臂，上面也有同样的“圣痕”。

圣佛朗西斯的标志：这是奥尼桑提广场边的圣佛朗西斯朝圣者旅舍。图中可见圣方济会的象征“圣痕”，由前景中基督被钉了十字架的手臂和背景中圣佛朗西斯带有“圣痕”的手臂组成。（照片由西尔维娅·霍尔姆斯提供）

圣佛朗西斯标志速写：图上清晰地画出了圣佛朗西斯的“圣痕”。（照片由库柏蒂诺的圣约瑟夫男修道院提供，阿罗约·格兰德圣方济会，加利福尼亚）

十六世纪行军的战士：这队全副武装顶戴花翎的骑兵，可能就与伯特兰和他的军队相似。进城的号角响过之后，人马便以胜利者的姿态行军进城。

四个世纪以前，《终成眷属》的作者也曾站在这同一幢建筑面前。或许他并不知道，这个标志被安上去的时间，距离“托斯卡尼战争”结束以及圣方济会的入驻不过六年时间。但我知道这些并不重要，总之剧作家又一次随心所欲地把各种事件串联起来讲述了一个生动的故事。

寡妇刚刚告诉海伦圣佛朗西斯的位置，远处就响起了号声，这回的号声是一个军令，第一对开本中有条舞台说明：“远处军队踏步前进”；所幸这句话多年来未曾遭到篡改。寡妇这时无疑松了一口气，对所有人说：“听听！他们往这边过来了。”伯特兰此时正从戈尔多尼广场往达巴索前进。舞台说明上写道：“旗鼓开路。伯特兰，帕洛和军队上”——这些人出现在观众面前，以凯旋的姿态从激动的寡妇和人群跟前走过。

阿诺河上的圣贾科波（“圣詹姆士俯视着阿诺河”）：这是来到佛罗伦萨朝圣者造访的教堂和落脚点——他们来自南意大利，经此去往西班牙或罗马。照片上扇贝形状的窗户在教堂的后面。从戈尔多尼广场斜向眺望就可以清楚看见这两扇窗。“圣雅各的扇贝”是圣詹姆士的象征。直到今天，只有长途跋涉去过西班牙康波斯特拉的圣地亚哥教堂朝圣的人才有权在衣服上展示这个图案。《终成眷属》的作者显然清楚在佛罗伦萨各路朝圣者各有各的落脚点。（照片由西尔维娅·霍尔姆斯提供）

《无事生非》剧中墨西拿的全貌

这幅概图出自G.布劳恩和F.霍根伯格的《全世界的城市》。它展现了《无事生非》创作时墨西拿的全貌。后来地震完全毁坏了城市，人们便以截然不同的布局对城市进行了重建。右上方一个巨大的广场周围是来自佛罗伦萨的银行家和商人居住的地方。图中勾勒出的大教堂表明这是“佛罗伦萨的施洗者约翰”（圣乔瓦尼•巴蒂斯塔）教堂，也就是剧中提到的“神庙”。

第十章

《无事生非》
“墨西拿的不幸”

第 一 部 分

《无事生非》的故事背景设定在墨西拿，这是西西里岛北面临墨西拿海峡的一座城市。墨西拿拥有全地中海最深最安全的海港，长久以来为商人和航海家利用，既可作为货物中转站，又可在风浪时节作为船只的避风港。但《无事生非》中没有在海港发生的剧情：除一场戏以外，其他剧情都发生在城内；那场戏发生在佩罗利塔尼山脉脚下的缓坡上；这条山脉如一个天然屏障，将墨西拿与岛上其他地方隔离开来。

1282 年 3 月，西西里处在法国国王、安茹王朝的查尔斯一世（圣路易九世的弟弟）统治之下。当时帕勒莫发生了一起暴力事件，整件事的过程就像全岛居民事先安排好了似的，它被称为“西西里晚祷”，因其爆发于复活节星期二的晚祷时分而得名。突然之间，首都帕勒莫全城的人都开始起来反抗法国人的压迫。叛乱迅速扩散到了整个西西里岛。尽管传闻从未被证实过，但据传有数以千计的法国男人、妇女和儿童遭到杀害。这是一次恐怖的暴力事件。到四月末，全西西里都被掌握在了叛乱者手中，他们宣布西西里成为一个共和国。

这次广泛的反抗运动虽然进行得很彻底，但新获自由的各个地区却还有些手足无措，这使得西西里的政府里出现了一片真空状态。为了重建行政制度，帕勒莫议会邀请阿拉贡和加泰罗尼亚国王佩德罗三世（1240—1285）坐上了王位；尽管他不是直系继承人，但他拥有王位的合法继承权。① 于是佩德罗三世来到西西里，继续驱逐法国人；征服了全岛以后，他便开始了阿拉贡王朝的统治；这个王朝的势力从 1296 年延续到了 1402 年，后王权为西班牙王室所得，一直延续到 1713 年。

墨西拿在这一过程中起到了重要的战略作用。佩德罗三世从西西里岛西面开始进攻法国人；而远在东边的墨西拿就成了法国最后的堡垒。这里是佩德罗最后的战场，也是他最终战胜查尔斯一世和法国人的地方。

以上是关于"西西里晚祷"的一般性描述；当时那种氛围就是《蒂姆布里奥和芬尼西亚》这个故事的背景，故事发生在墨西拿，收录于马提奥·班代罗所著的《班代罗故事集·第一部》中，于 1554 年出版于卢卡。在班代罗的故事里，年轻的贵族蒂姆布里奥为佩德罗国王所器重；芬尼西亚是墨西拿贵族里奥纳托·德·里奥纳提的女儿。两人真心相爱，却遇到了大麻烦。学者们指出，自古以来就有不少类似《蒂姆布里奥和芬尼西亚》的故事，其中的大家闺秀（如班代罗笔下的芬尼西亚和我们剧作家笔下的西罗）爱上了约婚人之外的男子。

学者们也会把班代罗的故事和剧作家的《无事生非》比较。显

---

① 佩德罗三世的阿拉贡和加泰罗尼亚王国同时也包括瓦伦西亚、蒙彼利埃和巴利阿里群岛。他通过和康斯坦丝结婚获得了继承西西里王位的权利；康斯坦丝是最后一位霍恩斯道芬家族的继承人，她的父亲曼弗雷德曾短暂地做过西西里国王，祖父是西西里国王和神圣罗马帝国皇帝，赫赫有名的弗里德里希二世。

然，在情节设计上剧作家受到了班代罗的启发，但无疑剧作家把故事写得更为复杂细致。尽管他笔下的女主角西罗和班代罗的芬尼西亚有着相似之处，而《无事生非》中年轻的克罗迪奥和蒂姆布里奥也有些共同点，剧作家还是加入了班代罗作品中没有的元素，例如那对令人忍俊不禁的欢喜冤家贝亚特丽斯和本尼迪克两人之间的交锋，以及墨西拿笨拙的警吏们滑稽的言语等。

两个蒙冤的女儿芬尼西亚和西罗的父亲们也有相似的名字——里奥纳托和列奥纳托——但二人性格迥异。班代罗笔下的里奥纳托是个潦倒贵族，而《无事生非》中的列奥纳托不仅不穷困，还身居墨西拿总督的要职。

历史上大多数时候，以帕勒莫为都城的西西里岛上，主要的产业是农耕和渔业。九世纪到来的阿拉伯人带来了先进的灌溉技术和新的作物——包括椰枣、西瓜、橙、柠檬、甘蔗——甚至还有稻米，西西里岛肥沃的土地十分适合它们的生长，直到今天人们还常把这些植物和西西里联系在一起。

与岛上其他部分不同，墨西拿的经济主要依赖于海上贸易和军事活动。因此，西班牙的国王们①会派专人来督管墨西拿，这些人和督管其他城市的贵族也有所不同。作为“墨西拿总督”，他至少必须对行政和金融事务有一定经验。在《无事生非》里，总督管理下的城市处在十六世纪后半叶；这距离《蒂姆布里奥和芬尼西亚》的时代已经有三百余年。

按大多数编者的意见，《无事生非》第一幕的场景是在墨西拿总督府前。今天城里并没有所谓“总督府”，如果一定要找个地方，那就应该是被称做“王宫”的那个地方，这是个真实存在的去处。

① 从 1282 年到 1713 年西班牙统治时期，墨西拿因其与众不同且利润丰厚的商业活动而享受到了西西里其他地方所没有的特权。

"王宫"面对着"总督广场"，在加里波第街和自由街的交汇处，俯视着海港入口和古灯塔"兰特那"。今天，原"王宫"所在地是墨西拿地区"州长"① 的办公地。

和剧作家设定在意大利的其他场景不同，其他戏剧中出现的建筑和地名仍然有迹可循，可在今天的墨西拿却找不出当年那座城市遗留的痕迹。长年以来，墨西拿遭受了多次严重地震的袭击，1908年的地震几乎摧毁了整座城市。那场人类历史上罕见的浩劫将城市震成了一片二十英尺深的废墟，自然灾害加上接踵而至的大火导致八万四千人迅速死亡。最后只有大教堂和其他里程碑式的建筑保留了下来，但也受到了重创。要想修复它们，几乎没有可能。直至今日，墨西拿也没能完全从这次毁灭性的打击中缓过劲来。

如此，尽管《无事生非》中提到的几乎所有地方都已不复存在，但本章中，它们在十六世纪时的位置仍会被一一辨认出来。②

当班代罗故事中那个的"未知的背景事件"（实为"西西里晚祷"）于1282年在墨西拿发生时，剧中同样"未知的背景事件"也在突尼斯爆发了。（本章第二部分将对此进行评述）事件平息后，剧中的参与者动身去了墨西拿。

班代罗，或者剧作家都无须细说故事的"背景"，因为他们的观众自然心领神会，或者至少听说过已经发生的事情。然而对现代观众来说，《无事生非》的时代背景有些让人摸不着头脑，这也是该剧不为人理解的原因之一。

今天的意大利人仍然对"西西里晚祷"记忆犹新。而对伊丽莎白时期的英国人来说，《无事生非》背后的事件及其后果其实和他们息息相关。如前面第五、六章对《威尼斯商人》的研究中所述，

① 意指此地的总督办公场所和正式的寓所。

② 在此向墨西拿大学中央图书馆主人，文学与哲学科的桑提诺·布翁滕波神父和墨西拿地区图书馆主任佛朗切斯卡·坎帕尼亚·西卡拉博士的帮助表示感谢。

1573年对于英国人来说是个具有决定意义的年份。这一年英国人重新投入到了地中海的商业活动，且造成了广泛影响。戏剧一开场，剧作家说到“这个事件”时，就是要让观众把他们在那里的利益牢牢记在心里。

故事第一场中，舞台上的人物有总督列奥纳托，闺女西罗，侄女贝亚特丽斯；此外还有一名“信使”。列奥纳托手中拿着一张纸，接下来是他和信使的对话：

> 列奥纳托：信里说：今晚阿拉贡的唐·佩得罗[①]就要到墨西拿？
>
> 信使：此刻他应该已经到了；我离开时，他距此地不过三里路。
>
> 列奥纳托：你们这次行动损失了多少将士？
>
> 信使：损失极小，有点儿名望的人一个也没少。

这几句易被忽略的对白其实有些用意。观众们从中隐约得知，某地发生了战事[②]，但列奥纳托和信使却不甚关心。用今天的话来说，信使说起人员伤亡时大致意思是：“死的人里没一个有地位的，全都是不值一提的小喽啰。”到现在为止，我们应该对剧作家的手法有些熟悉了，我们要多留意总督的话，不能轻轻带过；因为他的确在告诉我们一些重要的信息。

---

① “阿拉贡的唐·佩德罗”是剧作家想出来取悦英国观众的头衔。“唐”是西班牙语中广泛用于称呼贵人的尊称；而“佩德罗”这个名字可唤起人们对中世纪佩德罗国王的一些回忆；但角色的原型是统治者世界上广大地域、令英国人又恨又怕的菲利普二世。

② 之后在这一场开始几行，贝亚特丽斯说到“这次行动”时称它为“战事”，但如第二部分所述，她对这次行动本身的态度是嘲讽的。

列奥纳托在问及唐·佩德罗的到来和伤亡人数时，虽对“此次行动”轻描淡写，其实却说出了故事的背景。另外，剧情随后的发展也解释了另一个看似无关紧要的人物的行为；此人与兄长唐·佩德罗一起不时出现在舞台上。他就是被叫做“杂种约翰”的那个人物。

接下来的对话在信使和西罗泼辣的表姐贝亚特丽斯之间展开，从中我们认识了唐·佩德罗随行团中那些“有点名望”的人；他们全都毫发无损地到达了。在这群人中就有佛罗伦萨的年轻伯爵克罗迪奥，剧中明确指出他受到唐·佩德罗的礼遇，并且他马上就要与西罗订婚了。另一个年轻的贵族叫本尼迪克，来自帕多瓦。我们可以认为这两个男子是当时典型贵族青年的代表，离家去外国打仗寻求功名。① 此外在场的还有一个叫巴尔萨泽的平民，他是为唐·佩德罗演唱的职业歌手。

如剧作家创作的其他意大利戏剧一般，作者在《无事生非》中巧妙地将意大利元素融入故事里面，足见他对当地风土人情的了解。

比方说，“青藤巷子”② 这件东西就是一个例子。在整部戏里，作者不时地写到这种不同寻常的园艺景观，似乎那是墨西拿让他特别难忘的一件东西。他不止一次地利用“青藤巷子”来安排剧情的发展。

第一幕第二场，列奥纳托的兄弟安东尼奥向兄长透露了克罗迪

---

① 如潘西诺在《维罗纳二绅士》中所言，再从《终成眷属》剧中伯特兰和其他年轻贵族的行为可见，为外国效力打仗是青年人常有的愿望。这样，当年轻人归国时应该已经拥有了一定的战斗经验，可以更好地为自己的主公效力，并实现自己的抱负。

② 意为“缠绕的”，“纠结的”或“编织的”。

奥伯爵对西罗的爱慕和求婚的打算。安东尼奥的话中说到了“我们果园中一处青藤密布的小巷”，在那里，他偷听到唐·佩德罗和克罗迪奥在绿荫深处谈论这件私密的事情。此后在第二幕第三场，剧作家又一次提到了这处浓密的绿荫，这时本尼迪克说：“我要去树荫里躲躲”。他本是想偷听唐·佩德罗，列奥纳托和克罗迪奥三人的交谈，而他们却在外面演戏故意叫他听见——在这段预先安排好的对话中，本尼迪克“偷听”到贝亚特丽斯爱上了自己。

同样在第三幕，贝亚特丽斯也被骗到了青藤巷子里，她也“偷听”到了另一段编造的对话；这次是西罗和厄苏拉（昵称“厄斯丽”）两人在演戏。西罗先告诉玛格丽特：

> ……教她（贝亚特丽斯）悄悄溜到青藤织成的庭苑中，那里缠满了金银花藤，享受着太阳的滋养，一丝亮光也不会透下……

于是几位女子大声谈笑着地走到外面，而贝亚特丽斯躲在绿荫深处，“恰好”听见她们谈论本尼迪克对自己的爱慕。西罗也把这个地方叫做“巷子”，而厄苏拉把它称为“金银花覆盖的绿荫”。

在《无事生非》里，剧作家写到这个室外园林景观不下五次——一方面它确实留给人深刻的印象，而另一方面作者也是乐在其中：如第一幕中“青藤密布的巷子”；第二幕中的“绿荫”，第三幕中“青藤架”，“巷子”和“金银花藤的绿荫”等。

时至今日，欧洲大陆和英格兰的园艺里还会经常使用藤架，可供蔷薇，金银花或其他漂亮的藤蔓植物攀附。尤其在炎炎夏日，攀缘的藤蔓会提供一片赏心悦目气味芬芳的绿荫。在墨西拿夏季酷暑难当之时，这些藤架下的树荫就成了阴凉消夏的去处。这里的藤蔓都被密密地编织在一起，用西罗的话来说，就是“一丝亮光也不会透下”。

墨西拿大学的青藤巷子。(作者摄)

这样的树荫不仅可用藤蔓织成，有时还可以使用树枝。一般人们会把大树种成两排，中间留出走道，再把顶上交叉的树枝严严实实地扎起来，整个结构看上去就像一个巨大的绿色隧道。

这样一个浓密的青藤巷子将会是种令人赞叹的景观，上图墨西拿大学中的小巷就是一个实例。大学中央图书馆主任桑提诺·布翁滕波神父告诉说："我非常喜爱它们，这是夏天你能找到最阴凉的地方，可惜在今天的墨西拿却所剩无几了。"

在《无事生非》的一些对白中，尤其是厄苏拉和玛格丽特的对白中，我们似乎看到了独具意大利风情的主仆交流方式。我们看到三位女子之间随意地戏谑打趣，这在伊丽莎白时期的英格兰是无法容忍的。玛格丽特和厄苏拉会被人当成轻佻无礼的女子。意大利见识到社会阶层间这种轻松的关系，在北方的旅行者看来是非同一般的举止，因为他们的国家里等级关系要严肃得多。

玛格丽特和厄苏拉又是何许人？在该剧的四开本中她们被称作"女绅士"；但在第一对开本中却没有这样的称呼；但是剧团的导演

一看就会明白她们扮演的是女侍从的角色；她们自己也都是拥有良好出身、受过教育的女子。但有一点很明显，她们和女主人西罗并不属于同一阶层。

在第二幕第一场，玛格丽特与歌手巴尔萨泽有一段对话；从这里可以看出他俩似乎地位相当。稍后厄苏拉又与西罗的伯父安东尼奥有一段颇为放肆的对话，可安东尼奥是个大贵族，而她的言行又似乎显得他俩之间也是不相上下。那到底谁应该与谁平起平坐呢?

两位女子还在第三幕第一场中露了一次面，地点是列奥纳托的果园；尽管玛格丽特早早退了场，厄苏拉却和西罗在"青藤织成的庭苑"下长谈。这一幕里，两位侍女对总督女儿说话时都是直来直去，而西罗似乎也并不在意。事实上，这在她看来倒像是理所当然的。

在第三幕第四场中还有一段对话，这一场发生在西罗的闺房里，她正由玛格丽特和厄苏拉服侍着穿上婚礼的装束。且听她们的对话：

> 西罗：好厄苏拉，去叫醒贝亚特丽斯表姐吧
>
> 让她快点儿起身。
>
> 厄苏拉：是的，小姐。
>
> 西罗：叫她到我这儿来。
>
> 厄苏拉：好的。[下]
>
> 玛格丽特：说真的，我觉得还是另一个衬领好些。
>
> 西罗：行啦，求你别说了麦格①，我就要穿这个。
>
> 玛格丽特：这个真不怎么样，您表姐肯定也这么说。
>
> 西罗：我表姐是个呆子，你也是，我偏要穿这个。
>
> 玛格丽特：我很喜欢这顶发罩，假使头发颜色再深一点儿

---

①"Meg"是"Margaret"的昵称。——译注

就好了：您的礼服式样真是好极啦；我见过米兰公爵夫人的礼服，人人都称赞得不得了。

西罗：是啊，他们是说好得很……

诸如此类的举止成何体统？玛格丽特是不是太过无礼了？

对于玛格丽特与厄苏拉的言行举止，查尔斯·考顿·卡拉克（1787—1877）曾有过研究。他是一位著名的莎学家，著有《莎剧次要角色中的对立人物》等书，还编订过莎剧。他在书中写道：

玛格丽特和厄苏拉二人或可被称作“特型侍女”，原因是她们的举止行为越过了一般侍从的规范。也许就她的身份而言，玛格丽特的嘴过于伶俐了；不过她显然是在模仿贝亚特丽斯，但又如一般拙劣的模仿者那样，她同时又表现出了些粗俗和夸张的特点。她是女主人西罗身边极好的陪衬：*这两个人物是意大利主仆关系的典范：女主人和侍从之间在小地方不拘礼节，这在意大利一直十分普遍。*

玛格丽特和厄苏拉与西罗交谈时的举止会令来访意大利的英国人们大吃一惊，十九世纪的克拉克也是其中一个。但另一方面，剧作家本人却可能还饶有兴致地观察了这种不同寻常的本地风俗，默默记下了自己的见闻。把这种意大利特有的风情写到剧本里，无疑会为这个发生在意大利的故事增加可信度。

在同一场戏中，西罗还提到了另一种衣物，她说“这双手套是伯爵送给我的，上面熏着上等的香料”。在莎剧全集中另外只有一处提到了熏香的手套。那是在《冬天的故事》第四幕第三场。这一幕发生在波西米亚牧羊人的小屋前，这时身为小贩、小偷加混混的奥托里古斯上了场——约在这一场第200行左右——嘴里唱着叫卖的小曲儿，其中就唱到了“香似大马士革玫瑰的手套”。歌毕，牧羊人的小丑儿子决定买一双赠给心上人莫浦西，她则称之为“香手套”。

1576年，牛津伯爵爱德华·德·维尔在意大利长途旅行后回到英格兰。有件值得注意的事是，他为年轻的伊丽莎白女王带来的礼物是一双熏香的手套。这件礼品对全英国最重要的女士来说也已经算是稀罕珍贵了。在当时的英格兰，熏香的手套无疑是件新花样。

正如今天的人们一样，那时的人也追求时尚，关于这令人艳羡的礼物的新闻在权贵中间便会悄悄传开，接着会有越来越多的人想要拥有女王手上的那种熏香手套。

这里我发现莎剧的断代有些疑点。按莎学家们所说《无事生非》是在1598年写成的，距离伊丽莎白女王获得意大利的熏香手套约有二十年。但到了1598年，拥有这种手套已经是司空见惯的事情了，正像《冬天的故事》所说的那样。如果把这两段中提到"熏香手套"的文字对比一下，再想想伊丽莎白获得手套的故事，就会得出《无事生非》写作的时间应该更接近于1576年或1578年；此时熏香手套还被当作奢侈品受到人们的宠爱，才会是配得上剧中贵族小姐西罗的礼物。但到了1598年，大家对这种手套已经习以为常，即使是放羊的小丑都能从流浪的小贩那里买到。

在第三幕第三场结尾，按现代版本的编订，酒鬼博拉丘①说起西罗的婚礼将于"明早在寺庙举行"。

在第一对开本和四开本中，博拉丘口中的"寺庙"（Temple）一词应是首字母大写的。而在第一对开本中和四开本的其他意大利戏剧里，"temple"一词有时是首字母大写，有时是小写的。前面章节当中我们已经讨论过作者的拼写并且已经看到我们必须对意大利的城市有具体的了解后才能认识到拼写的重要性。

① 有趣的是，剧作家为酒鬼博拉丘这个角色起了这样一个名字。在西班牙语中酒鬼就被称作"博拉丘"（un borracho）。

比方说，如果“temple”一词是作“church”（教堂）或“chapel”（礼拜堂）的近义词时，这个词不需首字母大写，在第一对开本和四开本中都是如此，因此现在也应该如此。[①] 但当这个词是指代某幢具体的建筑时，比如墨西拿的“寺庙”（Temple）时，它作为一个专有名词，于是大写的“T”就应如原先的版本中那样保留下来。

在《无事生非》剧中，大小写的“T”和“t”在不同语境下的意义有着重要差别。在墨西拿，长久以来都有一个古老而重要的朝拜圣地。这个地方建于公元前 98 年，以多利安式风格建造，实际建筑时间可能更早，原先这是用来朝拜海格力斯的地方，因建筑艺术近乎完美而驰名世界。古罗马的作家马尔库斯·图利乌斯[②]写到它的种种好处时，称它为“海格力斯·曼提克勒斯之庙”，当时来自古代不列颠、佛兰德斯、法兰西和日耳曼的访客都会远道而来瞻仰这座神庙。

早期的基督徒占领神庙以后，他们将它奉献给了圣米迦勒，并把它指定为一个教区的教堂。几个世纪以后，佛罗伦萨的银行家和商人来墨西拿做生意，他们在圣米迦勒教区周围住了下来。这块区域在当时城市的最北部。为了吸引富有的佛罗伦萨人并得到他们财富的支持，教会把教堂更名敬献给他们最崇敬的圣人施洗者约翰[③]

---

① 在《威尼斯商人》第二幕第一场，“寺庙”一词只是泛指，因此一直是小写。在《冬天的故事》中这个词虽作复数，却是指具体的寺庙：阿波罗和塞杰斯塔的神庙，因此该词是大写的。在《仲夏夜之梦》中，这个词只有一次是小写的，那是在第二幕第一场用作泛指的时候，但当用来指代剧作家心中所想的地名时，如第四幕第一场第 180 和 197 行以及第四幕第二场第 15 行中所写，它是作为专有名词，因此是大写的。

② Marcus Tullius Cicero（106—143BC）：马尔库斯·图利乌斯·西塞罗。——译注

③ 如此才命名为“佛罗伦萨人称为施洗者圣约翰的寺庙”。尽管这个佛罗伦萨大教堂的名称是“佛罗伦萨的圣马利”教堂，但它的“施洗者圣约翰”洗礼堂被佛罗伦萨人当成精神上的出生地。

以取悦他们。这里的宗教仪式也是用佛罗伦萨方言主持，而不用墨西拿的方言。

这幢建筑的名声越传越远，1572 年勒班陀战役中的杰出将领马克·安东尼奥·科罗纳亲王被任命为西西里总督。见识了寺庙的壮观之后，亲王感叹，施洗者圣约翰教堂（即“寺庙”）虽不如罗马万神殿庞大，却丝毫不逊于后者。总督的话被传播到了千里之外。

1580 年，出于对佛罗伦萨人的又一次让步，施洗者圣约翰教堂从教区教堂被提升为一个完完全全的佛罗伦萨式教堂（相对于墨西拿的教堂而言）。它被正式更名为“Il Tempio di San Giovanni Battista ditto di Fiorentini”。这个名字要翻译起来也颇费周折，大致可以说成是“佛罗伦萨人称为施洗者圣约翰的寺庙（或教堂）”。

当贵族女子西罗和*佛罗伦萨*伯爵克罗迪奥即将举行婚礼时，值得注意的是，剧作家选择了墨西拿最为合适的一座教堂为他们举行仪式。

不论这幢建筑归属于谁，从荒蛮时代到基督教时代，墨西拿人都把它称为寺庙。尽管后世几度更名，这个原始的名字还是保留了下来。这也是整个基督教时代一直沿用的名字。事实上，甚至“海格力斯·曼提克勒斯之庙”这个最早的名字也还被大家记得。除此之外，在墨西拿没有别的教堂可以称作“神庙”。

戏剧第四幕第一场的序幕就在这个寺庙拉开。剧中的重要人物聚在了一起，准备庆祝克罗迪奥和西罗的婚礼，神父也在一边准备主持仪式。他问起了那个老问题：“两位新人之间可有妨碍他们结合的阻碍?”这时克罗迪奥脱口而出地把一连串侮辱的话抛向了西罗，指责西罗的不贞，“她已领略过床上的热情”，他大声喊道，让所有人都能听见。克罗迪奥完全被第三幕第三场中唐·约翰在婚礼前安排的假幽会给蒙骗了。更不幸的是，列奥纳托也相信了克罗迪奥那些可怕的指责。

西罗被这一连串虚假的罪名惊得瘫倒在地，乍一看像是猝死了。克罗迪奥、唐·佩德罗和唐·约翰气势汹汹地走出了寺庙，留下西罗和家人及佛朗西斯神父和本尼迪克在一起。此时西罗苏醒了过来，在坚信西罗无辜的佛朗西斯神父的建议下，众人安排了补救的计划。

神父给列奥纳托宽心道：

且慢，
此事还须请您听我一劝，
亲王们离去时认为小姐死了，
现在不妨让她深居闺房，
对外宣称她真的死了，
表面上继续张罗丧事，
在您家族的老纪念碑上
挂上哀悼的墓志铭，一切仪式
有关丧葬则必不可少。

按照神父后来的建议，这样做是为了将克罗迪奥对西罗的怨恨转化为悔恨。

将西罗的灵魂送往另一个世界的传统仪式包括在教堂张贴葬礼弥撒的告示，做弥撒，送葬到墓地，最后下葬，整个过程都写在祷告书上，英国人和墨西拿人对此都很了解。由于西罗是墨西拿总督之女，且死因特殊，这些仪式必须公开进行。不过，剧作家在写到“您家族的老纪念碑”这句话时，还为我们提供了别的信息。

“您家族的老纪念碑”是什么呢？它应该是神父自己、甚至墨西拿人都可能知道的一处地方。神父或许亲眼见过这“古老的纪念碑”，因此它必定在墨西拿。但他指的究竟是什么呢？

在英格兰和意大利部分地区，重要人物可能会在教堂的墓地里建一个纪念碑或墓碑，有的甚至把它建在教堂内部①。意大利的传统是立一个家族墓碑或纪念碑，在这上面所有家族成员的名字最后都会聚在一起。单独带墓石的坟墓却不合当地的风俗。

当然，各地的坟墓和墓碑通常都安放在各个神圣的位置，但在墨西拿，坟墓都是集中建在一处地方：这便成了史上闻名的大型墓葬地。它被称作“Cimiterio Monumentale”，意为“纪念陵园”，位于老城区西南角的卡塔尼亚大街上头的山坡上。

纪念陵园里的建筑出类拔萃，今天如果去到墨西拿而不在此稍作停留的话旅行就不算圆满了。西西里的《蓝皮导游》把这个陵园形容成一个“层层叠叠建于山坡之上的美丽花园，可以尽览卡拉布里亚的美景”。陵园里面是一排又一排华丽而古老的家族纪念碑。

1908 年的大地震几乎没有对陵园造成什么毁坏，只有里面的“万神殿”经过了修复；此外几乎所有的家族坟墓都完好无损。历经数百年后，它们的规模日益庞大，因为它不但容纳了 1908 年那场灾难的受害者；还接收了从附近的不列颠陵园迁来的坟墓；这个墓地是在拿破仑战争时期建立起来的。具有讽刺意味的是，迁坟的时间是 1940 年，正值二战爆发以后。

这个古老而又不同凡响的陵园既没有以圣人的名字命名，也不为某一宗派所独有。从它的名字可以看出，纪念陵园是普世的，长久以来它是墨西拿人生前和生后的重要组成部分。

在陵园外有各色小贩兜售鲜花、祷文、食物和饮料，以及其他入园参观的用品。这里在平常工作日也有许多人出入，不光是来一

---

① 在第五幕第三场，克罗迪奥，唐·佩德罗，巴尔萨泽和其他人在纪念碑前。《河滨版莎士比亚》把这一场说成发生在“教堂墓地”里；1989 年《企鹅版》说成是在“教堂”里；1981 年《阿登版》给出了一个描述性的脚注：“按照习俗，如亚历山大·蒲柏所言，此处为一个教堂，但有时它也可以指一处室外的纪念碑。不论建在哪里，定会有大型的豪华墓葬。”

两个家属悼念逝者，而是整个家庭都到自己家族的安息地来，共同度过几个时辰。这个陵园实际上就是墨西拿的公共土地；而家族的墓碑上常常题满了墓志铭、献词和诗歌，目的不仅仅是为了追忆，也是因为作品放在此地可以让大多数墨西拿人看见。于是剧作家按照老传统让佛朗西斯神父对列奥纳托说“在您家族的老纪念碑上挂上哀悼的墓志铭”。这样全墨西拿人都会得知西罗的死讯。

在这场令人扼腕的戏末尾，当佛朗西斯神父和受惊的侍从们离开寺庙以后，本尼迪克和沮丧的贝亚特丽斯一起留在了舞台上。这对爱人有段重要而仓促的对话。本尼迪克意欲安慰抽泣的心上人，于是恳求她道：“好了，你要我为你做什么都行。”贝亚特丽斯不假思索地答道：“杀死克罗迪奥。”

不论是四开本还是第一对开本，都没有在这句吓人的话后面加感叹号。大部分当代的编订者沿用了原来的标点，但偶尔也会有人因不熟悉墨西拿有“血债血偿”的传统，而在贝亚特丽斯的话后面加上感叹号。剧作家似乎对这个文化现象也有所了解，甚至有可能亲耳听见过别人用同样轻描淡写的口气下达这个命令。说这话的人可是认真的，这种凶恶的行为实质上就是执行死刑——因此这话本不应大声带着感情说出来。这种夺取另一个人生命的谋杀行为要做得迅速而不带丁点儿张扬。

只是到了后来，当本尼迪克回答“噢！这可万万不行”时，贝亚特丽斯的怒火才真正爆发了。她喊道：

> 啊，但愿我是个男人！
> 上帝啊，但愿我是个男人！
> 我要在集市上吃下他的心脏！

我把这几行对白念给一个墨西拿本地人听，他回答说这句话很接近墨西拿人口语里一种吓人的说法：

不，这不是一般的话，更像是种威胁——暗示有坏事将要降临。说话的人不必在“集市上”干，但也不必偷偷摸摸地做。当地的方言是这么说的：“Ti manciu ′u cori：我要吃掉你的心。”

第二部分

《无事生非》开场前，*剧作家的舞台说明*里有个地方会引起十六世纪*读者*的注意。（观众们往往不会留意，因为他们看不到舞台说明。）在第一对开本和四开本中，舞台说明给出的出场顺序令人费解：先是唐·佩德罗，接着是克罗迪奥，本尼迪克，巴尔萨泽；最后是“杂种约翰”。显然这是*戏剧家本人*把“杂种约翰”排在了最后，而且没有加任何头衔。在“剧中人物”列表中，“杂种约翰”排在平民巴尔萨泽之后，这也意味着他的地位要比前者低。那他究竟会是什么人？目前我们只知道约翰是个杂种而已。

然而伊丽莎白时期的人只需一看剧本或演出就会明白真正的杂种约翰是谁。他们也会顺理成章地猜测这个角色是影射历史上的真实人物“奥地利的唐·约翰”（1547—1578）。明确了这一点后，《无事生非》剧中的事件和人物就慢慢地聚到了一起，展现出更广阔的故事空间，这单从演员口中说出的台词里是无法体会的。

对唐·约翰地位的贬损最早始于四开本，第一对开本又重复了同样的做法，因此便在早期的版本中以这样或那样的形式保存了下来，① 甚至现代的版本也忠实地照搬了原来的做法。在十六世纪，几乎找不出比《无事生非》的舞台说明还彻底的贬低和侮辱人的方

① 在第一对开本和四开本的第一幕中，他叫“杂种约翰”，之后又叫“杂种约翰爵士”；在第一对开本和四开本的第二幕，上场的舞台说明却奇怪地写成“巴尔萨泽和哑巴约翰（其实他是开口的）”，后来又简单称他为“约翰”；在第一对开本第二幕后开始，他又被称为“杂种约翰”；在第一对开本第四幕中他被简称为“杂种”，在四开本中亦是如此。

式，何况这样做是反反复复地针对一个拥有皇室血统的人。

剧本对像唐·约翰这样在欧洲大陆甚至英格兰都受到尊重的人如此轻慢无礼，实在令人感到震惊，尽管一方面在十六世纪欧洲人的观念里“杂种”和“邪恶”是同义词。除了指示角色上场顺序的舞台说明之外，剧本正文里倒只有两处在言语上对唐·约翰进行了嘲讽。这是在戏剧后半部分，先是本尼迪克因唐·约翰在第四幕第一场给西罗造成的伤害而怒不可遏，称他作“杂种约翰”。此后在第五幕第一场，本尼迪克在对唐·佩德罗说话时称约翰为“您那杂种兄弟”。

《无事生非》中对唐·约翰另有几处轻微的讥讽，但并不直接。比如戏剧第一幕第一场里，约翰和其他人物上台后，他并没有一句台词。当唐·佩德罗说“克罗迪奥和本尼迪克先生，我的挚友列奥纳托有请”时，却没对唐·约翰这样彬彬有礼。倒是列奥纳托自己出来稍稍弥补了这失礼的举动，他转向约翰说道：“爵爷，*您已同兄长重归于好*，[①] 请允许我欢迎您到来，我愿为您效劳。”剧中只有这寥寥数语对唐·约翰的身份表示了认可。

假如唐·约翰之前还没有因为屡受轻慢而产生敌意，那么这个时候他若开始憎恨周围的人，也怪不得他。另外，假如伊丽莎白时期《无事生非》的观众起先还没有猜出“唐·佩德罗”是谁的话，现在他们也应该从列奥纳托的话中推测出来了：唐·佩德罗是个略略经过伪装的名字，背后的真身正是西班牙国王——奥地利的唐·约翰同父异母的兄长菲利普二世。

奥地利的唐·约翰是神圣罗马帝国皇帝查尔斯五世（1500—1558）的私生子。查尔斯作为一个“真正的帝王”，“自律、温和与

① “重归于好”显然是指“两人言和并恢复了融洽的关系”，这与全剧中唐·佩德罗对待兄弟的方式截然相反。

克制的典范”，“温存地爱着他的妻子”；① 只是在妻子亡故以后才生下了约翰。皇帝本人并不情愿认他做自己的孩子，但还是让他接受了良好的教育。约翰年幼时便被带回西班牙，查尔斯派去照顾和教育他的人都不知道他的真实身份。

随着年龄的增长，查尔斯开始安排身后之事，去世前两年，他把西班牙的王位以及包括低地地区在内的属地都传给了唯一合法的儿子菲利普，即菲利普二世，他继续统治西班牙帝国直到 1598 年去世为止。此外，查尔斯还公开承认约翰为皇室成员，下令从此以后大家称他为“奥地利的约翰”。

约翰成年后居住在哥哥的西班牙宫廷里，由于他在海陆两军战功显赫，日益受到人们的敬重。这还只不过是个开始，1571 年 10 月 7 日这天，约翰成了全世界知名的人物。当时年方二十四岁的约翰作为“神圣同盟”舰队的最高统帅成了勒班陀战役的战胜者②和基督教国家的卫士，因为他的胜利，使这些国家免于遭受土耳其的奴役。约翰手下的军队主要由来自西班牙、教皇、威尼斯和热那亚的部队组成。敌方是由阿里·巴沙率领的土耳其军队。

勒班陀战役被认为是历史上最著名的一场海战的胜利，也是最后一场交战双方使用划桨战船的战役。土耳其人遭到了彻底的溃败，失去了整个舰队，损失了两万五千名将士，而“神圣同盟”的人员伤亡在八千以下。海上军事史家把勒班陀战役和公元前 31 年屋大维战胜马克·安东尼的战役相提并论，这场战役与公元前 31

---

① 1962 年版《大英百科全书》，第五卷，264 页。

② 这场战役以土耳其舰队集结的港口命名，此地现名纳夫帕克托斯，在亚得里亚海边的佩特雷湾上。战役实际发生在斯克罗法海角以东一英里，在海湾的入口处。土耳其的联合舰队共有 273 条大帆船，由唐·约翰带领的神圣同盟舰队共有 208 条大帆船，6 条三桅帆船，24 条海船。经过一天的战斗，土耳其人共有 113 条帆船沉没，117 条被俘。同盟方有 12 条大帆船沉没，1 条被俘。战斗共持续了五个小时。战役解救了 12 000 名沦为划船奴隶的基督徒。

年在不远处的阿克兴角展开；他们还把勒班陀战役和内尔森将军1805年在特拉法尔加角战胜法国军队的战役并称。

奥地利的唐·约翰（左），“神圣同盟”的最高统帅；唐·约翰两边是他的两个副将，西西里总督（中）马克·安东尼奥·科罗纳，以及威尼斯总督塞巴斯蒂亚诺·维涅罗（右）。第三个副将吉安·安德烈亚·多利亚由于在战役中表现不佳而没有被画进去。（作者佚名）

唐·约翰获胜以后不到一年，感恩戴德的墨西拿市民们为他竖立了一尊铜像；同盟军的士兵战前正是在这里集结起来的。雕像上的唐·约翰手举着神圣同盟的权杖，伫立在广场上，面对着二十世纪建造的圣马利亚教堂。直到今天，奥地利的唐·约翰都被当成是一位英雄，尽管他那伟岸的塑像上面金漆已经褪去，但今天人们仍可在墨西拿瞻仰他的尊荣。①

① 第二座竖立在他出生地附近雷根堡的特恩德加斯。

1572年登基的教皇格里高利十三世在勒班陀战役过去八个月后对约翰大加赞扬：

> 年轻的统帅证明了自己的勇武堪比西庇阿①，英明可比庞贝，幸运如奥古斯都；他是当代的摩西，当代的吉迪恩②，当代的扫罗，当代的大卫，却毫无他们的过失；愿主佑我在有生之年可赠他一顶王冠。

不少人都抱着同样的愿望。而唐·约翰在勒班陀战役之前就已经雄心勃勃，憧憬着属于自己的王位，这成了他心中的羁绊。③

勒班陀战役打响以前，唐·约翰的军事能力受到了罗马和伦敦的注意。早在1570年，格里高利的前任教皇皮乌斯五世（1566—1572）意欲攻打英格兰。军队将由约翰率领，受到了兄长菲利普二世的支持。他们原先的计划是解救被伊丽莎白一世囚禁的苏格兰女王玛丽，约翰成为英格兰的国王，玛丽做他的王后。在同年二月，皮乌斯将伊丽莎白一世逐出教会并欲废黜她，此举显然是为了推动他的计划。但菲利普二世反对这个做法，于是约翰的王冠梦成了泡影。

另一个类似的“里多尔菲计策”是在1571年勒班陀战役之后提出的，但那时候约翰的心里已经另有打算。

勒班陀战役粉碎了土耳其的舰队，但这并没有终结土耳其的野心。毁坏的土耳其军舰迅速得到了替换；到1572年，它的大维奇尔再度拥有了一百五十条单帆船和八条三桅帆船，又一次准备投入

① Scipio（Publius Cornelius Scipio Africanus，236—183BC），西庇阿，罗马大将。——译注

② Gideon，吉迪恩，犹太勇士。——译注

③ 参见查尔斯·佩特里的《奥地利的唐·约翰》，第221—222页。

奥地利的唐·约翰，勒班陀战役（1571）的胜者：这尊曾经镀金的雕像由卡拉拉的安德烈亚·卡拉麦赫创作，于1572年由感激的墨西拿市民竖立。另一尊一模一样的复制品竖立在德国巴伐利亚州的雷根斯堡（拉蒂斯邦），在唐·约翰的父亲，神圣罗马帝国皇帝查尔斯五世和唐·约翰的母亲芭芭拉·布隆伯格的住所之间。（照片由西尔维亚·霍尔姆斯提供）

战斗。而神圣同盟的对策很简单；消灭这支重建的舰队。新造的战船停靠在伯罗奔尼撒半岛东侧的纳夫普利亚；这给了约翰一个主意，他想在希腊为自己打造一个王国。

可是“神圣同盟”其实名不副实：它的确是个同盟，但并不神圣。内部的成员们全都只顾一己之利，勾心斗角，而菲利普二世常常出尔反尔。关于在希腊打击土耳其的这个计划，菲利普最后作出的决定是，他要退出神圣同盟。菲利普声称他不愿用西班牙的钱来给威尼斯谋福利，唐·约翰在希腊的王国梦又一次就这样蒸发了。

尽管屡遭失败，但获得王国的希望又一次出现在唐·约翰眼前。土耳其的势力在地中海的西扩终将导致他们和西班牙国内心存不满的摩尔人联手，出于这种忧虑，菲利普命令约翰纠集一支西班牙军队征服突尼斯。但此次军队的集结点不在墨西拿，而在靠近北非的西西里南岸，距离对岸的目标九十英里。

约翰接到的命令是彻底摧毁突尼斯，在菲利普眼中，只有彻底摧毁这座城市，才能断绝土耳其人将它作为军事基地的可能。唐·约翰开始了行动。一些人觉得他在西西里南端集结战舰有点出人意料，尤其因为西班牙已经占领了突尼斯的港口戈列塔；但约翰在西西里纠集了一百零四条大战船，十二条驳船，二十三条轻帆船和十二条三桅帆船，拉出了一支与神圣同盟舰队不相上下的舰队。除海军以外，另有两万步兵。这是一次大规模的军力展示。1573 年 10 月 7 日，约翰向突尼斯进发。这天对他来说是个吉日，那正是勒班陀战役两周年的纪念日。

10 月 7 日傍晚，唐·约翰的军队在戈列塔登陆，两天后轻取突尼斯。这就是《无事生非》开场时列奥纳托问起的“兵不血刃”的战事。

菲利普二世知道唐·约翰的心事。约翰往突尼斯带去了一支过于庞大的军队，他也没有按照菲利普的命令将城市夷为平地。尽管约翰答应菲利普会遵守命令，然而接下来他却开始加固突尼斯的防御工事和堡垒。

剧中虽没有提到这一点，但《无事生非》一开始唐·佩德罗和唐·约翰之间的冷淡就证明了兄弟之间严重的隔阂；而列奥纳托所谓约翰与君主“重归于好”只不过是一厢情愿的猜测。

事实上，身在意大利的唐·约翰和在西班牙的“君主”（菲利普二世并未亲自去过墨西拿）之间有一系列的书信来往。信件显示兄弟俩在战略上有严重分歧：约翰坚持要把突尼斯变成抵挡土耳其扩张的永久军事要塞和海上防御工事；菲利普二世回复说摧毁突尼斯可以用更少的代价切断土耳其的一块重要跳板。约翰徒劳地想说服兄长，两人陷入了僵局。

教皇格里高利赞同约翰的意见，认为在突尼斯建立一个阻挡穆斯林扩张的屏障是个不错的主意。他坚信约翰的能力，还给西班牙的罗马教廷使节送去一封书信，使节于 1574 年 1 月将信件转交给了菲利普。信中教皇建议国王对夷平突尼斯之事要三思而后行。关于约翰他这样写道：

> 请您试想，若赐予他突尼斯国王的头衔，必将为他的权威锦上添花；而通过建立一个新的基督教国家，陛下也可以此作为对上帝恩赐的答谢。①

教皇的建议并未被采纳。相反，菲利普回答说他不须担心唐·约翰的功劳会被无视。他还说，教皇提出给唐·约翰一个王国的赏赐还不够丰厚；此外，菲利普直言，即使这赏赐足够丰厚，教皇也无权授予。

一切只是个时间问题。不久，土耳其人又一次发起了攻击，占领了防备松懈的戈列塔。到了 1574 年 9 月 13 日，整个突尼斯都落入了土耳其手中。唐·约翰获取王冠的最后机会终于也一去不返了，这顶王冠原本会是西班牙野心的延续。这一次，如同以往一样，他那闪烁其词的王兄又击碎了他的美梦。

剧中的唐·约翰怀着深深的不满。他在突尼斯和勒班陀那些备受史家称颂的努力，到头来都成了“无事生非”。约翰明白就算他能把全世界都踩在脚下，他也还是哥哥菲利普阶下丝绒包裹的囚徒。于是在第一幕第三场有一段唐·约翰和同伴康拉德的对话。虽说伊丽莎白时期人人知道唐·约翰的野心，但这段对话还是一直以来都被误读了。这都是因为读者没有细细考察奥地利的唐·约翰的成长历程，以及他在公职与私欲之间的内心斗争。

---

① 参见查尔斯·佩特里的《奥地利的唐·约翰》，第 233—234 页。

康拉德先问了约翰一个问题，这或许是全剧中最重要的一个问题。他问道："我的天，您为何这等*优烦无度*？"约翰的回答更强调了他的苦闷。他答道："因为让人烦恼的*场合*[①]数不胜数，因此苦闷也是无边无际的。"

历史上，战事过后一无所获的结局并不仅仅是由于菲利普优柔寡断的决策，另一层原因是他对成熟而备受称赞的约翰心怀嫉妒。而无助的约翰对兄长自然也心怀不满。正如他在第一幕第三场所说：

> 我不会掩饰自己[②]。有悲伤的事情发生，我就会悲伤，谁也没法逗乐我；肚子饿了我就吃，也不会干等别人；困了我倒头就睡，任谁的事儿我也不管；高兴我就大笑，决不看别人的脸色。
>
> ……
>
> 我宁做篱下的野花[③]，也不愿做受他恩惠的玫瑰。按我的性格，我宁可受众人鄙视也不愿曲意逢迎，窃取别人的欢心。
>
> ……
>
> 我是个正大光明的小人。但人家用口罩蒙住我的嘴，表示对我的信任；用木桩拴住我的脚，表示给我自由；所以我决意不在牢笼中歌唱。如果我有一张嘴，我就要咬；如果我有自由，那我就要我行我素。

---

① 词典中"occasion"一词作"具体事件"解，因此意思应为非固定的场合，与约翰的私生子身份相反。此处的"场合"指的是各种不巧的事情使得他成为突尼斯国王的愿望落了空。

② 这句话被人认为是暗指他的私生子身份，但他知道他是个久经考验的英雄和征服者，也当得起这个名号，而且大家都知道这一点，尽管他的兄长闪烁其词。他也知道菲利普二世宫廷里那些阿谀奉承的朝臣已经向国王暗示自己"忘恩负义"。

③ 野蔷薇，在无人关注的时候开放。

成年后的大部分时间里，唐・约翰都是菲利普手下头戴光环的囚徒。没有菲利普的军事和资金支持，他什么事也干不成。在打败土耳其之前，唐・约翰以为他已经争得了王位，或者说，他几乎被承诺能够拥有自己的王国。慢慢地他痛苦地意识到这是一个无望的梦想。

《无事生非》的观众若不是对历史背景有所了解，便很难理解"杂种约翰"这个角色，以及他那些尖刻的对白中包含的情绪。剧中只字未提约翰怨恨的根源。相反，故事用"杂种"的身份来解释他的敌意：他的怨恨源于自己是个私生子。但如果认定约翰在剧中的行为代表了他一生的境遇，那是不对的；这应是他成年以后，菲利普先拒绝给他希腊的王国，继而拒绝给他突尼斯王国时才遇到的情况。以下是学者的几种观点。

《河滨版莎士比亚》中写到：

> 唐・约翰的私生子身份充分解释了为何他在剧中表现得诡计多端、野蛮且阴郁。他是个阴影中的人物，与社会格格不入，他怨恨阳光下面的人，因为他们身上散发出的光芒照亮了世界，可他却宁愿世界是阴暗的。

另一个例子出自《阿登版莎士比亚》1981年版的《无事生非》：

> 唐・约翰的恶意和不擅交往，表现在他的病态、恶毒和格格不入（"野花—玫瑰"，"爱的窃贼"，"戴着口罩的狗"，"笼中之鸟"）以及言语中反复流露的憎恨和忧郁；这都是因他是私生子而起。

但戏剧背后的历史却和以上观点不符；剧作家本人也不会同意他们。但为何剧作家要反复嘲讽和攻击约翰的人格呢？

尽管菲利普二世明确表示对进攻英格兰不感兴趣。但唐·约翰在1570年进攻英国的计划和一年后的“里多尔菲计策”中扮演的角色却没有被英国人遗忘。另外，突尼斯沦陷两年后，唐·约翰除了为兄长在北意大利处理一些外交事务以外，也没有做什么大事。但在1576年2月，菲利普在荷兰低地的总督突然亡故，4月菲利普任命唐·约翰接任总督一职。约翰并不情愿，他认为在那里镇压新教徒的努力长期以来都只是徒劳，但菲利普写信给他打气，给了他一系列永远不会兑现的承诺。

而约翰心中的希望之火并未真正熄灭，他的野心又一次让他不能看清兄长的心机。不久，约翰建议菲利普二世在荷兰的西班牙军队穿过英吉利海峡征服英格兰；这样在荷兰的新教徒叛徒们便会立即失去伊丽莎白一世的重要支持。

菲利普二世私下也许并不赞同此举，但由于某些原因，约翰认为他得到了许可，于是他在1576年5月1日来到了布鲁塞尔。这使得英格兰群情激愤，全国上下都警觉了起来。英格兰的舰队在规模和数量上都不如西班牙舰队庞大。有人认为当时英格兰的处境比十二年后“无敌舰队”到来时还要“危险无数倍”①。这是真正的威胁，女王也必须在这提醒所有英国人警惕地平线上即将到来的麻烦。在1576年，她有两个办法去提醒众人：一是在讲台上，二是在剧院里。

学者们认为《无事生非》创作于1598年，但是为什么剧作家要等到1598年，即“杂种约翰”去世二十年后，以及英国大败西班牙“无敌舰队”十年之后，才写这样一部戏来激起英国人于1576年对他的敌意呢？这根本说不通，也许他们应该重新考虑这部戏的创作时间。

---

① 第十一版《大不列颠百科全书》第二十五卷，第293页。

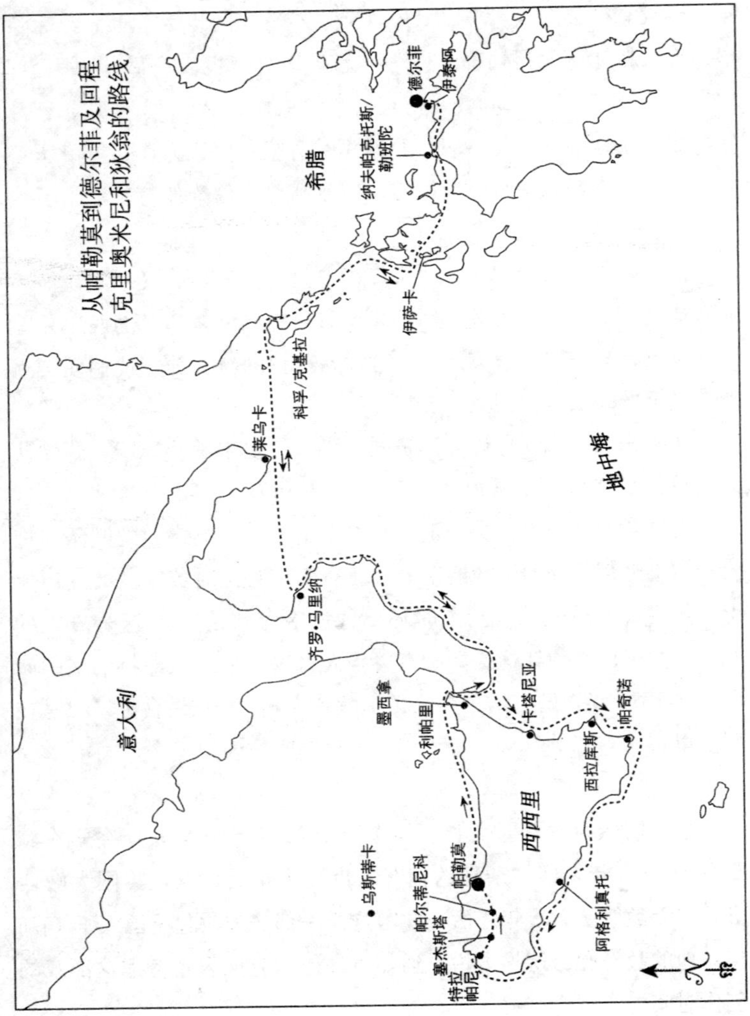
从帕勒莫到德尔菲及回程
（克里奥米尼和狄翁的路线）
希腊
德尔菲
伊泰阿
纳夫帕克托斯/勒班陀
伊萨卡
科孚/克基拉
莱乌卡
地中海
齐罗·马里纳
意大利
墨西拿
利帕里
卡塔尼亚
帕奇诺
西拉库斯
西西里
乌斯蒂卡
帕勒莫
帕尔蒂尼科
塞杰斯塔
特拉帕尼
阿格利真托

第十一章

《冬天的故事》
"一个残忍的念头终于化解"

《冬天的故事》里讲到了爱与恨的转变，讲到了漫长的旅行，也讲到了傲慢与救赎。它近乎于是一部悲剧，但通过时间的错位，剧作家给了观众一个欢乐的结局。

在所有意大利戏剧中，这部戏中涉及的地理元素最为广泛。一部分剧情发生在中世纪的西西里，这个岛位于意大利"靴子"状版图的脚趾部位，其余剧情发生在中世纪的波西米亚，这曾是中欧一个强盛的王国，都城定在布拉格；今天它的遗迹是捷克共和国的一部分。

剧中西西里和波西米亚这两个王国所处的年代约在十三世纪，但剧作家在其间加入了许多发生在其他时代的历史事件，把它们当作同时代的事件处理。在这个过程中，他也引入了其他历史时期的人物，仿佛他们也都生活在剧中的时代一样。于是在《冬天的故事》里，各种事件、时间、地点和人物都被戏剧家的灵感和创意糅合在了一起达到了最终的艺术目标。

第一场戏发生在西西里，地点是虚构的国王里昂提斯的宫殿附近。此时台上有两位重要的贵族。一个是波西米亚大臣阿契达摩斯；另一个是西西里国王的大臣卡密罗。阿契达摩斯说道：

卡密罗，要是你有机会，像我一样陪驾出访来到波西米亚，如我所言，你将看到波西米亚和西西里大不相同。

这句话中所说的差异在地理上和文化上都是事实，这两个早期的王国之间确实存在着显著差别。

西西里作为地中海最大的岛屿，是一片阳光灿烂的土地，一度物产丰富品种繁多。它的文明始于公元前750年希腊人定居之时。它的地形和波西米亚则有大不同。在西西里，大部分地面相对而言便于行走，而在波西米亚，却有大片白雪皑皑的陡峭山脉和冰川大河，上面鲜有桥梁。在波西米亚，很少有清晰的道路，而西西里却保存了罗马时期的道路和桥梁。事实上，许多古罗马的道路至今还保存了下来，但现在上面大多铺上了柏油。

卡密罗是这样回答阿契达摩斯的开场白的：

我想，来年夏天，西西里国王将会回访波西米亚国王。

这里的“波西米亚”指代的是剧中的虚构人物波西米亚国王波力克希尼斯，他来到西西里看望幼时的伙伴国王里昂提斯。阿契达摩斯接下来告诉卡密罗，他对西西里国王的回访有所担忧：

阿契达摩斯：真的，我只是就我所知而言；我们无法用这种盛大——以这种珍奇——我都不知该怎么说好。我们会给你们醉人的好酒，令你们的感觉无法觉察我们的不足，这样你们虽不会赞赏，也不至于见怪。

卡密罗：您实在是过奖了。

阿契达摩斯：相信我，我说的都是发自肺腑的大实话。

剧中几乎所有西西里的场景都发生在王宫周围，只有一处例外。即使在遥远的英格兰，人们也听说过这座宫殿是何其壮观。朝廷里甚至有一两个人亲自去过那里，历代西西里国王在全国各地都设立了战略军事堡垒，但真正的王宫始终只有一个，今天它仍然屹立在帕勒莫。人们常常称之为“诺曼宫”（Palazzo Normani）①，更广为人知的称呼是“王宫”（Palazzo Reale）。只要去瞻仰一下那里华丽的宫廷，尤其是王室的住宅和祈祷教堂（两处地方和1140年初建成时大体上没有什么变化），便会明白它为什么会被认为是全意大利最辉煌的宫殿。

西西里的中世纪国王是欧洲统治者中最为富有的君主，而帕勒莫也是当时已知世界中最大最重要的城市之一。全城到处可见公园、喷泉、贵族府邸和宗教建筑，而它的文化中也蕴含了几个世纪以来希腊、罗马、阿拉伯、北欧诺曼人和基督徒的痕迹。十三世纪的大部分时间里，它都是意大利诗歌的摇篮和科学知识的源泉。

剧作家不仅避免使用真实地名来指代帕勒莫和诺曼宫，同样他也没有提到波西米亚首都布拉格和王室所在地“布拉格城堡”。这座十三世纪古堡的遗迹现在成为一幢更大的建筑的一部分，被称为“老王宫”（Stary Kralovsky Palac）。

十三世纪时，布拉格城堡其实是一个早期罗马式建筑风格的堡垒。它位于厚实的高墙之内，同在里面的还有附近的王室教堂，这是幢前罗马风格的圆形建筑。当时，尽管强大的波西米亚国王普列

---

① 诺曼宫最早由撒拉逊人建造，最后由西西里的诺曼国王们扩建修饰，其中最著名的是1132—1140年罗杰·德·霍特维尔进行的修缮工程。

虚构的里昂提斯国王的住宅：诺曼宫。这座里程碑式的“王宫”是北欧诺曼人和斯瓦比亚国王的宫殿。十六世纪时经过整修以后，被用作总督和欧洲各个王室的住宅。自1947年起，它成了西西里地区议会的所在地。照片中显示的是“帕拉丁教堂”，其内部用富丽堂皇的马赛克和内嵌的大理石装饰。（出自英译本《西西里的艺术和历史》，波内契出版社，第18页）

姆希尔·奥塔卡二世（1230—1278）① 是中欧最富裕最受尊敬的国王，他却丝毫不想软化古堡严峻的外观，相反，他致力于加固它的防御，扩大他的城池。

在第一幕第一场结尾，卡密罗叙述了波力克希尼斯来访问里昂提斯的背景：

> 西西里对波西米亚再怎么友好也不为过。两位陛下从小在一起受教，彼此感情深厚，难怪现在更加要好。由于长大后两人的尊贵地位和政治上的事务把他们分开了，但两个王室之间的交往还在以互换礼物、互通书信和使节的形式继续着，如此

① 他的名字在历史上有多种拼写法，有的写作“奥塔卡”，有的写作“奥塔加”，但丁的《神曲·炼狱篇》第七篇中他被称为“奥塔切罗”。此外，他还被称作“普里米斯劳斯”（奥塔卡一世为其祖父）。

他们虽然分开两地却仿佛还在一处；远隔重洋又相互携手；站在风的两极却又能相互拥抱对方。愿上帝保佑他们的友谊天长地久。

上天似乎没有听见卡密罗的祈祷。

在第一幕第二场，我们看到越来越疑心重重的里昂提斯大声宣称波力克希尼斯“非法地触碰了”他的王后。他命令卡密罗毒死波力克希尼斯。

相反，卡密罗悄悄告知了波力克希尼斯情况发生了突变，警觉的波力克希尼斯回答说：“我的船只已经备齐，我的民众盼着我回家。”卡密罗泄露这个邪恶的计划后，为了躲避里昂提斯的怒火，他决定随波力克希尼斯一起去往波西米亚。

当波力克希尼斯说“船只已备齐”时，我们第一次得到了暗示，他准备从帕勒莫坐船驶回波西米亚。由此可以推断，大约九个月前他到达时也是用同样的办法：乘船。以此类推，可以得出作为内陆国家的波西米亚王国其实拥有一处海岸，而波力克希尼斯可以从那里上船。这种前所未闻的地理观几个世纪以来都受到攻击——难道这又是剧作家的创意？处在内陆的老波西米亚王国有一处通往亚得里亚海的海岸？这是在说梦话吧？

然而我们将会看到，剧作家又一次说出了重要而不同寻常的信息。而我们只需稍加挖掘也会发现，他无疑对帕勒莫的一些事物有着特殊的了解。

诺曼宫，或“王宫”建在城墙以内最南端，而城池的正门是在北面的一头。这个城门全天候有人把守，而过往交通和其他用途也仅限于理性的商贸交通和海军用途。但它并不够一支外国舰队停靠，更别说停靠九个月。但这样一支舰队倒是可以停靠在西城墙以外的天然海湾，只会占用这片广大区域的一小部分空间，又不会妨

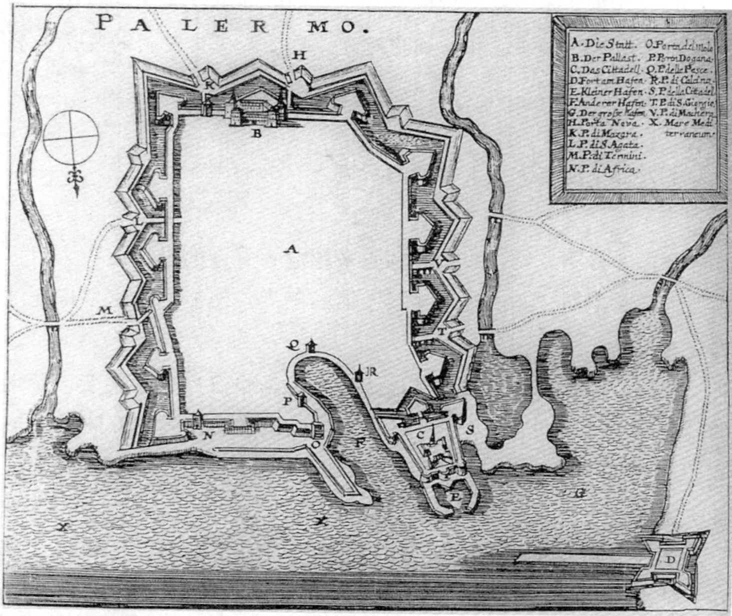

十六世纪的帕勒莫：地图显示了城市加固的城墙和护城壕；另附有关于城堡和其他建筑的德文标注。（出自《意大利人》，法兰克福和莱比锡，1693，作者本人收藏品）

碍其他船只。

在剧中，大量的波西米亚海军随行人员，包括军官陪同国王波力克希尼斯到达帕勒莫之后，显然都居住在城中各地。于是在乘夜色逃跑之时，这些人需要开启某几扇城门。而正巧城门的钥匙就在卡密罗手中。

1251 年，奥塔卡二世在成为波西米亚国王之前获得了继承南面奥地利公爵领地的权利。这个地方也处在内陆，远离亚得里亚海的海岸线。1253 年奥塔卡继承了波西米亚的王位，因此一般也认为他的新王国包含了奥地利。他统治的国家虽变大了，却仍是个内陆王国。不过他的国土还在继续扩张。通过一连串的事件，摩拉维亚、西里西亚、劳西茨和施蒂利亚都落入他的手中——这些地方均远离亚得里亚海。接下来情况就有了不同。1269年，卡林西亚和卡尼奥拉公爵死后没有留下子嗣，按他的遗嘱这两块地方将由奥塔卡继承，在他那持续扩张的王国中，这两块地位于王国境内的奥地利以南。经卡林西亚可通往卡尼奥拉，而卡尼奥拉连着伊斯特里亚半岛，半岛当时被威尼斯控制，两边都临着亚得里亚海。

卡尼奥拉两处靠海点西边的那一处是一条向西延伸的海岸线，自中世纪的的里雅斯特自治市的边境起，一直到亚得里亚海潘扎诺海湾边的渔村杜伊诺。这块区域可以为波西米亚国王提供一个基地。这里的部分地区是沙滩和沙丘，十三世纪时只有野生动物栖息，直至剧本创作的十六世纪时还是如此。(《冬天的故事》创作时间不同于它的出版时间，由于未知的原因，这部戏一直等到1626年第一对开本出版时才首次出版。)

1278年，因哈布斯堡王朝奠基人鲁道夫·哈布斯堡继承德国王位而引发的战争中，奥塔卡二世阵亡了。卡尼奥拉和卡林西亚因此被纳入了哈布斯堡的名下。因此实际上剧作家提到的海岸线归属波西米亚统治的时间总共是九年。虽说剧中的时间间隔是十六年左右，但应该没有人会因此而责怪想象丰富的剧作家压缩或延长了时间来迎合故事的需要。

戏剧第二幕的第二场，里昂提斯忿恨之至，把有孕在身的王后赫米温妮投入了监牢。尽管他自己坚信赫米温妮已对自己不忠，却仍想要借神祇来验证一下，以获取“更高权威”的认可，这样宫廷里的人都会赞同他了。里昂提斯宣布：

……我已经火速派人
赶往圣地德尔菲的阿波罗神庙

你们知道克里奥米尼和狄翁
两人足够可靠，他们取来神谕
会告知我们一切，神灵的话
可以阻碍也可助我行事。

在戏剧家的其他剧本中，他都毫不顾忌地颠倒了时间顺序。但把遥远的古希腊时期的“神谕”堂而皇之地放到中世纪背景下，着实有些古怪。事实上，十三世纪时德尔菲早已成为一片废墟，被遗弃已有千年。它曾经遭到暴君尼禄的掳掠，原因是神谕责备他谋杀生母惹怒了他。此后它又遭到康斯坦丁一世的洗劫，终于在公元392年被信奉基督教的皇帝西奥多西斯彻底关闭了。此后这里就成了一片荒地。剧中意外地重提这个古老而遥远的地方，这点常常遭到人们的诟病，认为这是个怪念头。但我们将会看到，这个主意并不怪，而且它是整个剧情的支柱。

在第二幕第二场，我们得知狱中的赫米温妮早产了一个女孩。赫米温妮的朋友，性情高贵的波利娜把婴儿抱给里昂提斯，希望他看到孩子后会良心发现。然而里昂提斯恨这孩子是赫米温妮与波力克希尼斯的私生女，命令手下忠实的大臣安提戈纳斯（具有讽刺意味的是，他正是波利娜的丈夫）道：

我命令你，
你若是我的臣子，便带着
这野孩子走，把她抱到
一处偏远荒凉的地方，远离
我的国家；然后把她丢在那里
（不得怜悯她），任其自生自灭
任她遭受日晒雨淋……

到了第三幕第三场，我们发现场景换成了一片荒芜的海滩。顺从的安提戈纳斯站在台上，怀抱着婴儿，身边是他们船上的水手。安提戈纳斯问道："你确认我们到达了波西米亚的沙漠吗?"水手回答称是。这里作者无疑是在描述波西米亚的海岸线。

此时风暴正在酝酿，安提戈纳斯让水手先上船，告诉他自己随后便到。满含悲伤的安提戈纳斯曾梦见赫米温妮让他给孩子起名叫"佩蒂塔"——于是，他把名字留在孩子的包裹里，还在里面塞了一盒自己的金币。雷声响了起来，他念道："暴风雨来了。"才说了几句话，他就一边喊着"我死定了"跑下了场，舞台说明指出他是"被熊追着跑下了台"。

这时候，一个牧羊人走了出来，寻找来海边觅食常春藤①而走散的羊群，身后跟来他的儿子告诉父亲说，他看见一艘船"被海水的泡沫吞没了"，"海浪把它掀了个底朝天。"另外，他还看见一个人被熊活活撕碎；熊"扯下了他的肩骨"，"他还向我求救，说他的名字叫安提戈纳斯，是个贵族。"他又说："沉到海底的人这会儿身子还没凉透呢，熊也才吃了一半，现在还在那里。"牧羊人看到用精美毛毯包裹的婴儿和黄金，于是把她抱回去当作自己的孩子抚养。

第二幕第三场，我们又回到了西西里的王宫。里昂提斯正与袒护赫米温妮的密友争执不下，随后又和几位大臣发生争论。在这一场快要结束时，一个侍从带回了喜讯：

侍从：启奏陛下，奉命前往

① 欧洲和北非多处海岸都长有各种常春藤，关于其可食用性，可参考这首曾经风靡的歌曲的歌词："母马吃燕麦，母鹿吃燕麦，而羊儿吃常春藤。"长在地面上的常春藤对马和几种鹿都有毒，但对羊却无害。

德尔菲的阿波罗神庙（希腊）：背景是帕那索斯山，克里奥米尼和狄翁被派来此地求取神谕。（作者摄）

获取神谕的使者们已在一小时前
回到国内：克里奥米尼和狄翁
已经去过了德尔菲，两人俱已上岸
正往宫廷赶来。

大臣：陛下，他们此行的速度
真是快得出人意料。

里昂提斯：他们一共只花了二十三天，
的确很快。

里昂提斯明确说出信使赶路所用时间，从这里我们可以确信剧作家知道这条路线，并曾亲自去走过一趟。明确这条线路后，他也熟知旅行需要的时间：十天的航行，三天在德尔菲，再用十天回到西西里的王宫：一共二十三天。作者没有说十五天、四十天或二十天，而恰恰说是二十三天。

克里奥米尼和狄翁来去的行程完全可以在地图上标示出来。地中海的路线千年以来都没有太大的变化。从帕勒莫的港口出发往东的路线会沿着西西里崎岖的海岸线前进，如此风正好在背后顺水推舟，海面上也有一股向东的洋流助他们前进。到适当的时候，他们就会向右转大约一百五十度往南继续前进，一直开入墨西拿的海峡，这样他们就驶过了左边西拉巨岩的大口和对面靠近西西里的卡律布狄斯漩涡。这些名字出自维吉尔的《埃涅阿斯战纪》①，奥德修斯走的也是同一条路。

一旦过了海峡，转过意大利“靴子”的“脚趾”部位，他们不久就会重新向东沿岸航行，与海岸线保持不远的距离，到达“靴跟”

① “卡律布狄斯的漩涡每天三次将大量海水吞没又吐出，飞溅得漫天都是水花，张开大口将船只吸到岩石上。航海者要去三角形的西西里岛，宁可耽搁时间绕个远路，也不愿去岩洞里撞见可怕的西拉巨石，一边还要听着洞里岩石回响发出的可怕轰鸣声。”

的位置。从那里，在某个风调雨顺的早晨，舵手会向东转航，正对初升的太阳前进。接着再沿海岸线往南，他们将会驶过长形的克基拉（科孚）岛，经过伊萨卡岛后再进入帕特拉斯海湾。驶过勒班陀后不久他们就会在北海岸的伊第亚靠岸，那时这里还只是个小港口。

在伊第亚下船后，沿帕那索斯山崎岖的山路行走，克里奥米尼和狄翁就到了德尔菲和阿波罗神庙。在这里他们大概需要三天左右的时间，做好相应的准备，购买祭祀用品并按次序排队等候，然后再把有关赫米温妮节操的问题交给神谕。这样过来时共使用十天，三天住在德尔菲，西西里国王的使者们还需十天回到帕勒莫，前后共需二十三天，正如里昂提斯所言。

英国海员与意大利水手相反，他们是夜以继日地航行。这样他们便需要磁石和北极星的辅助。地中海的水手们本来也可以这样做，但他们都没有。只要天色一黑，他们便不再航行。他们沿着海岸线前进，夜晚到邻近的港口安全过夜，水手可以吃饭和休息。作为地中海的航海者，克里奥米尼和狄翁应该也是如此航行，同历史上所有的地中海人一样。布劳德尔在他的地中海史中对此有明确的描述：

> 地中海在十六世纪时一片巨大的海域：人类的努力只征服了一小片沿岸的地区，直线的航路和沿途停靠的一些小港口。大片的海域就像撒哈拉大沙漠一样空旷。海运活动只在海岸线附近比较活跃。那时的办法主要是沿海岸线航行，如早期的水运一样，像螃蟹般从一块礁石运动到另一块礁石，人们就这样从一处海岬航行到另一处。这就叫“靠岸航行法”，避免驶入汪洋大海中去。

在抵达意大利“靴子”版图的脚趾位置前，克里奥米尼和狄翁的回程路线与来时相同。到了那里，尽管从地图上看来往北走墨西拿海峡是条捷径，但他们不会北转，从来就没有人会这样做。北向驶入海峡逆时针绕着西西里到达帕勒莫，在地中海水手看来是不可想象的。现在有驾驶游艇的人驶过墨西拿海峡，但他们会得到劝告，没有强大的引擎不要尝试此举。今天，潮汐造成的强劲水流每天流经海峡的时间仍然达到了六小时十五分钟。春潮到来时速度约为 4.5 海里/小时，将要退潮时速度减小至 2.5 海里/小时，这样往北行驶的速度就会大打折扣。此外，海峡上也会不时刮起狂风。

里昂提斯信使的船只会向西南朝着西拉库斯的方向航行。从那儿，他们顺时针绕过西西里岛，这在《埃涅阿斯战纪》中称作“远路”。要按时赶到宫廷，他们需要“好风”。如果季节合适，这条顺时针路线上吹的正是顺风。此外，西西里岛南端海面上是速度为 4 海里/小时的洋流，可以助航船一臂之力。维吉尔写作《埃涅阿斯战纪》时的情况应当与这两位西西里使者的情况相同。

按照古老的传统，克里奥米尼和狄翁会沿着西西里南岸继续他们的航程，接着他们可以在海岸线某处登陆；再从那里坐驿马快速向帕勒莫前进。西海岸下船的地点应该是特拉帕尼的海港——这个地方在古罗马时期称“德里帕农”。

特拉帕尼的港口在英国或许还有些人知道，1272 年，一个名叫爱德华的英国的十字军将领回到特拉帕尼时，看到手下人跪在自己面前，告诉他他现在已经是英格兰的国王爱德华一世了。① 对学者们来说，另外还有一处提到特拉帕尼的地方：在《埃涅阿斯战纪》中，“德里帕农”是埃涅阿斯和特洛伊战士们登陆的地点，在这里他的父亲安喀塞斯死在了他的怀中，令埃涅阿斯悲痛不已。

特拉帕尼会为克里奥米尼和狄翁提供一个国王保护下的安全港口，良好的驿站和罗马时期的公路——瓦列里亚大道——由此轻松

① 这个被称为“长腿爱德华”的国王是英格兰最伟大的国王之一。虽然他 1272 年才登上王位，年已三十有三，但此前由于父亲亨利三世的无能，一直由他代行国王的职责。他三十五年中的执政功绩一直为人所称道，其中包括建立了英国的议会。

穿过郊野一直走到帕勒莫。王室的信使每天都会在海岸线附近观望靠岸的船，他只要一看到有船只桅杆上飘着报告使者到来的旗帜，便会立即返回帕勒莫向国王禀报。

从特拉帕尼的码头沿着罗马古道到帕勒莫的诺曼宫，总共约九十英里（约合一百五十公里）。骑马赶路的行程共分三段，每段约三十英里左右。若是让马一路小跑或者多加速一会儿，那些从没吃过燕麦的西西里驿马在瓦列里亚大道跑上两到三个小时就会疲倦了。因此在离开特拉帕尼往东三十英里左右，就必须更换马匹。新的马匹稍作适应准备后就会上路，克里奥米尼和狄翁将踏上第二段约三十英里左右的路程。要找到他们第二个落脚点并不困难；看下西西里的地图就能找到帕尔蒂尼科这个地方，罗马时期称“帕尔蒂尼昆”。从这里他们的第三匹马就能轻松跑完余下的三十英里路到达帕勒莫和里昂提斯的宫殿。

在总共仅有二十二行的第三幕第一场，我们看到两个贵族信使带着众人焦急等候的信息急急忙忙赶往国王跟前。这短短的一场戏通常在幕布前演出，但这也是个展现舞台布景的好时机。克里奥米尼和狄翁一边在瓦列里亚大道上策马奔驰，一边交谈。他们说到现在到了那里，走过了哪些地方，以及他们所期望的这次出行的结果。克里奥米尼先发言，他的话描述了他们当时的位置：

> 气候宜人，空气甜美，岛上土地肥沃，
> 神庙远胜人们对它的赞美。①

他们已经到达了西西里，整个地中海最为肥沃的岛屿。他们骑

① 此处是作者的误读。参见上下文可确认克里奥米尼和狄翁其实是在讨论德尔菲的阿波罗神庙，而非作者所谓西西里的塞杰斯塔神庙。——译注

接近“塞杰斯塔神庙”。尽管这条道路被重新铺过，但它是条罗马古道，由此可以望见神庙建在远处的巴尔巴洛山上。

过的乡村土地上至今仍然生长着无花果树、杏树、甘蔗、苹果树、李树、甜瓜和石榴；此外还有葡萄园和一排排的菜地。在沿路的开阔地上，本地的黑莓、薰衣草、岩蔷薇、水仙、毛茛和金盏花遍地开放。因此这里的空气实实在在是“甜美”的。

在离特拉帕尼二十六英里开外的瓦列里亚大道上，是什么让旅行者精神一振呢？前方伫立在高山顶上的是傲然独立的塞杰斯塔神庙，在阳光下面熠熠生辉，这是地中海地区最辉煌的多利安式建筑之一。整个神庙的三十六根立柱均保存完好，在建筑正面和北面，横梁、三联浅槽和三槽板间的平面也都在原处；一切都显得优雅而匀称。正如克里奥米尼所言，塞杰斯塔神庙“远胜人们对它的赞美”。

托马索·法泽罗（1498—1570）是帕勒莫一名潜心研究的学者和历史学家，同时也是一位牧师，他所作的关于神庙的考古研究即便不是最早的，也算是其中之一了。法泽罗的研究在他逝世前不久发表于帕勒莫，于是，史上首次有人精确地描述了塞杰斯塔神庙的历史。法泽罗作品的发表在帕勒莫学界引起了震动，通过赞颂神庙的美丽，他在西西里人心中激起了自豪感和好奇心。十六世纪的人们并不常出门观光，现在数百年来被人忽略的塞杰斯塔神庙应有的地位终于得到了大家的认同；人们也认识到它代表的内涵：两千年以前存在在这里的文明，到那时才重新获得理解。它是一个值得人们去瞻仰、与客人同去走访的地方；在往后的岁月中，雄伟的塞杰斯塔神庙的确成为了“众人赞美”的对象。

当两人一起驱马前进时，他们在这短短的一场戏里继续进行着对话。狄翁和克里奥米尼先后回忆起去神庙求取神谕的经历：

狄翁：我要告诉人们
　　最令我难以忘怀的是那天国的法衣，
　　（我觉得这样形容才合适）以及

穿着的人脸上虔诚的表情。那样的典礼啊！

献祭的时候，场面是多么庄重，多么肃穆，多么神圣！

克里奥米尼：但最震撼的，是那

神谕发出的震耳欲聋的声音，

竟如朱庇特的雷电，把我给惊呆了，

那一刻我吓得几乎魂飞魄散。

他们的对话中还说到希望此次任务的结果能对赫米温妮王后有利：

狄翁：如果这趟旅行能够

还王后一个清白——但愿如此！——

如我们的行程一样愉快而顺利，

那真是不虚此行。

克里奥米尼：伟大的阿波罗，

请让一切变好吧！这些声讨，

这些对赫米温妮的无端指责

我可一点都不喜欢。

狄翁：事情发展到这种地步，

总能分出个是非来：神谕一出

（现在它由阿波罗的大祭司封着）

它的内容将会昭示上天的旨意，

这样大家便会明白真相。

去吧，去换马！

希望一切能够如愿！

第三幕第二场发生在法庭上，里昂提斯向王后发起了控诉。赫

塞杰斯塔神庙：这是现存多利安式建筑中最重要的代表之一，也是意大利保存最完好的建筑之一；约建成于公元前五世纪。照片摄于周边的旅游设施和礼品店建成以前，现在此地还种植了夹竹桃，阻挡了建筑的景观。（出自英译本《西西里的艺术和历史》，波内契出版社，第 66 页）

米温妮苦苦地为自己的清白进行辩护，她说到自己已经失去了三种最珍贵的幸福：一是里昂提斯的爱，二是儿子的陪伴，三是心爱的初生女儿；因此她也失去了生活下去的动力。她多么希望自己那贵为俄罗斯皇帝的父亲①还在世上，此时此刻只有他会怜悯自己。

庭吏们将克里奥米尼和狄翁带上了法庭，准备让他们公布神谕。

庭吏：请在此凭着这柄公正之剑起誓，
克里奥米尼和狄翁，保证你们
确曾到过德尔菲，并从当地

---

① 1570 年，俄罗斯皇帝想要与伊丽莎白女王联姻。这令她的子民们担心不已。他们有担心的理由，因为这个皇帝正是“可怕的”伊万（1530—1584），是个出了名的邪恶暴君。

经由阿波罗的祭司亲手传递
取回了密封的神谕，且从那时起，
未敢擅自撕开这神圣的封印，
预览其中的玄机。

克里奥米尼和狄翁：这一切我们都可以宣誓保证。

里昂提斯：开封宣读神谕。

庭吏：赫米温妮清白无辜，波力克希尼斯无可挑剔；
卡密罗忠心不二；里昂提斯嫉妒暴虐；
婴儿是他亲生骨肉；若不能失而复得，
王将绝后。

震惊的里昂提斯拒绝接受神谕的宣判，反说这是“作假”。就在这时一个侍从急急忙忙跑来：

侍从：国王陛下，国王陛下！

里昂提斯：什么事？

侍从：陛下，我真不愿向您禀报，
您的儿子王子殿下为王后命运
担惊受怕，已经去了！

里昂提斯：怎么了！去了？

侍从：死了。

里昂提斯这才幡然醒悟，一下子陷入到了巨大的悔恨中。赫米温妮晕了过去，众人都以为她也死了。但其实她还活着。只是要等过了十六年以后真相才会揭晓。

剧中最长的第四幕有一个名为“时间”的献词者上台告诉观众，现在时间已经过去了十六年；而我们正在波西米亚，波力克希尼斯有了个王子，叫佛罗利泽。而牧羊女佩蒂塔已经出落成了一个漂亮的姑娘。

在忠实的卡密罗的陪同下，波力克希尼斯来到了牧羊人的草场上，窥探儿子佛罗利泽的行踪，因为小王子老是不务正业，跑到这里来消磨时间。他们到来的时候正赶上剪羊毛的庆典。

此时，我们还会遇见流氓奥托里古斯，这是个新角色，但在戏剧结束前他会不时出现。我们会看到他在庆典上一路招摇撞骗，终于成功迫使单纯的牧羊人和他的儿子把藏着佩蒂塔身份证明的包裹交给了他。

我们还看到波力克希尼斯和儿子之间的冲突。佛罗利泽表示他决意要娶平民出身的佩蒂塔，即便因此丢掉波西米亚的王位也在所不惜。怒火中烧的父亲开始威胁这对情人。

于是佛罗利泽把佩蒂塔带上了自己的海船，把她带到了意大利，又是卡密罗悄悄给了他们航海的指示和呈递给里昂提斯的引荐信。

启航前，奥托里古斯设法把自己和牧羊人的儿子都弄上了船，五个人来到了位于帕勒莫的里昂提斯的宫殿，波力克希尼斯和卡密罗也尾随而至。波力克希尼斯打听到佛罗利泽和佩蒂塔的下落后，就坐着船跟了过来，意欲阻止儿子和这个“卑贱”的女子之间的婚事。

众人相互引见后，随着证据被发现，佩蒂塔的身世也真相大白了。我们并没有在舞台上看到最后幸福的一刻，而是由三位宫中的大臣向观众描述了当时的场面。接下来，便是波利娜戏剧性地将赫米温妮带了出来。

从剧作家的笔下，我们得知了一系列奇妙的知识，而剧中人们也终于畅享了他们无尽的欢乐。

去往瓦尔坎诺的水路
米兰
阿达河
波河
?
热那亚
佛罗伦萨
里沃尔诺
亚得里亚海
意大利
第勒尼安海
瓦尔坎诺
爱奥尼亚海
西西里
N

第十二章

《暴风雨》
“风与水的小岛”

《暴风雨》这个故事中既有恐怖的海难，又有神奇的魔法。故事发生在西西里北岸几英里开外第勒尼安海上一个真实的小岛上。这个小岛与众不同，它所具备的特点在全世界也是独一无二的。来到岛上的游客都惊讶于它的别致，剧作家富有创意的心灵也深深受到了启发。它的种种不同寻常之处，使得人们在二十世纪以前一直认为它不适宜人类定居。

除了《暴风雨》和另一部意大利戏剧外①，意大利剧集中所有场景都给出了确切的地名。在《暴风雨》中，剧作家只是隐约给出了一点儿暗示，将它点缀在剧中人物的对白中。然而，只要我们用心聆听剧中人对白，看看他们身处的这个富有诗意的瑰丽世界、还有它那神奇的地貌、地形和动植物，我们便会发现自己来到了一个真实的小岛：它就在第勒尼安海上。

本剧的开场是极富戏剧性的一场戏，台上是一艘在风浪中颠簸的海船。这场风浪突如其来，气势汹汹，用“暴风雨”来形容再恰当不过。狂风大浪独独把这艘船从路过的王室船队中分离了出来，遇险的船被吹得越来越靠近那个令人生畏的岛屿和它那崎岖的悬崖。船上的官员和水手竭尽全力地想要防止船只倾覆或者沉没。到处是一片混乱和恐慌的情形，气氛瞬间变得剑拔弩张。

这是剧中虚构的那不勒斯国王阿隆索乘坐的船只。除了他的水手以外，船上还有几个我们将要认识的人物：阿隆索国王的儿子费迪南德；国王忠实的老参谋贡扎罗；另外还有位来到那不勒斯王宫拜访的贵族安东尼奥，后面我们会看到他不仅仅是个访客。除此以外，阿隆索船上还有两个那不勒斯贵族以及两个下人：弄臣特林鸠罗，以及一个酗酒的膳夫斯丹法诺。

这部戏和其他剧本采用的惯例有所不同，戏剧的张力要等到第二幕时才会显现出来。这一幕中我们会见到岛上的四位居住者，还会听到他们各自的故事。

第一个，也是剧中的核心人物，是“米兰公爵”普洛斯彼罗，他是那块领地上合法的统治者，却遭遇了篡位。和普洛斯彼罗一起的是他十五岁的女儿米兰达，一个美丽可爱但与世隔绝的女孩。另一位是个飞舞的精灵爱丽儿，他拥有魔法的力量；最后一位是普洛斯彼罗的奴仆：面容丑恶，粗暴愚笨的凯列班。

普洛斯彼罗本人还是个法力无边的术士，剧中我们会看到他施展自己神奇的魔法。我们第一次看到他出现是在这一幕的第二场，这时大家看到是他施法唤起了暴风雨。米兰达恳求他说：

> 亲爱的父亲，您作了法在大海上兴风作浪，现在把它平息了吧……

这一幕可把她吓得不轻，但普洛斯彼罗安慰她道：

> 镇定一些，不必惊慌，
> 告诉你那颗怜悯的心，一点儿灾祸都不会发生。

---

①《仲夏夜之梦》。

对女儿许下承诺后，普洛斯彼罗开始向她讲述他们是如何来到了这片荒岛上。他告诉米兰达自己曾是个“位高权重的国君”，是“米兰的公爵”，但自己醉心于文学、天文和魔法，而忽略了其他事情。因为要专心学问，他把执政的工作交给了弟弟安东尼奥——刚才我们看到他在同一条遭到风浪袭击的船上。

普洛斯彼罗接着说，当他和米兰达还在“米兰”时，野心勃勃的安东尼奥纠集了一班党羽，意欲篡夺他的王位，将他放逐，因此他和年仅三岁的女儿被押送着

> ……上了一艘船①
> 开出几海里之外，那里他们准备了
> 一条腐朽的破船②，上面没有索具，
> 没有船帆，也没有桅杆。
> ……
> ……他们将我们推上了船③，
> 任凭我们向咆哮的海水呼喊，
> 迎风悲叹，风也同情地为我们叹息
> 但它的好意却给我们带来了不幸。

所以风的“好意给我们带来了不幸”，一方面或许是指普洛斯彼罗和米兰达捡回了一条命；另一方面，他们被抛弃在这个几乎无人栖息的岛上，生活了十多年。

---

① “一艘小船，早期泛指所有小型的海船，比如单桅渔船，三桅小帆船，小帆艇等；现代常在诗歌中和使用修辞手法时指海上航行的船只。”——《牛津英语词典》

② 字面上，“butt”一词指的是装酒的大木桶，这里是俚语用法，指笨重而缓慢的大船。

③ “Hoist”一词显然不正确。普洛斯彼罗说这条破船没有踏板。那时的海船为防海盗登船而把边缘做得很高。

在普洛斯彼罗的话里有个地方不太对劲。他所说的一件事看起来并不可能。前面我们已经看到剧作家给出的地名和事物的细节在地理上都是准确无误的。如果普洛斯彼罗真的按他向米兰达叙述的"路线"，从"米兰"来到了现在这个小岛所处的位置，他们的船将会把他们载往地中海的另一端——他们会开到位于意大利半岛东面的亚得里亚海；但在第一场中作者已说得明明白白，阿隆索国王和他的随从此刻搁浅在半岛的"西面"，即第勒尼安海。

这是怎么回事？这里有与事实相悖的地方。

在意大利半岛的历史上，从来就没有一条连续可供航行的水道把米兰和地中海连接起来。巨大的亚平宁山脉在中间拦住了去路。这条长长的锁链构成了意大利的脊梁，高耸在米兰和大海之间。

普洛斯彼罗和米兰达到瓦尔坎诺的旅程若是从米兰起航，也不是没有可能，但过程极其复杂而漫长。贡扎罗"出于好心"提供给他们的"一点食物"和"一点淡水"或许不够他们度过这样漫长而危险的旅程。要如此从米兰航行，普洛斯彼罗和米兰达必须先坐船从运河进入蜿蜒的阿达河；再进入更长的波河；驶完波河后被抛弃在亚得里亚海上，这时他们才能在地中海上航行：坐着一条"连耗子也不愿待"的破船沿着意大利半岛直下，再往北绕过西西里岛，最后在瓦尔坎诺"黄色的沙滩"上搁浅。这个漫长的旅程不符合普洛斯彼罗自己的话，他的描述要简练得多。

比较可信的是，普洛斯彼罗和米兰达的旅程从佛罗伦萨的阿诺河上开始。这样他们可以坐船轻易地从科西莫·德·美第奇一世十六世纪开挖的运河航行几里格到达海里；因为运河会把阿诺河与里沃尔诺[①]联系起来。在里沃尔诺被押上"一条破船"后，普洛斯彼罗和米兰达立刻会被推入第勒尼安海，在那里被水流和"怜悯而叹息"

① 阿诺河的自然水道穿过比萨城从那里再到第勒尼安海，流经河道较浅不可能容纳海船。

的风推向南边，直接把他们带到瓦尔坎诺的沙滩——历时只需数天。

但是为什么会发生这种地名混淆的情况呢？普洛斯彼罗和米兰达的行程有什么特别重要的关系吗？为什么是米兰而不是佛罗伦萨？

我们或许可以在当时英格兰与托斯卡尼[①]的贸易协定中找到可能的答案。当时托斯卡尼的权力中心是佛罗伦萨。我们完全有理由怀疑，当时把“佛罗伦萨”改成“米兰”是因为手稿完成后经过了当局的“审定”，而这一切发生在剧本出现在第一对开本中之前。

在伊丽莎白一世的宫廷里，演出当红剧作家的戏剧是宫廷里惯常的娱乐项目。女王本人和大部分随从都来观看，高官和外国使节们也会受邀前来，比如有来自和英国亲善的托斯卡尼和佛罗伦萨公爵府上的官员。但原本剧中描述的事情一定会让托斯卡尼人大吃一惊。《暴风雨》中虚构的普洛斯彼罗公爵的不幸遭遇像极了他们自己那位在世的问题大公，佛朗切斯科·德·美第奇一世（1541—1587）；这样如果把戏剧照模照样地演出一定会导致政治上的灾难。在托斯卡尼（也许在英格兰也是如此），这样一出戏会被当成是对佛朗切斯科一世和他兄弟费迪南德一世的冒犯；如戏中一般，兄弟取代了兄长成了托斯卡尼公爵。

为了避免这种不愉快的后果，规避的办法很轻易地就找到了：用“米兰”来代替“托斯卡尼”，尤其是英格兰对米兰的哈布斯堡公爵菲利普并没有多大好感。

这简单的“审定”在英格兰大获成功，从当时至今无论在哪儿都未被发觉，尽管这在地理上导致了一个大错。在历史上，这个错

---

① 如费尔南的·布劳德尔在《地中海》第 62 页写道，英格兰商人和里沃尔诺繁荣的托斯卡尼港之间贸易交往日益增多，其中有特殊的原因：“……英国人回到地中海地区，显然是回应托斯卡尼大公等人的邀请……”

误一直被大家容忍，也没有人质疑，因为人们相信剧作家从来没有离开过英格兰，所以他创造了一个完全属于他自己的意大利。

将自己的悲惨身世告诉米兰达以后（米兰达却听得昏昏欲睡了）普洛斯彼罗召来了爱丽儿，他是岛上另一个施魔法的人物。他先向这个空气精灵询问了遇险船上人们的举动。尽管我们暂时不知为何（稍后便知），但看得出来爱丽儿是奉普洛斯彼罗之命行事的。听听爱丽儿在第一幕第二场向主人汇报自己成功的表现：

爱丽儿：尊贵的主人！威严的尊长！向您致敬！
我来听候您的差遣，无论是要我上天
还是让我下地，让我赴汤蹈火，
腾云驾雾，只要有您一句话吩咐
爱丽儿愿意竭尽所能。
普洛斯彼罗：精灵，你有没有
按照我的指示引起风波？
爱丽儿：完全按着您的吩咐
我登上了国王的船，在船头
船身、船尾和每一个船舱
我煽起了人们的惊恐，有时我
化身几处燃烧起来，在中桅①，
帆桁和斜桅上燃烧起来，然后

① 爱丽儿似乎是在描述“圣埃尔默之火”，剧作家可能见到了这种自然景观。当静电与实物接触时会发出闪烁的神奇火光，对人体无害。自远古时期在地中海航行的人就已经见过这种火光。他们用水手的守护圣人圣埃尔默的名字来命名它，圣埃尔默是圣伊拉斯谟的缩写，伊拉斯谟是那不勒斯以北的一个港口城市的主教。他于公元304年殉教，爱丽儿对普洛斯彼罗的描述中也说到了风暴中致命的闪电。当闪电使空气充满电荷时，会产生大量的臭氧。

再聚拢那一团团火。雷电的化身
朱庇特的闪电，也没有这样迅猛……
火光和炸裂声
带着硫磺味散开，困住了威严的海神，
令他的巨浪颤抖，使他的三叉戟摇晃。

普洛斯彼罗：真是好样的，
谁能有这份稳重，在这种关头
保持清醒呢？

爱丽儿：一个也没有，
除了水手以外，所有人都弃船跳了海。

普洛斯彼罗：这才是我的好精灵！
他们是否就在靠近海岸的地方？

爱丽儿：就在附近，主人。

普洛斯彼罗：那他们可保住了性命，爱丽儿？

爱丽儿：毫发无损，
他们的衣服上一点污迹也没有
比先前还干净呢……

从爱丽儿口中，以及稍后的第二幕第一场贡扎罗的口中确认了这些细节后，我们知道阿隆索国王和手下的随行人员是从突尼斯去往那不勒斯。正如爱丽儿对普洛斯彼罗说：

……其他船只，
被我分散后已经再度会合
此时正在地中海上漂着，
失魂落魄地朝那不勒斯前进，
他们以为自己看到主船遇险
国王本人也送了命。

而贡扎罗说：

> 我倒觉得此刻我们的衣服就像
> 在非洲刚刚穿上时一样崭新，
> 那天正是克拉莉贝尔公主
> 和突尼斯国王[①]的大喜之日。

接着，贡扎罗转身对国王说："陛下，我们刚还说着，这衣服看上去像*在突尼斯时*一样新[②]。"很明显那不勒斯的船队到过突尼斯。国王和随从们是去庆祝阿隆索国王的女儿克拉莉贝尔的婚礼。而他们是在返航那不勒斯的途中遭遇了暴风雨，把他们全都带到了岛上。

阿隆索国王从突尼斯到那不勒斯的海上航程中最惊人的一件事[③]是：同样的航程曾在其他文学作品中出现过。这是维吉尔笔下的埃涅阿斯在十五个世纪以前采用的路线，当时埃涅阿斯抛弃了心碎的迦太基女王狄朵而驶向了罗马。从第二幕第一场塞巴斯蒂安、贡扎罗、安东尼奥和阿德里安互相打趣的话看来，剧作家告诉我们这两次旅行的起点都在同一个城市。

> 塞巴斯蒂安：突尼斯可从没有过这样一位出众的王后。

---

① 鉴于《无事生非》的故事的历史背景是奥地利的唐·约翰对突尼斯王位无望的野心和菲利普二世的嫉妒和优柔寡断，我在这"突尼斯国王"的婚礼中看到了一丝嘲讽。

② 这些不同寻常的现象可以解释为海上风暴和雷电导致了大量臭氧的产生。臭氧是第三种也是最不稳定的一种氧分子，由三个氧原子构成，它和角色衣服上的臭味作用，衣服便再度变"新"了。

③ 这条绕西西里的航道在《冬天的故事》中克里奥米尼和狄翁从希腊回来时也使用过。

贡扎罗：自寡妇狄朵以后，从未有过。

安东尼奥：寡妇？见鬼，怎么寡妇也掺和进来了，寡妇狄朵！

塞巴斯蒂安：他说不定还会说出鳏夫埃涅阿斯来呢。大人，您还能受得了他吗？

阿德里安：您是说寡妇狄朵吗？让我仔细想想，她是迦太基的王后，不是突尼斯的。

贡扎罗：这个突尼斯就是迦太基，先生。

阿德里安：迦太基？

贡扎罗：我可以肯定地告诉您，就是迦太基①。

这一段中，“狄朵”被说起了三次，但更重要的是“突尼斯”和“迦太基”分别也被提到了三次。观众们现在知道迦太基和突尼斯这两个地名其实可以通用。两个城市使用同一处海湾．在不同时期叫做“迦太基湾”和“突尼斯湾”。如果有两个人要从北非坐船沿一条通用的航道去往意大利，那么迦太基——突尼斯湾会是他们最理想的上船地点，尽管这两人之间会有一千五百年的时间间隔。无疑，我们博学的剧作家的创作受到了维吉尔《埃涅阿斯战纪》的启发。

让我们再仔细研究一下阿隆索与埃涅阿斯两人的航行。装备停当后并择风和日丽之时启程后，埃涅阿斯与阿隆索一早将从突尼斯湾出发。他们的船只会向东北穿过大海直行约一百一十英里，驶向西西里岛的西岸。天色将晚时，船只就会驶入西西里的港口过夜——对阿隆索来说，这便是特拉帕尼港口，在埃涅阿斯那个时代

① 在公元二至三世纪的迦太基战争中，迦太基遭到了毁坏。突尼斯是在距原址六英里处建立起来的。如此阿德里安和观众就又了解了一点古代史。

叫做德里帕农。

接下来，旅行者们就会驶出特拉帕尼/德里帕农，继续沿顺时针转向西西里的北岸。从帕勒莫开始，他们的船只就会紧贴西西里海岸，不久意大利的陆地海岸线就会出现在前方。此时水手们会调转船头，沿着“靴子”形状的海岸线向北航行，最终抵达他们在岛上各自的目的地。

阿隆索的旅程终止于那不勒斯；而埃涅阿斯会继续往北开始攻打罗马的征程。然而，在《埃涅阿斯战纪》第三章里，有人告诉埃涅阿斯中途在一个沿海城市附近稍作停留：

> 途中，你会抵达库迈，那里有神圣的湖水，有呼啸的阿维纳斯森林，你会看到一个疯狂的女预言家。她在石窟中描绘着宿命，在树叶上写下神秘的词语和符号。①

库迈在哪里？它就在那不勒斯城外几英里处；正如迦太基就在距突尼斯几英里处一样。因此重要的是，阿隆索国王和埃涅阿斯的路线基本上是相同的。剧作家并非凭空捏造了阿隆索的旅程。在他之前已经有人帮忙想好了：他从伟大的《埃涅阿斯战纪》中完完整整，分毫不差地直接“窃取”了这段航程。

在阿隆索/埃涅阿斯的回程途中，两人的船只都会驶过西西里岛和伊奥里亚群岛②之间的海域，这是一片由七座岩石突兀的小岛组成的群岛。这便是传说中喜怒无常的风神伊奥勒斯的家。正是在这里埃涅阿斯和阿隆索都会遇到一场突如其来的可怕风暴。

在《埃涅阿斯战纪》第一章，朱诺决意阻止埃涅阿斯去意大

① 阿伦·门德尔班的译本，加州大学出版社，1982年版。

② 也叫利帕里群岛。

利，下令伊奥勒斯毁灭他的船只，杀死他的水手。维吉尔苍劲有力的诗句和引人入胜的描绘正是两千年以后《暴风雨》中的剧情的原型：

> ……风暴的发源地，时刻孕育着咆哮的南风。在他的巨穴里伊奥勒斯国王收着挣扎的暴风和咆哮的龙卷风；他驯服了各路大风，给它们加上铁锁投入牢狱。它们则对着牢笼怒吼；山峦回荡着它们的吼声，伊奥勒斯高坐于堡垒之上……
>
> 朱诺恳求他说："伊奥勒斯，人的主宰众神之父给了你驭风起浪的神力——现在我的敌人航行在第勒尼安海上……放出你的狂风，毁掉他们搁浅的船只，驱散他们，把他们的船员一个个抛向大海各处。"

剧作家心知维吉尔这几句诗指的是哪个地方。这是历史上出了名的风暴多发地点：伊奥里亚群岛和西西里海岸之间的海面。亲身经历过《埃涅阿斯战纪》中突尼斯到意大利那段令人惊魂不定的航行后，他接下来所做的就是把朱诺和伊奥勒斯替换成剧中的普洛斯彼罗和爱丽儿。

《暴风雨》中还有一处与现实惊人符合的地方；这是个生活在剧作家那个时代的历史人物，被用来当作普洛斯彼罗的原型：他就是托斯卡尼大公佛朗切斯科·德·美第奇一世（1541—1587）。

在十六世纪时，意大利的城邦由有钱有势的家族统治着。科西莫·德·美第奇一世（1514—1574）被许多人认为是马基雅维利《君主论》中君主的化身，是其中最为冷酷无情的一个。在1564年他的统治即将终结以前，科西莫一世把佛罗伦萨的行政权力交给了他的长子佛朗切斯科，并把次子费迪南德册封为红衣主教。

但深居简出的佛朗切斯科却是个不太可靠的怪人。他老是受到

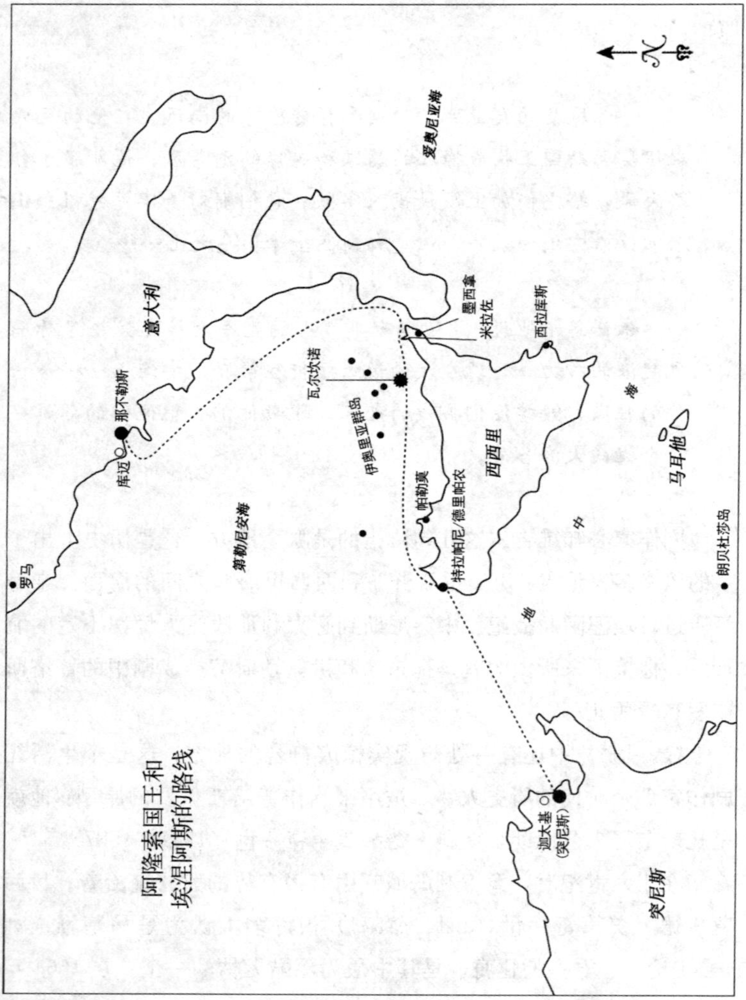
阿隆索国王和
埃涅阿斯的路线
北
意大利
罗马
库迈
那不勒斯
第勒尼安海
伊奥里亚群岛
瓦尔坎诺
墨西拿
米拉佐
爱奥尼亚海
西拉库斯
西西里
帕勒莫
特拉帕尼/德里帕农
地
中
海
马耳他
朗贝杜莎岛
迦太基
（突尼斯）
突尼斯

父亲的责备，因为他常常成天把自己锁在实验室里，研究炼金术和魔法，做实验想把普通金属变成黄金。人们知道佛朗切斯科常在夜间到城里独自行走；在他的住处建有秘密通道和密室，这样他可以自由出入而不被察觉。今天这条神奇通道的一部分还保留在阿诺河上的维奇奥桥上，它曾使得佛朗切斯科得以神不知鬼不觉地自由进出宫廷。

1565 年 12 月，佛朗切斯科娶了奥地利女大公乔瓦娜。这桩婚事并不成功，佛朗切斯科对妻子时有不忠。1572，他无可救药地迷上了美丽的比安卡・卡佩罗。她是威尼斯贵族家庭的女儿①，和一位身无分文的托斯卡尼人一起私奔而来。据说比安卡的迷人之处是她有一双直击人心的蓝眼睛，有股催眠一般的力量。佛朗切斯科为她神魂颠倒，因此有人认为她是个女巫，能够主宰佛朗切斯科的意愿。蓝眼睛的比安卡：女巫和催眠师。比安卡成了佛朗切斯科的情妇后不久，她年轻的丈夫就被人杀害于佛罗伦萨街头；有传言说佛朗切斯科也卷入了这桩谋杀案。

1574 年，科西莫一世一死，权利就转移到了佛朗切斯科手中，作为佛朗切斯科一世他的统治从 1574 年延续到了 1587 年他去世为止。不幸的乔瓦娜女大公于 1578 年死于难产后，佛朗切斯科旋即与卡佩罗结了婚。不过在此以前，佛朗切斯科的行为就已经让他在佛罗伦萨声名狼藉了。这位公爵不仅专制、隐秘、多疑，还日渐疏远了公众。不和迷人的比安卡一起时，他把所有精力都用来研究神秘的法术。

佛朗切斯科的兄弟费迪南德主教常来拜访公爵和他的夫人，他也变得警觉起来。他一样为佛朗切斯科不堪的行为和奇怪的癖好感到不安。现在他注意到佛朗切斯科和比安卡计划收养一个孩子。一

① 比安卡是巴托罗缪・卡佩罗的女儿，他是威尼斯最富裕的贵族家庭的一员。

瓦尔坎诺，普洛斯彼罗的小岛：公元前183年一次水下火山爆发，瓦尔坎诺从海中诞生了。意大利火山学家佛朗科·伊塔利亚诺说它是“难以想象的世界……这片令人敬畏的地方充满了生机”。（航拍照片出自《伊奥里亚群岛》，俄列斯特·拉古西艺术摄影，米拉佐［墨西拿］，第57页。引用语句出自《伊奥里亚群岛：地中海的珍珠》阿契尼塔·伊列提夫出版社，墨西拿，1997年，第23页）

个男孩的到来不仅会延续佛朗切斯科的统治，还会夺走费迪南德的继承权，让更加理智的他无法安享美第奇家族的权势。

1587年10月初，费迪南德红衣主教是波吉奥·阿·卡亚诺的公爵别墅里的常客。有一天晚上公爵夫妇偶感身体不适，像是感染了疟疾。但第二天两人有所恢复，与费迪南德共进晚餐，可是当晚，他们的“疟疾”发生了恶化，佛朗切斯科一命呜呼；第二天，也就是10月10号的清晨，比安卡也随着丈夫一起进了坟墓。

佛朗切斯科的弟弟费迪南德一世立刻掌握了国家大权，他当即命令对两人的尸体进行尸检。（在意大利对王公贵族进行尸检是常事，但对其夫人也进行尸检则比较罕见。）表面上看尸检做得很到位，得出结论是佛朗切斯科和比安卡的确死于疟疾。然而关于他们被费迪南德毒死的怀疑从未完全消灭。人们的质疑和窃窃私语以及一阵阵的惊叹传遍了整个意大利，剧作家不可能对此毫不关心。

佛朗切斯科·德·美第奇一世和比安卡·卡佩罗之死四百年来一直是意大利人猜测的对象。1857 年，他们的遗骸被发掘后重新埋葬在美第奇家族的墓穴中。1945 年，人们对他们的骨骼残片进行了研究，可结果却一无所获，关于他们的死因的谜团仍然悬而未决。

最后，在 2007 年有人又一次进行了调查。佛朗切斯科和比安卡的棺材再度被掘开，由授权的专家对他们的遗骸进行复杂的测试。结果不出所料，但却是史上首次得到科学的证明——佛朗切斯科和比安卡两人均属中毒身亡：在他们的骨骼中发现了大量的砒霜。美第奇家族这桩公案终于有了一个了断；今天，人们可以在网上读到这段令人毛骨悚然的故事。

现在阿隆索国王搁浅在小岛上，所幸没有受伤。在《埃涅阿斯战纪》第八章，维吉尔称此地为“瓦尔坎尼亚”，诗中形容它的语句虽已有两千年的历史，今天读来依然令人浮想联翩：

> 紧靠着西西里，便是伊奥勒斯的利帕里群岛，那里有座岛屿兀然突起，上面有冒烟的山头。岛下还有一个岩洞，有许多与埃特纳火山相连的洞穴。这是独眼巨人们挖出来作熔炉的地方；洞里发出雷鸣般的巨响，打铁声在铁砧下回响；钢条在石窟融化时发出嘶嘶的声音，烈火在炉中喘息；这是火神瓦尔坎的家，名叫瓦尔坎尼亚；司火的大神从天上降临到了这里。

拉丁文叫“瓦尔坎尼亚”，意大利文叫“瓦尔坎诺”，无怪乎这

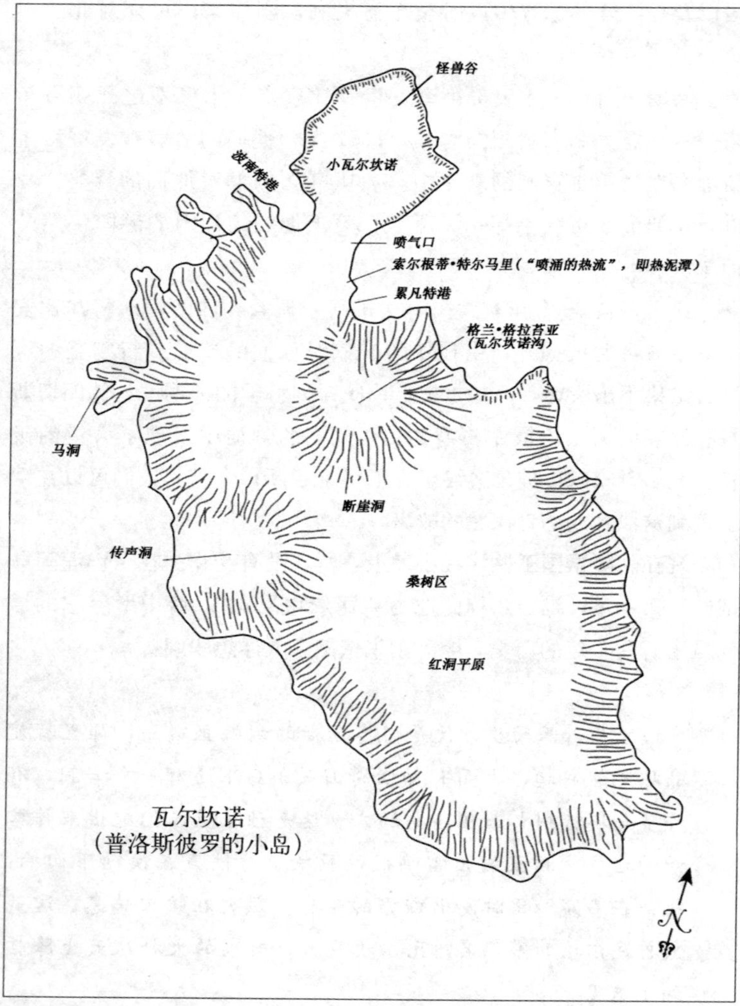
怪兽谷
小瓦尔坎诺
波南特港
喷气口
索尔根蒂·特尔马里（“喷涌的热流”，即热泥潭）
累凡特港
格兰·格拉苔亚
（瓦尔坎诺沟）
马洞
断崖洞
传声洞
桑树区
红洞平原
瓦尔坎诺
（普洛斯彼罗的小岛）
N

座岛要以罗马神话中司火、炼铁和火山的神[1]命名了。如它的姐妹岛乌斯特隆波里一样，瓦尔卡诺（重音在第一音节）也有一座活火山。它就是格兰·格拉苔亚（或称“瓦尔坎诺的深坑”），它释放的气体毒性极强且致命；因此虽说从西西里只需坐小船航行十二英里便可轻松到达瓦尔坎诺，尽管几个世纪以来人们来来往往，却没有人敢永久定居在瓦尔坎诺，直到最近这才有所改变。[2]

在格兰·格拉苔亚外面，从岩隙、裂缝和周围的空隙中，常常会排除高温的烟雾。烟雾中混合着水蒸气、二氧化碳、硫磺（既有融化的硫磺也有颗粒状固态的硫磺）以及二氧化硫。二氧化硫那种刺鼻难闻的臭鸡蛋味道一闻便知。这种有毒的混合物也会从火山坡上的喷气口中排出。格兰·格拉苔亚口上的蒸汽是常有的戏剧性景观——不过每次总是臭气熏天。

“小瓦尔坎诺”构成了岛上的一个小半岛。它自公元前 183 年从海中出现后逐年扩大，与瓦尔坎诺连接后形成了一个更大的岛屿。“小瓦尔坎诺”有两个海湾：浅一点的叫做西港口，水下有礁石会令船只搁浅；另一个更大更深的叫做累凡特港。在过去的几个世纪里，船只会在累凡特港附近下锚，人们再坐小筏子登岛，把小船停在海滩上。到了十九世纪晚期，累凡特港才有了一个正常的码头。

在累凡特港附近靠岸的最佳地点是一座色彩斑驳的小山。在它北面就是热泥潭。其中较大的那个潭尤其引人注目。二氧化碳和二氧化硫从潭中富含矿物质的稀泥中大量涌出。褐色的泥浆冒着气泡

---

① 在古代文献中，瓦尔坎诺还有其他名字：“瑟麦莎”（Thermessa：thermal 一词有“热”的意思，岛上有含盐的热泥潭）；“希尔拉”或“伊尔拉”，有“神圣”的意思，“瑟雷西亚”，意为“炽热的土地”。

② 彼特罗·波洛里：《西西里考古》，阿戈斯蒂尼地理研究所，诺瓦拉，1989 年版。

瓦尔坎诺的热泥潭：剧中那个“满是浮渣的水池、臭湖”是特林鸠罗丢失酒瓶的地方。（出自《伊奥里亚群岛》，俄列斯特·拉古西艺术摄影，米拉佐/[墨西拿]，第62页）

和蒸汽，臭得厉害。一年中有几个月，这个热泥潭上会覆盖着一层黄色的火山硫磺灰。

在戏剧第四幕第一场中也有这个热泥潭出现。这时凯列班、斯丹法诺和特林鸠罗正在密谋杀害普洛斯彼罗。在精灵们演完向他致敬的短剧后，普洛斯彼罗意识到这三个人就快动手作恶了。他叫来了爱丽儿，告知他当时的情形：

普洛斯彼罗：再说说，你把这些奴才们留在了什么地方？
爱丽儿：我告诉过您，主人，他们喝得酩酊大醉……
……于是我敲起手鼓，
他们便像未驯服的小马，竖起了耳朵，
睁大了眼睛，掀起了鼻孔，
仿佛嗅到了音乐，我便迷住了他们的耳朵，

他们就像牛犊跟着母牛的叫唤一样，
走过张牙舞爪的灌木和带刺的荆棘①，
刺伤了腿也毫不察觉，最后我把他们
丢在您屋外那个漂着浮渣的水池里，
浸在没及下巴的污水里，那个臭水潭
可比他们的脚丫子还臭。

不久，凯列班、斯丹法诺和特林鸠罗浑身湿透地上了场，身上散发着水潭子的臭气熏天的味道：

特林鸠罗：怪物，我闻见到处都是马尿的味儿，我的鼻子快受不了了。

斯丹法诺：我也是。怪物，你听见了吗?

此后，特林鸠罗醉醺醺地叹道，“唉，可是我们的酒瓶子也跌落在潭子里……”的确，在这潭泥水中几乎什么东西都看不清。

从特林鸠罗、斯丹法诺和爱丽儿的口中我们可以看到这些对环境的描写：“臭水潭”、“马尿”、“污水池”——这些词语形象地描绘了瓦尔坎诺那冒着气泡和异味的热泥潭。但爱丽儿还说这个池子“覆盖着浮渣”，这是什么意思?

在剧作家生活的时代，瓦尔坎诺的热泥潭里确实满是“浮渣”，那是一层漂浮的干硫磺粉末，终日覆盖在泥潭上面。这种奇特的地理景观产生的原因是由于火山口飘下来的硫磺粉末在泥潭表面聚集造成的。今天，这种黄色粉尘只有在旅游“淡季”才能看到，也就是说，只有当那些为追求健康而慕名来洗“泥浴”的游人不在时才

① 这种多刺植物在瓦尔坎诺的灌木丛中十分常见；而毒性最大是随处可见的金雀花，剧中多处提到了这种植物。

"到这黄色的沙滩上来吧"……直到今天，来瓦尔坎诺的游客都会见到爱丽儿歌咏的黄色沙滩。
左：照片出自《伊奥里亚群岛》，俄列斯特·拉古西艺术摄影，米拉佐（墨西拿），第 68 页。
右：照片出自《伊奥里亚群岛：地中海的珍珠》，共鸣出版社，墨西拿，1997 年，第 22 页。

能看见。不过你还是可以想象，这里整年甚至数个世纪前的旧模样——只需看下格兰·格拉苔亚边缘保存完好的硫磺粉尘堆就会明白，在莎士比亚的时代，热泥潭就是这个样子。

因此在第一幕第二场爱丽儿会唱："快来这片黄色的沙滩吧……"是因为剧作家本人见过这个奇观。在《暴风雨》中一个角色的歌曲里，他为身在远方的英格兰观众描绘了意大利海岸线外伊奥里亚群岛上一处奇妙的景观。空气精灵唱的不是一般的沙子，而是"黄色的沙子"。而今天，当我们在累凡特港登上瓦尔卡诺岛时，我们仍会为爱丽儿歌中那片"黄色的沙滩"而惊叹。

沿累凡特港的宽广海滩，在海底和海岸附近有温泉和喷气口，

火山喷气口：在干旱的陆地上，强劲的气体从地表细小的缝隙中喷出，产生大量水蒸气和嘶嘶的响声，在沼泽地上，泥水就会被间歇泉冲开，于是在靠近海滩的岩石周围和海床上，水下的喷气口产生了一阵阵热气泡，发出一种特有的汩汩声。（照片出自《伊奥里亚群岛：地中海的珍珠》，共鸣出版社，墨西拿，1997 年，第 22 页）

这些被称作"索尔根蒂·特尔马里"，意为"喷涌的热流"。其中一些温泉含有硫磺，另一些含有泥水，还有一些释放出有毒的二氧化硫，使周围的海水变得温热而多泡沫——温度之高，以至于当地人会建议来此泡温泉和保健或进入海滩某些区域的游人穿上护脚的鞋袜。除了海边这一奇观外，沿着海滩还有许多火山喷气口，像间歇泉一样不时喷出强劲的水蒸气和水珠。

在第一幕第二场，剧作家让米兰达描述了瓦尔坎诺水下喷气口的运动，她是这样说的：

> 天空似乎要倒下发臭的沥青，
> 但海水涌到天公脸上，熄灭了火焰①……

---

① "Welkin" 是古英语词，意为"天空"；"cheek" 意为"脸颊"，这里指云团。

照片出自《伊奥里亚群岛》，俄列斯特·拉古西艺术摄影，米拉佐（墨西拿），第 68 页。

从海面观看火山喷气口，正如观看大自然导演的一出戏。当喷气口喷发时，它的爆发十分剧烈，直冲云霄。米兰达说海水似乎“涌到天公的脸上”，指海水冲到了云端，这一点不差。

水下的火山喷气口在不运动时充满了海水，用不了多久就会变成喷火的间歇泉。当受热融化的硫磺向上喷出与空气接触后，硫磺一下子就被点燃了。而烈火几乎瞬间又会被热水和蒸汽熄灭。当熄灭的燃料落回海滩时，看上去就像沥青一样——却带着二氧化硫的异味。难怪米兰达被吓怕了。

视觉上的景观还不只是这座岛上唯一的特征：它还有一种连续不断的“音乐”——伴着爆裂声、呻吟声、叹息声和鼓声。在第三幕第二场可见，凯列班身为岛上生活最久的居民对此了如指掌；他对斯丹法诺和特林鸠罗这样描述这种音乐：

……这座岛上到处是怪声
甜美的声响和音乐，令人愉悦却不受伤害
有时像是千根琴弦齐响，
在耳边鸣响，有时又有人声……

普洛斯彼罗的山洞。瓦尔坎诺有上百处洞穴，其中不少都可以住人。（作者摄）

维吉尔在凯列班之前也提到了瓦尔坎诺的呻吟声、嘶嘶声、撞击声和喘气声。

在剧中，凯列班将瓦尔坎诺的许多特征在台词里说了出来。比如在第二幕第二场开始，他除了抱怨蛇之外，还特别说到了“刺猬的恶作剧”：

……［爱丽儿］变作刺猬

在我赤脚行走的路上滚作一团，竖起针刺
对着我的脚板；……

剧中使用的“urchin”和“hedgehog”这两个词指的是同一种动物：刺猬。它们是昼伏夜出的杂食动物，长约十英寸，在伊奥里亚群岛各处都有分布。今天瓦尔坎诺岛上的居民，尤其是住在小岛另一头的人们老是抱怨这些带刺的小动物夜间侵入他们的花园。

刺猬最显著的特征便是它那用于自卫的坚硬并富有弹性的刺。当被人触碰或受惊吓时，它们会蜷成一团，背上的刺往各个方向伸出——被扎到时疼得要命。普洛斯彼罗也用它们来恫吓凯列班：

刺猬们
可要拿你开练了，
你会被扎得像个蜂窝
每扎一下，都比蜜蜂厉害。

凯列班还提到了瓦尔坎诺岛上的另一种动物，叫做“斑尾鹬”。在第二幕第二场末尾，他和斯丹法诺、特林鸠罗结盟，向他们细数他将提供的服务。其中之一是获取岛上的美味：“我要从岩石上为你捉小斑尾鹬来”。

斑尾鹬是生活在湿地和海滩的候鸟，有时能在意大利第勒尼安和爱奥尼亚海上看见，偶尔也会出现在英格兰的海滩或者其他北部的地区。年幼的雌性斑尾鹬尚不能飞翔，常被人当作富含蛋白质的美味。

凯列班也提到了瓦尔坎诺岛上的浆果。在第一幕第二场，凯列班抱怨普洛斯彼罗的苛政，说起他一度对自己的仁慈：

你抚摸我，对我好，

给我有浆果的水喝……

这种浆果[①]的属性曾经引起过人们的猜测，不过它们很显然就是桑果，戏剧家访问这个岛屿的时候，瓦尔坎诺野外大量生长着桑树。十五世纪时，桑树刚刚被引入意大利，人们刚刚学会制造丝绸，桑树的种子由意大利本土的鸟类带到了岛上。

桑树对养蚕尤为重要：蚕宝宝只吃桑树的叶子。今天瓦尔坎诺岛上还有一个地方叫做“桑树区”。

但凯列班究竟是谁，他为什么会对这个岛了如指掌呢？

整个中世纪和文艺复兴时期，西班牙加泰罗尼亚的水手们一直被认为是地中海地区最富航海经验的。他们受西班牙、西西里和那不勒斯的统治者雇佣，其中包括神圣罗马帝国皇帝查尔斯五世，西班牙的菲利普二世和他那高贵的兄弟唐·约翰。伊丽莎白时期的观众在观看《暴风雨》时会默认阿隆索的水手都是加泰罗尼亚人。

加泰罗尼亚由伊比利亚半岛北部的一部分和巴利亚里群岛组成——与今天西班牙加泰罗尼亚省的位置大致相似。巴塞罗那过去和现在都是加泰罗尼亚的首府[②]。

加泰罗尼亚有自己独特的语言，今天仍有八百万人自豪地把它当做母语[③]。它与法国南部普罗旺斯的方言有点类似，而不是西班牙语的方言。在1609年以前，加泰罗尼亚方言都是西西里的官方

① 第二幕第一场有一处提到这些浆果。

② 加泰罗尼亚一度是个独立的小国，其领地还包括北部邻近的一些土地，一直延伸到今天法国的南部。

③ 这种语言受到大力的保护，今天说加泰罗尼亚方言的人依然能看懂雷蒙·路尔在十三世纪写成的文章。

语言之一。我们只能猜测剧作家在他南行的途中多少学习了一点这种语言。但从《暴风雨》中可以看出他和加泰罗尼亚人有过一定的接触。至少他学到了一些他们特有的词汇。大量加泰罗尼亚人那时仍然散居在那不勒斯、特拉帕尼、墨西拿和帕勒莫，这个事实几乎完全被人忽略了。

无数著作、论文和评论乃至专著都声称野蛮丑陋的奴才凯列班这个名字是英语“cannibal”（食人族）的变体。“Cannibal”一词从十六世纪西班牙语“Canibal”一词而来。《牛津英语词典》说这个词源于西印度群岛一支嗜血的民族“卡列布”族，其部落成员据记载曾食人肉。

在《奥赛罗》第一幕第三场，“cannibal”一词也用来指代吃人肉的人，尽管这里指的是一个来自远东或非洲的人，而非西印度。不管词源是什么，剧作家对这个食人族的行为似乎有所了解。

《暴风雨》中凯列班对吃人肉并不感兴趣。① 凯列班自己没有说，其他角色也没有说他有这一嗜好。假设凯列班既非食人族，又非卡列布族的美洲印第安人，他到底是什么呢？

《暴风雨》中有几行台词会告诉我们答案。在第一幕第二场，普洛斯彼罗对爱丽儿说：“……你难道忘了那恶女巫西考拉克斯②……难道你忘了吗？”

---

① 凯列班是“食人族”的说法最早似乎是1767年剑桥的学者法尔默博士提出的，他在《莎士比亚的学识》一文中提出这个观点，1778年塞缪尔·约翰逊和乔治·斯蒂文斯的《暴风雨》引用了这种说法。从此以后，这个理论就被莎学家们错误地当成了事实，以至于有人基于这个说法力图证明剧作家对美洲的兴趣。

② 几个世纪以来她的名字都是人们猜测的对象，在此我加上我的阐释：前一部分是“psycho”的简化，意为“精神”、“心灵”，或心理活动；后面加上“rax”，是希腊的一种毒蜘蛛，完整的写法是“Psychorrhax”，可译作“摄人心魄的人”。

这可恨的女巫西考拉克斯，

因作恶多端，施展的妖法

骇人听闻，被逐出了阿尔及尔；①

因她做过一件善事②，得以保全性命；

……

蓝眼睛的女巫怀着身孕到来

水手们将她抛弃在此……

凯列班的母亲是西考拉克斯，这是剧作家自己起的名字。这是个文字游戏，由两个希腊词根组成，“psycho”指的是“心灵”；而“rax”有“掰，扭曲”的意思。连在一起就是“扭曲灵魂”的人。西考拉克斯是个摄人心魄的女巫。我们在故事周边已经遇到过另一个蓝眼睛，摄人魂魄的女巫：比安卡·卡佩罗。

普洛斯彼罗接着叙述，我们得知当西考拉克斯死时，

……岛上人踪绝迹，

只有她遗下一子

这女巫留下的丑崽子，

长得不成人形。

---

① 十六世纪英语中把“Algiers”（阿尔及尔）写作“Argiers”。

② 阿登版莎士比亚的《暴风雨》第226页脚注说：“关于女巫做的善事，有诸多争论。查尔斯·兰姆引用约翰·奥吉尔维的《细说非洲》(1670)，指出莎士比亚正是借用了阿尔及尔一个女巫的传说：1541年查尔斯五世的海军围攻城市时，是她帮忙拯救了整座城市；她给舰队下了咒语，引发了一场大风暴把它们驱散了。”参见查尔斯·兰姆的《批评文论》，或伊凡吉琳·M. 奥康纳的《莎士比亚人物考》。在那个故事当中，这个女巫并没有名字。是否是剧作家为她起了西考拉克斯这个名字还有待考证。奇怪的是这个事件在剧中并没有解释，但学者们也很少对此表示兴趣，就更别说看戏的观众了。

在普洛斯彼罗和米兰达的到来前，女巫留下的凯列班，这个“丑崽子”是岛上唯一的居民。创造出凯列班以后，剧作家该给他起个什么名字呢？

这并不难，剧作家在旅行时对加泰罗尼亚人的语言有所了解，他选择了一个再合适不过的名字。在加泰罗尼亚语中，“凯列班”的意思就是“被驱逐的人”①。

剧作家还借用了另一个加泰罗尼亚名字：爱丽儿（Ariel）。在这部戏创作之前，这个名词就出现在《旧约》当中了。它出现在《以斯拉书》第八章第十六节，那里，爱丽儿（《圣经》称作“亚列”）是以斯拉手下的主将之一。亚列带领着大篷车从巴比伦回到了耶路撒冷。

但在加泰罗尼亚语中，“爱丽儿”一词有两重含义，一是犹太教的传说中天使“亚列”的名字；其次按照加泰罗尼亚民间传统②，“爱丽儿”是一个空气和水的精灵，*常常喜欢恶作剧*。

难道这不正是普洛斯彼罗驯服的“爱丽儿”吗？他把这位被西考拉克斯囚禁了十二年的精灵从一棵裂开的松树里解救了出来。

在第一幕第二场，当普洛斯彼罗问起爱丽儿阿隆索国王船只的下落时，爱丽儿答道：

> 安然无恙地停在港口，
> 国王的*船停在最深的角落*
> 您曾在深夜到那里呼唤我……
> ……船就停在那儿。

---

① Caliban：（名词）一种贱民或被放逐的人。《加泰罗尼亚辞典百科》，卷一（1930），第 509 页，巴塞罗那，萨尔瓦特出版社。

②《加泰罗尼亚大辞典》，巴塞罗那，1997 年版。

今天在环绕瓦尔坎诺的行程中，人们会看见许多岩洞。在小岛西岸，我们会看到其中有一个尤为奇特，这便是“马洞”。这个岩洞十分巨大，既高且宽，内部十分空旷，今天与十六世纪海船大小相仿的游船都能轻松地开进去。

爱丽儿明确指出了“最深的角落”。阿隆索国王的船并没有在普洛斯彼罗的暴风雨中倾覆。爱丽儿让它载着昏睡的船员悄悄靠了岸，停在“马洞”中，并向普洛斯彼罗保证他们毫发无损。在继续启程回到那不勒斯前，“马洞”正是阿隆索的海船最理想的藏身之处。

最深的角落：“马洞”，爱丽儿把阿隆索国王的船藏在了这里。（出自《伊奥里亚群岛》卡梅罗·卡瓦拉罗-维托里奥·法穆拉罗，桑布切托（奇耶蒂），1996 年，第 61 页）

批评家们尽管忽视了爱丽儿对“最深的角落”这个暗示，他们倒是抓住了爱丽儿说的另一个词“百慕士”。许多年来，对莎士比亚作品感兴趣的人们一直在讨论这个词。围绕着“百慕士”产生了一个谜团。

我们只在剧中听说过一次“百慕士”，那是爱丽儿在第一幕第二场叙述完成的任务时：

> ……在最深的角落
> 您曾在深夜到那里唤我去取
> 水气缭绕的百慕士的露珠……

当普洛斯彼罗来命令他去百慕士的时候，爱丽儿正在这个幽深的角落。从爱丽儿的话中可以明显地看出，“百慕士”是离此地更远的一个地方；但对一个精灵而言这不成问题；他可以在瞬间往返于两地。爱丽儿这是在打趣；但他究竟是什么用意呢？

有人指出这个百慕士应该在《暴风雨》中的小岛上。其他人坚称普洛斯彼罗的小岛是大西洋百慕大群岛中的一个；他们在十六至十七世纪的一些英语文献里看到“百慕大”也被称为“百慕士”①。但普洛斯彼罗为何要让爱丽儿去那远在千里之外的地方，去收集转瞬即逝的朝露，再带回意大利的瓦尔坎诺岛呢？

他的用意并不在此。其实是剧作家认为在《暴风雨》进行到这一阶段时，爱丽儿应该说点滑稽的段子来取悦伦敦的观众。这里是故事中给人放松的环节。爱丽儿是在说一个伦敦本地的笑话，只有本地人才能听懂其中的意味。

作为一个小插曲，剧作家选择了伦敦一处肮脏的地方。这里叫做“百慕大”或“百慕士”。这个仄仄的地方占地约四十英亩，背面是凯利街，南边是斯特兰德，东临赞善里，西靠克莱门特学院。这块四方形的地区主要由狭窄的小巷组成，两边的破房子是藏污纳

---

① 由于当时没有词典，拼写没有统一标准，一个词语有各种写法，写字的人根据词语的发音进行拼写。

垢之处，有人卖淫、赌博，还有酿造私酒的作坊，藏有秘密的蒸馏室——这就是爱丽儿口中“水气环绕”的地方。

这里暴徒、盗贼、酒鬼横行，还有负债潦倒的人，他们都把伦敦的百慕士当作躲避穷困、绝望和牢狱之灾的避难所。普洛斯彼罗正是命令爱丽儿来到伦敦的“百慕士”。他派爱丽儿到此地来取的是那一种特别的“露水”。

正如“百慕大”或“百慕士”对一个伦敦人来说可以指两个完全不同的地方。“露”这个词也可以指代两种完全不同的液体，而非法的蒸馏室以及它们生产的劣质酒也是一大公害。知道了这个背景后，爱丽儿的俏皮话就显得好玩了。且再听一遍：

> 您曾在深夜呼唤我……
> 去取水气环绕的百慕士的露珠。

在十六世纪，大部分当时的伦敦观众听到爱丽儿的小笑话①后都会笑出声来。但随着时间的推移，爱丽儿的话就失去了原有的意义。后来的英国观众以及世界各地观看《暴风雨》的观众都会板着脸听任爱丽儿卖弄他的小聪明。

除了瓦尔坎诺岛以外，再没有另一处地方具备《暴风雨》中小岛的那些特征了：黄沙、热泥潭、火山、泉水、喷气口、硫磺和刺鼻的气味，松树、橡树、鳕鱼、金雀花、洞窟、岩洞、桑树、刺猬和斑尾鹬等。事实上，在岛上可以看见剧中人对白里说的每一件事物，你可以触摸到它们，感觉到它们——甚至闻到它们——你只需去西西里岛对面一个神奇的小岛体验一番。

---

① 这个笑话现代人说法大约可以说成：“你半夜叫我起来去百慕士的地下酿酒坊里去弄点酒来！”

《暴风雨》的故事，为意大利剧集提供了一个新的场景。瓦尔坎诸岛不仅为剧作家提供了故事框架，这个天马行空的故事把当时意大利的事物和古罗马的传奇结合了起来。意大利的国土、历史和时事给予了剧作家创作的灵感。

尾声

在本书前面的章节里我们已经看到，原先被当成“虚构”的十部莎士比亚意大利戏剧，对于细节的呈现却是惊人地准确。这是剧作家在意大利生活和居住的结果。作者的旅程从阿尔卑斯山南麓延伸到半岛南端，包含了整个西西里岛，并坐船驶入了亚得里亚海和第勒尼安海。接下来的四百年中，戏剧家对意大利地名和珍奇事物的描述却没有得到承认，还被当成了谬误。通过研究和写作本书，我的目标是重新审视一些正统的观念，用戏剧家本人的话来反驳它们，以印证原文的精确性。

图书在版编目（CIP）数据

寻找莎士比亚：探访莎剧中的意大利 /（美）罗（Roe，R. P.）著；
韦春晓译. —上海：上海译文出版社，2014. 3
书名原文：The Shakespeare Guide to Italy
ISBN 978-7-5327-6410-5

Ⅰ. ①寻… Ⅱ. ①罗… ②韦… Ⅲ. ①莎士比亚，
W.（1564～1616）—戏剧文学—文学研究 Ⅳ.
①I561. 073

中国版本图书馆 CIP 数据核字（2013）第 305288 号

HarperCollins
哈珀·柯林斯

Richard Paul Roe
THE SHAKESPEARE GUIDE TO ITALY

图字：09-2012-707 号

寻找莎士比亚——探访莎剧中的意大利
〔美〕理查德·保罗·罗 / 著　韦春晓 / 译
责任编辑 / 王洁琼　　装帧设计 / 张志全工作室

上海世纪出版股份有限公司
上海译文出版社出版
网址：www. yiwen. com. cn
上海世纪出版股份有限公司发行中心发行
200001　上海福建中路 193 号　www. ewen. cc
上海颛辉印刷厂印刷

开本 890×1240　1/32　印张 10.5　插页 2　字数 165,000
2014 年 3 月第 1 版　2014 年 3 月第 1 次印刷
印数：0,001—6,000 册

ISBN 978-7-5327-6410-5/Ⅰ·3832
定价：38.00 元

内 容 简 介

青藏铁路作为世界上海拔最高的高原多年冻土铁路，它的修建创造了世界铁路修建史上的奇迹。在海拔 5 072 m 以上的高原多年冻土湿地地区修建铁路更是难上加难的难题，唐古拉山越岭铁路就正是修建在海拔 5 072 m以上的高原多年冻土湿地地区。本书以铁道部重点科研项目和唐古拉山湿地地区路基工程实际为依托，针对高原多年冻土湿地路基修筑技术的实际难题，从理论上进行了分析研究，并就分析计算结果与现场实际的监测数据进行对比分析，得出了一些有益的结果。

本书可供路基工程、湿地工程等领域的科研人员参考，也可作为有关专业的研究生、本科生的参考教材。

图书在版编目(CIP)数据

多年冻土湿地路基工程研究/段东明著.
北京：中国铁道出版社，2010.6
ISBN 978-7-113-10973-8
Ⅰ.①多… Ⅱ.①段… Ⅲ.①冻土区—铁路路基—铁路工程—研究 ②沼泽化地—铁路路基—铁路工程—研究 Ⅳ.①U213.1

中国版本图书馆 CIP 数据核字(2010)第 011168 号

书　　名：**多年冻土湿地路基工程研究**
作　　者：段东明　著

责任编辑：江新锡　徐　艳　**电话**：010-51873018　**电子信箱**：jxinxi@sohu.com
编辑助理：江新照
封面设计：冯龙彬
责任校对：张玉华
责任印制：李　佳

出版发行：中国铁道出版社(100054，北京市宣武区右安门西街 8 号)
网　　址：http://www.tdpress.com
印　　刷：北京华正印刷有限公司
版　　次：2010 年 6 月第 1 版　2010 年 6 月第 1 次印刷
开　　本：880 mm×1230 mm　1/32　印张 7.25　字数：184 千
书　　号：ISBN 978-7-113-10973-8
定　　价：30.00 元

铁路科技图书出版基金资助出版

多年冻土湿地路基工程研究

段东明　著

中国铁道出版社
2010年·北　京

作者简介

段东明，男，1963 年 11 月生，山西省阳泉市人，中共党员；1984 年 7 月毕业于石家庄铁道学院铁道建筑专业，2009 年北京交通大学博士研究生毕业，教授级高级工程师，享受国务院政府津贴，山西省委联系的高级专家。

自 1984 年参加工作以来，段东明同志先后参加了大秦铁路一期工程、包神铁路韩大段工程、神朔铁路神大段及神木北站工程、京九铁路吉赣段、宝兰二线铁路、神延铁路、青藏铁路格拉段工程等多项铁路和公路工程项目的建设，历任工程队技术主管、工程师、处测量队队长、处技术科副科长、科长、副总工程师、项目总工程师、项目经理、指挥长等职位。工作中，先后获得国家科技进步奖特等奖 1 项，铁道部科技进步奖特等奖 1 项、二等奖 3 项，山西省科技进步奖 2 项，在工程技术领域取得一定成就。

由于突出的工作业绩，先后荣获"詹天佑中铁建成就奖"，"铁道部大会战尖兵"、"青年科技拔尖人才"、"山西省五一劳动奖章"、"中央企业劳动模范"、"中国最具社会责任感优秀企业家"、"太原高新区优秀企业家"和"全国建筑业优秀企业家"等荣誉称号。

前　言

青藏铁路是世界上海拔最高的高原铁路，又具有多年冻土特点，是世界上独一无二的高原多年冻土铁路。青藏铁路格尔木至拉萨段全长1 118 km，其中多年冻土区长度632 km，海拔4 000 m以上地段约为965 km，其中唐古拉山越岭地段的海拔高度达5 072 m，是世界上海拔最高的湿地地区。

在海拔5 072 m的高原多年冻土湿地地区修建铁路，其关键技术是如何保护好多年冻土湿地，防止铁路施工造成多年冻土湿地的破坏，从而引发铁路路基的病害，给行车安全带来不稳定因素。

针对东北多年冻土地区的既有铁路和俄罗斯西伯利亚贝阿铁路的路基病害调查显示，沼泽湿地地段的病害占到总病害的60%～70%，这些病害严重影响了铁路的正常运营并大大增加了路基的运营养护支出，影响铁路的使用寿命。湿地现象对铁路工程修建及其运营期间路基工程稳定性产生了长期巨大的影响，因此必须重视冻土沼泽湿地地段修建路基的特殊技术，并将此项技术运用于现实建设中，以增加铁路使用年限，减少日常养护支出，保证铁路的营运稳定。

青藏铁路格拉段唐古拉山越岭方案选择了铁路垭口方案，该段冻土技术问题的特殊性表现在广布的冻土沼泽湿地和陡(斜)坡湿地等不良冻土地段的筑路技术问题和工程稳定性问题，也是本书研究的重点所在。

本书为国内外有关高原多年冻土湿地路基修筑技术与施工的研究专著，共分七章。第一章简单介绍了多年冻土湿地路基修筑技术的国内外概况；第二章介绍了所研究地区高原多年冻土湿地的基本工程地质条件和地基土的基本力学性能；第三章介绍了冻土湿地路基稳定性分析方法及其所采取的工程措施；第四章介绍了多年冻土湿地地区路基稳定性试验研究及其研究成果；第五章介绍了保证多年冻土湿地路基稳定性的施工技术、质量控制方法及有关施工工艺参数；第六章介绍了多年冻土湿地路基稳定性评价方法及其现场实测结果分析；最后，简单介绍了结论及创新。

本书在撰写过程中得到了中铁第一勘察设计研究院、兰州交通大学、中南大学和中铁十七局青藏铁路建设指挥部等单位的热情帮助和通力合作；同时，魏庆朝教授、张鲁新教授、王星华教授、沈宇鹏博士和丁愿文工程师等人为本书提供了有关试验数据和诚恳的意见；尤其是中国铁道出版社的江新锡、陈德明和中南大学的王星华教授等对本书所给予的热情鼓励和支持，使得本书得以完成；本书依托的科研项目得到铁道部重点科研项目资金的资助，本书的出版也得到了铁路科技图书出版基金的资助，著者在此一并表示衷心的感谢。

本书是以著者的博士论文和有关科研研究报告为主要蓝本整理形成的，由于时间仓促，书中难免有错漏之处，敬请广大读者批评指正，择机修订。

著　者

2009 年 8 月

目　录

第1章 绪 论

青藏铁路格拉段建设的关键技术问题之一是如何解决青藏高原多年冻土区的筑路技术，唐古拉山越岭地段由于其广布的冻土沼泽湿地和陡(斜)坡湿地等不良冻土地段的特殊性，将对筑路技术和工程稳定性产生影响。

根据对东北多年冻土地区既有铁路和俄罗斯西伯利亚贝阿铁路的路基主要病害调查的结果显示，沼泽湿地地段的病害占到总病害的60％～70％，这些病害严重影响了铁路的正常运营，大大增加了路基的运营养护支出。尽管青藏铁路冻土区(主要是唐古拉山越岭地段)的湿地现象与我国东北地区以及俄罗斯西伯利亚地区有所不同，但是这种现象对于铁路工程修建及其运营期间路基工程稳定性都有着长期而巨大的影响，因此我们必须重视冻土沼泽湿地地段修建路基的特殊技术研究。

本书重点研究地段是地处青藏高原腹地的唐古拉山越岭地段，那里具有随海拔增高而明显的气候垂直分带性的独特冰缘干寒气候特征，年平均蒸发量远大于降水量，气候干燥，气温多变，四季不明，冰冻期长，山顶终年积雪，现代冰川发育，暴风、雷电、暴雨、冰雪天气变化无常(中国科学院青藏高原综合科学考察队，1982年)。该地域中，各处气候条件也存在较大的差异。在唐古拉山中高山区，气候较为寒冷；而在温泉谷地和安多谷地气候则相对比较温暖，气候条件的分区造成了本区多年冻土发育程度上的差异，多年冻土空间分布的差异性也较强，从而使冻土湿地的性质产生了较大的变化。

区域内包括高寒草甸、高寒草原和沼泽化湿地，各生态系统类型的特殊性决定了该区域内冻土湿地特征。高寒草甸生态系统一般在海拔为 4 600～5 200 m 的高山地带，多分布在山地阴坡、河谷阶地，呈片状，植被盖度较大。高寒草原生态系统一般分布在低山丘陵和河谷阶地上，多呈片状，植被覆盖度较低。沼泽化湿地生态系统，多分布在坡麓山裙、滩地等积水谷地和排水洼地，多呈条带状或斑块状，常有热融湖塘以及冻胀草丘，植被密集。高寒草甸和沼泽化湿地生态系统与地域多年冻土上限较浅、温度较低，上限附近地下冰发育的特征的关系较为明显。

该段线路走向基本平行于唐古拉山脉，为长江水系、扎加藏布内陆河、怒江水系的分水岭，线路翻越唐古拉山及其支脉头二九山，地貌单元主要包括唐古拉山区、唐古拉山山间盆地、扎加藏布曲谷地、安多谷地等。唐古拉山区主要是布曲河源头一带，河谷狭窄，山坡陡峻，基岩裸露，地形起伏较大，海拔 4 800～5 200 m；唐古拉山间盆地主要是垭口以南至土门一带，地势开阔，地形略有起伏，植被稀疏，海拔约 5 000 m 左右；扎加藏布曲谷地及安多谷地主要由河谷、山前洪积扇、低山丘陵组成，地形起伏较大，海拔4 800～5 000 m。扎加藏布曲和捷布曲形成了河流的贯穿性融区，河流融区可影响到一级阶地。

唐古拉山垭口处山体较厚，呈低缓丘陵，其山脊海拔高程为 5 200～5 800 m，青藏公路垭口为 5 232 m，北侧为布曲支流茸玛曲，下游地形开阔；南侧为扎加藏布支流布纽曲，两岸边坡竖陡，下游地形开阔。唐古拉山与头二九山间为扎加藏布内陆河洪积平原区，区内地形平缓。头二九山垭口高程为 5 172～5 185 m，是扎加藏布与怒江水系分水岭。南侧属拉日曲及其支流捷布曲峡谷区，沟谷狭窄，两侧边坡竖陡。

地形地貌特征影响了冻土湿地的形成和发育。目前国内外关于冻土湿地的研究，大多数还是针对我国东北兴安岭地区自满洲里、牙克石至瑷珲以北地区的铁路。俄罗斯等国的研究资料，主要是针对西伯利亚地区，其冻土属高纬度多年冻土，青藏高原多年冻土也属于高纬度多年冻土。然而，现有的技术成果不能完全照搬到工程研究中来,我们必须要结合青藏铁路冻土湿地的实际情况进行研究。

现有的青藏铁路冻土区路基工程设计,虽然已经借鉴了国内外冻土路基的资料及研究成果,但是在对冻土湿地特殊性的认识上还缺乏研究,有一定局限性,因为唐古拉山越岭地段,在青藏铁路勘测之前,几乎无任何水文及地质资料可作为参考,如今仍有部分影响工程安全的因素未考虑。

开展青藏铁路冻土湿地地基处理与路基填筑施工技术研究,对于评价青藏铁路冻土湿地地段路基稳定性以及今后运营的安全性具有重要的现实意义,研究成果将具有实际推广应用价值。

1.1 冻土湿地路基工程主要研究内容

本书研究内容和研究方法主要包括:

(1)对国内外有关冻土湿地地基的类型、分布及相应的地基处理措施等资料进行研究分析,进而研究青藏铁路冻土湿地地基处理与路基填筑及质量控制的关键影响因素和主要技术指标。

(2)研究典型冻土湿地的水文、地质条件,通过室内试验确定冻土湿地地基土的冻胀融沉变形特点。

(3)研究冻土湿地路基不同处理措施条件下的路基稳定性。

(4)研究不同水文、地质条件下,冻土湿地路基施工关键技术。

(5)通过对冻土湿地在不同地基处理措施下路基地温和路基沉降变形的观测,研究路基处理措施对冻土热稳定性变化趋势影响。

(6)研究冻土湿地的工程特性、冻土湿地地基处理和路基填筑施工工法。

1.2 国内外研究状况

人们很早就意识到冻土的冻胀问题对道路的破坏作用。

1885 年，俄国工程师斯图金伯格提出了冻土水分迁移假说，将冻胀形成同土的毛细管作用相联系。根据这个假说，水转变为冰时体积增大，结果在入冻带里形成微裂隙造成入冻土里水分迁移，土中水沿毛细管由下层向上迁移。他的这种观点在勃格达诺夫的著作中得到发展(1912 年)。1916～1930 年，由美国学者泰伯研究出结晶力作用下的迁移理论，使水分迁移理论向前跨出了一大步。它揭示了由于在冰的表面存在着的吸附水膜，具有很大的拉力强度，所以水分向增长起来的冰晶迁移。泰伯认为，虽然水是沿着毛细管迁移，但它还是在结晶力作用下移动的。

美国学者贝斯考认识到吸附水在结冰迁移过程中的意义，他观察了冰的形成，还进行了专门的试验，通过分析实验数据，提出了土颗粒“临界尺寸”概念。他认为，在水分迁移过程中，土的分散性是通过毛细管作用表现出来的。贝斯考选用毛细管水上升高度作为冻胀性的指标，将地下水、土颗粒性质、毛细管性质综合起来评价土的冻胀情况。

随着理论研究的深入，人们对土的冻胀机理有了更进一步的认识。很多研究者通过研究，也提出了众多的水分迁移理论，人们对未冻土和已冻土中的水分结构和性质有了更清楚的了解。关于水分迁移的动力问题，很多研究者从一般方面，概括描述了水分迁移是在各种梯度力下完成的一个复杂过程。居密克斯在他的一系列著作中(1958～1962 年)指出，依照土的孔隙率(密度)，冻结时土中水分借助于薄膜机构、毛细管机构、蒸汽机构等发生迁移。居密克斯认为冻土中迁移水转移的最有效途径是通过毛细管——薄膜机构，正是它为冻土带中生长起来的冰晶提供水分。也有些学者提出，水分迁移是在毛细管吸力作用下进行的。德国学者吕克利认为有很多种因素影响吸力的大小，如埋藏条件、岩石及其化学成分、空隙率等。1957 年美国学者潘纳提出一个假说，认为水冰边界上的吸力和水向生长起来的冰晶的迁移决定于土系的孔隙尺寸。同时也有一些学者将水分迁移变化、冰析出、土冻胀等问题与冻结锋面上的水分冷却、自由能、土水势的变化现象等联系起来，从而探讨冻胀问题。

综合研究认为，温度、土的性质、细粒的含量、含水量和土的密度都是影响多年冻土融沉冻胀的因素。

由于冻土湿地地质条件的特殊性和局限性，而且有关于多年冻土湿地地基处理方法和路基填筑技术的资料与文献非常少，因此开展冻土湿地地基处理方法和路基填筑施工技术试验研究是非常迫切的。

1.2.1 冻土湿地的类型及工程特点

很久以前，人们在多年冻土岛上开采金矿时就对多年冻土有了初步认识。之后，在前苏联及北美地区，多年冻土区的公路、输油管道、铁路和矿业开发等工程建设相继开展。随着人们在多年冻土区活动的日益增多，与冻土有关的问题被提到议事日程上来，多年冻土问题也开始得到了较为系统的研究。

一百多年前，人们就已经在多年冻土区修筑铁路了，世界上第一条横贯西伯利亚冻土区的铁路，自 1892 年开始新建，到 1905 年日俄战争期间，莫斯科与海参威之间已经开行了直通列车。20 世纪 70 年代末，前苏联修建的贝阿铁路，该线全长 3 500 km，途经多年冻土湿地长达 2 500 km。

俄罗斯贝阿铁路投入运营后一段时间，路基融化，造成路堤不均匀急剧沉陷，路基大范围地出现了变形现象，尤其是冻土沼泽湿地地段。

路基沉陷通常速度为每年 4～12 cm，路基变形是不连续和局部性的，长度一般为 100～300 m 不等，个别情况下，不稳定地段的变形长度可达到 1 km 及以上。在较长的低洼地段也经常发生路基急剧沉陷，如果不及时采取抬高线路的预防措施，线路纵断面（尤其是在桥隧建筑物的引线上）就会产生严重变形。一般在路堤沉陷不均匀的地方，道床厚度增加会超过 1 m，导致枕端外露，而路基顶面道床的宽度不减小，其边坡与路堤边坡重合，护道沉入地基，甚至个别地段还会沉入水中。在沼泽地区，热溶洞孔隙被水充满。这样的情况如果继续发展，路堤周围将会产生热溶洞湖。

路堤沉陷最容易发生在以下各种类型地基上：古河道和有热溶洞湖的河滩地；苔藓地与苔藓-青草沼泽地；分水线（包括其局部低洼地）上的排水量少的沼泽地；河谷平缓坡（包括梯地平缓坡）上的沼泽地；深谷隔开的河谷坡地和山坡上的草丘和青草-苔藓沼泽地。位于沼泽地的局部低洼地上的路堤最容易出现不均匀急剧沉陷，这些低洼地呈椭圆形，上面生长着畸形落叶松（高达3 m），低洼地周围则生长着大片各种树林的森林。

影响路堤沉陷的另一个因素是地基土层的构成。在黏土地基和含有大块碎石的黏土地基上修筑的路堤容易发生沉陷，因为泥炭土下面含有少量淤泥的土层含冰量最多，因此在富冰土层融化时，路堤沉陷异常迅速。

为了研究路堤沉陷，前苏联铁路运输科学研究院除安排了三个试验地段外，还在贝尔卡基特斯克工务段和乌尔佳里斯克工务段进行了试验，以研究整治路堤变形的新方法（由哈巴罗夫斯克铁路运输科学研究所开发）。

在第一试验段地基上部是砂质黏土，黏性差，砂砾和矿石的含量达80%，并发现矿石-砂砾土层（含30%砂质黏土）的厚度不大，长度短。从深约7 m处起，出现亚砂土，细粒和微粒砂土，这些砂土层中往往夹杂很薄的砂质黏土层和带砾石和鹅卵石的砂质黏土层。在6～7 m的深处还发现了厚度达10～15 cm的泥炭层以及有机物含量为6%～25%的软弱泥炭化砂质黏土。

冻土层包括厚度为20～40 mm及以上的冰层，冰土出现在泥炭土层与黏土层间及黏土层中。在路基下面深约6.75～10.3 m处的亚砂土泥炭层中发现埋置的3.2 m厚的冰层，透明冰层是与含有矿物（5%～25%）的冰层交错的。在冲积土层中，冻土厚实，冰层节理不明显。而在堆积土层中，发现冰的含量高，厚达6～7 m的整个断面，堆积土层实际上是属于Ⅲ级和Ⅳ级沉陷土层。

第二试验段的土层（河谷坡地被深谷隔开）含冰量不高（约10％），冻土呈层状，呈网状的很少，在6～7 mm矿物泥炭层的夹层厚度只有1～2 mm。

第三试验段的土层也是不均质的，冰含量高。

由于在沼泽地上修筑路堤，使沼泽地原有的热交换条件发生了变化，即地表土层遮蔽植被遭到破坏，影响土壤中水分蒸发，温度低使路堤土融化和冻结加快，渗水土壤表面和充水沼泽地白天的温度比有植被的沼泽地的温度高1～14倍。

1.2.2　冻土湿地的变形特点及主要原因

路堤填筑几年后，路堤下面的土温工况趋于稳定，与变化后的热交换条件相一致。路堤下面的沼泽地基在天然条件下融化1～1.5 m（从路堤上部算起）时，多年冻土的上限稳定在4～6 m的深处；在试验地段，上述数值分别为1.15 m和4.7～5.7 m。在护道范围内，多年冻土的上限固定在2.5～3 m的深处。因此在路堤下面形成了特有的融化盆，地形形成的融化层，底部位于路基顶面下面。

路基建好4～8年（5年）后的观察期间，第一年昼夜正负气温大致是多年平均值之和，随后几年，夏季和冬季的平均温度升高20％～25％，土温随观察年度而变化。

在土层极度冻结时期，融化区还处于多年冻土上限线之上，这时冻土不会出现融化。在第一试验地段，季节性冻结深度达4.3～4.6 m，冻结区厚度达1 m。在第二试验地段发现融化区厚度为1.3 m。实验获得的温度观察数据与钻控和电控的结果相符，借助这些数据，研究组查明融化区底层冻土上方仍有尚未融化的土层（3.35～3.5 m）。在第三试验段，没有固定融化区，多年冻土的上限降低了4.65～4.9 m。

在沼泽地地表没有受到破坏时，路堤的热效应扩展范围应在距其边界 2 m 的区域内。由于土层的热阻很大，因此，基本的变化直接发生在温度场扰动区内。由此可得出实际结论：用以调整路堤下面土体温度工况的构筑物最好与地表没有受到破坏的沼泽地段衔接在一起。

路堤附近的沼泽地地表充水，特别是用矿物土层填筑路堤的地段，多年冻土的上限线会降低。沼泽地填筑路堤后，多年冻土上限线降低的速度为每年 1 m。这样的情况将会造成地表下沉和再次充水。

利用电探获得的数据，对位于路堤和护道坡脚下面的软弱黏土层进行分析研究，此黏土层厚度为 10～30 cm，土层处于流动和塑性流动状态，下面是水分较少和强度相对较大的土层。路堤底下的软弱黏土层因受路堤的挤压而断裂，主要是在形成新的地基土体温度工况过程中，路堤沉陷不均匀的缘故。

在试验地段上，经历年观察得知：在第三试验段上，三年内路基下沉约 60 cm；第二试验段的一年最大沉陷量为 80 mm；第一试验段的一年最大沉陷量为 200 mm。由于不均匀沉陷，线路纵断面坡度加大达 3.5%～4%，线路养护维修工作量超过定额许多倍。沉陷基本上发生在每年 7 月至 12 月，冬季发生的沉陷量大于全年沉陷量的 1/3。

冬季由于地基的有效土层很厚，护道冻胀在 100～150 mm，并且沉陷也比路基少，沼泽地短桩基标的冻胀速度比护道上基标的冻胀速度快 1 倍，在天然条件下，没有发现护道基标沉陷。

冬季路基变形，是由冻害和地基冻胀前产生的塑性流变造成的。冻害主要发生在沉陷最小的地方，冻胀值可达到 50 mm，而冻胀形成率为 3%～4%。但冻害对土层温度塑性的影响不大。

路堤和护道的边坡都发生了垂直位移和水平位移，沿路基中心线向下和两侧移动。移动有时会使路堤部分偏离中心线，并沿垂直方向形成台阶。移动的边坡部分挤向护道，使护道向旷野一侧移动。相互间产生的移动能使地表产生看不见的裂缝。在试验段上，路堤侧面部分的位移速度达到每年 180 mm（护道）和 260 mm（边坡）。在第三试验段，也发现路堤向下平缓移动。

借助沼泽地上的基标可以确定，在路堤范围内，融化土层沿深度同时移开路堤的速度大约比移开护道的速度快 1 倍。由于护道边界的地基土被路堤从下面压出，黏土层的漂移断裂带穿过护道土层上升到地表面，以及路堤边坡脚下面的地基土在路堤范围之外产生塑性流变等多方面的原因，造成路堤逐渐陷入地基中，并向两侧蠕动。

在天然条件下，沼泽地中的砂质黏土层在泥炭-青草覆盖层下面发生断裂并上升至地表面，形成砂质黏土丘。

根据在物理模拟实验中所获得的数据和大自然的条件，得到如下结论：造成沼泽地区路堤长期沉陷和位移的原因是路堤下面地基土液化并被挤出地面。不管地基黏土层是何种沉陷等级的土层，其发生变形的性质都是相同的。

1.2.3 冻土湿地路基的结构措施及技术方案

针对上述路基不均匀沉降的情况，设计采取的结构与技术方案：从路堤两侧修建 3 m 宽的护道，并修建排水沟，用渗水土回填。但是这种方案也引起了一系列的负面效果，如温度工况遭到破坏的地区扩大，整个融化层充水，而改变了天然水文和地质环境。因此，用以填平沼泽地的矿物土层（主要是渗水土层）、修建排水沟时的弃土、汽车和履带式机械通过时留下的痕迹、随意改变违反排水沟和桥下河道标高、在天然低洼地的地方未修建泄水建筑物等，所有这些原因都会导致沼泽冻土地区沉陷和积水，水渗入路堤后会加速局部融化。

针对上述原因制定防止变形的措施：通过调整冻土状况和采用机械方法建立屏障防止冻土压出，使整个路堤下面的地基黏土层全年保持冻结状态。

稳定沼泽地区路堤组织的技术措施必须包括：在与路堤邻接的

地区进行松土和排水作业;建造能消除不均匀沉陷的防变形构筑物。

进行松土作业时,必须用泥炭土、泥炭化砂质黏土或废木料(锯末、碎木块、树皮)填平热溶洞低洼地。热溶洞低洼地不能用矿物土填充。泥炭土可在附近采挖或用矿车从现有的(重新建立的)取土坑运来。这种措施容易推广,到处都可以采用,效果很好。

对于排水沟底部出现的局部下沉,除了用填料填平之外,最好还应该使用土工织布加固排水沟,以及用土工织布做成排水管,这些排水管可以铺设在路堤边坡坡脚下 20 cm 的深处或远离路堤的地方,也可穿越桥下空间,构成一个新的人工排水网络。

为了消除路堤沉陷,在路堤边坡和护道上可以填充泥炭土。此作业可与回填热溶洞低洼地配合进行,也可采用抛石的方法(梯恩金斯克冻土站)解决路堤沉陷。

在试验的基础上建议:在路堤边坡坡脚区用泡沫塑料层隔热,同时用土工织布覆盖,以及用废木料或泥炭土衬垫;用轨枕覆盖路基边坡;用渗水土更换护道边界的地基土,并用挖出的土筑堤;使用能模拟沼泽地区热交换条件的薄膜覆盖层;护道要建造在用填土回填的河流或水库(例如热融洞湖)上,在土层不断固结时,护道建造在不坚固的地基上(根据北方铁路局的经验)。

在贝尔卡基特斯克工务段,对两个试验地段进行了观测,这两个试验地段长度分别为 75 m 和 130 m,沉陷速度为每年 10 cm,为了消除线路的位移沉陷,在这两个试验地段上铺设了ⅡC5—50型泡沫塑料隔热层,其厚度为 20 mm,在路堤边坡坡脚区铺设了6 m宽的泡沫塑料隔热带。

在没有铺泡沫塑料隔热层的控制地段上,路基每年下沉 65～100 mm,而铺有泡沫塑料隔热层的试验地段每年平均 12～26 mm,并且在 5～6 m 的深处,秋季的土壤温度会降到－1.3℃(在无隔热层的地段土壤温度为－0.6℃),这就是说,在泡沫塑料隔热层下大面积储存着冷气。

由电探测得知,泡沫塑料覆盖层中心线以下的地基土层处于冻结状态。在直接与路堤坡脚接触的覆盖层内，平均的标称动态阻力值为 5.5 MPa，在覆盖层外为 1.2 MPa。

因此，根据贝阿铁路的实践经验可以得到如下认识：

(1)在坡脚一定宽度范围内铺设泡沫塑料隔热层对抑制路堤急剧沉陷具有较好的效果；

(2)好的排水设施和排水系统对于防止坡脚和地基积水、下渗，从而防止冻土融化具有积极作用；

(3)采用抛石的方法也是解决路堤沉陷的有效措施。

1.2.4 冻土湿地工程措施原理——片石层气冷作用的发现及研究

人们对片石气冷路基的应用，得益于早期对一定气候条件下块石堆底部多年冻土存在现象的偶然发现，其后对这种现象的解释和机理研究结果也坚定了人们将其推向工程应用的决心。要把片石层发展成为一种路基结构，并在冻土区路基工程中广泛应用，还有一段相当长的试验研究过程。对此，国内外学者和工程技术人员也进行了长期执着的探索。

Harris 在中国昆仑山垭口两年(1991～1993 年)的地温监测过程中发现，在块石层厚度为 15 cm 的地下土年平均地温要比邻近细粒土下地温低 7.1℃。他认为产生这种温差的主要原因是暖季块石层中空气的绝热作用以及冷季块石层下土体的较高的导热系数。由于受到初始观测设备限制，细粒土近地表下 15 cm 只有一个温度测点，而块石层下温度测点最深可达 90 cm，因此所得温差结果对工程实践应用借鉴不大。随后 Harris 等科学家又在加拿大 Alberta 山地高原上对矿物土与块石下地温状态进行了长达两年(1994～1996 年)的观测，对比研究分析发现块径大于 25 cm的块石下年平均地温比矿物土下要低 4℃～7℃，他还归纳出块石下具有较低温度状态的原因：(1)Balch 效应：该理论基于冷空气的密度大于热空气密度这一事实，认为冷空气易于置换块石孔隙中的热空气，从而达到降低块石层底部的温度(该理论不适应于地区冷季存在雪盖的情形)；(2)烟囱效应：由于雪盖的存在，冷季斜坡下部块石层中的热空气易于被上部较冷空气所置换，以此来达到降温的目的(该理论基于山地斜坡的观察研究)；(3)暖季块石下堆积物中水的蒸发或冰的升华作用：干旱地区偶尔的降水易使块石层下保持相对潮湿状态，通过堆积物中水的蒸发或冰的升华作用消耗相变潜热来达到降温的目的；(4)与大气的连续气体交换：多风地区由于块石层表面裸露，使得大气与块石中空气热交换频繁。

美国阿拉斯加大学的 Douglas 教授等在这方面做了大量工作，包括块石冷却路基的数值模拟、模型试验及实体工程试验，充分验证了块石路基具有冷却路基及下部地基土的作用。早在 90 年代初，研究组就在阿拉斯加 Fairbanks 附近建造了长达 40 m 的试验路基，路基采用块径为 5～8 cm 的块石建造，高度为 2.5 m，路基表面宽 6 m，坡比为 1：2。通过在路基及其下部地基土中布设一定的热敏电阻来观察其内部的温度状态。经过 2 年的温度观测结果表明块石路基对其下部地基土有着较强的冷却作用，并认为这种冷却效果来源于冷季块石层中空气的对流。在 2 年的观测中，块石层表面平均温度为 2℃，而界面(指路基与地基土交界处)的平均温度为－1.2℃～－3.6℃，这也表明块石路基可以有效地消除路基下部多年冻土的融化下沉。冷季与暖季的实测地温剖面有着很大的差异，暖季等温线基本上呈现平行分布，冷季等温线则呈现出非平行分布，直接影响因素就是块石层中的对流。1996 年研究人员完成的数值对比计算中采用了非稳态有限元模型，边界条件及地基土特性均采用当地情况，结果表明在路基高度(即块石层厚度)为 2.5 m，平均块径为 3 cm，孔隙率为 40%的块石路基下，25 年后，年平均温度要比普通路基下低 5℃左右。2003 年研究人员又完成了类似的数值计算，在块石厚度为 2.5 m，平均块径为 5～7.5 cm，孔隙率为 35%的块石路基下，

21年后，块石层上下界面温度位移可达6℃左右。两组研究均是通过冷季块石路基中温度场及空气流速矢量图来强调块石路基的冷却效果。2000年，Douglas教授又进行了块石层热状态分析的室内模型试验及其数值模拟计算，试验装置采用封闭系统，模型箱尺寸长宽高为1 m×1 m×0.75 m，块石块径为2～6.3 cm，试验分顶部和底部两种加热方式。加热情况下，顶部块石层内部温度分布符合热传导方程，而底部块石层内部温度场呈现非线性分布，说明换热机制包括自然对流换热，试验结果与三维数值模型结果相吻合。

综上所述，自然条件下，块石层下地温要比相邻其他土质下地温低，产生这种现象的主要原因是冷季块石层中空气对流的冷却作用。实体工程试验、模型试验以及数值模拟计算中，评价块石路基具有冷却路基的作用基本采用对比的方法，一是通过块石路基与普通路基的对比，主要对比界面（路基与原天然地表交界处）温度，可以得到块石路基界面温度较低的结论，也即块石路基具有冷却地基的作用；二是对比块石层上下面的温度位移（自身作对比），可以得出块石层下界面温度低于上界面的结论；三是在数值模拟预测分析计算中对比块石路基与普通路基下多年冻土上限的位置，可以得出块石路基下多年冻土上限的位置要高于普通路基、并且普通路基下存在融化盘等结论。通过以上分析方法，可以肯定地得出块石路基具有冷却地基、抬升冻土上限的作用，但这些定性的结论在具体工程实践中还是远远不够的，我们只有了解块石的最佳铺设厚度、最佳块径、最佳铺设位置以及适用的地质条件后，才能经济且有效地保护冻土区湿地路基下的多年冻土。

1.2.5 冻土湿地地基土体性质研究

1963年至1972年的10年间，铁道部科学研究院西北研究所、铁道第一勘测设计院和中科院冰川冻土所合作，开展了高原气象、多年冻土地温场、冻土热学、冻土力学等一系列的有关于冻土基本性质和参数的试验研究，并在风火山大东沟坡地修建了试验路堑、地下冰地段自埋式挡墙等试验工程，进行了冻土地区路基、桥涵、房屋基础、隧道、给排水等工程项目研究，取得了一定的成果。

我国冻土力学研究始于20世纪60年代，当时人们主要是通过对野外道路实际情况的调查，分析产生翻浆破坏的原因，因地制宜地采取翻浆防治措施。这一时期内，人们还着重研究了石灰土、粉煤灰土等混合土的抗冻性问题，并利用混合土作为防冻胀路基或建筑物的基础。这些研究对当时改善运输条件，减少道路翻浆起到了重要作用。

如今的研究是试验、理论并举，并有相当一部分成果应用于工程实践，但理论实践的关系还需进一步深化。多年冻土沼泽化湿地地基的处理研究是应用冻土研究的成果，结合当今软基处理的方法，提出适宜于沼泽化湿地软基处理的措施，这是对多年冻土不同支承条件理论研究的补充，而且对指导多年冻土区铁路、公路设计有着十分重要的意义。

影响冻胀融沉的主要因素

(1)土的粒度对冻胀性的影响

土的粒度组成是指土固体颗粒的形状、大小以及它们之间的相互组合关系。不同土颗粒大小反映出土粒表面力场的差异。颗粒由大变小，其表面积由小变大，与水相互作用的能量也越高。这种差异性直接影响着土体冻结过程中水分移置能力差异，并导致冻胀变形特征各不相同。

粗颗粒土孔隙较大，同时土中水与土骨架黏结不牢。粗砂孔隙中不含盐类的水几乎全部在0℃下冻结，形成未冻土与冻土分开的冻结界或冻结界情况。粗粒土中，若无粉黏粒充填，则表面能很低，表面吸附作用几乎没有，很难形成薄膜机构或毛细机构。冻结期间，在重力作用下，水分一般向下层转移，此时，只有土中孔隙水冻结引起的很小的冻胀使水分有向上层转移的产生。

随着粗颗粒中细颗粒含量的增大，其冻胀性也不断地增大，最终达到黏性土的冻胀性。在充分饱和水条件下，颗粒粒径小于0.05 mm的粉黏粒含量小于总重量的12%时，土体的冻胀系数为1.5%～1.8%范围；当粉黏粒含量超过50%以上时，土体冻胀系数便突跃至8%。产生水分迁移和冰析作用的土颗粒的“临界尺寸”大致为0.07～0.1 mm。其他一些学者的实验研究表明，如果将冻胀系数小于1作为不冻胀土的划分界限，细砂土中的黏粒和粉粒含量分别不得超过1%、5%，否则将具有较大的冻胀性。

从土颗粒的分散性看，随着粒径减小和土体分散性的增大，冻胀性也增强，纯净的细砂冻结时，由于孔隙中自由水冻结对未冻水内产生超静水压力，使水产生反向(即向非冻结土方向)移动出现排水现象，只有当土颗粒粒径小于0.1 mm后，冻结过程中土体水分才开始产生正向移动，即向着冻结锋面方向移动。随着土颗粒粒径减小，水分迁移量便急剧上升，G·贝斯科的试验结果显示，其水分迁移尺寸大致为0.002～0.1 mm。

(2)土体密度对冻胀性的影响

一般情况下，三相体系密度增加，只是缩小了土体的孔隙，并不改变土体的水分含量，但却改变着土体的饱和度。在一定的含水量条件下，小密度土体冻结时，有充分的孔隙空间任冰自由膨胀，而不至于影响土的颗粒之间的分离，随着土体密度的增大，自由水填充土孔隙的程度在增大，饱和度增高，土体的冻胀性增大。当土体达到某一标准密度时，表现出土中孔隙最小，达到最佳的粒度团聚，这时的土体密度能保证水分迁移的薄膜机构处于最有利的条件，冻胀强度也达到最大值。

土体密度同样影响着土体的冻结速度。当土体密度一定时，其冻结速度随着土体饱和度的变化而变化。同时，随着土体饱和度的增加，冻结深度的发展曲线逐渐变小。这是因为土中水分增加时，冻结过程中相变潜热增加，降低了土的冻结速率。同样，在饱和度一定的条件下，土体的密度增加，冻结速度加快。这是由土体密度增大，致使单位体积骨架颗粒数量增加，孔隙减小，导热系数增大所致。

(3)土中水分对冻胀性的影响

在一定的土质条件下,土中水多少是引起土体冻胀性大小的基本因素之一。土中水的来源有 3 个方面:大气降水、地下水补给和各种给水工程等引起的回归水。

在冻土研究中,通常在一定的负温条件下(土体温度在−9℃~−10℃),冻胀系数为 0 时土体的含水量称为起始冻胀含水量。在实际工程观测中土体冻胀系数小于等于 1 时,对建筑物稳定性不会产生明显影响。因此,仍可把这种土体看成是非冻胀性土体,以此作为界限的土体含水量称为安全冻胀含水量。

在土体密度为 1.5~1.6 g/cm^3 的条件下,当土体含水量达到起始冻胀含水量之后,细颗粒的冻胀系数随着含水量的增大而增大,最终趋于一个定值。

同样,粗颗粒土冻胀性与含水量的关系也很明显。土体的冻胀系数随着饱和度增大而增大。但是一般情况下,粗颗粒土不具有细颗粒土的水分迁移现象。在较为纯净的粗颗粒土中,尽管孔隙全部饱和,冻结期间可排水时,其冻胀性也不会超过弱冻胀性土体。

冬季水分积聚量与冻前土基湿度、地下水(或地表面水)的影响程度、当地气候条件都有密切的关系。

冻前土基干燥时,正温区内土中的水分移动,主要以水气扩散形式进行,水气移动借水气凝聚作用,能够维持负温区内水膜中水的损失,但是不能在 0 ℃边界附近造成毛细水的补充积累,对工程危害不大。多雨的秋季,冻前土基湿度较大,这时向冷冻区移动的水分主要以液态形式进行,在正温区中水分移动的动力是由冻结线处水结冰与下面形成湿度坡差形成的,悬挂毛细水变成薄膜水,导致整个毛细水柱逐渐吸向冻结区,由于水分在路基上层集中而使路基土层过度湿润,而且冻前含水量越大,水分迁移及潜热释放也越多,使冻速越慢,加速了水分进一步迁移,冻胀也就越大。

在封闭体系条件下(即无外界水源补给的情况下),冻结过程中只有土体内部的水分迁移的现象称为水分重分布现象。由于缺乏地下水的补给,冻结后含水量较冻前仅在上层土层中(一般在1/2～2/3冻深以上部分)有显著增加,而下部土层含水量则减少。在开放体系条件下,冻结过程中由于下卧未冻土层的水向冻结锋面迁移时可以得到地下水源源不断的补充,所以冻结后的整个冻深内,含水量较冻前都有大幅度地增加,迁移水造成的冻体引起土体的膨胀,可使土层冻胀率达到很高,给工程造成严重损害。

第三,如果冬季严寒,且冷得很快,则土基很快冻结至深处,下层水分便来不及向上层积聚。反之,如果入冬时上暖或时寒时暖,交替频繁,则土基冻结缓慢,冰冻线有时长时间地停留在路基的某个深度,使水分有可能充分地向上在该处积聚,成为冰夹层或叫作聚冰层,造成该处湿度特别大,常常接近或大大超过液限。骤热的晚春或春融期降雨,上层融化了过量的水分,而路基来不及排出,就会加剧翻浆。

在封闭体系中,土体的冻胀性强弱主要取决于土体保持水数量。在开敞体系中,尽管初始含水量较小,但在冻结过程中外界水源补给可以大大增加土体的冻胀性。这是由于下卧土体的水分不断地迁移到冻结锋面上形成冰透镜体,导致冻胀性急剧增加的结果。

童长江的试验结果显示,有水源的冻胀结果比无水源供给时增大10倍以上。对于多年冻土及地下水位置较深的季节性冻土地区,大气降水是土中水的主要来源,秋季末期降雨直接影响当年土体的冻胀量的大小。

地下水位是土中水的主要来源。可以认为,土质条件相当时,地下水位埋深与土体的冻胀性近似成反比关系。关于不同土质中地下水影响高度问题,目前国内外主要还是根据地下水位以上毛细管作用层范围内毛细水的上升高度来确定。

(4)土中温度对冻胀性的影响

土体的冻结过程,实际上是土中温度变化的过程,土体的冻结温度取决于土体的颗粒分散度、含水量、颗粒的矿物成分和水溶液的浓度。同一土质条件下，土体的冻结温度是随着含水量的增大而增高的，在任何负温度下，土体总保持着与负温度相对应的未冻含水量。这些特性直接影响着冻胀特性。

在封闭体系中，土体水分随负温度增大而不断冻结，未冻水量减少，含水量增加，土体体积增大。因而土体的冻胀系数随土体温度降低而增大。对于不同土质的土冻胀，其冻胀系数不同，而土体冻胀系数随温度的变化规律相似。一般在土体冻结温度至－3℃左右，土体冻胀量值约占最大冻胀量的70％～80％，其中土中的温冻水急剧减少；在土体温度－3℃～－7℃范围内，冻胀量增大值约占最大冻胀量值15％～20％。期间未冻水也处于缓慢减少的过渡状态。在土体温度低于－7℃，土体冻胀量值占最大值的5％以下，有些几乎不增加，土中未冻水的减少相当缓慢。

土的冻结速度是温度影响土体的冻胀性大小的表现。冻结锋面在土体中的移动速度反映了土中某一瞬时冻结锋面上的热平衡状态。当冻结锋面通过已冻结部分向上面层输送的热量大于下卧未冻结部分通过热传导输送上来的热量与在冻结锋面上因水分冻结时释放的潜热总和时，说明某时刻内冻结锋面上的冰析出量少，冻界面下移速度增加；相反则冻结锋面下移速度减缓。在同一温度条件下，土体的冻结速率主要取决于土中含水量和冰析出率，以及土体的密度、导热系数、土的热传导等。

在相同的应力条件下，土体冻结速率大，冻胀时则伴随着排水；相反，则吸水。在冻结期间，无论有效应力多大，总会存在土体冻胀随冻结速率变化而出现吸水或排水现象。一般情况下，有效应力及土体冻结速率小时，冻胀伴随着吸水，冻胀发展；相反，排水，冻胀减小。

(5)湿度梯度对冻胀性的影响

湿度梯度是决定水分迁移的关键性因素。冬季负温度对冻胀性土有两个作用：一是使土中水相变成冰，体积膨胀，造成土体冻胀。二是使土基的湿度梯度变大。水相变成冰的数量越多，未冻水含量相对减少，湿度梯度与初始平衡状态相比改变得也越多（湿度梯度加大），因而从下卧层转移上来补充的水分越多，冻胀也越大。如果土中水没有发生相的变化，湿度梯度仍保持原始平衡状态，水分的重分布就不会进行，也就不存在水分的迁移现象，冻胀就小。不仅冬季土冻结时是这样，夏季地表在风吹日晒中水分蒸发也是如此。由于蒸发脱水，产生了湿度梯度增量，下层土中的水分转移上来补充。如果不是由于负温冻结或正温蒸发，而是用其他方法（如吸水纸等）取走土表层之水，产生湿度梯度，下层土中水同样会迁移。水分迁移现象是使失去湿度平衡的土层尽量恢复平衡过程。

1.2.6 冻土湿地的防治措施及技术指标特点

沼泽化软土地基对道路工程的最大危害就是使得地基承载力不足和变形过大，人们进行研究处理的目的就是要提高软弱地基的承载能力，保证地基的稳定，降低软弱地基的压缩性，减少地基的沉降和不均匀沉降，防止地震时地基土的振动液化，消除区域性土的湿陷性、胀缩性和冻胀性。目前，一般措施有以下几种：

（1）应用传热理论的方法确定出计算防冻厚度，在此基础上考虑软土的承载能力确定换填的厚度。实验证明，此种方法在确定冻土湿地软土地基处理换填厚度时是可行的。

（2）当冻土湿地软弱土层较浅时，可以采用换填的方法。换填砂砾、素土、粉煤灰、石灰土都是可行的。但素土的沉降要比其他处理方法复杂一些，承载力经过一个冻融循环后下降也相对较大。从沉降考虑，处理效果依次为石灰土、粉煤灰、砂砾、素土，而从承载力考虑依次为石灰土、砂砾、粉煤灰、素土。

（3）当软弱土层较厚时，采用砂石桩、碎石桩、石灰桩是可供选择的方案。采用成桩法进行处理的软基和换土相比，沉降相对较小，承载力的提高也比较显著；从处理效果来看，石灰桩在地下水位较高时，表现出了明显的优越性；砂石桩和碎石桩的处理效果相差较小，石灰桩在承载力方面表现出某些优越性，但它们之间的沉降相差较小。

（4）应用抛石挤淤处理浅层的淤泥有着很好的效果。特别是应用挤淤法和反压护道的联合处理方法，地基的承载力得以改善，减小了冻土湿地的沉降，是一种较为经济合理的处理方案。

综上所述，处理浅层软基时，应用抛石挤淤、换填砂砾或石灰土是比较经济、科学的；处理较深层的软基，结合当地的实际情况，可以选用石灰桩、砂桩等方法处理。

1.2.7 冻土湿地地基处理与路基填筑及质量控制的关键因素和技术指标

考虑到多年冻土湿地的地质特点，从青藏高原的特殊环境出发，结合青藏公路建设和整治方案，大兴安岭林区国道 301 线 K153～K176 段的工程实践，路基结构及地基处理措施可大致归纳为以下几种：

（1）抛石挤淤处理地基的方法。石料最大粒径不宜超过 40 cm，个别不平整处可用细石块找平，同时采用 25 t 振动压路机进行碾压，提高下层湿地地基的承载能力；对有明显回弹的地段，处理的方法是再卸一层石料进行碾压，直至达到要求；对含水量过大、深度在 2 m 以内的潮湿土，挖去湿土换填适用的干土或挖方石渣、天然砂砾等，并分层压实达到标准。

（2）排水设施及填料控制。处理好填挖交界处的边沟，为了防止雨水浸淹路基基底，做好排水设施十分重要。用强度满足路基要求且水稳性良好的材料填筑，30 cm 一层，分层碾压，压实度达到 93％以上，再进行下层填筑。

（3）横坡度较大路段的路基基底的处理。对路基基底横坡度较大的路段，采用挖掘机挖出横向台阶。基底处理合格后，从底层台阶开始填筑路基，底层台阶与第二个台阶填平后，用 25 t 振动压路机碾压合格（包括第二个台阶，压实度 93%以上），再连同第二个台阶一起填筑，直至所有台阶填平再按路基全宽填筑。

(4)路基结构为土工格室加渗水土方案。针对青藏高原三江源自然保护区布曲河谷地及温雁断陷盆地多年冻土湿地地质条件，路堤设计采用路堤下部 1 m 用土工格室内填渗水土，两侧设渗水护道，上部填普通土，渗水土和普通土中间设复合土工膜隔断层（两布一膜），土工膜上下各设一层 0.1 m 的中粗砂垫层的施工方法，确立了适用于此环境路基湿地地段病害的处理办法，总结出土工格室和复合土工膜的施工方案及施工工艺。

根据冻土湿地路基变形特点及前述分析结论，对于地基而言，关键影响因素包括地基土性质、地基条件或形式和保温条件。对于路基而言，其稳定的关键在于结构措施，其填筑质量的关键因素主要是填料的性质、含水量、压实度、施工前后的排水等，主要技术指标为压实系数、孔隙率和结构措施等。

1.2.8 冻土湿地路基设计原则研究

湿地地区修建铁路的工程活动的实质，从某种意义上来说，是在改变着冻土湿地的生存环境，实际上也在改变多年冻土的生存环境。研究冻土湿地铁路工程修建技术的最终结果是要使湿地生存环境的改变向着有利于冻土和冻土湿地生存，有利于建筑物稳定的方向发展，这是冻土湿地地区路基工程设计和施工的主导思想。了解冻土湿地工程设计原则，本质上是了解冻土区路基工程设计原则。

(1)国外设计思想研究概况

俄罗斯是世界上最早开始重视冻土工程建设建筑条件的国家。1904～1914 年间修建和运营的阿穆尔和外贝加尔铁路所遇到的大量的冻土问题，推动了俄罗斯的冻土研究工作。1912 年 H. C. 鲍格达诺夫第一次著文讨论了冻土区建设的冻土条件问题。1927 年 M. I. 苏姆金发表的《苏联境内的多年冻土》专著标志着冻土成为一门独立的学科。1928 年由国立冶金工厂设计院出版了第一部关于冻土区建筑物基础计算的著作。当时冻土区的建筑基本上遵循保护冻土的设计原则，而且大多是针对地基与基础的，道路工程方面的论述很少。H. A. 崔托维奇出版的专著《冻土地基与基础》(1958 年)，就比较系统地阐明了冻土区建筑物地基与基础的设计原则(方法)："目前有下属三种主要建筑方法：(1)保持地基土为冻结状态的方法；(2)考虑地基土逐渐融化的方法(结构设计法)；(3)施工前预先融化的方法。"同时该著作还对以上三种设计原则的应用范围作了说明，这种设计原则的分类虽然主要是针对建筑物地基和基础的，但其设计思想具有普遍意义。

1974 年，苏联出版的《北方公路路基》，就比较系统地阐述了多年冻土地区的路基设计原则："公路的主要部分——路基用土层修筑，土层在一年期间由于自然因素的影响，首先是由于气温的变化而改变其性质。"因此，路基在运营时期的稳定性，主要取决于地基土的状态(冻结或融化)、土的种类和含水量。目前，可按下列原则之一将季节融化层用作路基基底：

第Ⅰ原则——保证多年冻土上限上升至路堤坡脚，并在公路运营的整个时期使冻层保持在这一位置。

第Ⅱ原则——控制地基土的融化深度。当土融化所产生的变形不致超过允许变形时，按这一原则设计。

第Ⅲ原则——保证路基下面的土融化和疏干，在高温冻土区，含水量小于液限的易疏干的沉陷土，按这一原则设计。

在加拿大的筑路工程中，与融化的原则比较起来，偏重保持地基土冻结状态的原则。当然在公路运营期间，保持地基土冻结状态，对保证路基稳定性而言，将形成最有力的条件。

1990 年苏联发布的建筑规程(CHиП. 2. 02. 04－88)《多年冻土上的地基与基础》中，对利用多年冻土作为建筑物地基时，规定了两类利用原则：

原则Ⅰ——在建筑物施工和整个运营期间都保持地基中多年冻土处于冻结状态；

原则Ⅱ——地基中多年冻土允许在施工工程运营期间融化或施工前预融化。

线性建筑物允许在路线的不同地段采用不同的利用多年冻土地基原则进行设计。在这种情况下，应预先考虑从一种地段到另一地段的过渡线性建筑结构对地基不均匀变形的适应性。

该《规范》实际上是将过去的“第Ⅱ”、“第Ⅲ”原则合并成原则Ⅱ，本质上是一样的。苏联在西西伯利亚的铁路建设中，基本上就是沿用了以上的原则指导路基设计。例如 1974 年动工、1985 年正式交付运营的贝阿干线，基本上是按第Ⅰ原则（保护冻土）设计和施工的。直到 1984 年至 1995 年修建阿穆尔-雅库茨克干线时仍然遵循过去的设计原则和规定，于是也留下了路基稳定性方面的隐患。

美国陆军部寒区研究与工程实验室（CRREL）从二战开始，为解决阿拉斯加等寒区的道路、机场及其他军事设施的建筑问题，开始积累多年冻土区特殊工程的设计标准与施工准则的素材。1980 年 8 月发表的专题报告《深季节冻土地区和多年冻土地区基础设计与施工》中，将设计原则分为：基础支承条件受融化不利影响和不受融化的有害影响两大类。前者又分三个亚类：保持既有热沉；容许由建筑物和设施引起的热沉变化；建筑前改变基础条件（包括预融或预固结、换填）。这与俄罗斯所制定的设计原则是一致的。

从 20 世纪 80 年代后期开始，有关研究机构和学者认真地研讨了由于“温室效应”引起的全球气候变暖的发展趋势及其对多年冻土生存环境的影响。根据一些研究人员的评价，20 世纪末和 21 世纪初，每 10 年平均气温升高 0.3℃～0.4℃，到 21 世纪中后期，年平均气温将比现在升高 2℃～4℃。尽管报道的内容，尤其是预测值不尽相同，有的甚至是相互矛盾的，但对气候变暖的总的趋势是认同的。因此，冻土科技人员的当务之急，就是要研究这一趋势对冻土区建筑物的影响，包括设计原则的适应问题，并提出相应对策。例如俄罗斯学者指出："多年冻土年平均温度的上升多年融化，影响建筑物稳定性。按多年冻土第Ⅰ类原则建造的建筑物最令人担心……。因此，目前就必须着力加强建筑物基础的设计工作，并制订使冻土热状态稳定的措施。""要评价采用多年冻土上第Ⅱ类建筑原则的可能性，这一类原则允许多年冻土在建筑前或建筑物的运营过程中融化"。为此他们开展了一系列的调查、监测和试验研究，尤其是 S. S. 维阿洛夫等所作的"当前气温升高 2℃和 4℃的条件下西西伯利亚地区多年冻土地带界限变化"等方面的预测，以及为此而研究采用的减少气候变暖对冻土区工程稳定性影响的措施，都值得借鉴。

(2)国内冻土湿地路基工程设计原则研究

多年冻土的道路建设，是随着这一地区人为活动和经济开发而发展的。东北大兴安岭森林资源的开发，促进了林区道路的建设，其后随着森林工业的发展，在 20 世纪 50 年代初又动工修建了冻土区铁路工程。青藏高原第一条"世纪屋脊"上的公路，是在 1954 年 12 月 25 日建成通车的，自西宁至拉萨全长约 2 100 km，穿越多年冻土区的约 600 km。随着黑龙江流域及西藏自治区经济、文化和社会的发展，多年冻土区的公路、铁路的里程不断增加，路沉不断得到改善，并从实践中总结、提炼了一批批筑路的理论与技术性成果，不断充实和完善了有关设计原则、技术规程和实施细则。

国内有关路基设计原则的公开文献，最早见于人民铁道出版社 1958 年出版的《多年冻土的工程地质和铁路建设》一书，该书由铁道部第三勘测设计院潘君牧同志主编，是对解放后第一个 5 年计划期间东北大兴安岭多年冻土地区铁路建设的总结。概述并未单独列出设计原则，在路基设计中基本上是遵循"保护冻土"

的指导思想，同时认为如果符合某些条件，也可以采用允许融化的设计原则。例如在“路基”一节中指出：多年冻土上填筑路堤或开挖路堑，都会引起冻层的变化，设计路基断面时，首先应该考虑到多年冻土上限的升降。采用保护多年冻结原则，不破坏地表植被，路堤尽可能用渗水土坡填筑；路堑基底宜换填砂砾、碎石并排除积水以保持基底稳定；填挖交界处的零断面及其前后的低填浅挖路基，应挖除苔草泥炭，换填粗粒土作为路基面，同时需设横向截水暗沟把水引出。即使地下冰地段路堑，如基底为砂砾石，则埋藏冰化水后迅速渗出，沉陷逐渐缩小，就不必要也不可能保存埋藏水。

1975～1978 年青藏线高原冻土区科研会战中，科技人员总结了以往的研究成果与实践经验，第一次明确提出了高原冻土区路基设计的两类原则：

原则Ⅰ——保持冻结法（即换填保温，建成保温法），它一般适用于含冰量较大的连续多年冻土发育的腹部地带；

原则Ⅱ——融化法（即局部融化或限制融化速度），它一般适用于多年冻土层厚度薄、温度高且不稳定的多年冻土边缘地带。

会战期间按照这两类原则设计了 483 m 地下冰地段路基并施工建成实体试验工程。其中 460 m 按“保护冻土原则”设计和施工，23 m 按“允许融化法”设计和施工，检验设计原则对该类地层的适应性，经过多年监测，积累了很多有价值的数据。

1954 年年底建成通车的青藏公路，于 1956 年进行了砂石路面的第一期改建；1972 年进行了铺设沥青路面的第二期改建。从第二期改建工程开始，交通部以公路第一设计院为核心组织了三期科研攻关，1978 年科研组提出的《改建设计和施工总结》基本上是沿用“保护冻土”原则，提出了“按保护多年冻土要求的路基高度建议值”。1991 年科研组根据二、三期科研攻关成果，经上报批准发布的《青藏公路整治工程设计暂行规定》中提出了“路基设计应遵循保护冻土、控制融化速率及综合治理的设计原则”。

在对以上设计原则的说明中指出:多年冻土地区路基设计应遵循保护冻土的原则,尽量避免零填、浅挖,在此前提下根据高原多年冻土的特性,确定路基设计高度。但随着青藏公路沥青路面的修建和人类活动的影响,使路面下卧多年冻土发生了根本变化。因此在青藏公路整治工程中,应根据不同的冻土条件,分别采用以下的设计原则:

1)保护冻土的设计原则。主要用于多年冻土地温较低、含冰量高、冻土人为上限较浅的路段,由路基临界填土高度再加安全高度的方法确定路基设计高度。

2)控制融化速率的设计原则。主要用于多年冻土地温较高、沥青路面下多年冻土与季节活动层之间寒季存在不冻夹层的路段,其路基高度按满足路面设计使用年限内允许变形量的方法设计。

3)综合治理的原则。根据冻土类型、地形、地貌和坡脚积水情况,采用设置隔热保温层、防水保温护道、港纤维水泥混凝土路面、加强排水等综合治理措施进行设计。

青藏公路二期改建工程中,由于能够随着冻土条件的变化,既能正确选择和调整路基的设计原则,满足了改建工程的需要,又节约了工程投资。

1.3 国内外有关研究现状的启示

通过以上对有关国内外研究现状的了解和分析,我们得到以下几点启示和想法:

(1)研究冻土湿地有关问题,应该以“冷却地基土体”的技术路线为指导思想。

(2)冻土湿地应该采用特殊路基结构,使路基基底多年冻土上限抬升,使原来最薄弱的地基土体即多年冻土上限以上的饱和细颗粒土层处于冻结状态,成为良好的路基地基。

(3)当湿地地基采用换填措施,尤其是采用一定厚度的片石进行"挤淤"处理时，一方面使地基土体承载力提高，另一方面片石层还可以起到气冷作用，有助于降低土体温度，稳定地基土体，使整个路基结构保持稳定。

(4)冻土湿地地基除了采用辅助排水和疏干措施，来达到提高地基土体强度以外，还可以减少地表水对路基基底土体的侧向热侵蚀，保证地基土体热稳定性。

1.4 研究思路和技术路线

研究思路和技术路线如图1—1所示。

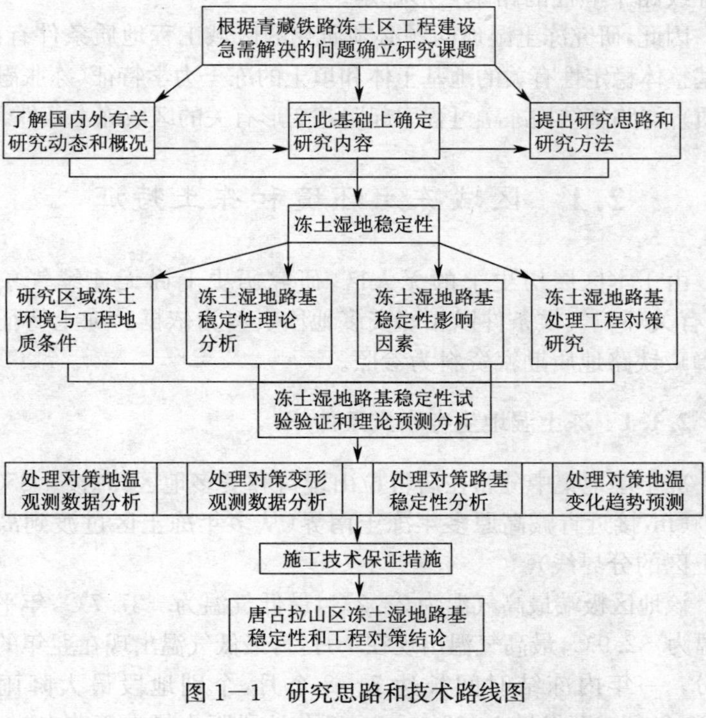

图1—1 研究思路和技术路线图

第2章　区域冻土湿地工程地质条件

本书研究区域位于唐古拉垭口附近，由于印度洋暖湿气流的影响使区域气候条件对冻土的退化形成了一种推动作用。因此在地基处理时，应对影响冻土退化的具体因素给予足够的考虑。

冻土湿地的处理是为了保证路基工程的稳定性，它包括两个方面的内容，一是保证路基整体稳定性，二是在整体稳定前提下保证线路平顺性的路基变形稳定。

因此，研究冻土湿地问题必须研究的区域工程地质条件有：与路基整体稳定性有关的地基土体和填土的冻土力学特征（冻胀融沉性质），与路基结构冻融过程引起路基变形有关的区域冻土条件。

2.1　区域冻土环境和冻土特征

由于本区属历史上的无人区，研究历史上尚无连续气象观测，有关环境气候条件以相邻安多地段资料为依据。冻土特征则以青藏铁路地质勘察资料为参照。

2.1.1　冻土湿地生存水文条件

冻土湿地集中分布在唐古拉山垭口和安多地区，海拔4 850～4 900 m，接近青藏高原多年冻土南界（从多年冻土区过渡到岛状冻土区的分界线）。

该地区极端最高气温为23.2℃，最低气温为－37.7℃，年平均气温为－2.9℃，最高气温出现在7月份，最低气温出现在翌年的元月份。一年内冻结时间长达7～8个月，个别地段最大降雨量1 290.9 mm，蒸发量1 016.9 mm，部分地段降水量大于蒸发量，这也是冻土湿地发育的自然条件。地表植被覆盖率 70%以上，草皮厚 0.2 m 左右。安多地区 5～9 月雨量统计如图 2—1 所示。

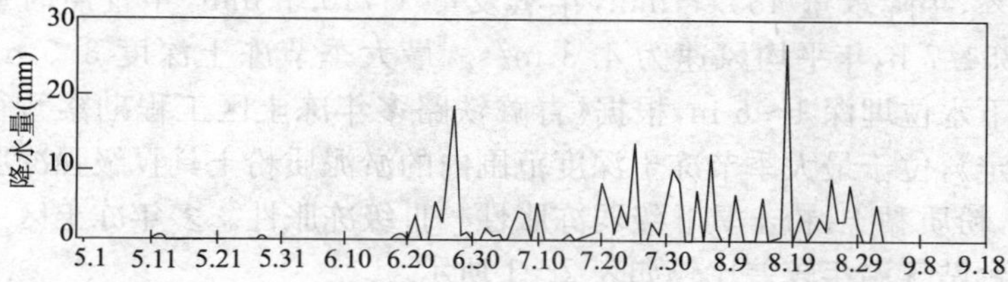

图 2—1　安多段 5～9 月雨量统计图

冻土中水分变化以及温度梯度所诱导的水分迁移是影响冻土传热过程的最活跃的因素。多年冻土的冻胀和融沉、厚层地下冰的形成和演变等影响冻土湿地路基稳定性的主要冻土工程地质条件，都和水分的存在有密切关系。因此了解区域水文地质条件，尤其是地下水补给条件和地表径流条件对研究冻土湿地路基稳定性有特殊的意义。

高原多年冻土区的水文地质条件是由气候特征、地形及地貌条件、地层岩性及地质构造特征、晚新地质构造活动等多种因素综合作用所决定的。多年冻土在地表以下形成了一个较完整的隔水层，因而形成冻土层上水、冻土层下水、融区水几种特殊的水分赋存类型，冻土区地下水的主要补给来源为大气降水、融雪水、冰川消融水。地表径流渗入补给多年冻土区的层上水以及非多年冻土区的地下水。

冻土层上水以多年冻土为隔水层，融化层为含水层，它的形成是由寒季向暖季转变时，活动层的固态水(冰)融化转变成地下水，赋存在融化层与冻土层界面间，到 10 月份含水层最厚，在活动层水的相态转换过程中，水分逐渐在多年冻土上限附近聚集。当大气降水较大时，这些都是对冻土湿地形成的有利条件，也是湿地水分补给条件。

2.1.2　冻土生存环境气候条件

安多位于东经 91°06′，北纬 32°21′，海拔 4 800.0 m，属高原亚干旱气候区。区域年平均气压 574.0 mb，年平均气温−2.8℃，极端最高气温 23.5℃，极端最低气温−36.6℃，年平均相对湿度为52%，年降水量 435.7 mm，年蒸发量 1 710.7 mm，年日照时数2 854.7 h，年平均风速为 4.3 m/s。最大季节冻土深度 3.5 m。地下水位埋深 1～6 m，根据《青藏铁路多年冻土区工程勘察暂行规定》，位于最大季节冻土深度范围内的淤泥质粉土具Ⅳ级强冻胀性，粉质黏土、粉土具Ⅱ级弱冻胀性—Ⅲ级冻胀性。多年冻土区主要台站气温年较差比较如表 2—1 所示。

表 2—1　多年冻土区主要台站气温年较差比较表

站名	海拔(m)	纬度	平均气温年较差(℃)	年较差最高(℃/出现年份)	年较差最低(℃/出现年份)
安多	4 800	32°21′	23.7	28.9/1998	20.4/1976
风火山	4 750	34°43′	23.1	26.4/1978	19.9/1965
五道梁	4 612	35°13′	23.1	28.5/1956	20.8/1979
沱沱河	4 533	34°13′	25.3	29.4/1999	21.7/1957
那曲	4 507	31°29′	23.1	29.6/1966	19.6/1994
清水河	4 415	33°48′	25.0	28.6/1989	22.0/1990
格尔木	2 807	36°25′	28.2	33.3/1956	24.6/1990

冻结指数(Ω^-)是指一年中(或整个寒季)连续低于 0℃气温的持续时间和负气温值乘积的总和，以℃·天表示。冻结指数的大小，一般表征该地区寒季的寒冷程度，也反映了当地气候对地层的冻结能力(在下面分析冻结指数变化时指的是绝对值)。

融化指数(Ω^+)是指一年中(或整个暖季)连续高于 0℃气温的持续时间和正气温值乘积的总和，也是以℃·天表示。融化指数的大小是该地区暖季长短与气温高低的重要指标，反映了当地气候对地层的融化能力。

冻结指数和融化指数也称为负积温和正积温，最早在 1735 年就应用于农业中作为预报作物发育期的物理量，因为植物完成一定的发育阶段虽然经历的日数可能不同，但所需的积温却接近一致。后来冻土学中引入了积温的概念，分别定为冻结指数和融化指数，用以综合衡量气候对冻土地温场的影响，还引入了积温差（过余冻结指数）、积温比（冻结数）等概念和指标，更深入地探讨正、负气温持续时间对多年冻土层的影响，而且得到广泛的应用。

过余冻结指数（积温差）Ω_G，即冻结指数与融化指数的代数和（$\Omega_G=\Omega^-+\Omega^+$），它表征该区气候潜在冻结能力的大小。其负值大，说明有更多的冻结能力去冻结或冷却地层；其负值很小，说明气候的冻结能力和融化能力相近，地层多年冻土的稳定性差，难以抵御气候转暖的影响；若其值为正值，说明该地区融化能力大于冻结能力，是季节冻土区。

冻结数 F，即积温比，是指气温冻结指数与融化指数比值的绝对值，$F=|\Omega^-/\Omega^+|$。它是表征气候冻结能力的指标，当 $F>1$ 时，气候的潜在冻结能力强；当 $F=1$ 时，冻结能力与融化能力相等，冻土层处于不稳定状态；当 $F<1$ 时，融化能力大于冻结能力，该区为季节冻土区。过余冻结指数大的地区，冻结指数大。

年平均气温，在宏观上表示一个地区的冷热程度，并且可以比较其逐年的变化，同时也可以比较一个地区和另一个地区的大气温度状况；而冻融指数则可从冬半年（寒季）和夏半年（暖季）的热量积累以及二者的关系判断该地大气热量年周转的结存，并用过余冻结指数或冻结数来表征，进一步揭示该地区气候变化对多年冻土影响的程度，判断气候的变化趋势及其对该区工程建设的影响。

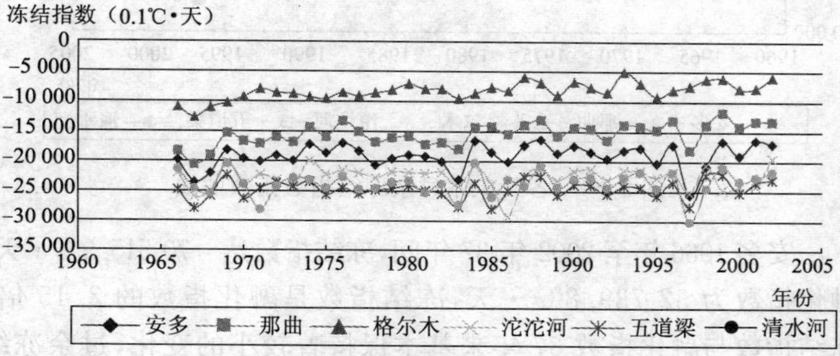

图 2—2　各气象站的冻结指数曲线

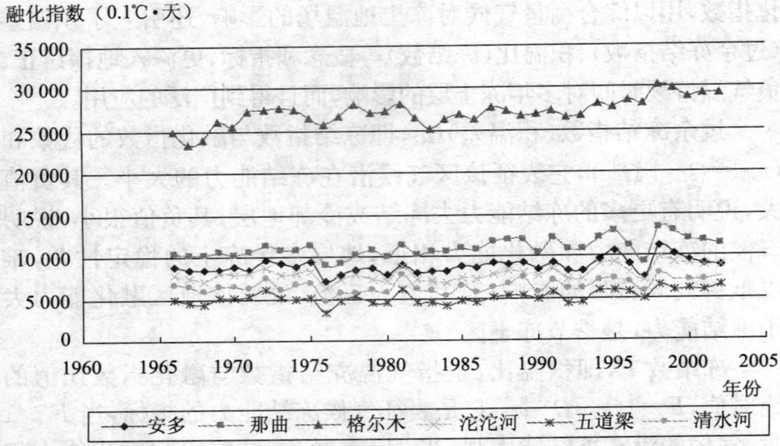

图 2－3　各气象站融化指数曲线

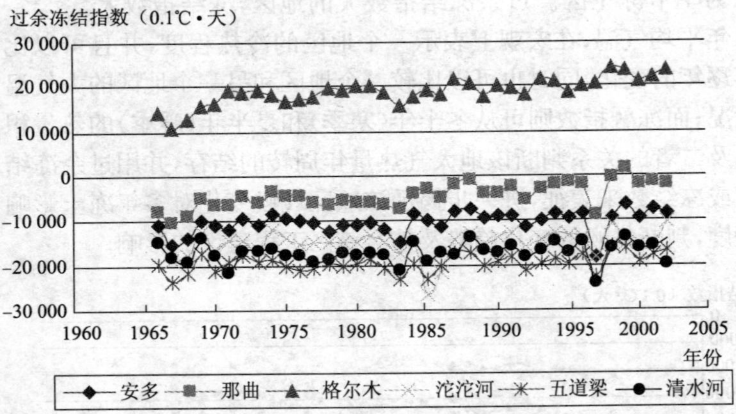

图 2－4　各气象站过余冻结指数指数曲线

安多 1966 年至 2002 年 37 年间，冻结指数达－70 515.9℃·天，融化指数为 32 739.8℃·天，冻结指数是融化指数的 2.15 倍。冻结指数与融化指数 37 年来基本保持着较小的变化，过余冻结指数略有降低。

那曲1957年至2002年46年间冻结指数为−76 798.4℃·天，融化指数为52 439.3℃·天，冻结指数是融化指数的1.46倍。冻结指数在减少，融化指数则在升高，过余冻结指数降低。

安多、那曲更接近于多年冻土区，因而其冻结指数和融化指数与多年冻土区比较接近。

沱沱河1957年至2002年，46年间冻结指数达−105 546.8℃·天，融化指数为35 896.7℃·天，冻结指数是融化指数的2.94倍。46年来冻结指数基本保持着较小的变化，而融化指数则略有升高。过余冻结指数除1985、1986年异常升高外，总体略有降低。各气象台站冻结、融化指数如表2−2所示。

表2−2　各气象台站冻结、融化指数比较表

站名	东经	北纬	海拔(m)	年平均气温(℃)	年平均冻结指数Ω^-(℃·天)	年平均融化指数Ω^+(℃·天)	过余冻结指数Ω_G(℃·天)	冻结数F	变化趋势
格尔木(46年)	94°54′	36°25′	2 808	5.3	−923	2 733	1 810	0.34	Ω^-减少、Ω^+增加
五道梁(46年)	93°05′	35°13′	4 612	−5.4	−2 489	507	−1982	4.9	Ω^-减少、Ω^+增加
风火山(30年)	92°52′	34°43′	4 750	−6.0	−2 601	424	−2 176	6.1	Ω^-减少、Ω^+增加
沱沱河(46年)	92°26′	34°13′	4 533	−4.2	−2 295	780	−1 515	2.9	Ω^-变化不大、Ω^+略有增加
清水河(46年)	97°08′	33°48′	4 415	−4.8	−2 378	646	−1 732	3.7	Ω^-、Ω^+变化不大
土门	91°18′	32°47′	4 950	−5.2	−2 406	529	−1 877	4.5	
安多(37年)	91°06′	32°21′	4 000	−2.8	−1 906	885	−1 021	2.2	Ω_G减少
那曲(46年)	92°04′	31°29′	4 507	−1.2	−1 670	1 140	−530	1.5	Ω_G减少

以过余冻结指数$\Omega_G=-1\ 000$℃·天、冻结数$F=2$为基准的准线Ⅰ，将Ω_G和F划分为上、下两个部分，准线以上部分以北纬32°15′至35°30′的地区，均具有有效的潜在冻结能力，在寒季

除了能够冻结衔接季节融化层外还可以继续冷却冻土层或促使一定高度的新增融土层冻结，但在接近准线Ⅰ的地区，这种能力已较弱，经不起气候变暖的影响；准线Ⅰ以下部分地区已属于多年冻土的南、北边缘地带，不具备有效的潜在冻结能力。实际上准线Ⅰ所对应的年平均气温为−2.74℃，是该区黏性土地层形成多年冻土的气候条件，对于砾砂地层则更低。

根据高原多年冻土区地表年平均温度 $t_0 \approx 0$℃时相应的年平均气温相当于 $T_0 \approx -4$℃的统计对应关系划出的准线Ⅱ，其对应的过余冻结指数 $\Omega_G = -1\ 500$℃·天，冻结数 $F \approx 3$。该准线以上部分即 Ω_G 的绝对值大于 1 500℃·天，$F \geqslant 3$，相当于分布在北纬 32°30′至 35°23′的地区，该地区为青藏高原多年冻土区的腹部地带，有较强的有效潜在冻结能力，能冻结衔接较厚的堆填土，适宜开展利用大气冷能（如主动降温措施）的工程建设，对气候的变暖有一定的抵御能力。青藏高原多年冻土区潜冻结能力标示如图2—5所示。

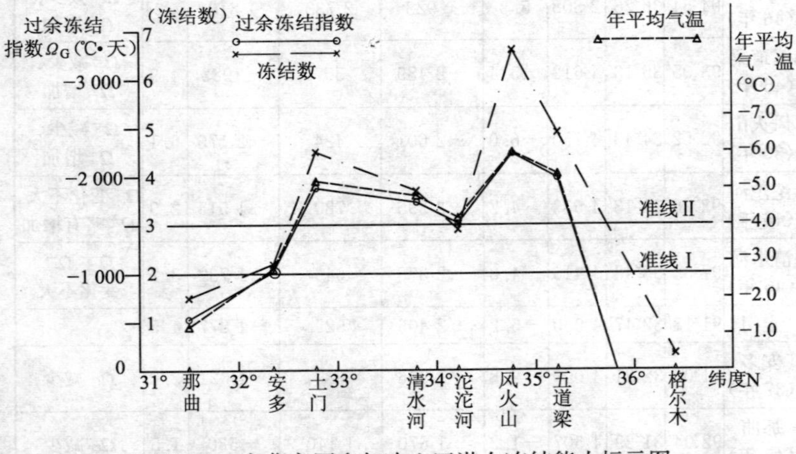

图 2—5　青藏高原多年冻土区潜在冻结能力标示图

图 2—6 为各气象站年降水量随时间变化曲线，安多自 1966 年至 2002 年，年降水量的变化幅度较大，曲线在 440 mm 上下浮动，1971 年最高，为 595.6 mm，1972 年最低，为 289.3 mm，37 年

平均值为 426.8 mm。

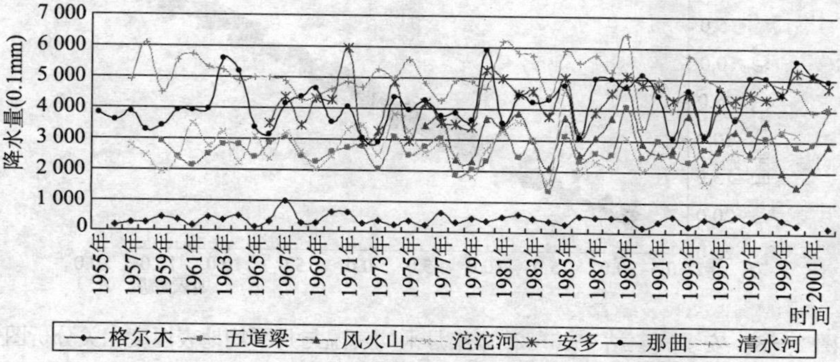

图 2—6　各气象站年降水量随时间变化曲线

图 2—7 为安多气象站月平均气温与地表温度随时间变化的对比曲线，从图中可见，两条曲线变化基本一致，线性相关。

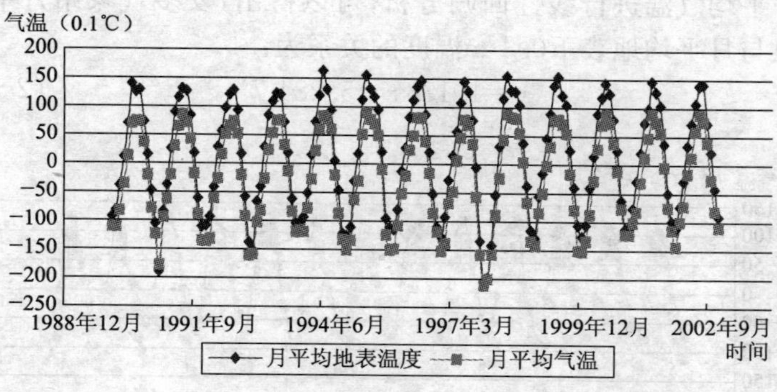

图 2—7　安多气象站月平均气温与地表温度随时间变化曲线

将安多气象站 1966～2002 年月平均地表温度、月平均气温作为一组变量，如图 2—7，利用一元线性回归分析的方法可以求出安多气象站月平均气温与月平均地表温度的关系公式：

$$y=0.8487x-3.5751 \quad (2-1)$$

相关系数 r 为 0.993 8。图 2—8 为安多气象站 1966～2002 年月平均气温与月平均地表温度相关分析图。

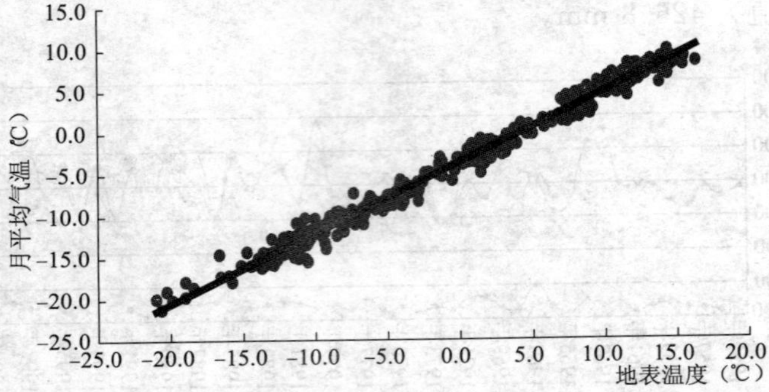

图 2－8　安多气象站 1966～2002 年月平均气温与月平均地表温度相关分析图

图 2－9 为安多月平均气温与地表下 0.4 m 温度的对比曲线，从图中可见，月平均气温与地表下 0.4 m 温度曲线变化一致，也有非常好的相关性。对安多气象站地表下 0.4 m 月平均温度与月平均气温进行线性回归分析，可以得出，安多气象站月平均气温与月平均地表下0.4 m温度的关系为：

$$y=1.178x-5.2847 \tag{2-2}$$

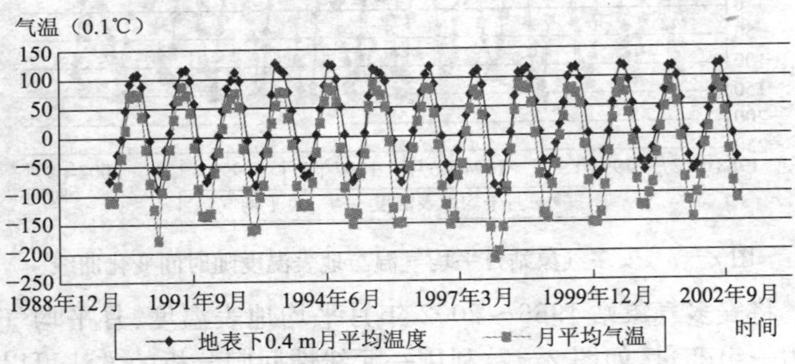

图 2－9　安多气象站月平均气温与地表下 0.4 m 温度随时间变化曲线

相关系数 r 为 0.969 4，比月平均气温与地表温度的相关系数稍小，但也足以说明月平均地表下 0.4 m 温度与月平均气温线性相关，如图 2－10 所示。

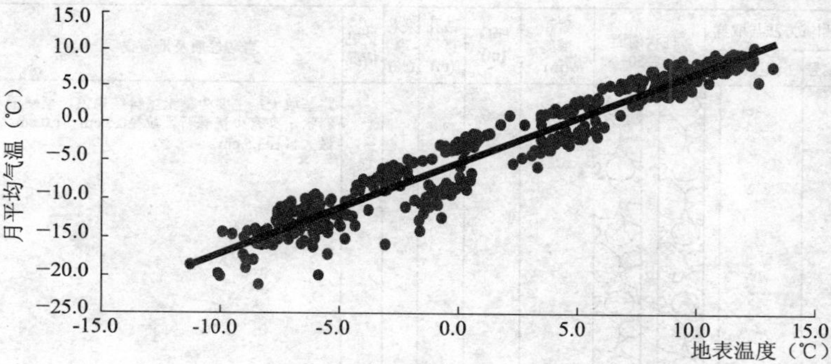

图2—10 安多气象站1966～2002年月平均气温与地表下0.4 m月平均温度相关分析图

表2—3 典型地段的多年冻土上限深度的范围（单位:m）

地 区	昆仑山区			唐古拉山区		
	最高	最低	常值	最高	最低	常值
黏土	1.32	0.98	1.22	2.30	1.45	1.50
砂黏土	1.52	0.98	1.30	3.60	1.10	1.65
黏砂土	1.48	1.22	1.40	3.20	1.90	1.90
砂类土	1.85	0.82	1.50	4.20	1.60	2.00
砾石类土	4.00	1.60	1.65	2.80	1.50	2.10
卵石类土	2.10	1.22	1.85	3.00	2.20	2.30
路堤填筑土	1.95	1.90	1.90			

2.1.3 地层岩性特征

区域内，出露地层有第四系全新统洪积、冰水和湖泊沉积黏土，浅褐色，以黏粒为主，含有5%左右的1～5 mm的砂和细砾石，局部为角砾土，很不均匀，横向上岩性变化大，表层松散具有植物根系，厚度为3～4 m，向两侧谷底变薄，局部基岩出露；下伏地层为侏罗系(J)红褐色、灰绿色泥岩，青灰色、黄绿色泥灰岩夹青灰色、褐红色砂岩，揭露厚度可达17 m。具体见钻孔地质柱状图2—11和路基中心线地质纵断面图2—12。

测试方法与取样		柱状剖面 1∶50	累积深度(m)	厚度(m)	钻孔直径(m)	采芯率(%)	钻进情况	岩芯性质及地质说明
编号	深度(m)							
			5.00	5.00	110	95	正常	路基填土：主要为黏土填料红褐色，呈硬塑料状，夹有少量砾石，粒径0.5 cm～1.0 cm，最大料径3.5 cm
			6.30	1.30	110	95	正常	基底换填片石：主要为砂岩，黄色，微风化
V-1	6.50-6.60							路基填土：主要为泥灰岩填料，灰色，完全风化夹杂中风化～强风化泥灰岩碎块，粒径1.0～5.0 cm
V-2	7.00-7.10							
V-3	8.00-8.10							
V-4	9.00-9.10							
			10.1	3.80	110	95	正常	
V-5	10.0-10.1							黏土：红褐色，岩芯较为完整，呈硬塑料，风化后表面龟裂现象，含有少量角砾，料径一般为0.5 cm左右，最大料径2.5 cm
V-6	11.0-11.1							
V-7	12.0-12.1							
V-8	13.0-13.1							
			13.6	3.50	110	110	正常	

图 2—11　测试断面地质柱状图

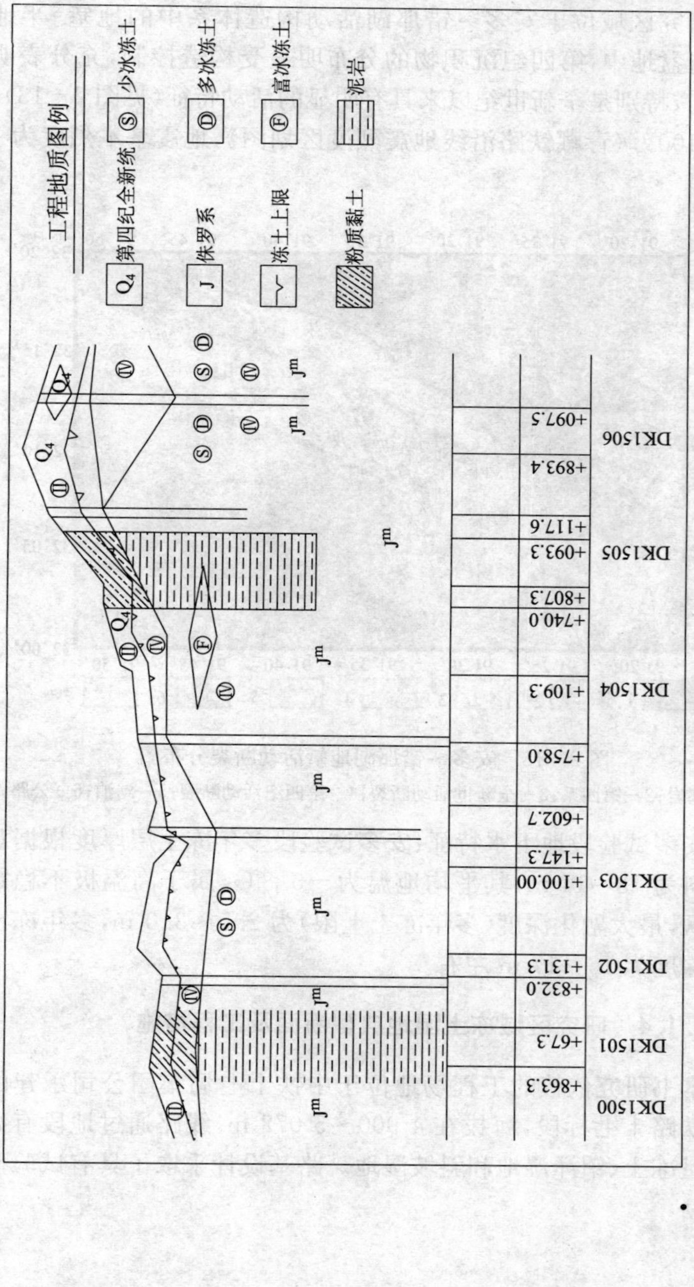

图2-12　安多试验路基中心线地质纵断面图

研究区域位于安多～错那湖活动构造体系中的地堑-半地堑构造盆地中，第四纪沉积物的分布明显受构造控制，充分表明第四纪，特别是全新世纪以来具有明显的活动特征(见图 2—13)。据1∶100万《青藏铁路沿线地震烈度区划图》，地震基本烈度为 7 度。

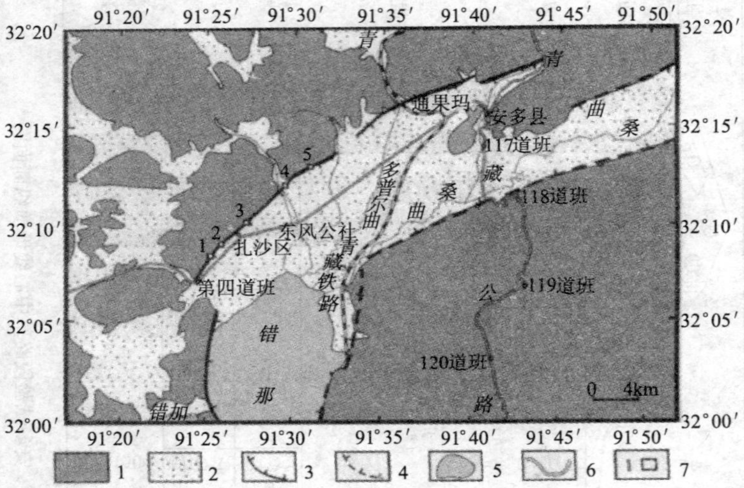

图 2—13　安多～错那湖地堑活动断裂分布图

1—基岩；2—第四系；3—全新世活动断裂；4—第四纪活动断裂；5—湖泊；6—公路

安多试验段地下水特征：安多试验段多年冻土层厚度根据观测资料为 13～14 m，其平均地温为－0. 3℃，属于高温极不稳定冻土区，最大融化深度(多年冻土上限)为 2. 5～3. 0 m，多年冻土下限深度为 16～17 m 左右。

2. 1. 4　研究区域冻土湿地典型断面及工程措施

本书研究依赖的工程场地位于中铁十七局集团公司承建的青藏铁路十七标段，海拔在 4 900～5 072 m，线路通过地段有高含冰量冻土、沼泽湿地和斜坡湿地。路基设计采取了具有试验研究性质的片石气冷路基、湿地地基抛填片石挤淤、片石气冷护道和碎石护坡、路基中铺设土工格栅加筋材料等措施。

选取 DK1405＋700 富冰冻土区抛填片石路堤＋碎石坡面防护填筑断面、DK1410＋300 低温基本稳定区抛填片石＋土工格栅加筋路堤＋碎石坡面防护填筑断面、DK1418＋900 多冰冻土区土工格栅路堤＋碎石坡面防护＋片石护道填筑断面三种处理措施。DK1418＋900 断面为全线最高海拔里程断面。

在现场进行路基变形、地温变化特性和规律的观测研究。这些研究断面的冻土工程地质条件具有典型性。表 2—4 列出了管段内代表性断面的地质水文条件及工程措施。

表 2—4　研究区域冻土湿地代表性断面的地质水文情况及工程措施

序号	里程(km)	含冰情况及冻土上限	地质及水文情况	工程措施
1	DK1405＋700.00	富冰冻土区，冻土上限 2.34 m	下部土层主要为角砾土	路基基底为 1.2 m 倾填片石层。其上为 0.2 m 厚碎砾石和 0.2 m 厚中粗砂反滤层；路基两侧各加宽 0.4 m 预留沉降量；路堤左侧设 1.6 m 宽、右侧设 0.8 m 宽碎石护坡。路堤中心高度 3.70 m
2	DK1405＋900.00	富冰冻土区，冻土上限 2.3 m	下部土层主要为角砾土	路基基底为 1.2 m 倾填片石层。其上为 0.2 m 厚碎砾石和 0.2 m 厚中粗砂反滤层；路基两侧各加宽 0.4 m 预留沉降量；路堤左侧设 1.6 m 宽、右侧设 0.8 m 宽碎石护坡。路堤中心高度 4.81 m
3	DK1410＋79.47	低温基本稳定冻土区，冻土上限 3.24 m	下部土层为细砂，夹一薄层角砾土，巨厚层粉质黏土及泥岩	路基基底为 1.2 m 倾填片石层。其上为 0.2 m 厚碎砾石和 0.2 m 厚中粗砂反滤层；路基两侧各加宽 0.6 m 预留沉降量；路堤左侧设 1.6 m 宽、右侧设 0.8 m 宽碎石护坡；自路基顶面向下 2.2 m 铺设三层土工格栅。路堤中心高度 3.05 m

续上表

序号	里程(km)	含冰情况及冻土上限	地质及水文情况	工程措施
4	DK1410+300.00	低温基本稳定冻土区,冻土上限 3.11 m	下部土层为细砂,粉质黏土及泥岩	路基基底为 1.2 m 倾填片石层。其上为 0.2 m 厚碎砾石和 0.2 m 厚中粗砂反滤层;路基两侧各加宽 0.6 m 预留沉降量;路堤左侧设1.6 m宽、右侧设 0.8 m 宽碎石护坡;自路基顶面向下 2.2 m 铺设三层土工格栅。路堤中心高度 6.13 m
5	DK1410+400.00	低温基本稳定冻土区,冻土上限 3.16 m	下部土层为细砂,粉质黏土及泥岩	路基基底为 1.2 m 倾填片石层。其上为 0.2 m 厚碎砾石和 0.2 m 厚中粗砂反滤层;路基两侧各加宽 0.6 m 预留沉降量;路堤左侧设1.6 m宽、右侧设 0.8 m 宽碎石护坡;自路基顶面向下 2.2 m 铺设三层土工格栅。路堤中心高度 6.53 m
6	DK1410+436.20	低温基本稳定冻土区,冻土上限 3.16 m	下部土层为细砂,粉质黏土及泥岩	路基基底为 1.2 m 倾填片石层。其上为 0.2 m 厚碎砾石和 0.2 m 厚中粗砂反滤层;路基两侧各加宽 0.6 m 预留沉降量;路堤左侧设1.6 m宽、右侧设 0.8 m 宽碎石护坡;自路基顶面向下 2.2 m 铺设三层土工格栅。路堤中心高度 6.92 m
7	DK1416+400.00	高温高含冰量冻土区,冻土上限 3.0 m	下部土层为砾砂	路基两侧各加宽 0.6 m 预留沉降量;路堤左侧设 1.6 m 宽、右侧设 0.8 m宽碎石护坡。自路基顶面向下铺设土工格栅。路堤中心高度 7.8 m
8	DK1416+450.00	高温高含冰量冻土区,冻土上限 3.2 m	下部土层为砾砂	路基两侧各加宽 0.6 m 预留;路堤左侧 1.6 m 宽、右侧设 0.8 m 宽碎石护坡。自路基顶向下铺设格栅。路堤中心高度 7.81 m

从研究区域的冻土湿地分布特点可以看出,季节融化层主要

为粉质黏土、细砂、角砾土、卵石土和碎石土，未见泥炭和淤泥等土质。从土质条件看，在地基土性质和地基承载力方面属于冻土湿地地基类型中比较好的情况，但冻土上限较一般冻土层要低很多，且层上水较为发育。为保证路基的稳定性并减少相应的沉降，针对该段地质水文条件，需要增加排水措施并进行适当地基处理，以提高地基承载力。

由于在沼泽地上修筑路堤，使沼泽地原有的热交换条件发生了变化：即地表土层遮蔽植被遭到破坏，影响土壤中水分蒸发；由于温度低，路堤土融化和冻结加快，渗水土壤表面和充水沼泽地白天的温度比有植被的沼泽地的温度高 1～14 倍，因此，路堤修筑后需有一个热平衡恢复和冻土上限恢复的过程。

2.2　地基土体土质特征

2.2.1　地基土的颗粒组成

从取得的地基土中，分别对 DK1405＋700 地基土、DK1418＋900 地基土和 DK1410＋300 地基土，从样土中各取 1 000 g 土样，进行筛分，对于小于 0.074 mm 的土粒继续用密度计进行水分，颗粒级配曲线分别如图 2－14、图 2－15 和图 2－16 所示。

(1)DK1405＋700 地基土

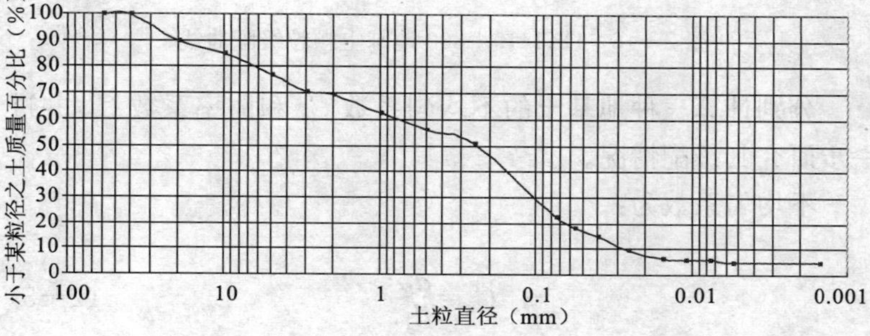

图 2－14　DK1405＋700 地基土颗粒级配曲线

(2)DK1418+900 地基土

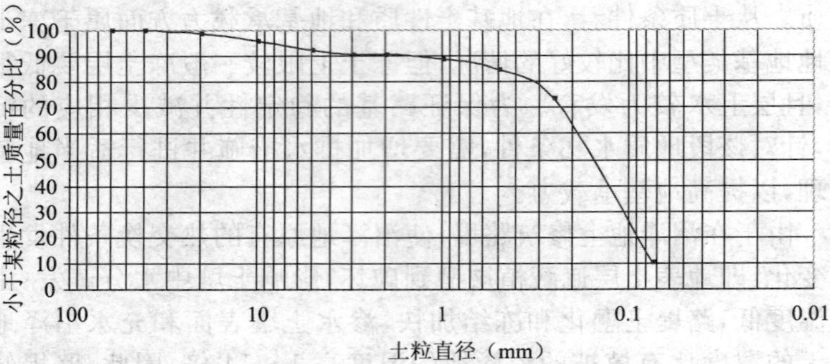

图 2—15　DK1418+900 地基土颗粒级配曲线

(3)DK1410+300 地基土

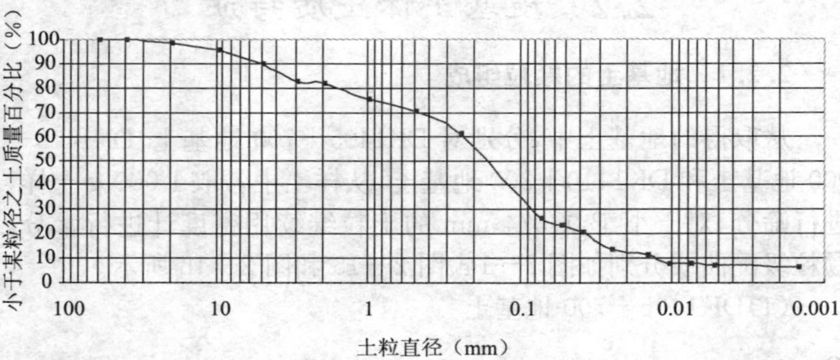

图 2—16　DK1410+300 地基土颗粒级配曲线

分别计算三种地基土的不均匀系数 C_u 和曲率系数 C_c，并进一步研究其级配情况。

不均匀系数为：

$$C_u=\frac{d_{60}}{d_{10}} \tag{2-3}$$

曲率系数为：

$$C_c=\frac{(d_{30})^2}{d_{10}\times d_{60}} \tag{2-4}$$

根据式(2—3)及(2—4)求得各土样的级配参数。各地基土样级配参数如表 2—5 所示。

表 2—5　各地基土样级配参数

土样	DK1405＋700 地基土	DK1418＋900 地基土	DK1410＋300 地基土
不均匀系数 C_u	29.2	2.7	11.5
曲率系数 C_c	0.55	0.75	1.76

由表 2—5 可知，DK1405＋700 地基土和 DK1410＋300 地基土的不均匀系数都大于 5，说明这两种土样的不均匀系数较大，粒径分布较广，但 DK1405＋700 地基土的曲率系数偏小，不在1～3 之间。在图上也明显可以看到在 d_{30} 与 d_{60} 之间曲线有台阶，表明在 d_{30} 与 d_{60} 之间发生颗粒缺失，级配不连续。DK1418＋900 地基土的不均匀系数既小于 5，曲率系数又不在 1～3 之间。所以，这三种土，DK1410＋300 地基土的级配最好，DK1405＋700 地基土的级配次之，DK1418＋900 地基土的级配最差。

2.2.2　地基土界限含水量

分别对三种地基土样，过 0.5 mm 筛后，各称 200 g 配制 5 组不同含水率的试样，用液塑限联合测定仪测其界限含水率。根据实测含水率与锥体入土深度绘制圆锥入土深度与含水率关系曲线，如图 2—17、2—18 所示。

(1)DK1405＋700 地基土

由图 2—17 可知，锥体入土深度 2 mm 时，其含水率约为 10%，为其塑限 W_p，当锥体入土深度 17 mm 时，其含水率为 20.5%，为其液限 W_l。其塑性指数 I_p 为 10.5，其值在 10～17 之间，属于粉质黏土的塑性指数范围。

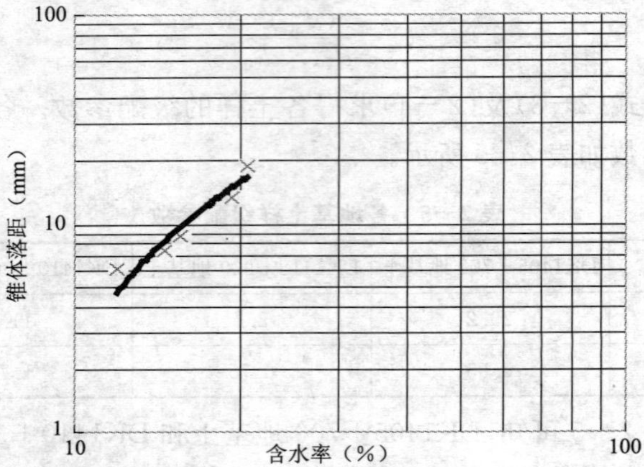

图 2—17　DK1405＋700 地基土圆锥入土深度与含水率关系

(2)DK1410＋300 地基土

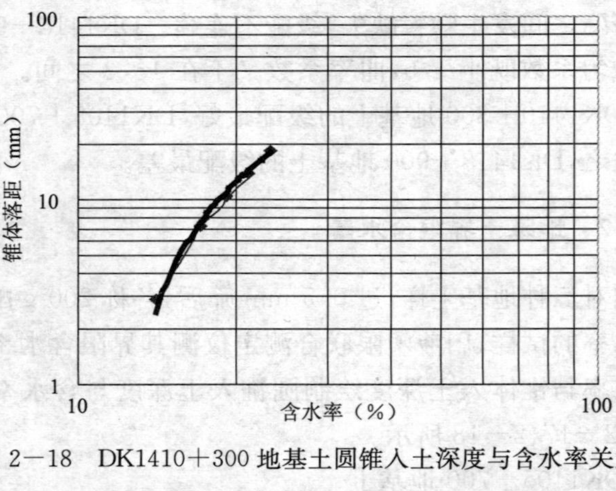

图 2—18　DK1410＋300 地基土圆锥入土深度与含水率关系

由图 2—18 可知，锥体入土深度 2 mm 时，其含水率约为 13.7%，为其塑限 W_p，当锥体入土深度 17 mm 时，其含水率为 22.6%，为其液限 W_l。其塑性指数 I_p 为 8.9，其值在 7～17 之间，属于砂黏土的塑性指数范围。

(3)DK1418＋900 地基土属于砂类土的分类范围，故无液塑限。

2.2.3　地基土的比重

分别对三种地基土样，过 5 mm 筛后，取少量装入比重瓶，称其质量后加入半瓶纯水，摇动比重瓶，并放在砂浴上煮沸，冷却后加满纯水，盖上瓶盖，记录温度，并称其质量。按下式计算土粒比重：

$$G_s=\frac{m_d}{m_{bw}+m_d-m_{bws}}\cdot G_{iT} \tag{2-5}$$

式中　m_{bw}——比重瓶、水总质量(g)；

m_d——试样质量(g)；

m_{bws}——比重瓶、水、试样总质量(g)；

G_{iT}——T℃时纯水的比重。

各地基土的比重计算结果如表 2－6 所示。

表 2－6　各地基土的比重

土样	DK1405＋700 地基土	DK1418＋900 地基土	DK1410＋300 地基土
比重 G_s	2.61	2.62	2.6

2.2.4　地基土的击实试验

取 3 种地基土样，各配制 5 种不同含水率的土样，每种土样分 3 层击实，每层击数 94 下，根据含水率与其干密度的关系绘制曲线如图 2－19、2－20、2－21 所示，以求得此土样的最大干密度与最优含水率。

(1)DK1405＋700 地基土

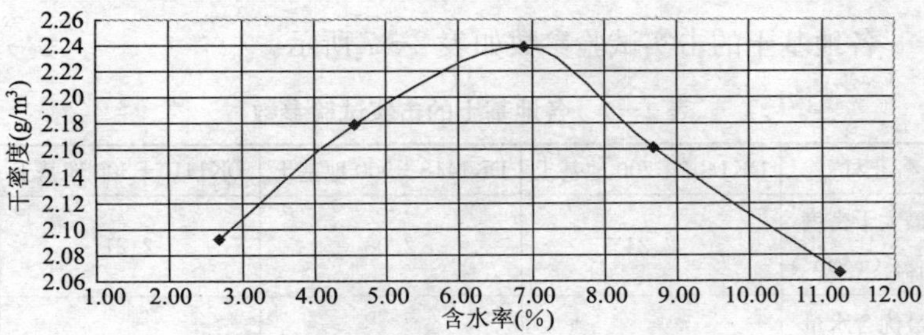

图 2－19　DK1405＋700 地基土击实曲线

(2)DK1418+900 地基土

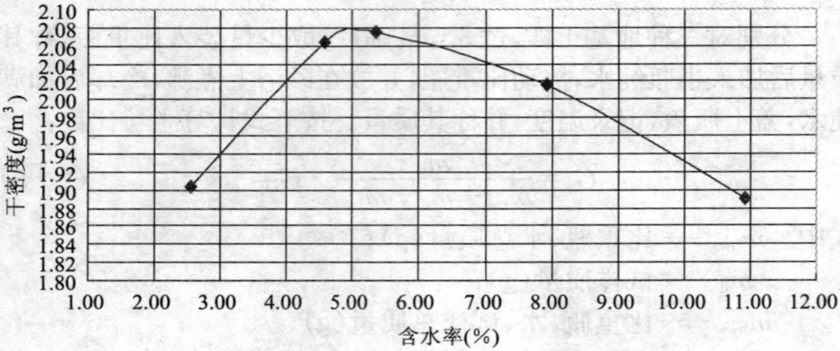

图 2—20　DK1418+900 地基土击实曲线

(3)DK1410+300 地基土

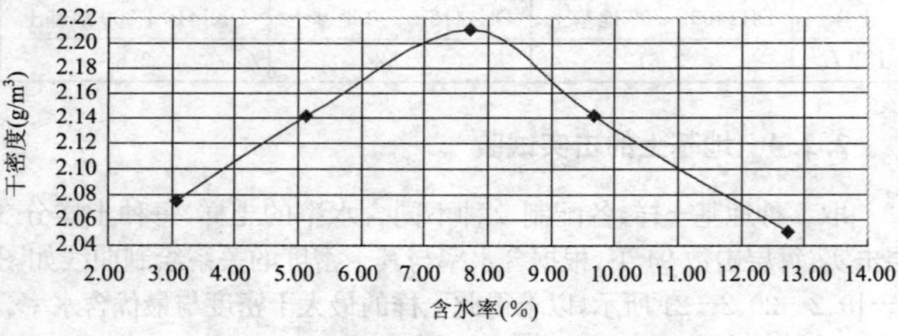

图 2—21　DK1410+300 地基土击实曲线

各地基土的击实试验参数如表 2—7 所示。

表 2—7　各地基土的击实试验参数

土样	DK1405+700 地基土	DK1418+900 地基土	DK1410+300 地基土
最大干密度 $\rho_{d\,max}$(g/cm^3)	2.24	2.08	2.21
最优含水量 W_{opt}(%)	6.9	5	7.7

由颗粒、界限含水量及比重试验可知，DK1405＋700 地基土为粉质黏土，DK1418＋900 地基土为细砂土，DK1410＋300 地基土为砂黏土。

2.2.5　研究区域土质特征

根据以上试验，本研究区域的土质特征如下：

(1)由土样的基本物理性质实验(主要是土样的颗粒分析和比重试验)可知，DK1405＋700 地基土为粉质黏土，DK1418＋900 地基土为细砂土，DK1410＋300 地基土为砂黏土。(这一结论为去掉粗粒料筛分后的试验结果)

(2)施工段工点路地基土为级配不良土。

(3)施工段工点三个断面地基土的平均最优含水量为 6.53%，最大干密度为 2.18 g/cm^3。

(4)压缩系数随着含水量的增大呈线性增大。对于管段工点的地基土压缩系数而言，无论是在最优含水量范围还是在塑限附近或较高含水量范围，其压缩系数均在 0.1～0.5 MPa^{-1}之间，属于中等压缩性土。

(5)抗剪强度试验表明：DK1410＋300 地基土的强度比 DK1405＋700 地基土的强度稍高。其中，DK1405＋700 断面的内摩擦角和黏聚力为 φ＝18.9°、c＝62.28 kPa；DK1410＋300 断面的内摩擦角和黏聚力为 φ＝22.3°、c＝65.3 kPa。

(6)土体的融沉系数与土体的含水量为线性相关，随着含水量的增大，融沉系数增大。室内试验表明：管段内土质一般属于不融沉土。只有当含水量接近或超过 20%时，地基土才会变为弱融沉土。

(7)土体冻胀性能与土质、土体密度、荷载、含水量有关。粉黏粒含量对土体冻胀特性有很重要的影响。室内试验表明：管段内土质属不冻胀或弱冻胀土。

综合工点地质、水文条件和土的物理力学特性，在外界自然环境不发生重大改变的条件下，土质条件比较好的地基施工初期，多年冻土上限没有抬升时，原有天然上限以上土体的冻胀量和融沉量对路基变形不会有太大的影响。

2.3 地基土体的力学特征

2.3.1 地基土压缩性质

采用单轴固结压缩仪，测定试样在侧限条件下的变形和压力，以计算试样的各压缩参数。按下列公式计算各压缩参数：

$$e_0=\frac{(1+\omega_0)G_s\rho_w}{\rho_0} \tag{2-6}$$

$$e_i=e_0-\frac{1+e_0}{h_0}\Delta h_i \tag{2-7}$$

$$a_v=\frac{e_i-e_{i+1}}{p_{i+1}-p_i} \tag{2-8}$$

$$E_s=\frac{1+e_0}{a_v} \tag{2-9}$$

$$m_v=\frac{1}{E_s}=\frac{a_v}{1+e_0} \tag{2-10}$$

$$C_c=\frac{e_i-e_{i+1}}{\log p_{i+1}-\log p_i} \tag{2-11}$$

在实际工程中常取 100～200 kPa 压力段的压缩系数来评价土的压缩性，后面所有压缩参数都是取这一压力段试验数值求得。

(1)DK1405＋700 地基土

在 0.9 压实系数下，分别取含水率 6.9%(最优含水量)、10%(为其塑限)、20.5%对土样进行压缩试验。土样压缩参数统计如表 2－8 所示。

表 2－8　DK1405＋700 地基土的压缩参数表

压缩参数	含水量		
	6.9%	10%	20.5%
初始孔隙比 e_0	0.38	0.38	0.38

续上表

压缩参数	含水量		
	6.9%	10%	20.5%
压缩系数 a_v(Mpa^{-1})	0.085	0.131	0.263
压缩模量 E_s(MPa)	15.91	8.035	5.14
体积压缩系数 m_v(MPa^{-1})	0.063	0.1245	0.194
压缩指数 C_c	0.028 1	0.055 8	0.087

图 2－22 为 DK1405＋700 地基土压缩系数随含水量的变化情况，当含水量为 6.9%时，所得压缩系数 a_v 为 0.085 MPa^{-1}，其压缩系数小于 0.1 MPa^{-1}，属于低压缩性土。当含水量为 10%时，所得压缩系数 a_v 为 0.13 MPa^{-1}；含水量为 20.5%时，所得压缩系数 a_v 为 0.263 MPa^{-1}，其压缩系数均在 0.1～0.5 MPa^{-1}之间，属于中等压缩性土。压缩系数随着含水量的增大呈线性增大。

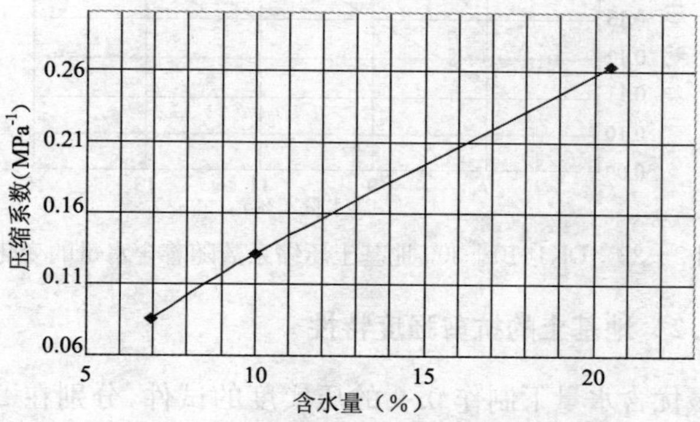

图 2－22　DK1405＋700 地基土压缩系数随着含水量的变化

(2)DK1410＋300 地基土

在 0.9 压实系数下，分别取含水率 7.2%（最优含水量）、11%、12.5%三种含水量对土样进行压缩试验。土样压缩参数统计如表 2－9 所示。

表 2—9　DK1410＋300 地基土的压缩参数表

压缩参数	含水量		
	7.2%	11%	12.5%
初始孔隙比 e_0	0.35	0.35	0.35
压缩系数 a_v（MPa^{-1}）	0.113	0.138	0.146
压缩模量 E_s（MPa）	11.96	9.78	9.38
体积压缩系数 m_v（MPa^{-1}）	0.083	0.102	0.106
压缩指数 C_c	0.037	0.045 8	0.047 7

图 2—23 为 DK1410＋300 地基土压缩系数随含水量的变化情况，当含水量为 7.2%时，所得压缩系数 a_v 为 0.11 MPa^{-1}；含水量为 11%时，压缩系数 a_v 为 0.138 MPa^{-1}；含水量为 12.5%时，压缩系数 a_v 为 0.144 MPa^{-1}，均在 0.1～0.5 MPa^{-1}之间，属于中等压缩性土。压缩系数随着含水量的增大呈线性增大。

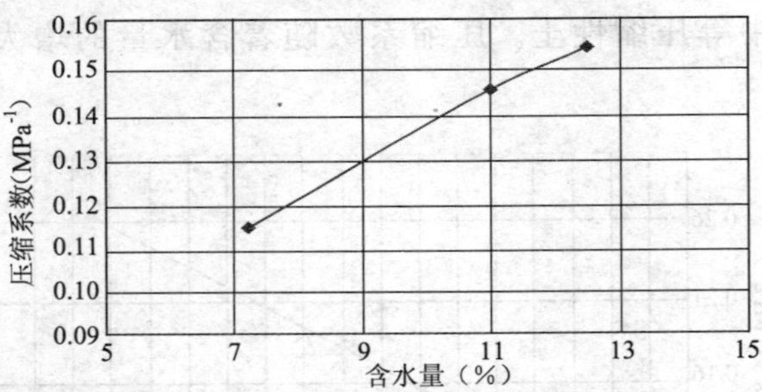

图 2—23　DK1410＋300 地基土压缩系数随着含水量的变化

2.3.2　地基土的抗剪强度特性

在最优含水量下制作 0.9 的压实度的试件，分别在 25 kPa，50 kPa，100 kPa，150 kPa 四种围压下对各土样进行静三轴试验，根据所得数据绘制应力-应变曲线。

已知在极限状态下 σ_1 和 σ_3 之间存在以下函数关系：

$$\sigma_1=\sigma_3\tan^2\left(45°+\frac{\varphi}{2}\right)+2c\cdot\tan\left(45°+\frac{\varphi}{2}\right) \qquad (2-12)$$

根据试验资料对指标 φ 与 c 通过变量代换，进行线性回归。

令
$$A=\tan^2\left(45°+\frac{\varphi}{2}\right) \tag{2—13}$$

$$B=2c\cdot\tan\left(45°+\frac{\varphi}{2}\right) \tag{2—14}$$

得
$$\sigma_1=f(\sigma_3)=A\sigma_3+B \tag{2—15}$$

令
$$M=\sum_{1}^{N}(\sigma_1-A\sigma_3-B)^2=\min \tag{2—16}$$

可得
$$\frac{\partial M}{\partial A}=-2\sum_{1}^{N}(\sigma_1-A\sigma_3-B)\sigma_3=0 \tag{2—17}$$

$$\frac{\partial M}{\partial B}=-2\sum_{1}^{N}(\sigma_1-A\sigma_3-B)=0 \tag{2—18}$$

即
$$\sum\sigma_1\sigma_3-\mathrm{A}\sum\sigma_3^2-\mathrm{B}\sum\sigma_3=0 \tag{2—19}$$

$$\sum\sigma_1-A\sum\sigma_3-NB=0(N\text{ 为试验次数}) \tag{2—20}$$

解得
$$A=\tan^2\left(45°+\frac{\varphi}{2}\right)=\frac{N\sum\sigma_1\sigma_3-\sum\sigma_1\sum\sigma_3}{N\sum\sigma_3^2-(\sum\sigma_3)^2} \tag{2—21}$$

$$B=2c\cdot\tan\left(45°+\frac{\varphi}{2}\right)=\frac{N\sum\sigma_1\sum\sigma_3-\sum\sigma_1\sigma_3\sum\sigma_3}{N\sum\sigma_3^2-(\sum\sigma_3)^2} \tag{2—22}$$

(1)DK1405＋700 地基土

图 2—24 为 DK1405＋700 地基土三轴试验应力-应变曲线，

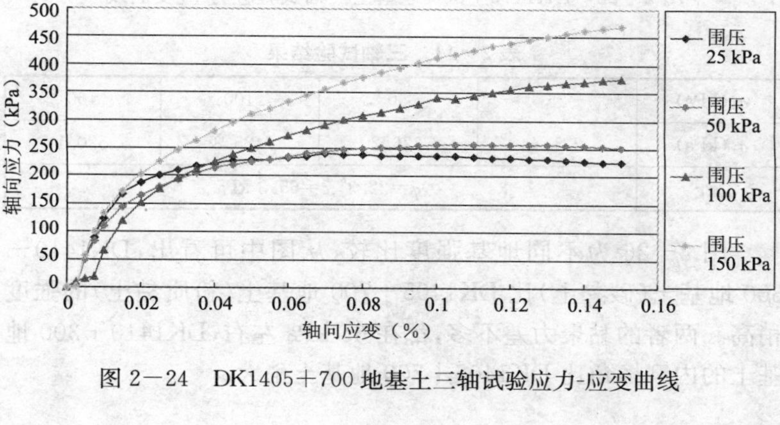

图 2—24　DK1405＋700 地基土三轴试验应力-应变曲线

试验结果如表 2－10 所示。

表 2－10　三轴试验结果

σ_3(kPa)	25	50	100	150
σ_1(kPa)	237.9	251.3	374.5	469.1
φ、c	φ=18.9°、c=62.28 kPa			

(2)DK1410＋300 地基土

图 2－25 为 DK1410＋300 地基土三轴试验应力-应变曲线，试验结果如表 2－11 所示。

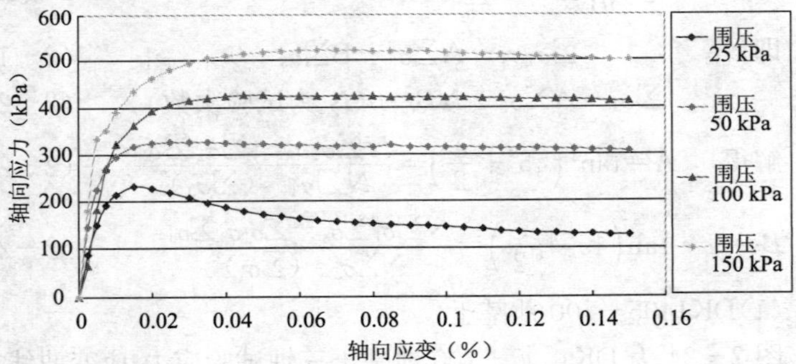

图 2－25　DK1410＋300 地基土三轴试验应力-应变曲线

表 2－11　三轴试验结果

σ_3(kPa)	25	50	100	150
σ_1(kPa)	231.4	326.2	425.3	520.1
φ、c	φ=22.3°、c=65.3 kPa			

图 2－26 为不同地基强度比较，从图中可看出，DK1410＋300 地基土(砂黏土)比 DK1405＋700 地基土(粉质黏土)的强度稍高。两者的黏聚力差不多，都在 65 kPa 左右，DK1410＋300 地基土的内摩擦角比 DK1405＋700 地基土稍大。

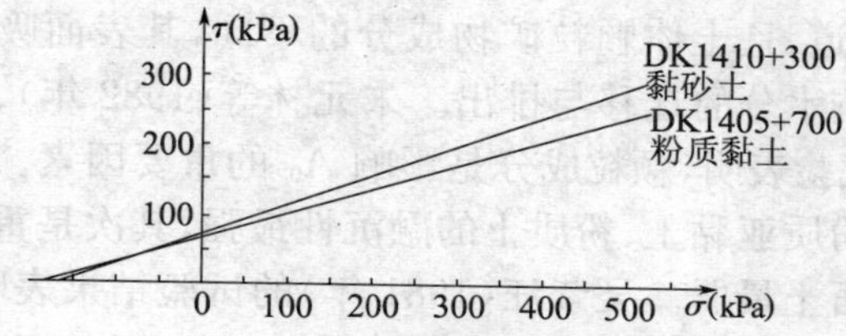

图 2－26　不同地基土强度比较

2.4　地基土的冻胀与融沉特性

2.4.1　融沉特征

路基的融化下沉，是由于多年冻土区的地质、气候和工程特性等条件的综合影响。在道路修筑及运营过程中，由于下伏冻土层水、热条件的改变，致使冻土层冰融化、体积减小，水的消散，进而产生下沉，导致路基沉降变形。

冻土融化过程中及融化后的一段时间内，融化土体常常在自重作用下不断下沉，这种现象称为冻土的热融沉陷性(简称融沉性)。

通常用融化下沉系数 A_0 来描述冻土的融沉性。所谓融沉系数就是以百分数表示的相对融化下沉量，即：

$$A_0=\frac{\Delta h}{h}\times 100\% \qquad (2-23)$$

式中　h——解冻土体高度或稳定融化深度(cm)；

Δh——稳定融化下沉量(cm)。

吴紫汪(1982 年)根据青藏高原的冻土融化压缩试验资料，对多年冻土的工程性质按融沉指标进行了分类。共分为 5 类，即不融沉、弱融沉、融沉、强融沉、融陷。以融沉系数值作为分类指标，其相应的界限值为：＜1％，1％～5％，5％～10％，10％～25％，＞25％。冻土的融沉性与诸多因素有关，其主要影响因素有土质、含水(冰)量和干容重等。

(1)土质对融沉性的影响

对于不同的土质，土体的融沉有着很大的差别。土体颗粒形成水分的通道，且土体颗粒矿物成分的不同，其表面吸附力也不同，而且影响水分的迁移与排出。朱元林等（1982 年）、吴紫汪等（1981 年）试验表明，颗粒成分是影响 A_0 的重要因素。在同一含水状态下，粉质亚黏土、粉质土的融沉性最强，其次是重黏土和细砂，以砂砾石土最弱。吴紫汪（1981 年）的试验结果表明，砂砾石土的融沉性取决于粉黏粒（<0.075 mm 颗粒）的含量。A_0 与颗粒成分的关系曲线在粉黏粒含量大约为 12%时出现了转折点，当粉黏粒含量小于等于 12%时，其 A_0 一般小于 4%；相反，则随粉黏粒含量增加而急剧增大。

通过大量的室内试验，得到一系列土样的融沉系数。对青藏铁路沿线一些土样的融沉性的统计如表 2—12 所示。

表 2—12　土样的融沉性分类表

土的名称	总含水率	融沉系数	融沉等级	融沉类别
DK1405+700 地基土（粉质黏土）	6.9%	$A_0<1\%$	Ⅰ	不融沉
	10%	$0<A_0<5\%$	Ⅰ Ⅱ	不融沉、弱融沉
	20.5%	$1\%<A_0<5\%$	Ⅱ	弱融沉
DK1418+900 地基土（细砂土）	10%	$A_0<1\%$	Ⅰ	不融沉
	15%	$A_0<1\%$	Ⅰ	不融沉
	20%	$1\%<A_0<5\%$	Ⅰ Ⅱ	弱融沉

（2）含水量对融沉的影响

含水量对土的融沉性有着很大的影响。土中水变成冰时，体积增大 9%，相应地当冻结土体发生融化时，其体积的减少也是相当可观的。朱元林等（1982 年）、童长江等（1985 年）、吴紫汪等（1981 年）及陈肖柏（1981 年）的现场及实验室试验发现，冻土融沉系数与含水量间的关系非常密切。在允许自由排水条件下，融沉系数 A_0 随含水量 W 的增加而急剧增加。各种土质的变化规律均相似。

本书试验中取青藏铁路沿线有代表性的土样，分别配制几种含水量，通过室内冻融试样来研究含水量与土体融沉性的关系，如图 2—27～图 2—30 所示。由上面各种土样的含水量与融沉系数的关系曲线可以看出，土体的融沉系数与土体的含水量为强线性相关。

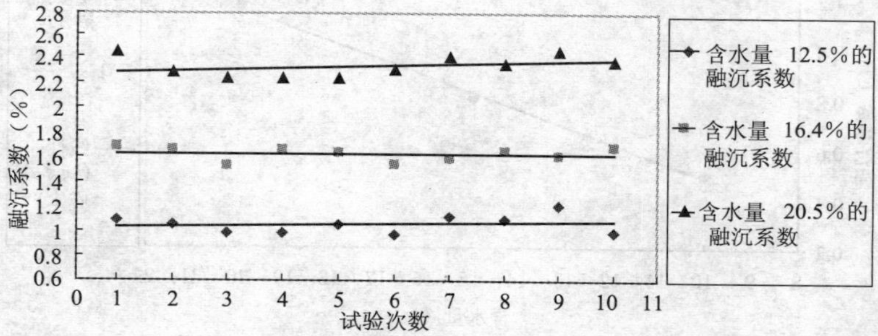

图 2－27　DK1405＋700 地基土(粉质黏土)的融沉系数

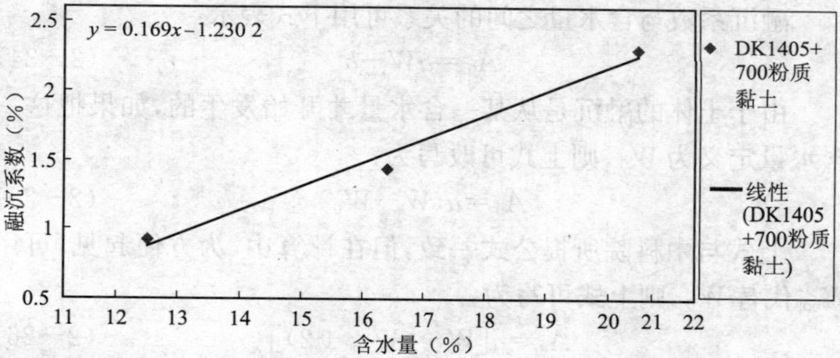

图 2－28　DK1405＋700 地基土含水量与融沉系数的关系

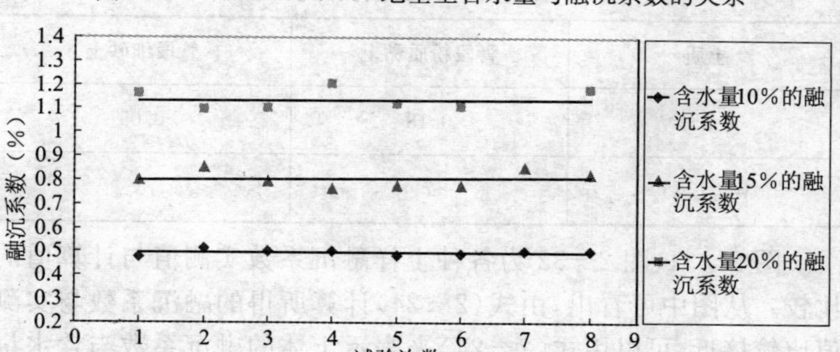

图 2－29　DK1418＋900 地基土(细砂土)的融沉系数

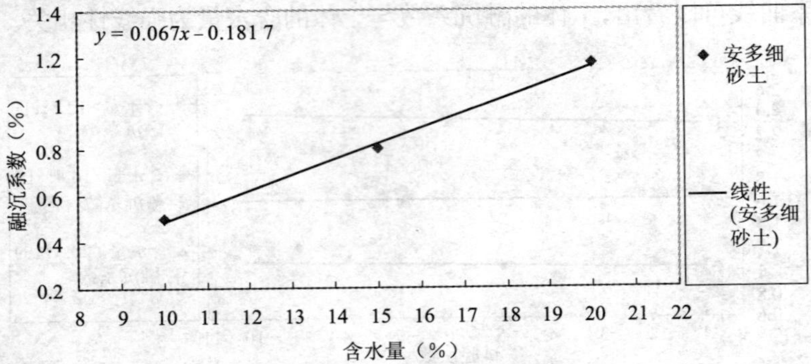

图 2－30　DK1418＋900 地基土(细砂土)含水量与融沉系数的关系

融沉系数与含水量之间的关系可用下式表示：

$$A_0 = aW + b \tag{2-24}$$

由于土体的融沉是从某一含水量才开始发生的，如果把这一含水量定义为 W_0，则上式可改写为：

$$A_0 = a(W - W_0) \tag{2-25}$$

上式与中科院所提公式一致，但在计算中，为方便起见，可用 W_{opt} 代替 W_0，则上式可写为：

$$A_0 = a[W - (W_{opt} + 2)] \tag{2-26}$$

表 2－13　a、W_{opt} 实测值

土质	管段粉质黏土	管段细砂土
a	0.18	0.05
W_{opt}(%)	7	5

图 2－31、图 2－32 为各种土样融沉系数实测值与计算值的比较。从图中可看出，由式(2－24)计算所得的融沉系数与实测值比较接近，可以用式(2－24)来表示土体的融沉系数与含水量的关系。

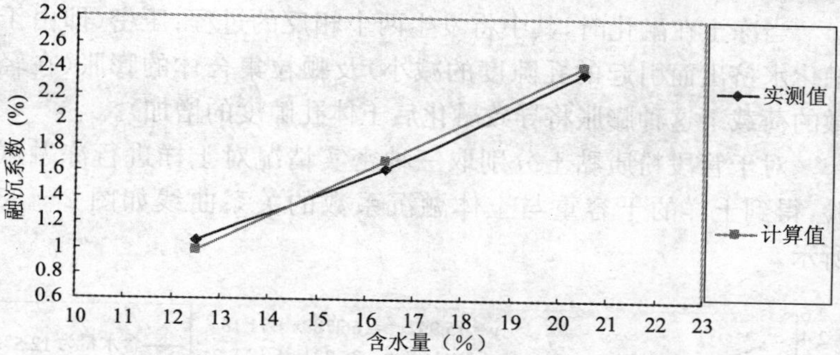

图 2－31　DK1405＋700 地基土融沉系数实测值与计算值的比较

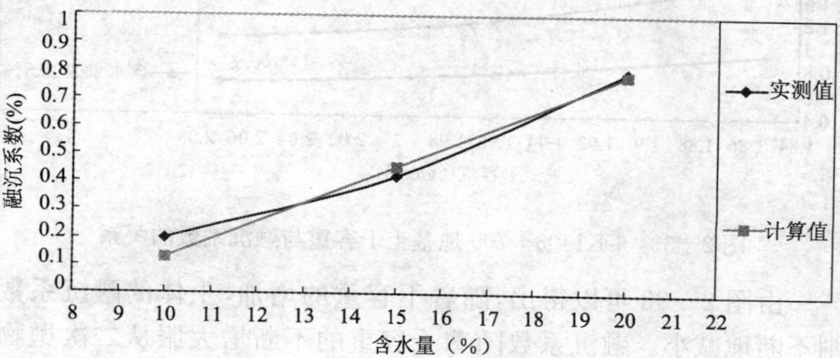

图 2－32　DK1418＋900 地基土融沉系数实测值与计算值的比较

(3)密实度对融沉性的影响

密实度是土体融沉性的另一个重要指标。土体越密实，土体中的孔隙就越小，土的干密度也就越大，土体越不容易融沉。在较大干密度条件下，土颗粒凭自身的黏聚力抵抗沉降变形，而干密度较大的土体在冻结后发生融化，其密实度则会降低。一般来说，经过一定的冻融循环周期后，土体的干密度会达到一个相对稳定的值，此后，土体的冻胀量等于融沉量，其体积的变化在冻融循环过程中相对稳定。而对于干密度小的土体，冻融的过程是土体密实的过程。

当冻土在融化时，其中将发生两个相反的过程：压密（即由于融化水挤出而引起的孔隙度的减小）及颗粒集合体的膨胀（在轻微的荷载下这种膨胀将导致融化后土体孔隙度的增加）。

对于管段粉质黏土分别取三种密实情况对土样进行冻融试验，得到土样的干容重与土体融沉系数的关系曲线如图 2－33 所示。

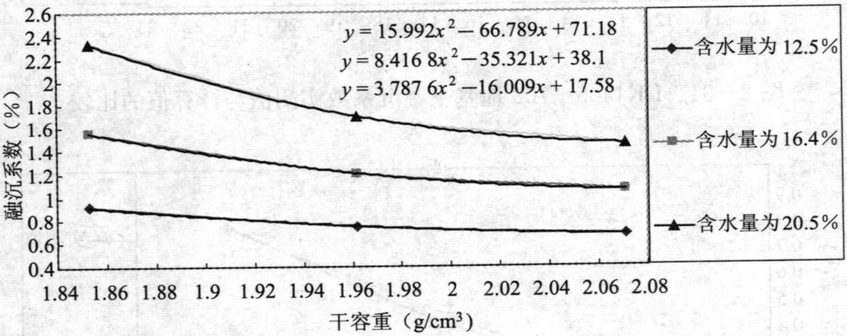

图 2－33　DK1405＋700 地基土干容重与融沉系数的关系

由图 2－33 可以得出，随着干容重的增加，土体的融沉系数则不断地减小。融沉系数随着干容重的不断增大服从二次抛物线分布。

2.4.2　冻胀特征

在寒季，由于气温的降低，季节性冻土层发生冻结，以及冻土上限附近的多年冻土层也会进一步发生冻胀，引起冻土体积的增大。

通常用冻胀量和冻胀率来表示土体的冻胀特性。冻胀量是指土体冻结时引起地表总的上升量；冻胀率（也称冻胀强度或冻胀系数）是一相对值，用冻胀量与冻结土层厚度之比来计算，通常以百分数计。即：

$$\eta=\frac{\Delta h_{d}}{h}\times 100\% \tag{2-27}$$

式中　η——冻胀率；

h——冻结土体厚度(mm)；

Δh_{d}——冻胀增量值(mm)。

导致土体冻胀的因素很多，包括土质、水分状态、负温环境、水和土的含盐量、土层上部压力等等。归纳起来即土、水和温三大要素。对受荷载作用的地基土，其冻胀性的大小也和所受荷载有关。土层的冻胀是随着冻结过程而发生、发展的，并随土层的融化而消失。

铁路规范中各类土按其冻胀变形强弱(冻胀系数)分为以下几个等级：①非冻胀性土，$\eta\leqslant 1\%$；②弱冻胀性土，$1\%<\eta\leqslant 3\%$；③冻胀性土，$3\%<\eta\leqslant 6\%$；④强冻胀性土，$\eta>6\%$。

(1)土质对冻胀性的影响

土的颗粒成分、矿物成分以及他们的组成关系是决定土层冻胀的主要条件。我国科技工作者着重研究了粗粒土中粉黏粒含量对其冻胀的影响。冰川冻土所的早期工作中曾提出 12%粉黏粒含量是使粗粒土在饱水条件下冻胀率产生飞跃的临界条件，并建议以此作为分类界限(吴紫汪等，1981 年)。

通过砂砾石土的试验表明：①砂砾石土在粉黏粒含量为零时，其冻胀性是不敏感的。②在相同的水分及补给以及相近的冻结速率条件下，其结果是：砾石和砂砾土中粉黏粒(<0.05 mm)含量大于 8%时，冻胀率明显剧增，反之冻胀量都很小，一般冻胀率(η)都在 1%以下，砾石冻胀性仅为砂砾的一半；粗砂在粉黏粒含量大于 6%时，冻胀开始剧增，反之则很小，冻胀率(η)都在 0.5%以下；对于细砂，当粉粒含量在 20%时，其冻胀率(η)已接近 2%。

各类土的冻胀量大致为：粉质土、亚砂土>亚黏土>黏土>砾石土>粗砂>砂砾石。

通过大量的室内试验，对青藏铁路管段土样的冻胀统计如表 2—14 所示。

表 2—14　土样的冻胀性分类表

土的名称	冻前天然含水率 W	冻胀率 η(%)	冻胀等级	冻胀类别
管段地基土(粉质黏土)	6.5%	$\eta<1$	Ⅰ	不冻胀
	12.5%	$\eta<1$	Ⅰ	不冻胀
	20.5%	$1<\eta<3.5$	Ⅱ	弱冻胀
管段地基土(中砂土)	10%	$\eta<1$	Ⅰ	不冻胀
	15%	$1<\eta<3.5$	Ⅱ	弱冻胀
	20%	$3.5<\eta<6$	Ⅲ	冻胀

(2)含水量对冻胀性的影响

水在土体的冻胀过程中起着至关重要的作用。水在冻结成冰时,其体积膨胀达9%。土体中水分的多少直接影响着土体冻胀量和融沉量的大小以及土体的压缩性等。土体中含水量越大,其冻胀量也越大,相应地在融化过程中产生的融沉量也越大。不论何种土体,只要含水量达到一定的程度,都会发生一定程度的冻胀作用。当含水量小于某一界限含水量时,土体不发生冻胀,称此界限含水量为起始冻胀含水量,用 W_0 表示。试验与工程实践表明,起始冻胀含水量 W_0 与土体塑限含水量 W_p 之间的关系为:$W_0=aW_p$,a 一般取0.8左右。对于造成冻胀率不超过1%的含水量称为安全冻胀含水量,用 W_c 表示,$W_c=aW_p+4$。

表 2—15　几种土样的冻胀界限含水量统计

土　名	黏土	亚黏土	亚砂土 1	亚砂土 2
塑限含水量(%)	19.1	21.0	10.5	10.2
起始冻胀含水量(%)	13.0	18.0	10.0	8.0
安全冻胀含水量(%)	20.0	22.0	13.0	12.0

一般对于细粒土而言,在最优含水量时土体几乎不发生冻胀,土体在塑限时的冻胀量也比较微弱,约为其初始高度的1%左右。试验中试样的起始含水量一般取最优或塑限附近的含水量。图2—34～图2—37分别为安多地区粉质黏土与细砂土含水量与冻胀系数的分析图。

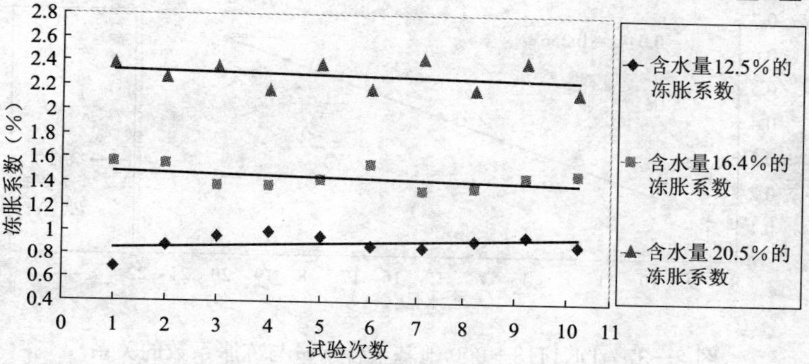

图 2—34　DK1405＋700 地基土(粉质黏土)的冻胀系数

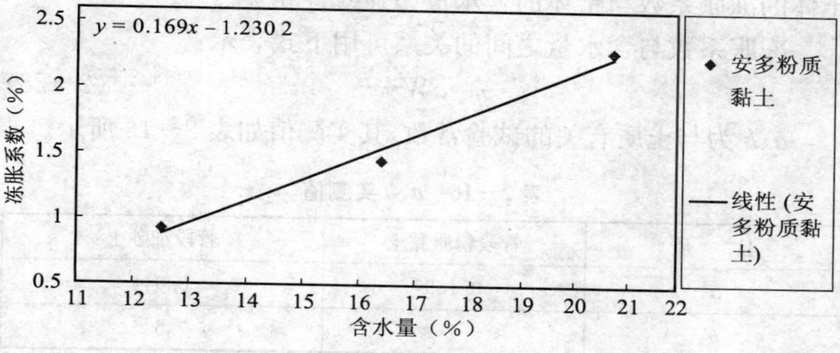

图 2—35　DK1405＋700 地基土(粉质黏土)含水量与冻胀系数的关系

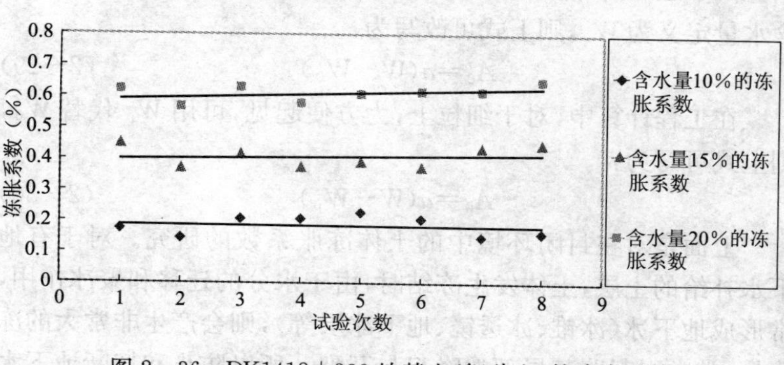

图 2—36　DK1418＋900 地基土(细砂土)的冻胀系数

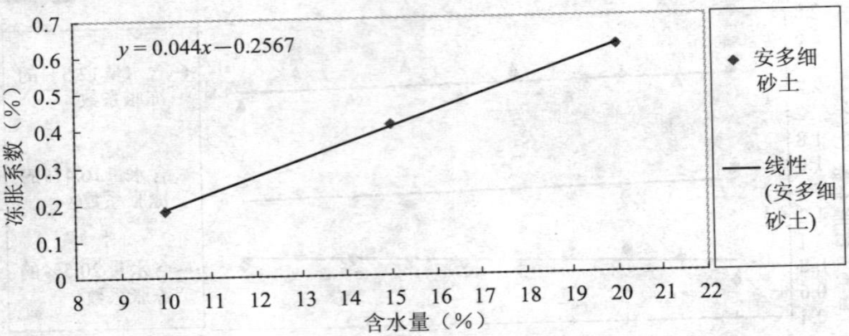

图 2－37　DK1418＋900 地基土含水量与冻胀系数的关系

经过对上述几种土的含水量与冻胀系数的关系的研究，可知土体的冻胀系数与土体的含水量为强线性相关。

冻胀系数与含水量之间的关系可用下式表示：

$$\eta=aW+b \tag{2-28}$$

a、b 为与土质有关的试验常数，其实测值如表 2－16 所示。

表 2－16　*a*、*b* 实测值

土　质	管段粉质黏土	管段细砂土
a	0.169	0.044
b	7	5

由于土体的冻胀是从某一含水量才开始发生的，如果把这一含水量定义为 W_0，则上式可改写为：

$$A_0=a(W-W_0) \tag{2-29}$$

在工程计算中，对于细粒土，为方便起见，可用 W_p 代替 W_0，则上式可写为：

$$A_0=a(W-W_p) \tag{2-30}$$

上面是对在封闭环境中的土体冻胀系数的研究。对于有地下水补给的土层，土体发生冻结时，由于水分的迁移和聚冰作用，常形成地下冰（冰锥、冰透镜、地下冰层等），则会产生非常大的冻胀量，常常引起路基局部的隆起与开裂。所以防止和切断地下水源的径流补给对多年冻土区路基稳定来说是至关重要的。

(3)冰冻条件对冻胀性的影响

土体中温度越低，土体中的未冻水含量也越低，则土体中的含冰量也越大，相应地，土体的冻胀量和融沉量也越大。

土体冻结过程，实际上是土中温度的变化过程。土体的冻胀起始于某个温度(冻胀开始温度，t_s)，而又终于某个特定的温度(冻胀停止温度，t_e)。土体的冻结温度取决于土体的颗粒成分、含水量、颗粒的矿物成分和水溶液的浓度。同一土质条件下，土体冻结温度随含水量增大而相应地升高。此外，在一定负温条件下，土体总保持着与负温相应的未冻含水量。在封闭体系中，土体水分随负温增大而不断冻结，未冻水含量减少，含冰量增加，土体体积扩胀，因而土体的冻胀系数随土中温度降低而增大。试验结果表明，尽管土质不同，其冻胀系数不同，而土体冻胀系数随温度变化的规律则相似，这种规律大致可分成三个温度区段：①土体冻胀剧烈增长段，其温度范围自土体冻结温度起至－3℃左右；②土体冻胀缓慢增长段，其温度范围为－3℃～－7℃；③土体冻胀相对稳定段，其温度低于－7℃。应当说明，不同的土质，这三个区段的温度是不完全相同的。土体冻胀系数与土温的关系，可用下列经验公式表示：

$$\eta = a|t|^b \tag{2—31}$$

式中　t——土中温度(℃)；

a,b——与土质有关的试验常数。

冻结速率的大小直接影响土的冻胀强度。冻结速率一定时，地基冻胀已达到全部冻胀量的 90%以上。在无荷载的自由冻胀试验中，较高的环境温度与缓慢的冻结条件是试样冻胀系数普遍较大的原因，因为这样，水分迁移和重分布就有足够的时间。

另外的实验表明：在冻结速率较低(1～3.5 cm/d)情况下，冻胀率变化极为剧烈，冻胀率随冻结速率增大而呈强烈衰减的趋势；当冻结速率大于 3.5 cm/d 后，冻胀率变化不大；最终当冻结速率达到 8～10 cm/d 后，冻胀率变化趋一定值。

(4)压实度对冻胀性的影响

土体越密实，土体中的孔隙就越小，土体越不容易冻胀。土体在冻结后发生融化，其密实度则会降低。一般来说，经过一定的冻融循环周期后，土体的干密度会达到一个相对稳定的值，此后，土体的冻胀量等于融沉量，其体积的变化在冻融循环过程中相对稳定。图 2－38 为粉质黏土干容重与冻胀系数的关系图。

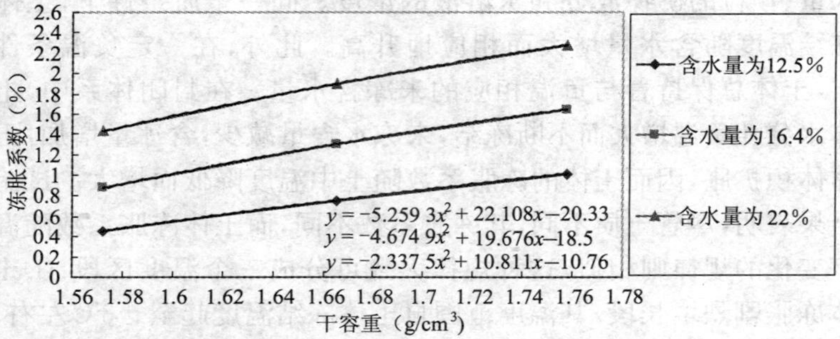

图 2－38　DK1405＋700 地基土(粉质黏土)干容重与冻胀系数的关系

由图 2－38 可得出，DK1405＋700 地基土的冻胀系数随着干容重的不断增大而增大，且随着荷载的增加呈抛物线关系增长。且含水量越大，其增加的幅度也越大。

(5)荷载对冻胀性的影响

上部荷载对土体的冻胀有一定的抑制作用。但在上部荷载作用下，会引起土体中冰的融化温度降低，且在土体的融化过程中，上部荷载对土体产生压密及固结作用，引起沉降量的增大。有些时候，由于上部荷载较大，而土体融化时强度又迅速减小，在融化的过程中引起土体的破坏。图 2－39 为粉质黏土荷载与冻胀系数的关系图。

由图 2－39 可看出，DK1405＋700 地基土的冻胀系数随着上部荷载的不断增大而逐渐变小，且随着荷载的增加呈线性降低。

且含水量越大，其降低的幅度也越大。

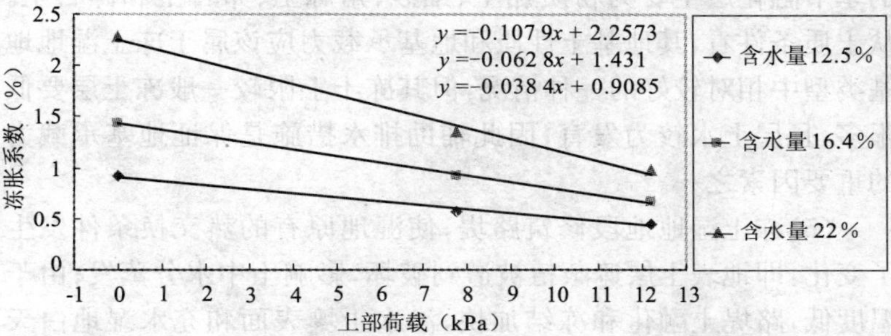

图 2—39　DK1405＋700 地基土(粉质黏土)荷载与冻胀系数的关系

2.5　影响冻土湿地工程措施的工程地质条件分析

(1)冻土层上水以多年冻土为隔水层，以融化层为含水层，寒季向暖季转变时，活动层的固态水(冰)融化转变成层上水，赋存在融化层与冻土层界面间，到 10 月份含水层最厚，层上水的相态转换过程使水分在多年冻土上限附近聚集。当大气降水较大时，这些都是对冻土湿地形成的有利条件，也是湿地水分补给条件。

(2)过余冻结指数是冻结指数与融化指数的代数和，它表征区域气候潜在冻结能力的大小。安多 1966 年至 2002 年 37 年间，冻结指数达－70 515.9℃·天，融化指数为 32 739.8℃·天，冻结指数是融化指数的 2.15 倍。这是冻土湿地处理工程措施采用的决定性因素。

(3)观测资料显示，研究区域多年冻土层厚度最薄处为 13～14 m，冻土年平均地温最高为－0.3℃，高温极不稳定冻土区分布较多，最大融化深度(多年冻土上限)为 2.5～3.0 m。采用不同工程措施处理冻土湿地时，必须考虑多年冻土的热稳定性。

(4)研究区域冻土湿地土层未见泥炭和淤泥土等,上限以上的季节融化层主要为粉质黏土、细砂、角砾土、卵石土和碎石土。从土质条件看,其地基土性质和地基承载力应该属于冻土湿地地基类型中相对较好的一种情况,但其冻土上限较一般冻土层要低很多,且层上水较为发育,因此辅助排水措施是保证地基承载力的重要因素之一。

(5)冻土湿地地段修筑路堤,使湿地原有的热交换条件发生了变化:即地表土层遮蔽植被遭到破坏,影响土中水分蒸发;由于温度低,路堤土融化和冻结加快,渗水土壤表面和充水湿地白天的温度比有植被的湿地的温度高 1～14 倍,因此,路堤修筑后需有一个热扰动恢复的过程。

(6)土体的融沉特征与土体的含水量线性相关,随着含水量的增加,融沉系数增加。土体冻胀特征与土质、土体密度、荷载、含水量有关。粉黏粒含量对土体冻胀特性也有很重要的影响。因此湿地处理仍然应注意层上水和填土内含水量变化。

第3章　冻土湿地路基稳定性分析及工程对策

冻土湿地路堤和冻土区路堤稳定性分析与普通路堤稳定性分析的区别在于：

冻土区路堤修筑以后，填土路基作为横亘地面的条带状冷生结构物，紧密地依存于天然地层，并共同接受太阳辐射能对其表面及地中温度的影响，以及冻土区气候的演变对其发展产生的重大影响。从传热过程本质来讲，填方路堤使大气和土体的热交换界面上移，而且界面几何形态变得比较复杂，冻土不能直接通过地表和大气进行热交换，只有通过传热性能各不相同的路堤结构在土体冻融过程不同阶段和大气进行热交换，最终在不同气温和冻土地温条件下，经过几个年际冻融循环过程，逐渐形成稳定的多年冻土上限，称路基工程人为上限，实际上这是每年发生冻融循环土层的底部界限。上限（路基工程人为上限）位置和上限附近土体强度特征是影响冻土区路基和冻土湿地路堤稳定性的主要因素，也是与一般地区路堤稳定性的区别所在。

冻土区湿地地基处理的目的在于保证修筑在它上面的路基工程的稳定性，湿地路基填筑施工技术的核心是保证湿地地基处理措施目的的实现。

冻土区路基稳定性，尤其是冻土区湿地路基稳定性主要取决于以下两个方面：

第一，路基基底地基土体具有足够的稳定性，使路基本身作为一个整体不至于沿基底薄弱界面发生滑移。

第二，路基自身填土和基底以下湿地土体的冻胀融沉变形以及冻结状态时的蠕变变形，能够保证轨道的平顺性，保证列车平稳运行。

本章研究分析即围绕以上两个方面进行，一方面分析研究保证第一种路基整体稳定性的条件，另一方面研究保证路基变形在允许范围内的条件。

3.1 冻土湿地路基土体冷生过程特征及影响

3.1.1 路基修筑后影响滑动面的多年冻土上限变化

多年冻土上限是指路堤在最大融化季节填土融化的最大深度，上限位置是当时的冻融交界面的位置，显然，冻融交界面附近是最容易发生滑动的薄弱层位置，冻土区湿地路堤稳定性分析首先应该研究这个特殊界面的位置。

根据目前研究观测结果，冻土区修筑路堤以后对路堤稳定性影响较大的多年冻土上限位置的变化一般出现以下 5 种情况(图 3－1a～图 3－1e 所示平缓路基上限发展情况)。

(1)多年冻土上限抬升到路基本体内(图 3－1a)

在堤身形成冻土核，有时堤内短时间存在融化夹层，此时冻融界面形态和位置是路堤稳定的主要影响因素，路堤失稳主要沿冻融界面发生滑动，而冻融交界面附近土体的粘滞作用使这种滑动受阻，导致易沿滑动面方向产生张拉力，使路基产生张拉裂缝。

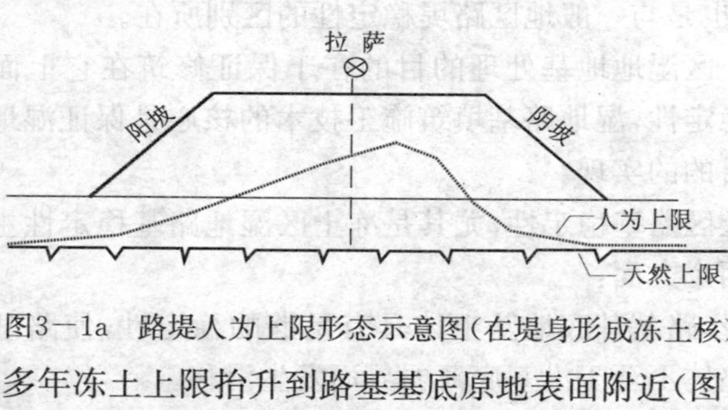

图3－1a 路堤人为上限形态示意图(在堤身形成冻土核)

(2)多年冻土上限抬升到路基基底原地表面附近(图 3－1b)

这种情况路基稳定性分析与第一种情况不同，当季节融化层为细颗粒土且土体含水量较大时。易沿阳坡侧发生滑动，滑动面一般沿人为上限面发展。

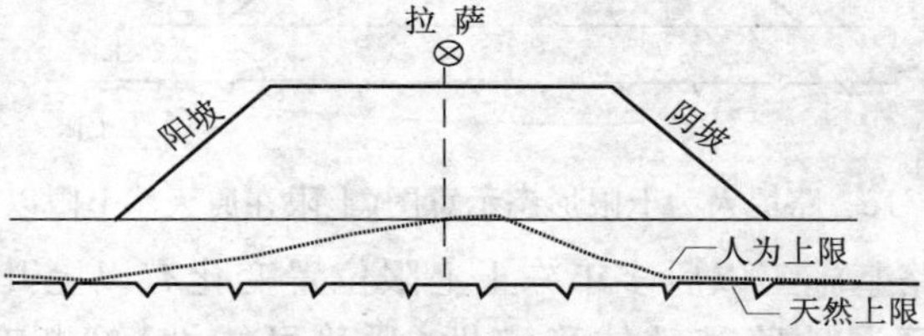

图 3—1b　路堤人为上限形态示意图(多年冻土上限抬升到地表面附近)

(3)多年冻土上限抬升，位置在原天然上限至基底之间(图 3—1c)

这种情况比图 3—1b 所示的稳定性要低，如果路基失稳发生滑动，可能的滑动面受人为上限形态影响也很大。

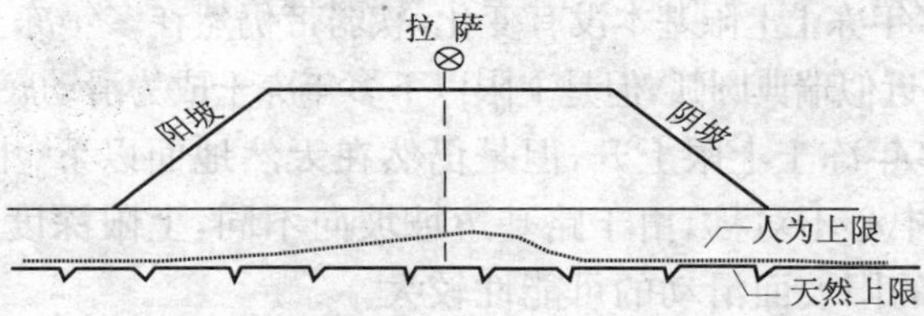

图 3—1c　路堤人为上限形态示意图(上限在原天然上限和地表面之间)

(4)多年冻土上限基本没有抬升，在原天然上限位置附近(图 3—1d)

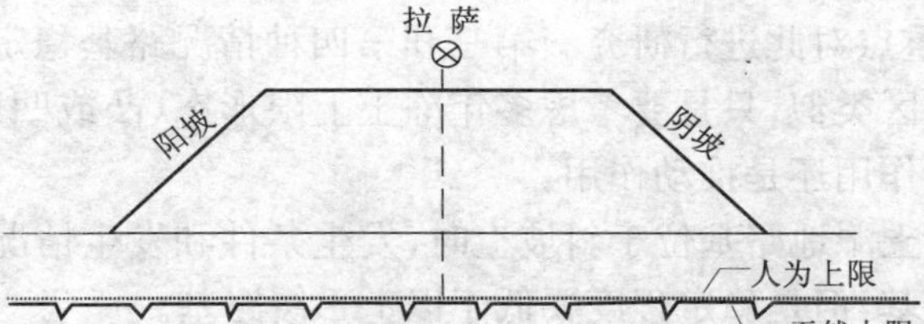

图 3—1d　路堤人为上限形态示意图(上限在原天然上限附近)

(5)多年冻土上限不仅没有抬升，而且有所下降(图 3—1e)

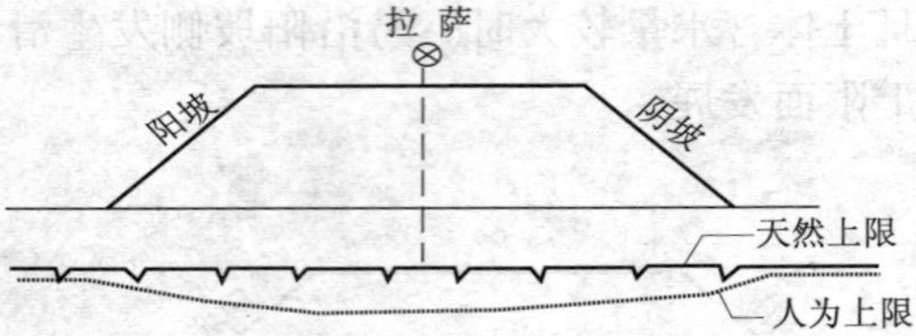

图 3－1e　路堤人为上限形态示意图(上限在原天然上限以下)

由于路基施工以后多年冻土上限位置变化有以上几种可能，因此冻土区湿地路基整体稳定性(滑移可能性)判断有 4 种条件，即：

(1)多年冻土上限下降，最大融化季节冻融界面下移，而且由于上限附近含冰量大导致冻融界面附近含水量大，形成软弱带，可能按照瑞典圆弧法滑动。这是最危险的情况。

(2)多年冻土上限基本没有变化，软弱带仍然在多年冻土上限附近，滑动面近似瑞典圆弧，但是上限以下多年冻土成为滑动底限。

(3)多年冻土上限上升，但是仍然在天然地面以下，上限形态为沿路基中心不对称，由于路基边坡坡向不同，上限深度不同，导致沿较深的阳坡面滑动的可能性较大。

(4)多年冻土上升到天然地面以上，路基本体以内，通过调整路基边坡坡度设计可以避免滑动发生，对于采用特殊路基结构(片石气冷路基)的路基，这种滑动基本不会发生。

第一和第二种情况在冻土区路基稳定性分析中是最不利情况，本文重点对此进行研究。第三和第四种情况路基稳定性分析与一般地区类似，只是要考虑多年冻土上限形态(凸或凹)对滑动产生抑制作用还是推动作用。

当冻土湿地路基位于斜坡上时，发生条件和发生情况类似以上平缓路基，但是稳定程度要低于以上平缓路基。

3.1.2　路基填土冻融过程影响

多年冻土地区路基本体及基底土层的工程性质和工程状态，

制约于正、负温交替和波动所引起的土中固液相转化所引起的土体冷生过程，路基土体的这种冷生过程即冻融过程和温度场发展过程与天然地层有着明显的区别，所有温度（环境温度、冻土温度、填土冷生过程土体温度）的变化都在路基这种特殊冷生结构物修筑过程中改变和发展，最终形成了和路基稳定性密切相关的水热变化特征。

研究还发现，路基填土冻融过程中，冻融交界面位置也是冻土区路基填土冻融过程潜在的滑动面位置。

冻融交界面位置在土体冷生过程中始终处于动态变化过程中，年际冻融变化中，最大融化季节，冻融交界面位置离开路基顶面最大，因而可能发生滑动的土体厚度最大，滑动荷载也最大。因为冻融循环过程对土体黏聚力值的影响很大，而对内摩擦角数值影响较小，所以低密度的土体受冻融循环作用后，黏聚力有所提高，而高密度的土体黏聚力却有所下降。

土体经过多次冻融循环作用后，慢慢达到平衡状态，含水量逐渐降低并趋于稳定，初始含水量越大，含水量变化率越高。冻融循环过程中，初始干密度较低时，干密度逐渐增大并趋于稳定；初始干密度较高时，干密度逐渐减小并趋于稳定。

3.2　冻土湿地路基稳定性分析

3.2.1　稳定性分析数学模型——冻土的弹塑性本构方程

应用弹塑性有限元法，采用摩尔-库仑屈服准则，在材料塑性屈服开始之前，假设应力应变间的关系服从虎克定律，即

$$\sigma = D\varepsilon \tag{3-1}$$

式中 $\sigma=[\sigma_x \quad \sigma_y \quad \sigma_z \quad \tau_{yz} \quad \tau_{zx} \quad \tau_{xy}]^T$；

$\varepsilon=[\varepsilon_x \quad \varepsilon_y \quad \varepsilon_z \quad \gamma_{yz} \quad \gamma_{zx} \quad \gamma_{xy}]^T$；

D——弹性矩阵。

在冻结过程中土颗粒不可压缩，冻土中体积变化由原土中原

驻水及迁移水结冰引起，则体积膨胀变形应变为

$$\varepsilon^{\nu}=0.09(\theta_0+\Delta\theta-\theta_{\mu})+\Delta\theta-n \tag{3-2}$$

其中：θ_0 为初始含水量，$\Delta\theta$ 为在一定时间内的水分迁移量，n 为土的空隙比。由于假定土为各向同性介质，所以体积膨胀在各个方向引起的应变为

$$\varepsilon_x{}^{\nu}=\varepsilon_y{}^{\nu}=\varepsilon_z{}^{\nu}=\frac{1}{3}\varepsilon^{\nu} \tag{3-3}$$

$$\gamma_{xy}{}^{\nu}=\gamma_{yz}{}^{\nu}=\gamma_{xz}{}^{\nu}=0 \tag{3-4}$$

对于任何应力增量 $d\sigma_{ij}$，应变增量 $d\varepsilon_{ij}$ 假定为弹性分量、塑性分量和土体膨胀之和，即：

$$d\varepsilon_{ij}=d\varepsilon_{ij}{}^{e}+d\varepsilon_{ij}{}^{p}+d\varepsilon_{ij}{}^{v} \tag{3-5}$$

弹性部分的应变增量可用下式计算：

$$d\varepsilon_{ij}{}^{e}=\frac{d\sigma_{ij}{}'}{2G}+\frac{1-2\mu}{3E}\delta_{ij}d\sigma_{kk} \tag{3-6}$$

式中　$\sigma_{ij}{}'=\sigma_{ij}-\frac{1}{3}\delta_{ij}\sigma_{kk}$

塑性部分的应变增量为：

$$d\varepsilon_{ij}{}^{p}=d\lambda\frac{\partial F}{\partial\sigma_{ij}} \tag{3-7}$$

计算出应变增量后，用下式可得应力增量：

$$d\sigma=D_{ep}d\varepsilon \tag{3-8}$$

式中　$D_{ep}=D-\frac{dDdD^{T}}{H'+dD^{T}\alpha}$

其中：H' 是材料的硬化参数，α 为流动矢量，$\alpha=\frac{\partial F}{\partial\sigma}$，$dD^{T}=\alpha^{T}D$。

试验表明，摩尔-库仑屈服准则较为符合岩石和混凝土的屈服和破坏特征，本文采用摩尔-库仑准则。摩尔-库仑屈服准则的表达式为：

$$\tau_n=c-\sigma_n\tan\varphi \tag{3-9}$$

其中：τ_n 为极限抗剪强度；σ_n 为剪切面上的法向应力，以拉为

正；c,φ 分别为黏土的黏聚力和内摩擦角。

通过推导可以得出符合摩尔-库仑屈服准则的屈服函数

$$F=P\sin\varphi+\frac{q}{\sqrt{3}}(\cos\theta-\frac{1}{\sqrt{3}}\sin\theta\cos\theta)-c\cos\varphi \tag{3-10}$$

式中　$P=\sigma_m,q=\sqrt{3J'_2},\theta$ 由方程 $\sin3\theta=-\frac{3\sqrt{3}}{2}\frac{J'_3}{(J'_2)^{\frac{3}{2}}}$决定。代入 $\alpha=\frac{\partial F}{\partial\sigma}$可确定和摩尔-库仑屈服准则相对应的流动矢量

$$\alpha=c_1\alpha_1+c_2\alpha_2+c_3\alpha_3 \tag{3-11}$$

根据有限元分析中的增量形式的初始应变方法，由体积膨胀引起的等效节点荷载可表示为：

$$\Delta\{R\}=\int[B]^{\mathrm{T}}[D]\Delta\{\varepsilon^c\}\mathrm{d}V \tag{3-12}$$

假如将冻土湿地路基作为理想弹塑性土体，根据摩尔-库仑准则按照平面应变问题进行稳定性分析计算，水平路基、坡度为1∶10的斜坡地基的位移和荷载情况如图 3－2a 和图 3－2b 所示。

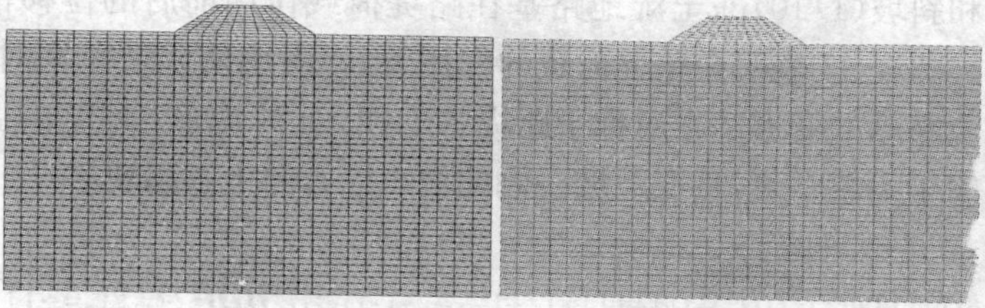

图 3－2a　水平冻土湿地路堤加载前后网格变化比较

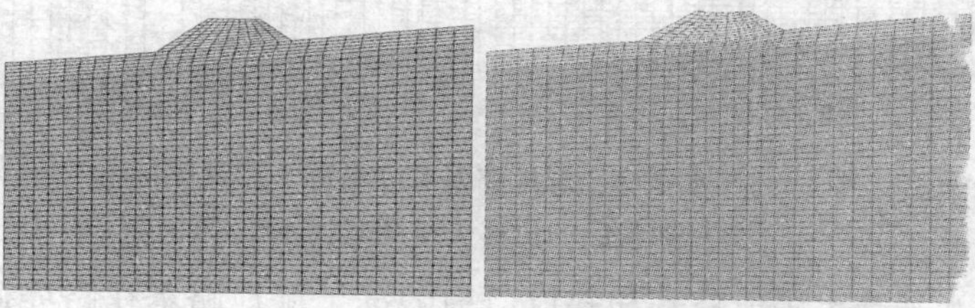

图 3－2b　斜坡冻土湿地路堤加载前后的格网变化比较

3.2.2 冻土湿地路基稳定性计算条件

各种土层的计算参数如表3—1所示。

表3—1 计算土层参数

土层类型	泊松比 μ	重度 γ (kN/m^3)	变形模量 E (MPa)	黏聚力 c (kPa)	内摩擦角 φ (度)
路堤填料	0.35	20	30	0	35
黏砂土（冻土上限以上）	0.4	20	10	32.87	29.94
黏砂土（冻土上限以下）	0.25	20	300	2824.7	14

3.2.3 冻土湿地稳定性计算结果分析

(1)位移和位移矢量场

图3—3为水平冻土湿地路基在路堤荷载作用前后的位移情况(左)和斜坡(1∶10)冻土湿地路基在路堤荷载作用前后的位移情况(右)。图3—3表明在路堤荷载的作用下，不考虑阴阳坡差别时，水平冻土路基的变形基本对称于路堤中心线，而斜坡冻土地基的变形则集中于下坡一侧，且在下坡一侧的坡角处有向上翘起现象。

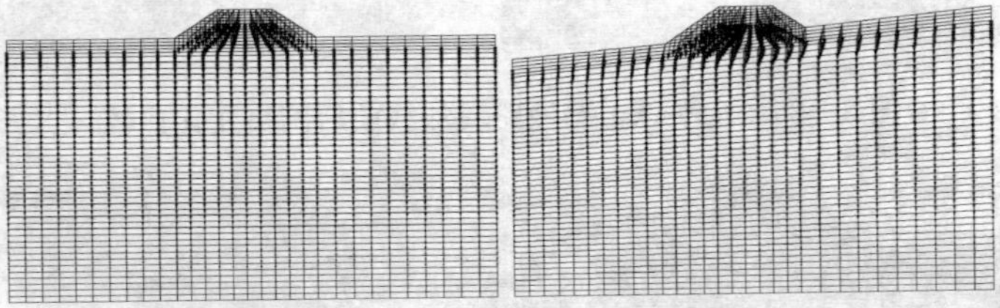

图3—3 水平冻土湿地路基和斜坡冻土湿地路堤加载后的位移矢量图对比

水平冻土湿地路基和斜坡(1∶10)冻土湿地路基在路堤荷载作用后的位移矢量场说明，在路堤荷载的作用下，水平冻土湿地路基的位移矢量场呈对称分布，主要变形发生在路堤边坡中心附近，坡脚翘起变形不显著。斜坡冻土湿地路基的位移矢量场呈非对称分布，主要变形集中于下坡一侧，下坡一侧坡角有翘起现象。

(2)变形与应变等值线

水平与斜坡湿地冻土路基在路堤荷载作用下的水平位移等值线如图 3－4 所示。从图 3－4 左图可看出，在路堤荷载的作用下，水平冻土湿地路基的水平位移基本对称于路堤中心线，图 3－4右图说明斜坡冻土湿地路基的水平位移则集中于下坡一侧，其水平变形的最大值明显大于水平路基。

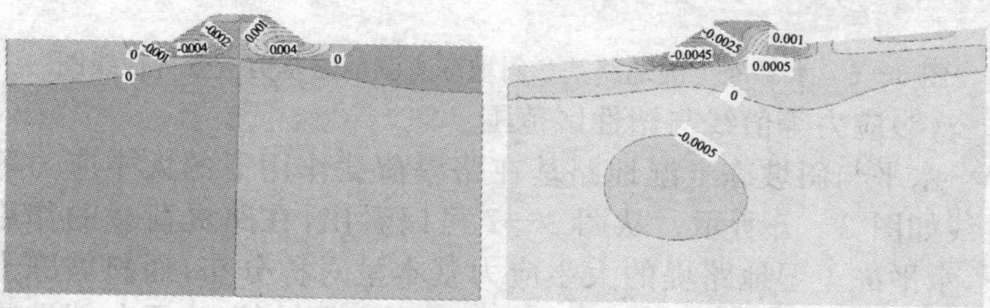

图 3－4　水平冻土湿地路基和斜坡冻土湿地路基水平位移等值线图

水平与斜坡冻土地基在路堤荷载作用下的竖向沉降等值线如图 3—5 所示。从图 3—5 可看出，在路堤荷载的作用下，水平冻土湿地路基的竖向沉降基本对称于路堤中心线，而斜坡冻土湿地路基的竖向沉降则集中于下坡一侧，其竖向沉降的最大值较水平路基的大，且下坡一侧坡脚处可见明显的翘起现象(水平冻土湿地路基不明显)。

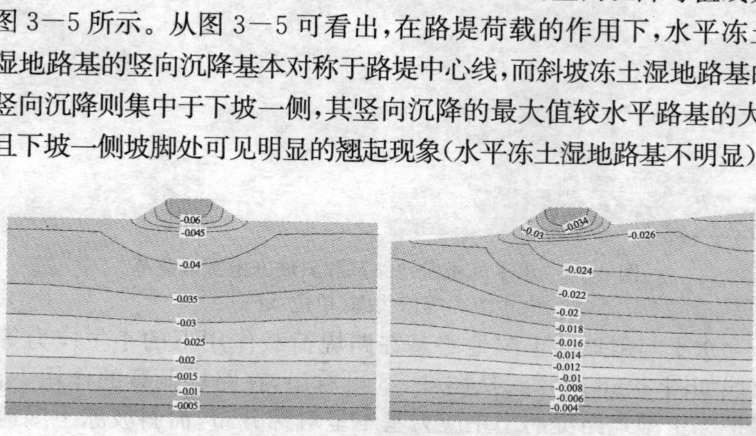

图 3—5　水平冻土湿地路基和斜坡冻土湿地路基竖向位移等值线图

水平与斜坡冻土地基在路堤荷载作用下的剪应变等值线如图 3－6 所示。从图 3－6 可看出，在路堤荷载的作用下，水平路基的剪应变基本对称于路堤中心线，而斜坡路基的剪应变则集中于下坡一侧，且其剪应变值明显大于水平路基。

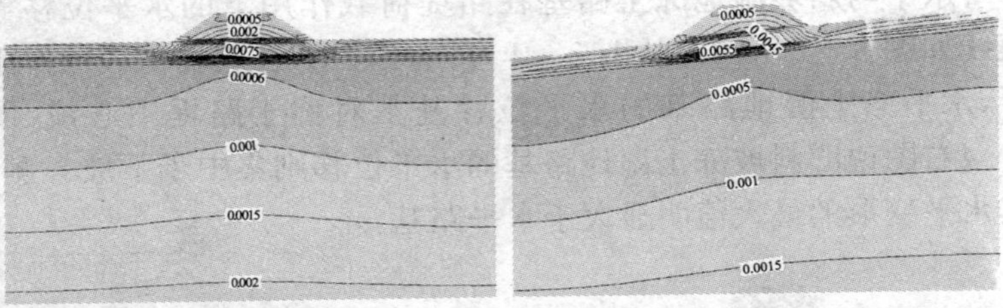

图 3－6　水平冻土湿地路基和斜坡冻土湿地路基剪应变等值线图

(3)应力等值线与塑性区范围

水平与斜坡冻土湿地路基在路堤荷载作用下的大主应力等值线如图 3－7 所示。从图 3－7 可以看出，在路堤荷载的作用下，水平冻土湿地路堤的大主应力基本呈对称分布，而斜坡冻土湿地路堤的大主应力则呈非对称分布。根据计算，水平与斜坡冻土湿地路基在路堤荷载作用下的大主应力值的变化不大。

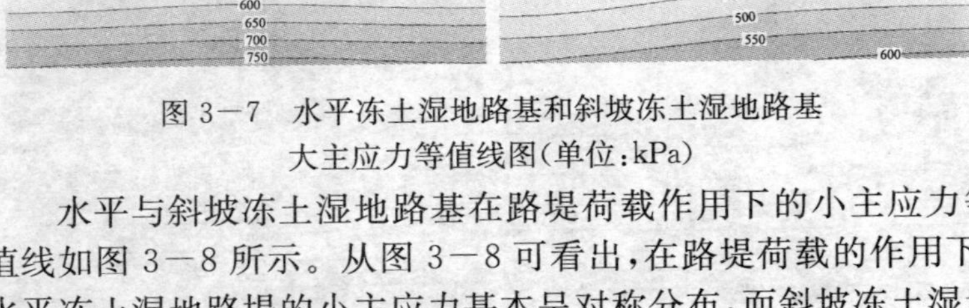

图 3－7　水平冻土湿地路基和斜坡冻土湿地路基
大主应力等值线图(单位：kPa)

水平与斜坡冻土湿地路基在路堤荷载作用下的小主应力等值线如图 3－8 所示。从图 3－8 可看出，在路堤荷载的作用下，水平冻土湿地路堤的小主应力基本呈对称分布，而斜坡冻土湿地路堤的小主应力则呈非对称分布。根据计算，水平与斜坡冻土湿地路基在路堤荷载作用下的小主应力值的变化不大。

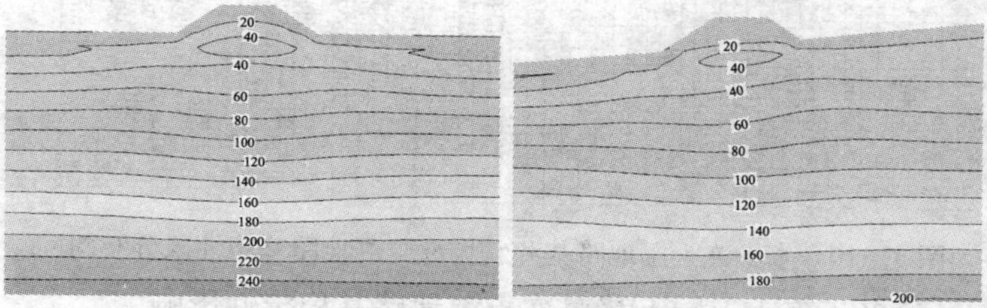

图 3－8　水平冻土湿地路基和斜坡冻土湿地路基
小主应力等值线图(单位:kPa)

水平与斜坡地基在路堤荷载作用下的剪应力等值线如图 3－9 所示。从图 3－9 可看出,在路堤荷载的作用下,水平冻土湿地路基的剪应力基本呈对称分布,而斜坡冻土湿地路堤的剪应力则呈非对称分布。根据计算,水平与斜坡湿地路基在路堤荷载作用下的剪应力值的变化不大。

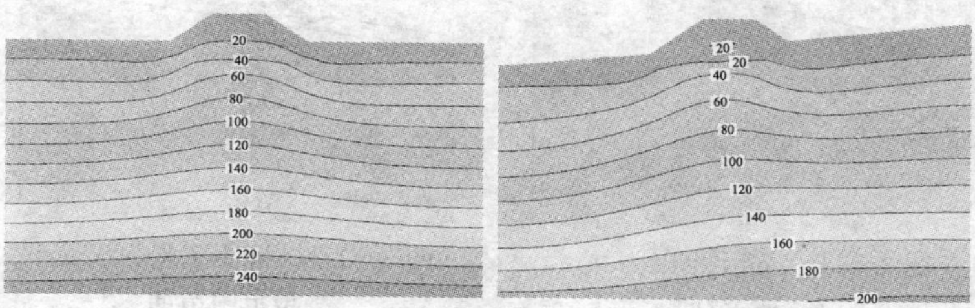

图 3－9　水平冻土湿地路基和斜坡冻土湿地路基
剪应力等值线图(单位:kPa)

水平与斜坡冻土地基在路堤荷载作用下的塑性区分布如图 3－10所示。从图 3－10 可看出,在路堤荷载的作用下,水平冻土湿地路基的塑性区基本呈对称分布,除在两侧坡脚附近有小块分布外,主要分布在路堤中部附近,而斜坡冻土湿地路基的塑性区则呈非对称分布,主要集中在下坡一侧的土层内,向下坡一侧偏移。

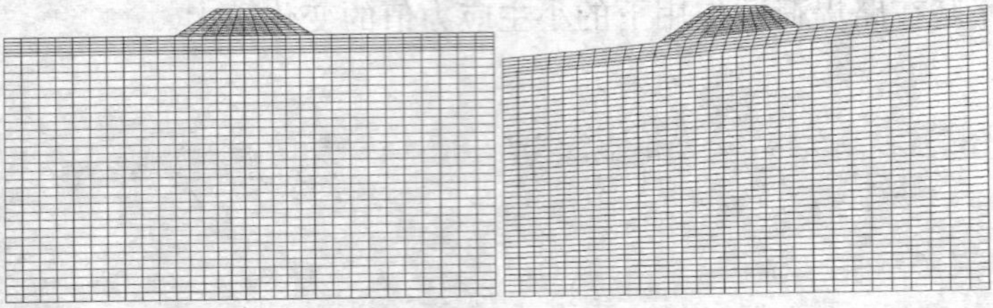

图 3－10　水平冻土湿地路基和斜坡冻土湿地路基塑性区分布图

(4)多年冻土上限下移对冻土湿地路基稳定性影响

在路堤高度 4 m 的条件下，斜坡坡度 1∶10 时，多年冻土上限位置分别在地表以下 0 m，1.5 m，2.0 m，2.5 m，3.0 m，3.5 m 时，冻土湿地斜坡路基最危险滑动面形状及位置变化依次如图 3－11a～图 3－11f 所示。

计算中冻土融化层加深对稳定性的影响通过冻后全融土强度指标折减系数为 0.4 来体现。

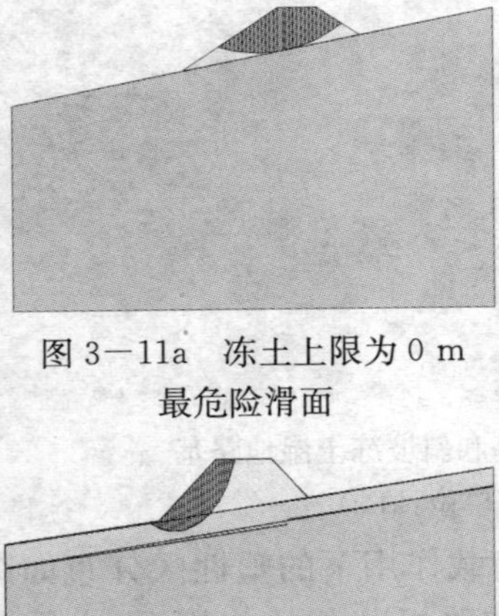

图 3－11a　冻土上限为 0 m 最危险滑面

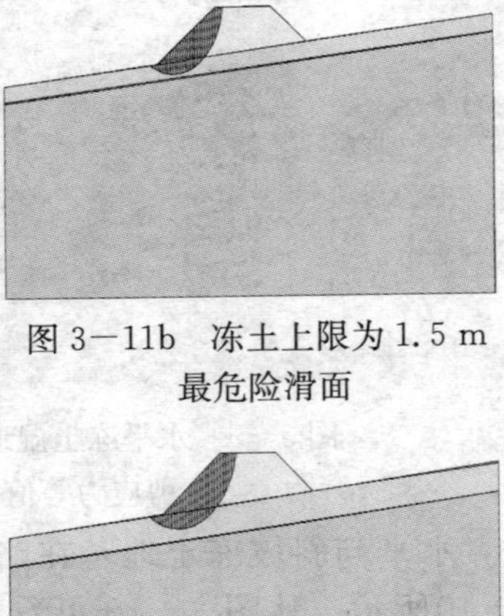

图 3－11b　冻土上限为 1.5 m 最危险滑面

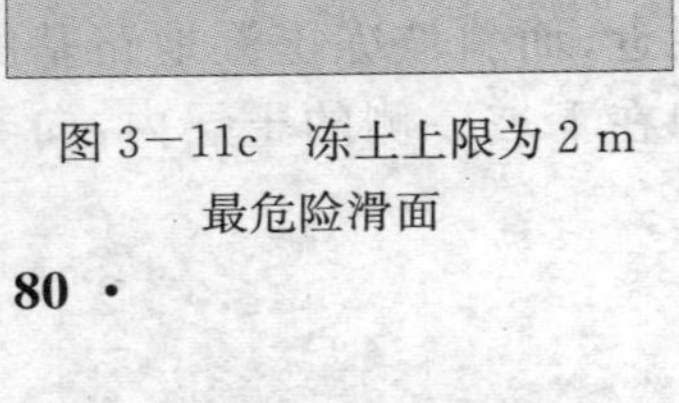

图 3－11c　冻土上限为 2 m 最危险滑面

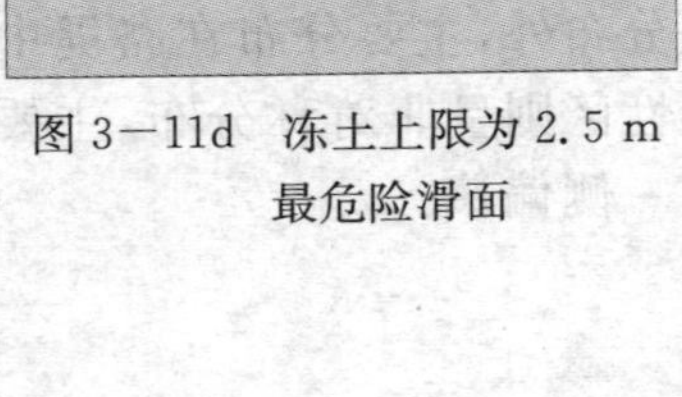

图 3－11d　冻土上限为 2.5 m 最危险滑面

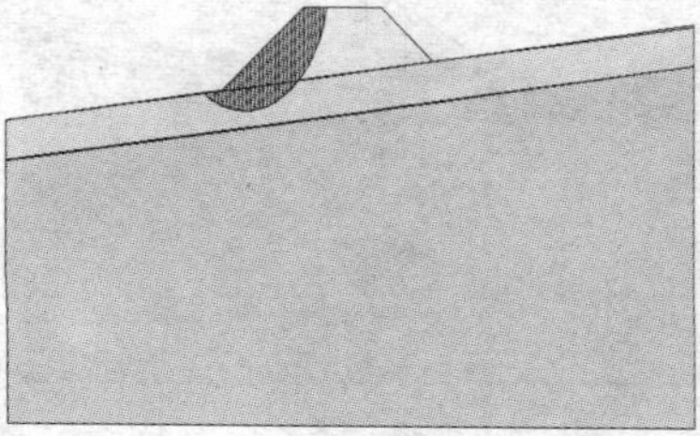

图 3－11e　冻土上限为 3 m
最危险滑面

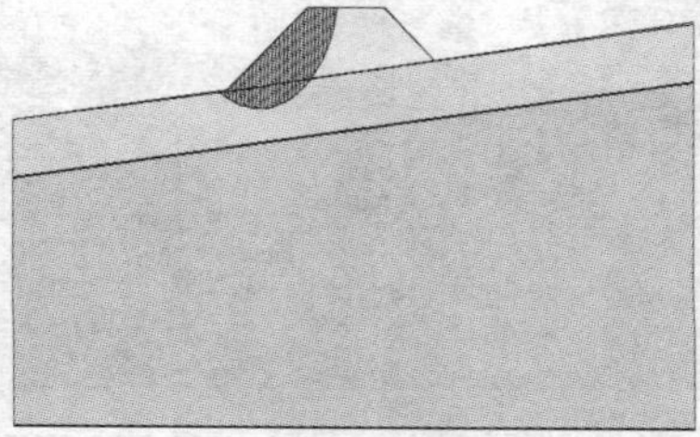

图 3－11f　冻土上限为 3.5 m
最危险滑面

计算结果显示，冻土斜坡湿地路基的最小安全系数 Fs_{min} 随冻土上限深度的增加而相应减小。

冻土上限 1.5 m 相比冻土上限 0 m，最小安全系数 Fs_{min} 降低了 60%，表明只要存在融土层，路基稳定性就大大降低；然而冻土上限由 1.5 m 增加到 3.5 m 时，最小安全系数 Fs_{min} 只降低了 2% 左右，说明融土层在有限的厚度范围内对斜坡路基的稳定性影响不大。

当出现融土层时，滑面底部均通过融土层。

(5)软弱土层厚度增加对冻土区斜坡路基稳定特性的影响

在地层坡度 1∶10，路堤高度 8 m 的条件下，软弱土层厚度由 1 m，增加到 2 m、3 m、4 m、5 m、6 m、7 m、8 m 时，最危险滑动面形状及位置变化如图 3－12a～图 3－12h 所示。

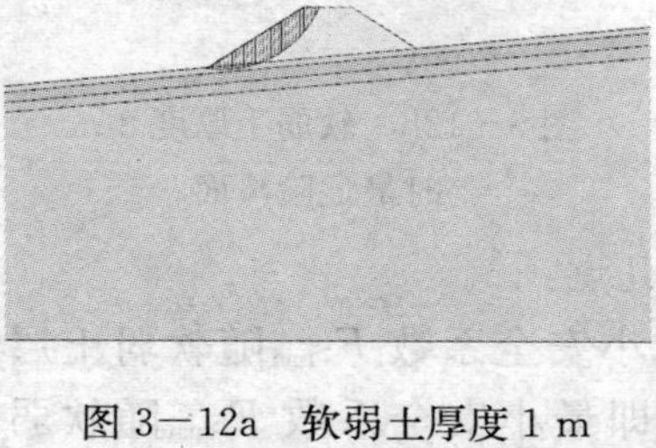

图 3－12a　软弱土厚度 1 m
时最危险滑面

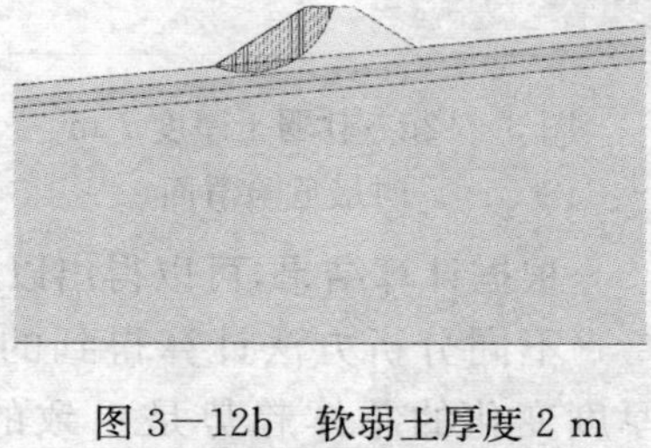

图 3－12b　软弱土厚度 2 m
时最危险滑面

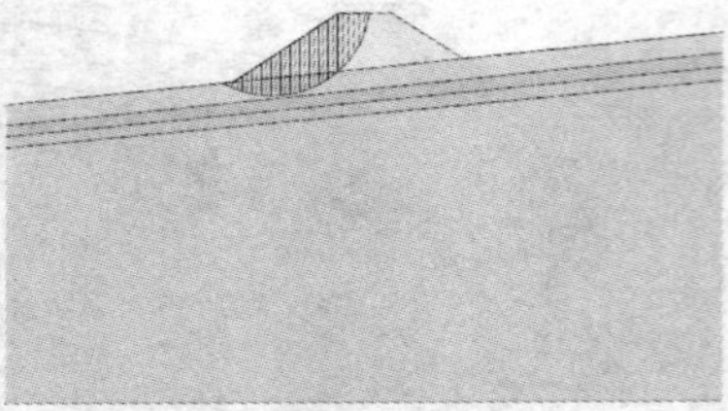

图 3—12c 软弱土层厚度 3 m 时最危险滑面

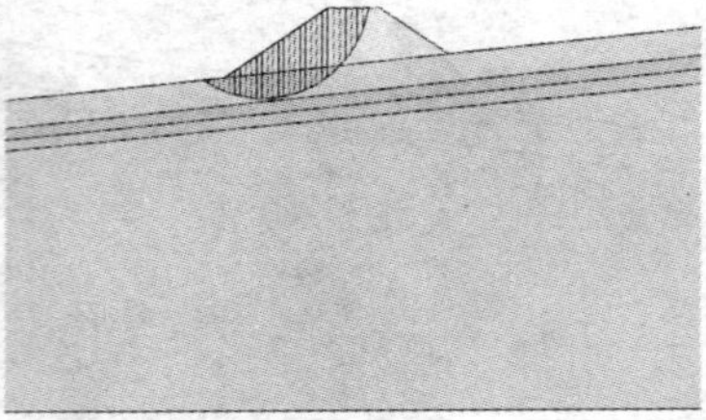

图 3—12d 软弱土层厚度 4 m 时最危险滑面

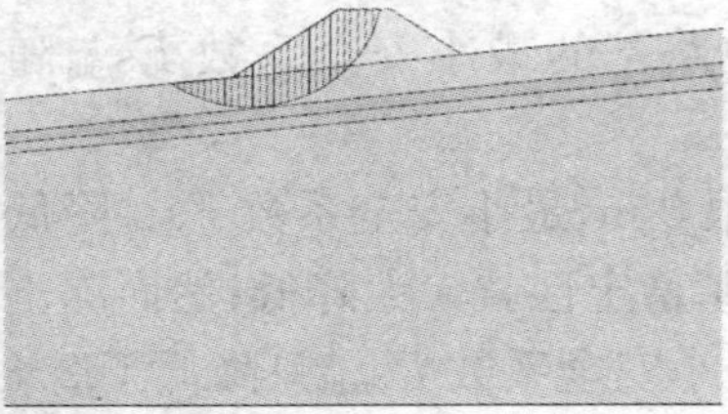

图 3—12e 软弱层厚度 5 m 最危险滑面

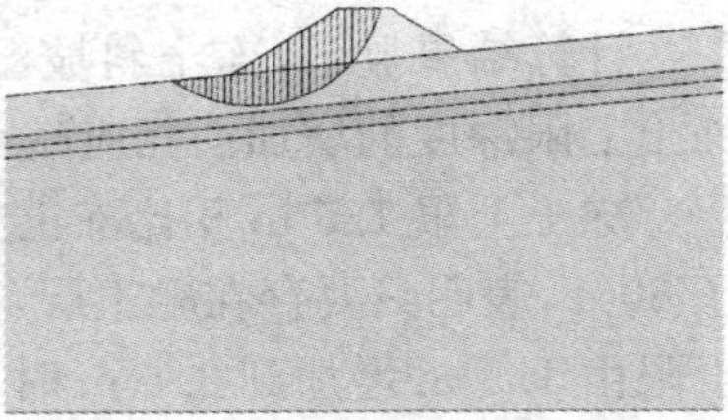

图 3—12f 软弱层厚度 6 m 最危险滑面

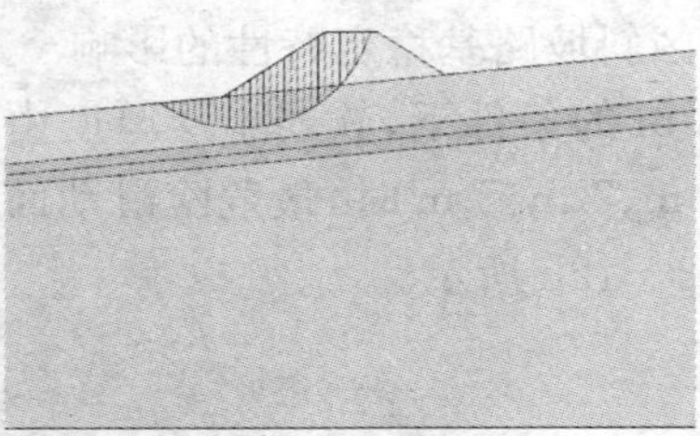

图 3—12g 软弱土厚度 7 m 时最危险滑面

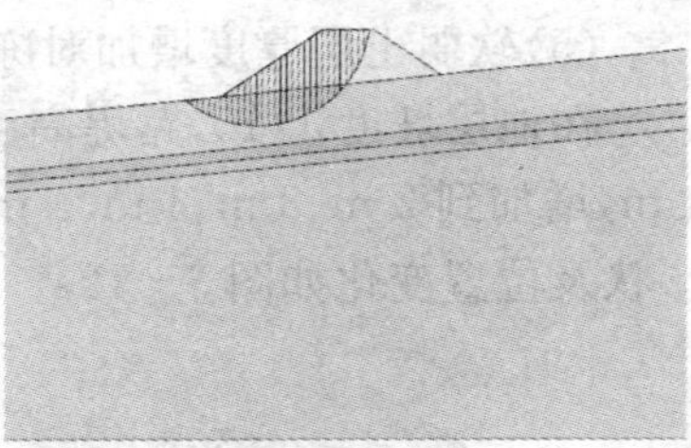

图 3—12h 软弱土厚度 8 m 时最危险滑面

根据计算结果，可以得出以下几点：

不同分析方法计算得到的最小安全系数 Fs_{min} 随软弱土层厚度变化的总体趋势是一致的，即最小安全系数 Fs_{min} 随软弱土层厚度增加而相应减小，尤其是当软弱土层厚度小于 4 m

时，这种趋势表现得十分明显；当软弱土层厚度超过 4 m 后，最小安全系数 Fs_{min} 随软弱土层厚度增加而变化的曲线趋向于平缓。

软弱土层厚度增加到 4～5 m 时，最小安全系数 Fs_{min} 接近或小于 1.0，由稳定状态变为极限状态，进一步发展为破坏状态。

随着软弱土层厚度的增加，最危险滑动面位置逐渐向上、下坡方向扩展，滑弧底部趋近于软弱层底部。当软弱土层厚度增加到一定数值后，最危险滑动面位置逐渐稳定，滑弧底部随着软弱土层厚度进一步增加而逐渐与软弱土层底部脱开。

(6)水平冻土湿地路基和斜坡冻土湿地路基稳定性区别

在路堤高度 4 m 的条件下，地层坡度为水平、1∶20、1∶10、1∶5、1∶2.5 时，最危险滑动面形状及位置变化如图 3—13a～图 3—13e所示。

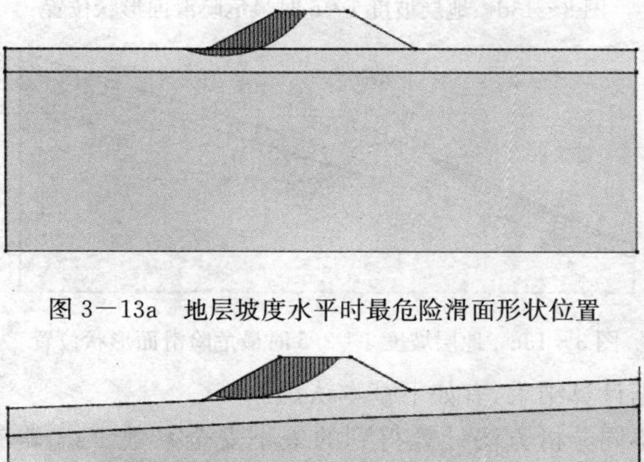

图 3—13a　地层坡度水平时最危险滑面形状位置

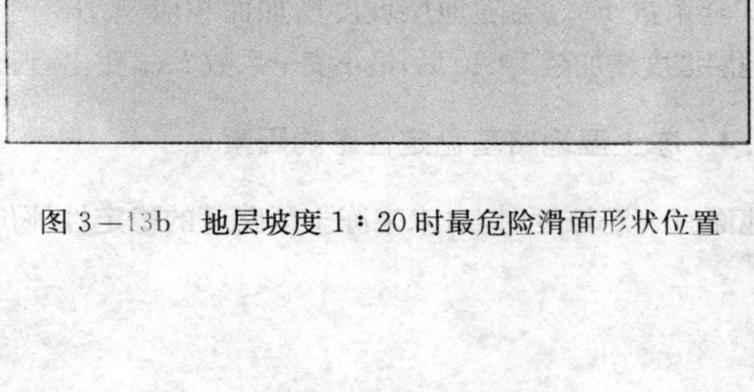

图 3—13b　地层坡度 1∶20 时最危险滑面形状位置

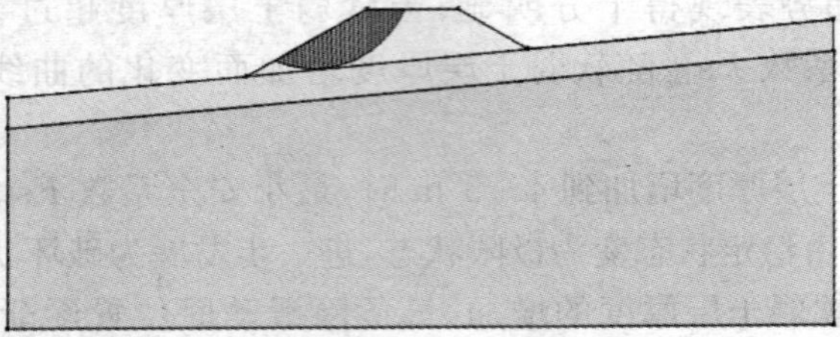

图 3－13c　地层坡度 1∶10 时最危险滑面形状位置

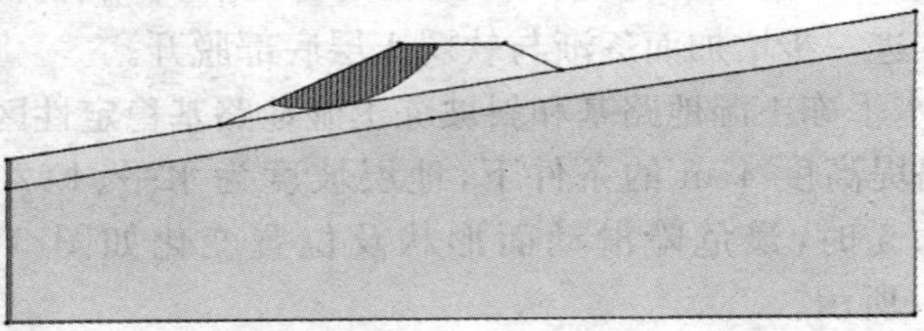

图 3－13d　地层坡度 1∶5 时最危险滑面形状位置

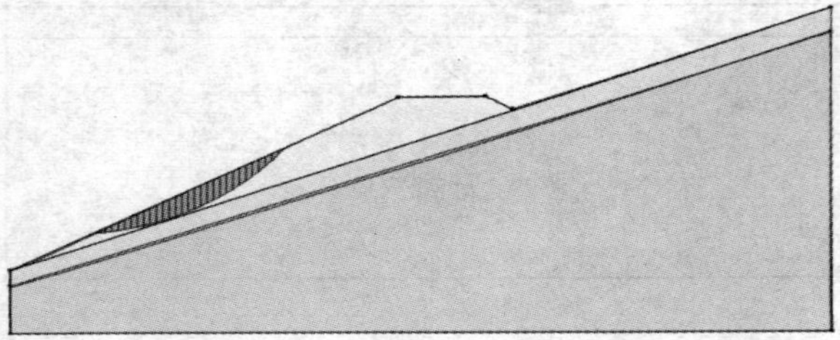

图 3－13e　地层坡度 1∶2.5 时最危险滑面形状位置

根据计算结果，有如下基本认识：

1）不同分析方法计算得到的最小安全系数 Fs_{min} 略有不同，但最小安全系数 Fs_{min} 会随地层坡度增加而相应减小。

2）地层坡度增加至 1∶10 后，最小安全系数 Fs_{min} 变化趋于缓和。

3.2.4　冻土湿地路基稳定性影响因素

当地面有一定坡度时，对未来冻土区路基的稳定性评价分为以下几种情况(图 3－14a～图 3－14d),地温场特征不同未来斜坡路基的稳定性系数也不同。图 3－14a～图 3－14d 分别为预测期第 1 年、第 10 年、第 20 年和第 40 年斜坡路基稳定性评价原理图。预测期不同年份暖季的斜坡路基稳定性系数如表 3－2 所示。

表 3－2　预测期不同年份暖季的斜坡路基稳定性系数

年　份	第 1 年	第 10 年	第 20 年	第 40 年
稳定性系数	1.186	1.141	1.248	1.277

从图 3－14a～图 3－14d 可以看出,第 1 年和第 10 年的潜在滑移面均为沿着热融交界面;而多年冻土退化后,第 20 年和第 40 年的潜在滑移面的底面为表层融土和泥岩的岩性分界面。

从表 3－14a 可以看出,在前 10 年,由于多年冻土人为上限的不断下降,引起了斜坡路基的稳定性系数逐渐减低;当斜坡路基内多年冻土完全退化后,其稳定性系数却有所增加,因此,按照预测的升温速度(2℃/50 年),不考虑其他作用因素时,其稳定性系数最小出现在预测期开始第 10 年。

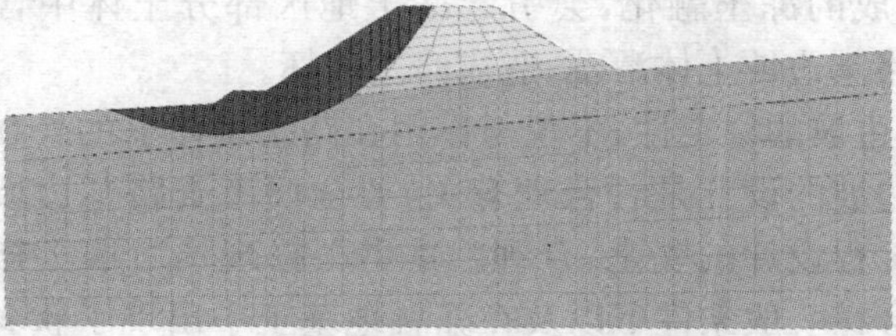

图 3－14a　预测期第 1 年暖季的斜坡路基的稳定性评价图

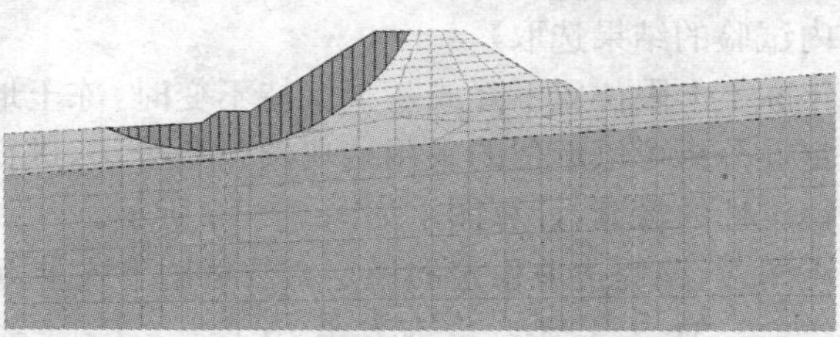

图 3－14b　预测期第 10 年暖季的斜坡路基的稳定性评价图

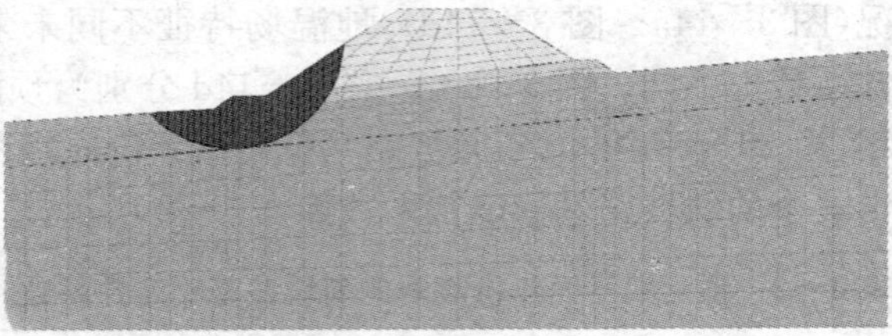

图 3－14c　预测期第 20 年暖季的斜坡路基的稳定性评价图

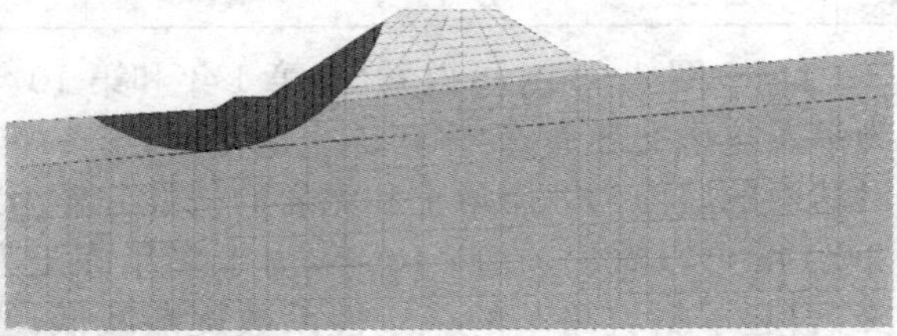

图 3－14d　预测期第 40 年暖季的斜坡路基的稳定性评价图

在列车荷载、轨道及土重量和各种自然力作用下，水文、气候条件的变化，将引起路基土抗剪强度下降，特别是气候变化和外界干扰造成的冻土融化，会引起冻土地区部分土体中含水量增加，引起路基边坡土体滑动，造成路基破坏。

路基边坡的稳定性，不仅与作用在路基土体上的外在因素有关，也与边坡的设计是否合理有关，要全面考查路基边坡的稳定性，确保工程设计的安全、合理。本书根据现场所取土样的室内试验，结合在一般条件下以及在冻融地基土中出现了软弱夹层时路基的稳定性，分别考虑竣工时、运营中路基的稳定性。（计算参数根据室内试验的结果选取）

当多年冻土上限位置下降或基本保持不变时，冻土地区的路基整体稳定性分析可以近似的采用瑞典圆弧条分法，进行不同条件下路基稳定性的检算，计算图示如图 3－15 所示。

由计算图式，路堤边坡稳定的稳定系数可用下式求得：

$$K=\frac{M_y}{M_0}=\frac{\sum M_{iy}}{\sum M_{i0}}=\frac{\sum N_i f_i+\sum c_i l_i+\sum T'_i}{\sum T_i}$$

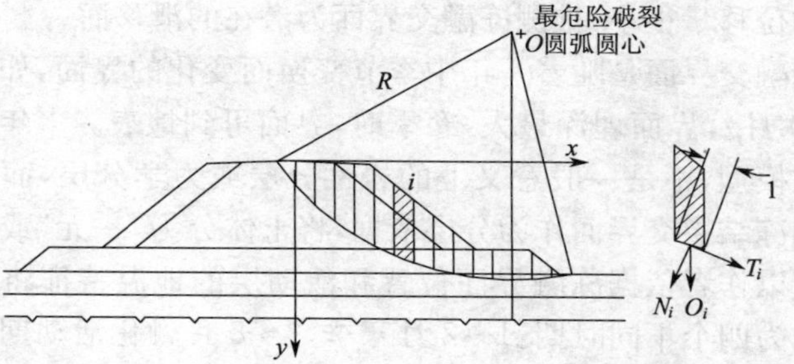

图 3—15　瑞典圆弧条分法检算图

3.3　冻土湿地路基工程关键技术

本章的解析和研究得出的影响冻土湿地路基稳定性的关键因素有：

(1)路基基底地基土体，即冻土湿地的核心——多年冻土季节融化层部分土体水分特征决定的压缩性、冻胀性；

(2)湿地多年冻土季节融化层的软弱夹层(软土、含水量大的土层等)；

(3)湿地冻土年际冻融过程中冻融交界面变化及其抗剪强度，尤其是上限附近抗剪强度；

(4)在路基修筑条件下湿地多年冻土上限位置变化；

(5)路基填土高度和路基结构(片石层存在对路基稳定性的作用)；

(6)湿地路基周围水文条件。

3.3.1　冻土湿地路基稳定工程对策

(1)冻融交界面影响及对策

影响：从地基土的抗剪强度来看，暖季冻融交界面(天然上限附近)的抗剪强度较小。同时，从监测的水平位移量变化特征来看，水平位移主要发生在人为上限以上的土体，而人为上限以下土体的位移量很小，推测冻融交界面为潜在的滑移面。

冻融交界面是随着一年中季节变换而变化的界面，如在暖季(9～10 月)，界面埋深最大，寒季时，界面可到地表。多年冻土区的地质模型，不是一般意义上的岩性分层或力学分层，而是以融化层和冻结层交界面作为分层依据，将土体分为“一元”或“二元”结构。以作者依据冻融界面位置和活动层的地温特征将冻土路基划分为四个不同时期：1～2 月寒季，3～8 月融化活动期，9～10 月暖季最大融化深度期，11～12 月回冻活动期。

冻融交界面的水分在一年四季中是变化的，每年 4 月初地表开始融化，冻结层上水开始形成，此时，冻结层上水向下垂直渗透，直至当前时刻的冻融锋面，而下覆的冻土为隔水层，水分将在交界面上富集；每年的 9 月下旬(路基体的时间为每年的 10 月中下旬)达到最大融化深度，即为多年冻土天然上限(路基为人为上限)，冻结层上水的运行方向开始由垂直运移变成沿冻融交界面的形态渗透；每年的 11 月上旬，多年冻土的活动层开始双向冻结，下层冻结锋面(人限附近)由于融土和冻土存在电位差，因而水分都向冻结锋面聚集。多年冻土由于自由水的参与，改变了土质骨架的结构，同时，水分在冻融交界面起着润滑作用，从而大大降低了该位置的抗剪强度。

对策：采取冷却地基土体措施，调整和控制冻融交界面位置，使其控制在粗颗粒土层或片石层内。

(2)软弱层影响及对策

影响：当湿地地段多年冻土上限位置不变时，季节融化层是富水部位，这个部位是危险滑动面最可能发生的位置，如果其中有软弱土层存在，对路基稳定性影响最大。

对策：按照最不利条件(多年冻土上限不变或在未来气温升高条件下发生下移)考虑，应该部分或整体采用片石换填季节融化层软弱土层。

(3)路基本体影响及对策

影响：当多年冻土上限抬升至路基本体内时，影响路基稳定性的主要因素是路基填土性质。

对策:采用粗颗粒土作路基填土,路基填土超过一定高度(3 m)时,增设土工格栅提高土体抗拉和抗滑性能。

(4)路基周围水文条件影响及对策

湿地路基的地基在采取处理措施以后,周围水文条件对其的侵入和影响仍然是不可忽略的,因此必须采取一定的挡水措施,阻隔地表水和路基上游处冻土湿地层上水的补充。

3.3.2　冻土湿地路基稳定工程措施

根据以上对影响路基稳定性因素的分析,湿地冻土路基处理措施采用以下三种形式(图 3－16a～图 3－16c)。

路基面按Ⅰ级铁路次重型轨道类型标准设计,基床厚度 2.5 m,其中表层 0.6 m,底层 1.9 m。试验段的路基结构呈现几何不对称,路基宽度为 8.3 m,热融滑塌区内的路基在上层铺设了五层土工格栅,并在路基底部设置了抛片石。试验段的路基结构形式如图 3－16a,3－16b 和 3－16c 所示。

考虑到冻土斜坡路基的特殊性,试验断面采取的主要工程措施有:(1)在斜坡路基上游侧,设置挡水埝用来隔离地表水;(2)挖除热融滑塌的地表土,在路基下部,铺设片石层来主动冷却路基,并利用抛片石排泄路基内的自由水;(3)在热融滑坍段内的路基设置土工格栅,抑制路基纵向裂缝的发生和发展。

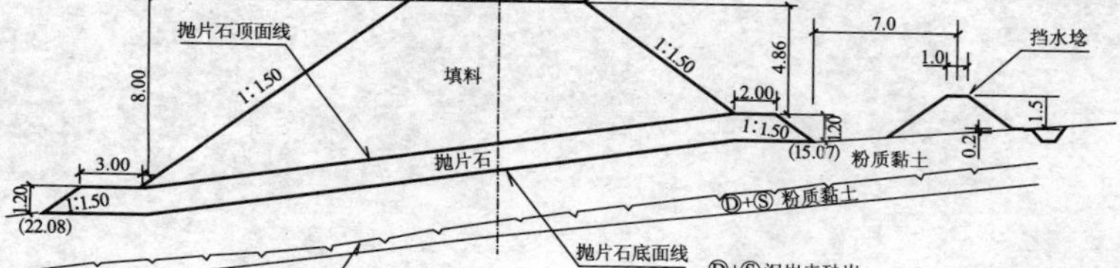

图 3－16a　整治冻土湿地工程措施之一

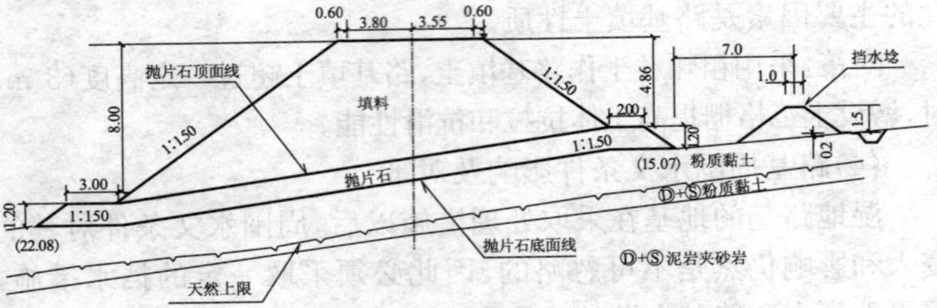

图 3－16b　整治冻土湿地工程措施之二

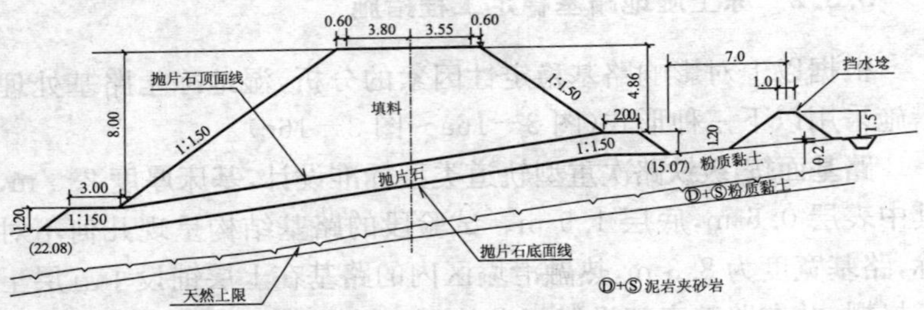

图 3－16c　整治冻土湿地工程措施之三

第4章　高原冻土湿地路基稳定性工程实体试验研究

本章研究过程结合作者在唐古拉山区进行的高原冻土湿地路基工程处理试验段进行，主要试验措施为：湿地地基土换填片石以改善基底软弱层性质；采用不同形式的片石气冷路基结构提高多年冻土上限并使其在未来长期运营过程能够维持上限位置不变；湿地地基辅助处理措施加强路基周围疏排水和改善路基周围水热环境及保证路基整体稳定。

4.1　试验工程设计

关于试验段中冻土地质、环境地质条件和地基土体冻土力学性质在第二章已有详细阐述，这里不再赘述。

4.1.1　针对性工程措施

针对高原冻土湿地路基处理措施试验工程所作地段冻土条件和湿地地基地质、水文条件，分别采取不同工程措施。

(1)DK1405+700 工程措施

本断面为富冰冻土区，基底土层主要为角砾土，冻土上限 2.34 m。路堤中心高度 3.70 m，路基基底为 1.2 m 倾填片石层；其上为 0.2 m 厚碎砾石和 0.2 m 厚中粗砂反滤层，路基两侧各加宽0.4 m 预留沉降量；路堤左侧设 1.6 m 宽、右侧设 0.8 m 宽碎石护坡。

(2)DK1410+300 工程措施

本断面为低温基本稳定冻土区，基底地层为细砂，粉质黏土及泥岩，冻土上限 3.11 m。路堤中心高度 6.13 m，主要处理措施为抛填片石＋铺设双向塑料土工格栅；路基基底为 1.2 m 倾填片石层，其上为 0.2 m 厚碎砾石和 0.2 m 厚中粗砂反滤层；路基两侧各加宽 0.6 m 预留沉降量；路堤左侧设 1.6 m 宽、右侧设0.8 m 宽碎石护坡路；自路基顶面向下 2.2 m 铺设 3 层土工格栅。

(3)DK1418＋900 工程措施

本断面为多冰冻土区，基底地层为角砾土、粉砂及砾砂，冻土上限 3.4 m，处于全线最高海拔里程。路堤中心高度 5.2 m，主要工程措施为铺设双向塑料土工格栅；路基两侧各加宽 0.6 m 预留沉降量；路堤左侧设 1.6 m 宽、右侧设 0.8 m 宽碎石护坡路；自路基顶面向下铺设 3 层土工格栅。

4.1.2 观测研究设计

通过埋设热敏电阻对 3 种地基处理措施 3 个断面(DK1405＋700、DK1410＋300、DK1418＋900)路基热稳定状态进行现场观测、分析；通过埋设沉降板对 3 种地基处理措施的路基冻胀和融沉变形进行现场观测、分析；通过对地温和变形的观测分析，验证上述 3 种地基处理措施的实施合理性。

(1)观测方案

地温测试点布置原则：中心测温孔距路基底面不小于 15 m，即中心测温孔深度不小于 20 m，其他测温孔埋深在多年冻土上限位置以下至少 5 m。地表面到冻土上限以下 3 m 内按 0.5 m 间距均匀布置测温点(热敏电阻)，其余按 1 m 间距均匀布置。

沉降板布置原则：每一测试断面分别在左右路肩对称设置 1 个沉降板，沉降板为 Φ22 圆钢和 30 cm×30 cm×2 cm 的钢板相焊接。沉降板底面布置于路基表面下 1 m 处，水平放置，沉降板的测试端圆钢尖端出露路基顶面 10 cm。

1)DK1405＋700 测试方案(图 4—1)

测温点布置：分别在路基中心、左右路肩和左右护道坡脚处、右侧(距坡脚大于 30 m)原地面各设置一个热敏电阻测温孔，共 6

个测温孔。A1 孔孔深 15.5 m，共有 31 个点；B1 孔孔深 20 m，共有 29 个点；C1 孔孔深 12 m，共有 24 个点；D1 孔孔深 9.5 m，共有 19 个点；E1 孔孔深9.5 m，共有 19 个点；F1 孔孔深 16.5 m，共有 30 个点。中心孔 B1 埋设在路基面下 20 cm，其他测温管应露出填土表面（或原地面）50 cm。

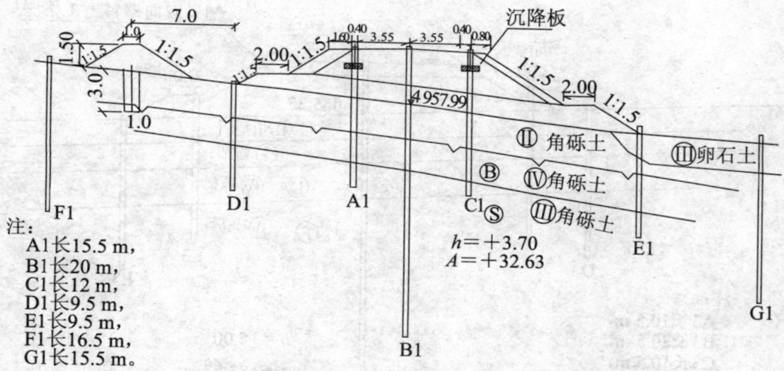

图 4—1　DK1405＋700 试验断面及测试元件埋设图

2）DK1410＋300 测试方案（图 4—2）

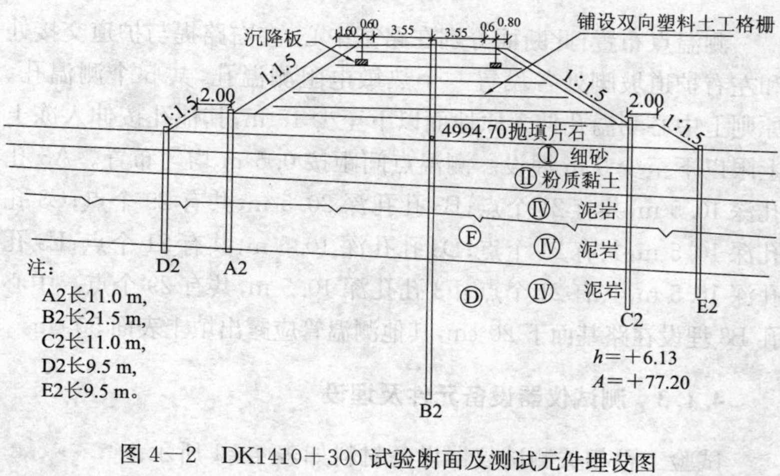

图 4—2　DK1410＋300 试验断面及测试元件埋设图

测温点布置:此断面分别在路基中心、左右路提与护道交接处和左右护道坡脚处、左侧(距坡脚大于 30 m)原地面各设置一个热敏电阻测温孔,共 6 个测温孔。原则上中心测温孔伸入原地面以下至少 15 m,其他孔按伸入冻土上限以下至少 5 m 埋设。

3)DK1418+900 测试方案(图 4—3)

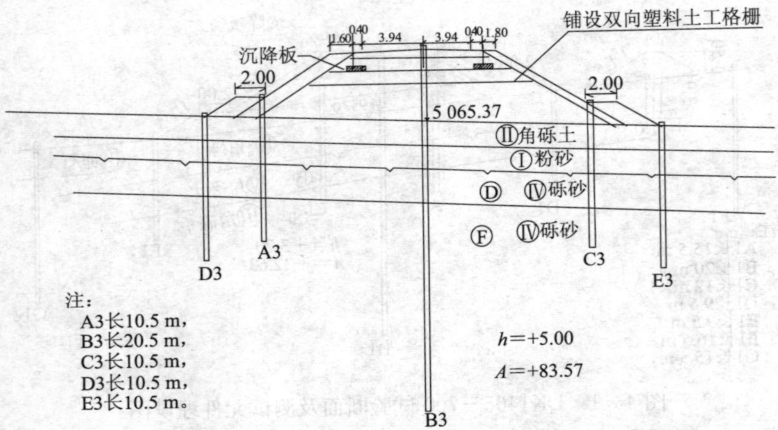

图 4—3　DK1418+900 试验断面及测试元件埋设图

测温点布置:此断面分别在路基中心、左右路提与护道交接处和左右护道坡脚处各设置一个热敏电阻测温孔,共 5 个测温孔。原则上中心测温孔伸入原地面以下至少 15 m,其他孔按伸入冻土上限以下至少 5 m 埋设。测温点间距按 0.5 m 均匀布置。A3 孔孔深 10.5 m,共有 21 个点;B3 孔孔深 20.5 m,共有 29 个点;C3 孔孔深 10.5 m,共有 21 个点;D3 孔孔深 10.5 m,共有 21 个点;E3 孔孔深 10.5 m,共有 21 个点;F3 孔孔深 10.5 m,共有 29 个点。中心孔 B3 埋设在路基面下 20 cm,其他测温管应露出填土表面 50 cm。

4.1.3　测试仪器设备元件及埋设

试验工程相关测试仪器设备材料如表 4—1 所示。

表 4—1　试验工程相关测试仪器设备材料

序号	名称	型号	用途	数量/长度	产地
1	便携微机	IBM	数据处理	1 台	IBM 公司
2	热敏电阻		温度探头	434 个	中铁西北院
3	数字式万用表	FLUK	测地温	2 台	美国
4	沉降板		测试沉降	6 个	自制
5	钻机		地温孔	1 台	外租
6	钢管	ϕ10	地温孔	426.5 m	外购
7	引线		测地温	100 m	西北院
8	保护箱	0.25＊0.25＊0.3		6	自制
9	水平仪		测沉降	1 套	
10	保护套管	ϕ32PVC 管	测温线	250 m	

4.1.4　观测试验方法

地温测试，共 3 个断面，18 个测孔；沉降观测，3 个断面，每断面 2 个测点，路基两侧路肩，共 6 个测点。地温和沉降测试频率如表 4—2 和表 4—3 所示。

表 4—2　地温测试频率

季节	冬季	其余	测试时间
测试频率	1 次/月	3 次/月	2004 年 9 月～2005 年 12 月

表 4—3　沉降测试频率

季节	冬季	其余	测试时间
观测频率	1 次/月	1 次/月	2004 年 9 月～2005 年 12 月

4.2　测试结果的分析研究

高原冻土湿地路基的稳定性判断有两种类型（即整体稳定性和路基土体稳定性），工程效果评价需要依靠现场典型断面的测试为依据。

4.2.1 测试断面地温变化情况分析研究

(1)DK1405＋700 抛填片石路堤＋碎石坡面防护填筑断面

1)天然孔(F1)地温变化分析

图 4－4a 给出了 DK1405＋700 断面天然孔(F1)在一个测试周期地温随深度变化分布情况。

由图 4－4a 可以看出:

①天然孔的地温没有年度变化。

②天然地表的融化始于 4 月,回冻始于 10 月。

③天然地表的最大融化深度为 2.0 m,即冻土天然上限为2.0 m。

④融化期的温度变化较为缓慢。

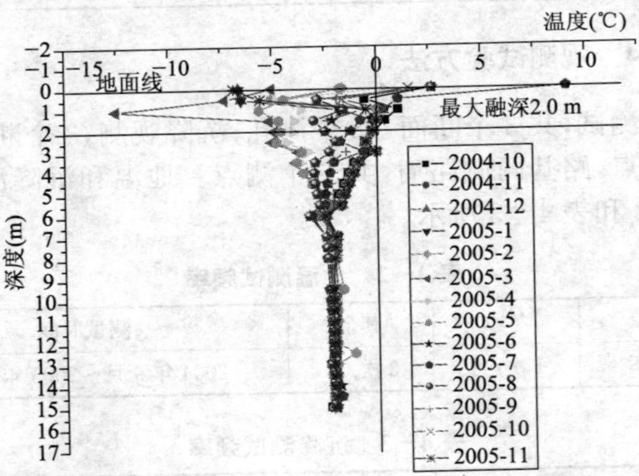

图 4－4a DK1405＋700 天然孔(F1)地温随深度变化分布情况

2)DK1405＋700 断面其他孔地温变化分析

图 4－4b～图 4－4f 给出了 DK1405＋700 断面上其他各孔在一个测试周期地温随深度变化分布情况。

由图 4－4b～图 4－4f 可以看出:

①该断面 5 个测温孔的地温沿深度变化特征符合随季节变化的趋势。

②左路肩孔(A1)的多年冻土上限比天然上限提高了 0.4 m;

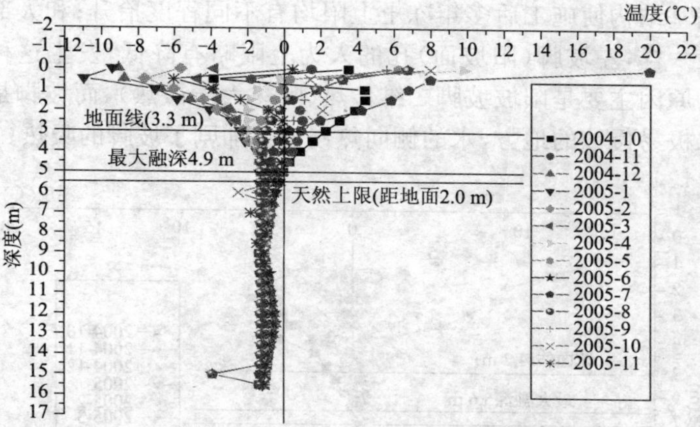

图 4－4b　DK1405＋700 左路肩孔（A1 孔）地温随深度变化分布情况

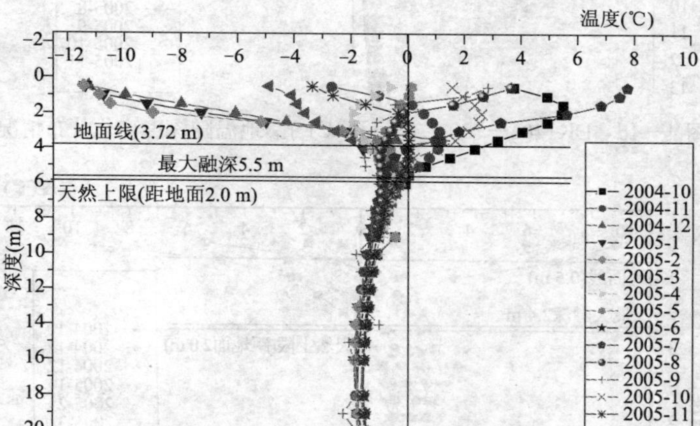

图 4－4c　DK1405＋700 路基中心孔（B1 孔）地温随深度变化分布情况

左护道坡脚孔（D1）的多年冻土上限比天然上限提高了 0.1 m；右路肩孔（C1）的多年冻土上限比天然上限提高了 0.6 m；左护道坡脚孔（E1）的多年冻土上限比天然上限减低了 0.1 m；路基中心孔（B1）的人为上限比天然上限提高了 0.22 m。可以看出，采用特殊路基结构使施工后多年冻土上限均有不同程度抬升；和大部分地段一样，左坡脚（阳坡面）孔的人为上限略有降低，发生这种变化的原因主要是阳坡坡脚二维传热（吸热大于散热），而坡脚是地表水极易侵蚀的地方，水的侧向热侵蚀也加剧了坡脚的吸热。

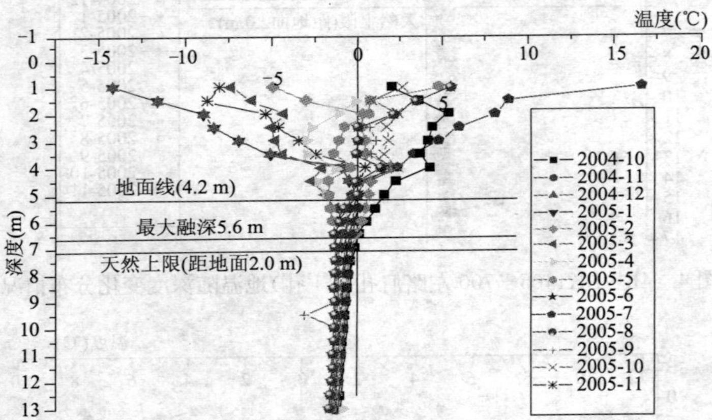

图 4－4d　DK1405＋700 右路肩孔（C1 孔）地温随深度变化分布情况

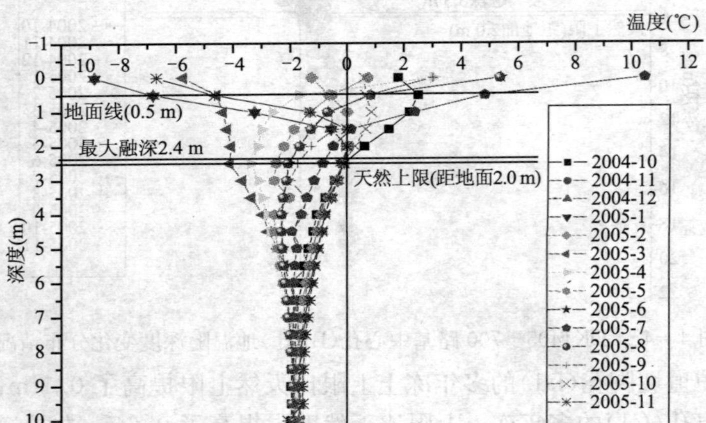

图 4－4e　DK1405＋700 左坡脚孔（D1 孔）地温随深度变化分布情况

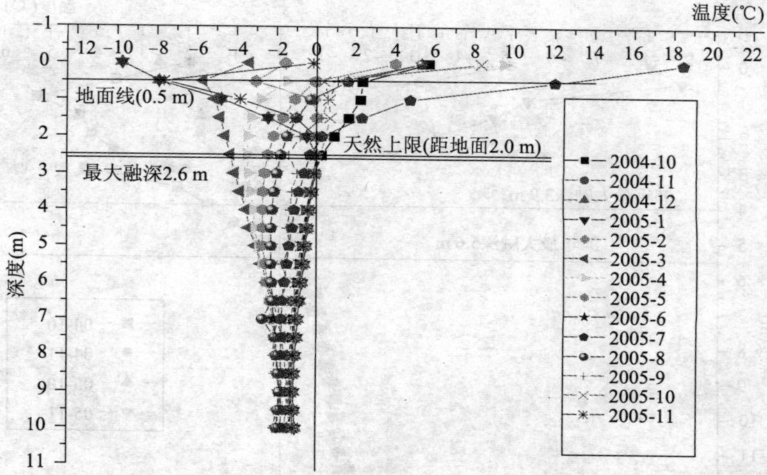

图 4－4f　DK1405＋700 右坡脚孔(E1 孔)地温随深度变化分布情况

图 4－4g～图 4－4l 给出了其他孔在 2004 年和 2005 年 10、11 月份同一日期的地温变化对比情况。

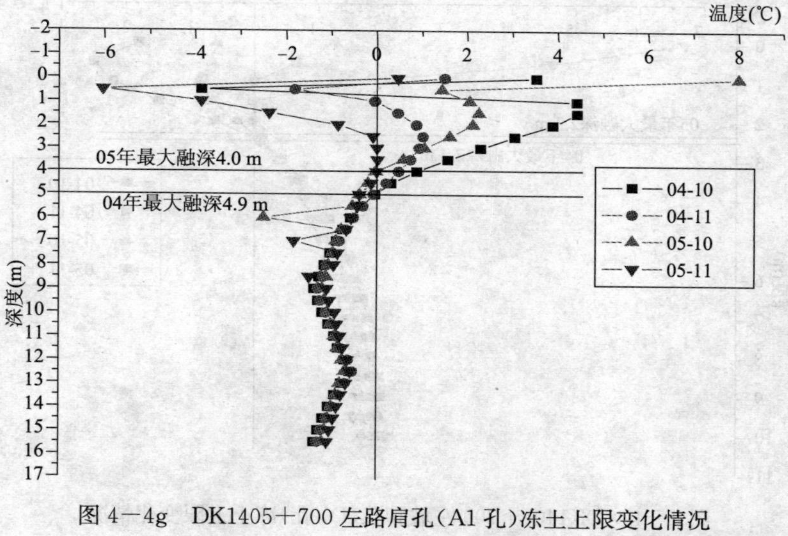

图 4－4g　DK1405＋700 左路肩孔(A1 孔)冻土上限变化情况

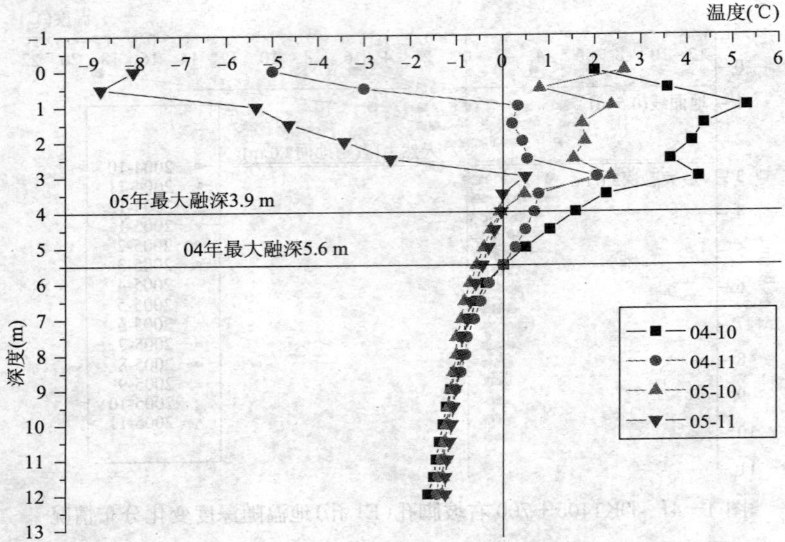

图 4—4h　DK1405＋700 右路肩孔(C1 孔)冻土上限变化情况

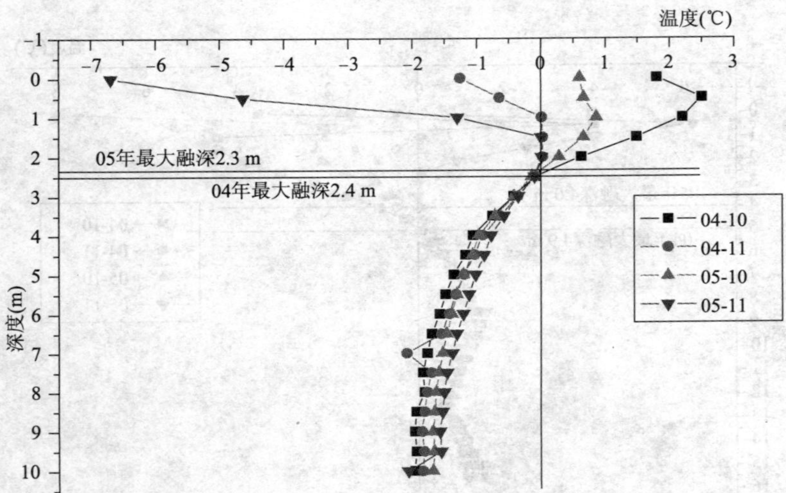

图 4—4i　DK1405＋700 左坡脚孔(D1 孔)冻土上限变化情况

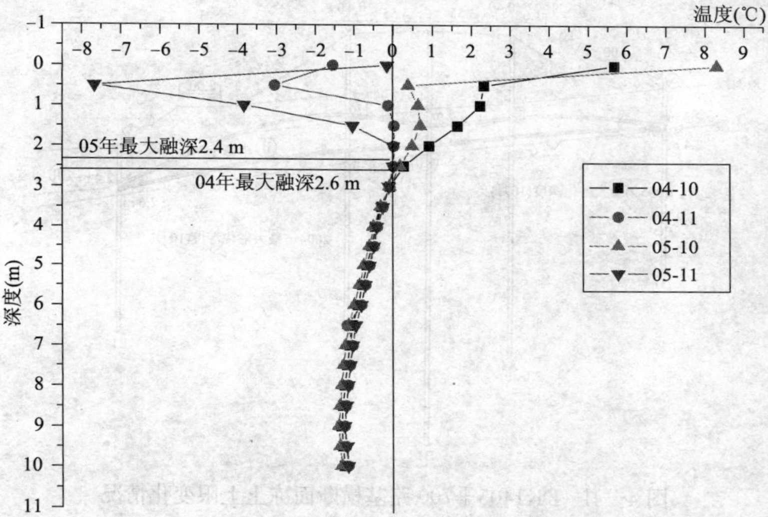

图 4－4j　DK1405＋700 右坡脚孔(E1 孔)冻土上限变化情况

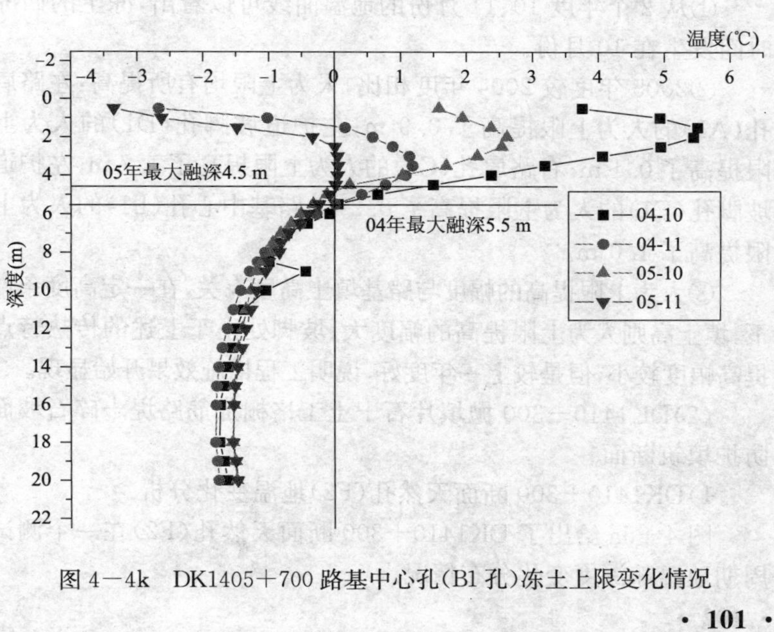

图 4－4k　DK1405＋700 路基中心孔(B1 孔)冻土上限变化情况

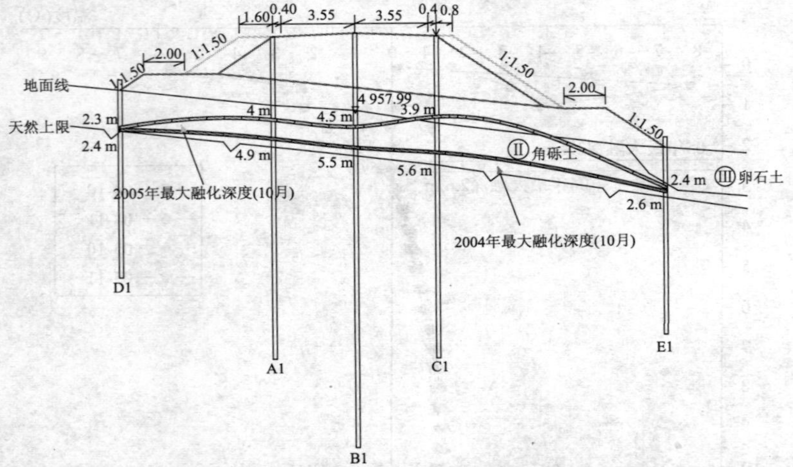

图 4－4l　DK1405＋700 路基横断面冻土上限变化情况

由图 4－4g～图 4－4l 可以看出：

①从 2 个年度 10、11 月份的地温曲线可以看出，冻土的回冻时间发生在 10 月份。

②2005 年度较 2004 年度相比，人为上限均有所提高：左路肩孔（A1）的人为上限提高了 0.9 m；左护道坡脚孔（D1）的人为上限提高了 0.1 m；右路肩孔（C1）的人为上限提高了 1.7 m；左护道坡脚孔（E1）的人为上限提高了 0.2 m；路基中心孔（B1）的人为上限提高了 1.0 m。

③人为上限提高的幅度与路基填土高度有关，在一定高度条件下，填土高则人为上限提高的幅度大；坡脚处由于上述的传热特点提高幅度较小，但是较上一年度好，说明工程措施效果开始显现。

（2）DK1410＋300 抛填片石＋土工格栅加筋路堤＋碎石坡面防护填筑断面

1）DK1410＋300 断面天然孔（F2）地温变化分析

图 4－5a 给出了 DK1410＋300 断面天然孔（F2）在一个测试周期地温随深度变化分布情况。

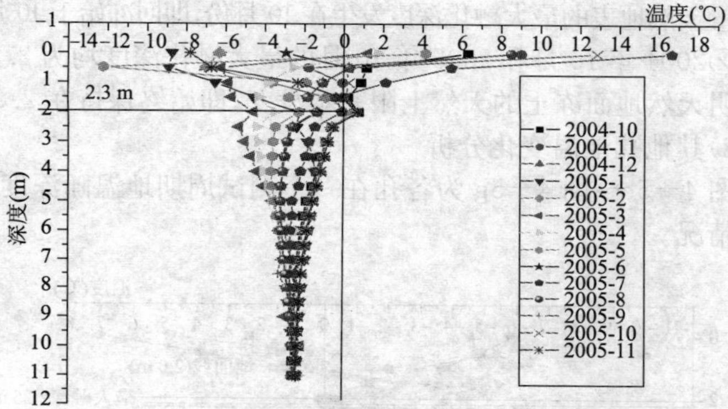

图 4－5a　DK1410＋300 天然孔(F2)地温随深度变化分布情况

由图 4－5a 可以看出：

①天然地表的融化始于 4 月，回冻始于 10 月。

②天然地表的最大融化深度为 2.3 m，即冻土天然上限为 2.3 m。

③融化期的温度变化较为缓慢。

图 4－5b 给出了天然孔(F2)在 2004 年和 2005 年 10、11 月份同一日期的地温变化情况。

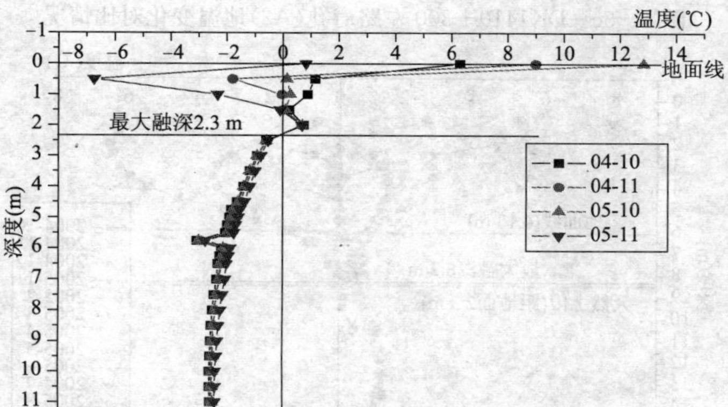

图 4－5b　DK1410＋300 天然孔(F2)上限变化对比情况

由图 4－5b 可以看出：

①天然地表的最大融化深度发生在10月份，即回冻始于10月份。

②2004年10月和2005年10月的最大融化深度均为2.3 m，这说明天然地面冻土的天然上限基本没变，即始终保持在2.3 m。

2)其他孔地温变化分析

图4－5c～图4－5g为各孔在一个测试周期地温随深度变化分布情况。

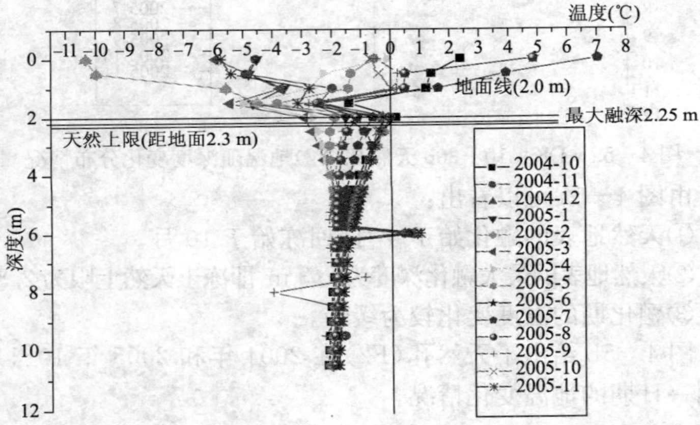

图4－5c　DK1410＋300左路肩孔(A2)地温变化对比情况

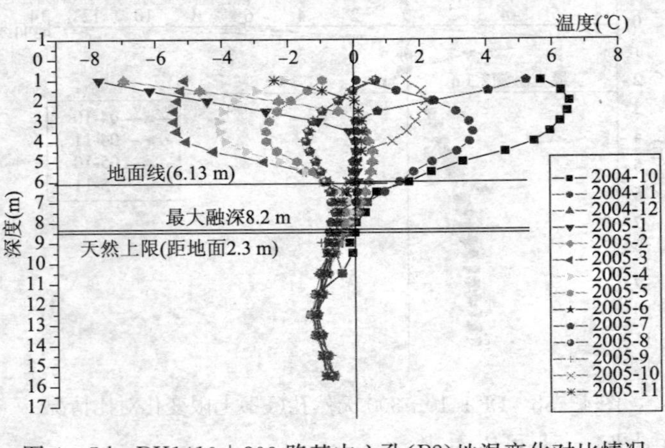

图4－5d　DK1410＋300路基中心孔(B2)地温变化对比情况

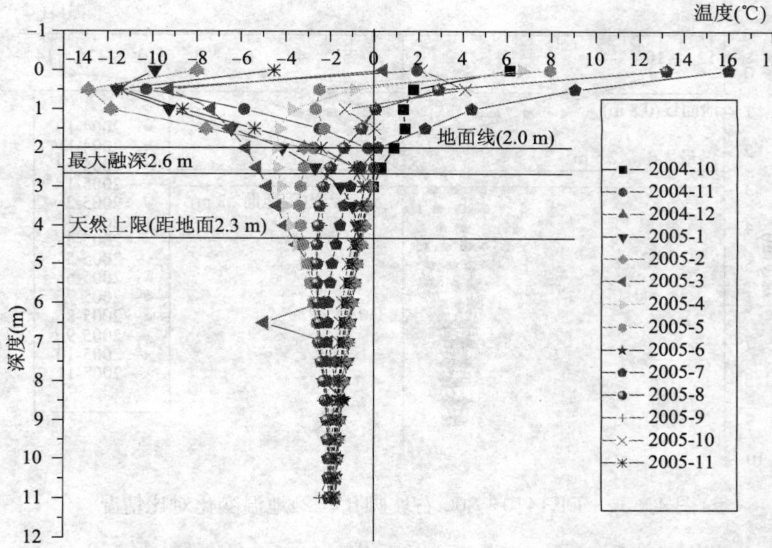

图 4－5e　DK1410＋300 右路肩孔(C2)地温变化对比情况

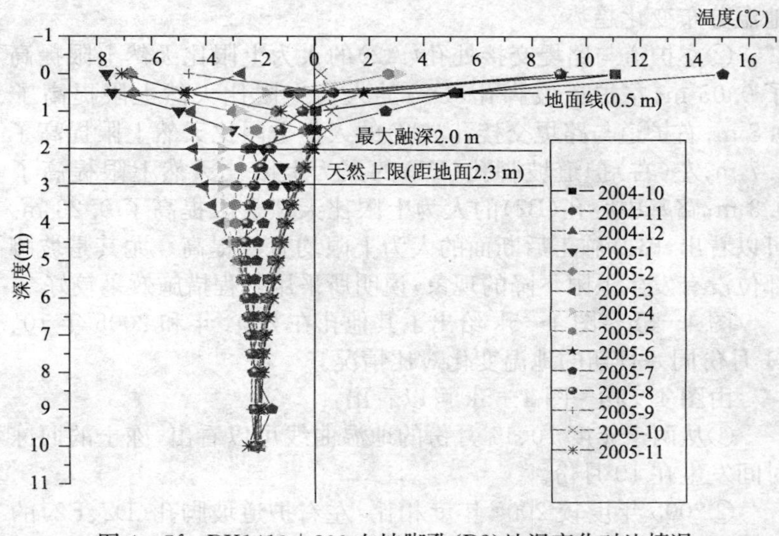

图 4－5f　DK1410＋300 左坡脚孔(D2)地温变化对比情况

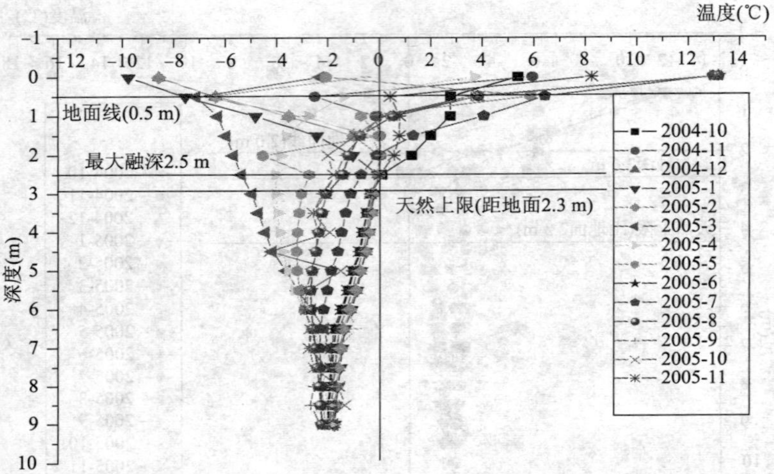

图 4－5g　DK1410＋300 右坡脚孔(E2)地温变化对比情况

由图 4－5c～图 4－5g 可以看出：

①该断面 5 个测温孔的地温沿深度变化符合随季节变化的地温分布变化趋势。

②左护道与路堤交接处孔(A2)的人为上限比天然上限提高了 0.05 m；左护道坡脚孔(D2)的人为上限比天然上限提高了 0.8 m；右护道与路堤交接孔(C2)的人为上限比天然上限提高了 1.7 m；左(右)护道坡脚孔(E2)的人为上限比天然上限提高了 0.3 m；路基中心孔(B2)的人为上限比天然上限提高了 0.23 m。可以看出，路基施工后断面的人为上限均有所提高。尤其是坡脚部位没有发生上限下降的现象，说明所采用工程措施效果较好。

图 4－5h～图 4－5k 给出了其他孔在 2004 年和 2005 年 10、11 月份同一日期的地温变化对比情况。

由图 4－5h～图 4－5k 可以看出：

①从两个年度 10、11 月份的地温曲线可以看出，冻土的回冻时间发生在 10 月份。

②2005 年度较 2004 年度相比：左右护道坡脚孔(D2、E2)的人为上限没有变化；路基中心孔(B2)的人为上限提高了 3.3 m；

这说明所采取的工程措施效果比较明显。

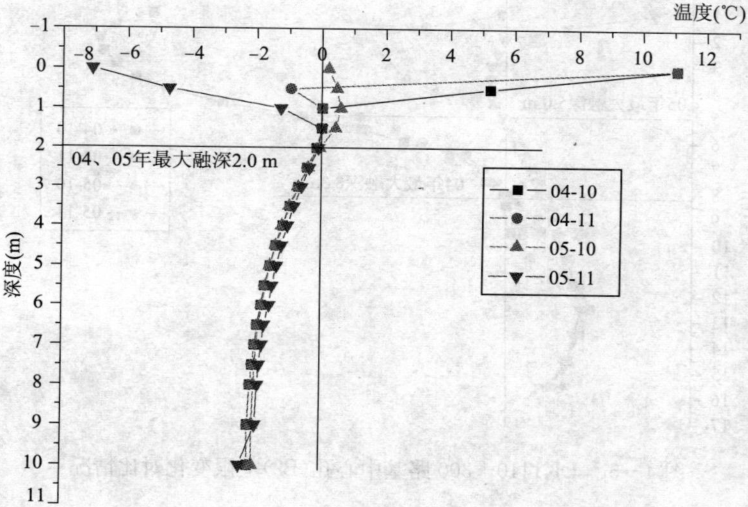

图 4－5h　DK1410＋300 左坡脚孔(D2)上限变化对比情况

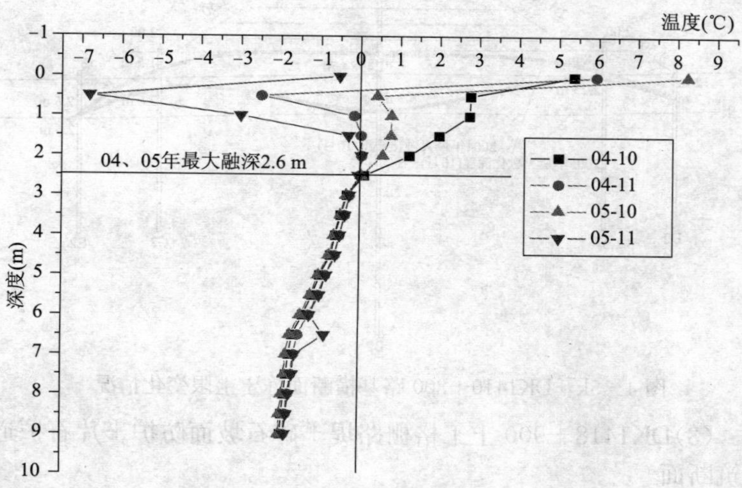

图 4－5i　DK1410＋300 右坡脚孔(E2)上限变化对比情况

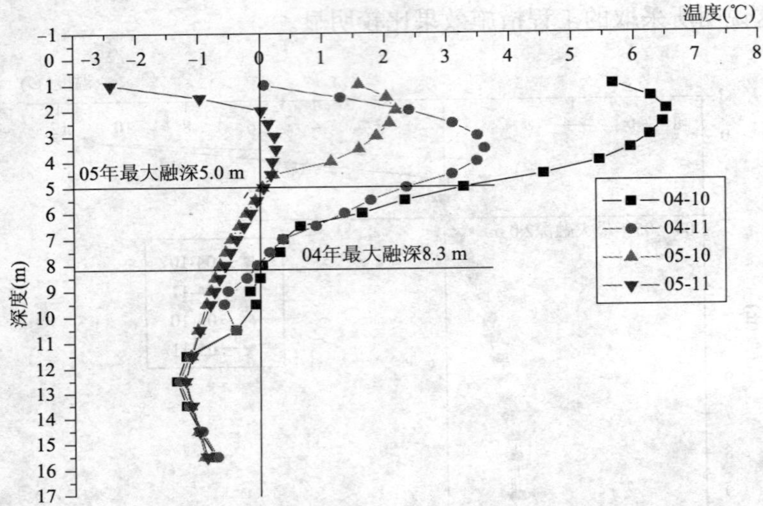

图 4－5j　DK1410＋300 路基中心孔(B2)上限变化对比情况

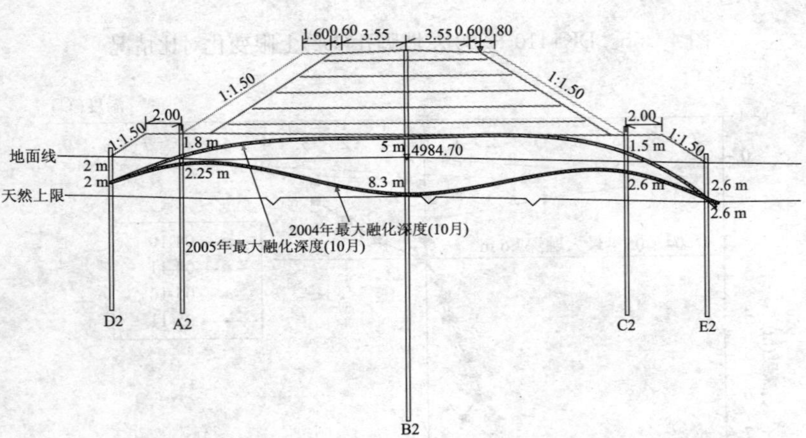

图 4－5k　DK1410＋300 路基横断面冻土上限变化情况

(3)DK1418＋900 土工格栅路堤＋碎石坡面防护＋片石护道填筑断面

1) DK1418＋900 断面天然孔(F3)地温变化分析

图 4－6a 给出了天然孔(F3)在一个测试周期地温随深度变化分布情况。

由图 4－6a 可以看出：

①天然地表的融化始于 4 月，回冻始于 10 月。

②天然地表的最大融化深度为 2.6 m，即冻土天然上限为2.6 m。

③融化期的温度变化较为缓慢。

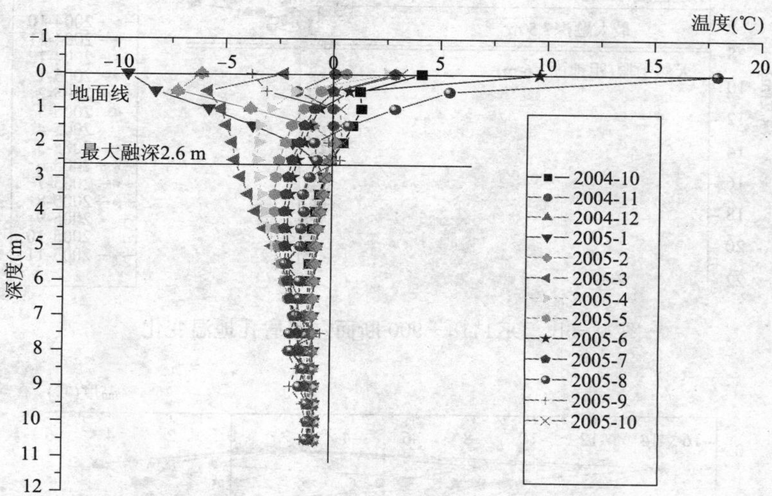

图 4－6a　DK1418＋900 断面天然地面孔地温变化

2)DK1418＋900 断面其他孔地温变化分析

图 4－6b～图 4－6e 给出了 DK1418＋900 断面上其他各孔在一个测试周期地温随深度变化分布情况。

由图 4－6b～图 4－6e 可以看出：

①该断面 5 个测温孔的地温沿深度变化符合随季节变化的地温分布变化趋势。

②左护道与路堤交接孔(A3)的人为上限比天然上限提高了 0.6 m；左护道坡脚孔(D3)的人为上限比天然上限提高了 0.2 m；右护道与路堤交接孔(C3)的人为上限比天然上限提高了 0.6 m；左护道坡脚孔(E3)的人为上限比天然上限提高了 0.35 m；路基

中心孔(B2)的人为上限比天然上限提高了0.1 m。可以看出，路基施工后断面的人为上限均有所提高。

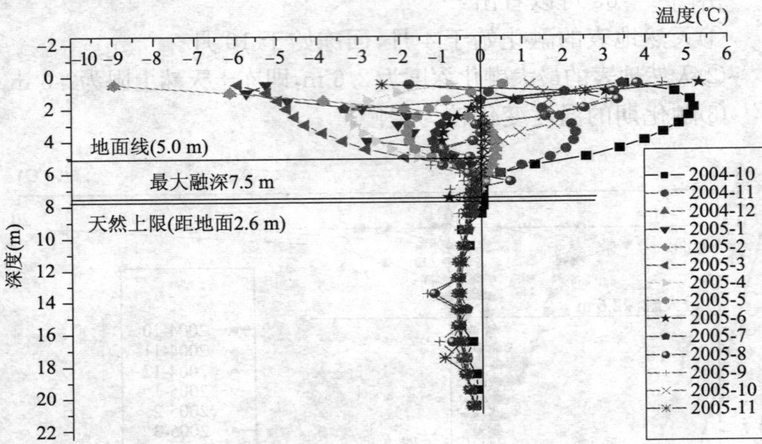

图 4－6b　DK1418＋900 断面左路肩孔地温变化

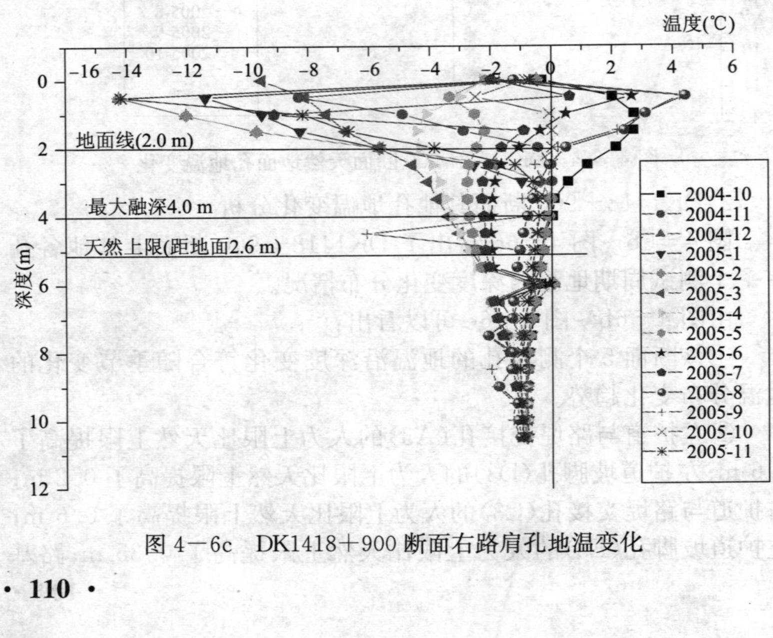

图 4－6c　DK1418＋900 断面右路肩孔地温变化

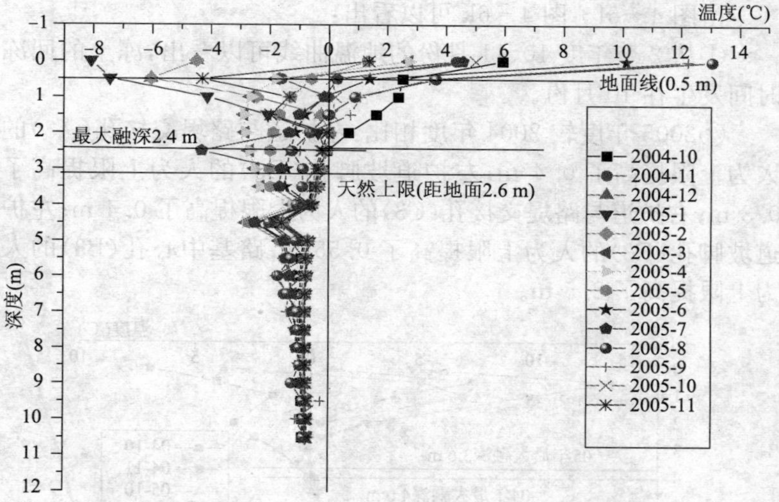

图 4－6d　DK1418＋900 断面左坡脚孔地温变化

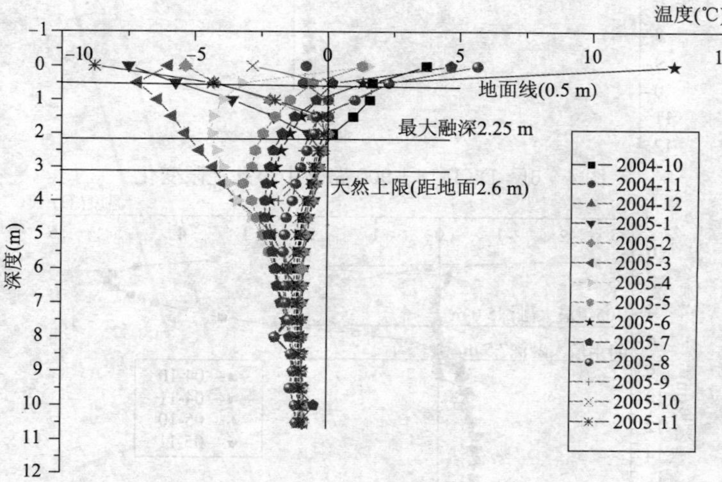

图 4－6e　DK1418＋900 断面右坡脚孔地温变化

图 4－6f～图 4－6k 给出了其他孔在 2004 年和 2005 年 10、11 月份同一日期的地温变化对比情况。

由图 4－6f～图 4－6k 可以看出：

①从 2 个年度 10、11 月份的地温曲线可以看出，冻土的回冻时间发生在 10 月份。

②2005 年度较 2004 年度相比：左护道与路堤交接孔(A3)的人为上限提高了 0.4 m；左护道坡脚孔(D3)的人为上限提高了 0.3 m；右护道与路堤交接孔(C3)的人为上限提高了 0.4 m；左护道坡脚孔(E3)的人为上限提高了 0.55 m；路基中心孔(B3)的人为上限提高了 2.5 m。

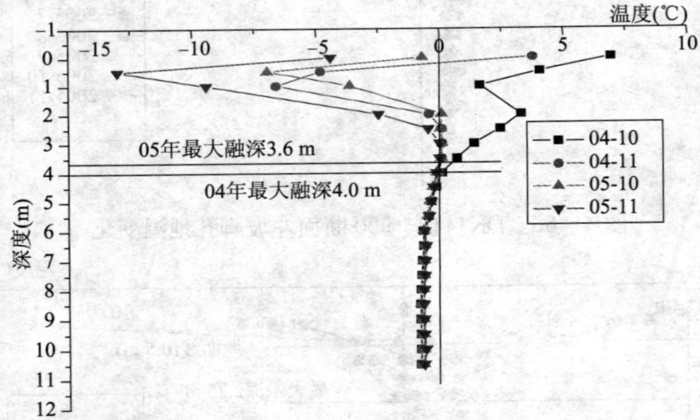

图 4－6f　DK1418＋900 路基中心孔上限变化

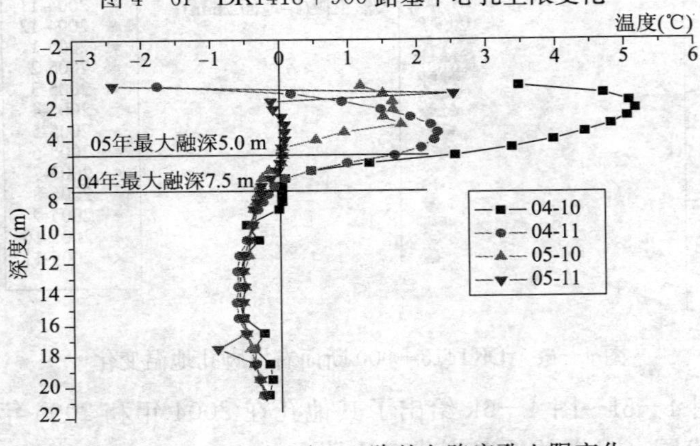

图 4－6g　DK1418＋900 路基左路肩孔上限变化

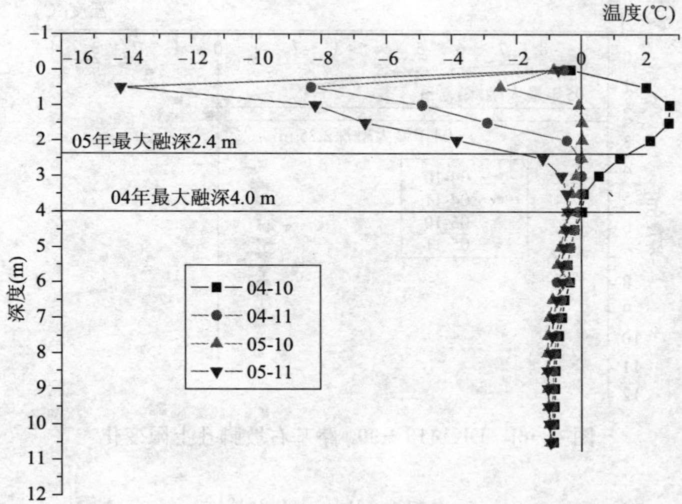

图 4－6h　DK1418＋900 路基右路肩孔上限变化

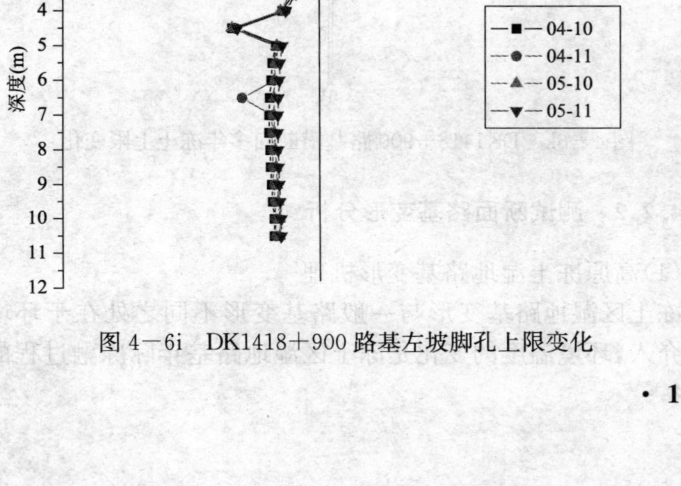

图 4－6i　DK1418＋900 路基左坡脚孔上限变化

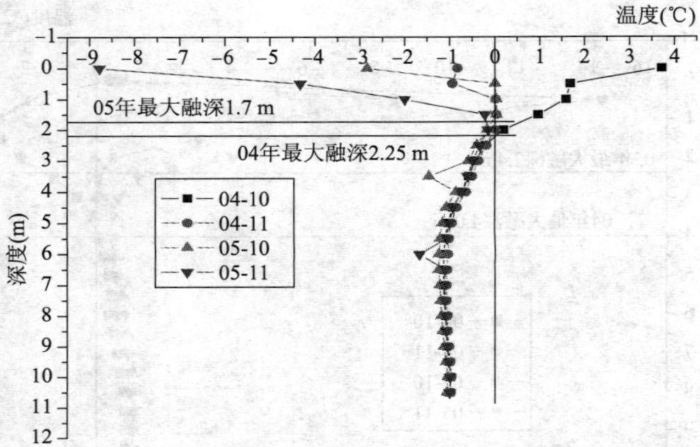

图 4－6j　DK1418＋900 路基右坡脚孔上限变化

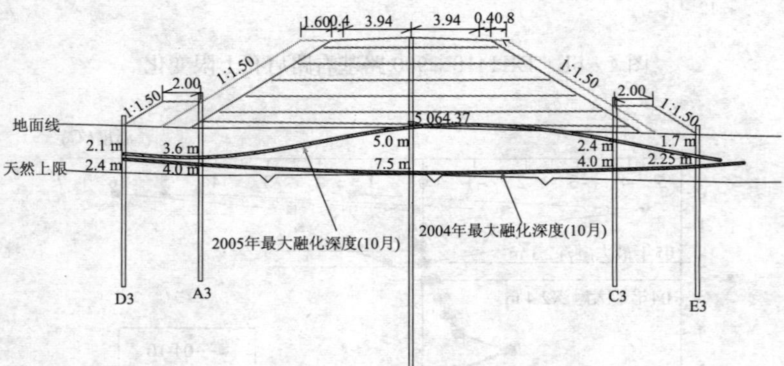

图 4－6k　DK1418＋900 路基横断面多年冻土上限变化

4.2.2　测试断面路基变形分析

(1)高原冻土湿地路基变形机理

冻土区湿地路基变形与一般路基变形不同之处在于环境温度的介入，环境温度的变化是冻土区湿地路基年际冻融过程的源动力，这种影响在路基土体冻融发展过程的不同阶段通过路基基底土体和填土本身的水分特征表现出来，使路基整体在环境温度的作用下表现出不同的冻胀融沉变形特征。

试验段高原冻土湿地路基修筑大体可以划分为三个阶段，即：路基修筑阶段、路基趋于稳定阶段和路基稳定阶段。根据修筑路基前后土体冻融过程发生、发展和结果（地温场特征）以及不同阶段路基土体传热特征来划分，可以分别对应工程热影响和热扰动阶段、工程热影响和热扰动削弱渐消失阶段以及热平衡逐渐稳定三个阶段。

由于不同气温和冻土地温条件下各个阶段热交换导致的湿地土体和填土本身冻融过程不同，路基变形呈现不同特征，而地温场变化和湿地处理程度的结合控制了冻土区湿地路基变形的发生发展。

路基施工刚完成二三个月内，以粗颗粒填料为主的路基变形是以沉降为主，沉降幅度较大，沉降机理是以固结沉降变形机理在发挥主要作用。随后的变形也是以沉降为主，沉降速率逐渐减小，沉降机理主要是以人为上限变化引起路基横断面各部位不均匀沉降引起，也与路基体内的水分迁移规律和热筛效应等有关。

在高原多年冻土区路基体内水分迁移变化是非常复杂的物理变化过程，冷季当温度梯度为正时（活动层地温低于年平均地温），未冻水向上迁移且发生在非剧烈相变区，迁移量较小；而暖季当温度梯度为负时，水分向下迁移且发生在剧烈相变区，其迁移量较大。因此，暖季时向下迁移的水量必然要超过冷季时向上迁移的水量。温度梯度可以看作是一种外力，它造成了冻结土柱中水分迁移的土水势梯度，温度高的地方土水势大（负压小），温度低的地方土水势小（负压大）。在土水势梯度作用下，冻土中未冻水沿着温度降低的方向迁移。在温度高的地方，由于未冻水含量减少而破坏了该地冰水之间的热力平衡，未冻水势低于冰，产生了由冰指向未冻水方向的势梯度，引起冰向未冻水的过渡，导致温度高的地方含冰量和含水量减少。另一方面，温度低的地方，由于未冻水含量的增大而破坏了该地冰水之间的热力平衡，导致了未冻水向冰方向的转换。同时，由于土体在冻结过程中出现大孔隙中水先冻结，把大颗粒土先抬起和随着小孔隙中水的冻结将大颗粒持续向上抬升的现象，造成冻结过程中土颗粒垂向位移的现象，同时土体的冻结过程中，会出现水分向冷端面迁移，当迁移水流达到一定流速，土中的微粒则被水分裹挟一起运动，从而形成细颗粒的对流迁移。

(2)试验地段路基变形

表 4—4　沉降观测记录

累计变形量（mm）	测点号					
	DK1405＋700 断面		DK1410＋300 断面		DK1418＋900 断面	
	1	2	1	2	1	2
2004 年 11 月	0	0	0	0	0	0
2004 年 12 月	＋2	＋3	－2	－3	－1	－2
2005 年 1 月	＋3	＋3	－3	－3	－2	－2
2005 年 2 月	＋3	＋3	－4	－4	－3	－3
2005 年 3 月	＋4	＋4	－4	－4	－3	－3
2005 年 4 月	＋4	＋4	－4	－4	－4	－4
2005 年 5 月	＋1	0	－6	－5	－7	－5
2005 年 6 月	－1	－3	－8	－6	－9	－7
2005 年 7 月	－7	－6	－12	－7	－14	－8
2005 年 8 月	－17	－12	－19	－14	－18	－13
2005 年 9 月	－19	－16	－20	－17	－19	－18
2005 年 10 月	－19	－16	－21	－18	－20	－18

注："＋"表示抬升；"－"表示沉降。

表 4—4 列出了典型路基变形具体测试数值的大小，仅计算

出了各测点在各个测试时期的累计沉降量，以分析变形发展趋势，从表 4－4 可以看出：

①在同一时间，高路堤（DK1410＋300）比低路堤（DK1405＋700）的累计沉降量大；

②从变形的发展来看，各测试断面的沉降变形主要发生在 5 至 9 月份，9 月份以后逐渐趋于稳定；

③阳坡（各断面测试点 1）路肩的沉降变形略大于阴坡路肩；

④DK1410＋300 断面的路肩（距路基中心 4.5 m）的最大沉降量为 21 mm，小于理论计算的路基总沉降量 178.8 mm；

⑤由于测试在路基成型 5 个月后进行，故没有发现路基大幅度沉降的情况。

4.3　试验段相邻地区路基地温场特征

试验段附近相似地段的温度场变化证明了我们在试验段采用的工程措施及其观测结果的可靠性。

4.3.1　DK1406＋770 路基地温变化

该断面地质情况与试验段类似，路基宽度 7.0 m，高度 4.4 m，采用片石气冷措施，经过 2005、2006 两个冻融年际变化观测，得出图 4－7a 和图 4－7b，显示了多年冻土上限的变化。

根据地质钻探资料和测温资料，区段天然上限位置在－3.8 m左右，修筑路堤以后，由于如前所述区域气候因素作用，多年冻土人为上限得到抬升（图 4－7a），但是因为该段是一般填土路基，因此抬升幅度有限（仅抬升 0.6 m），这说明如果试验段湿地路基不进行基底换填处理和采用片石气冷措施，则会导致基底饱和土体由于没有冻结造成过大沉降，而且还会形成薄弱面，使路基整体滑移。

图 4－7b 所显示的地温变化并不明显，说明路堤修筑以后热交换已经处于相对稳定状态，因此上述分析对于 2006 年的测试状况仍然适用。

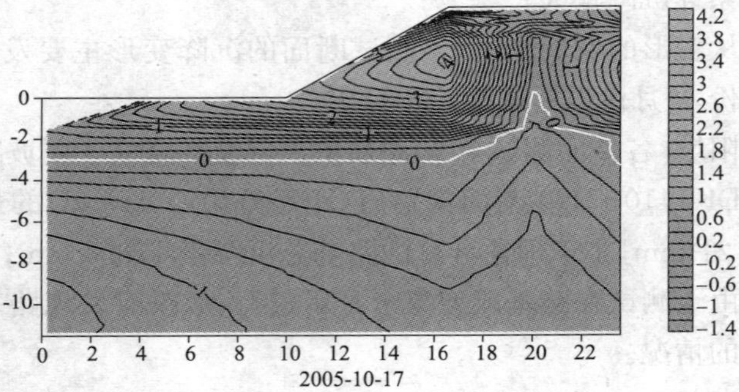

图 4－7a　DK1406＋770 断面路基地温场

（白色为多年冻土上限位置）

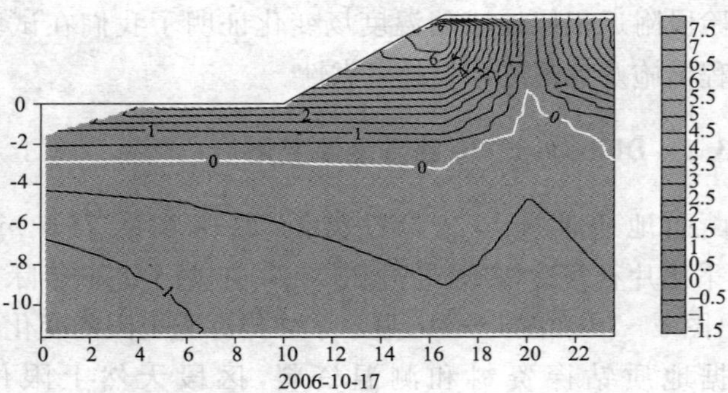

图 4－7b　DK1406＋770 断面路基地温场

（白色为多年冻土上限位置）

4.3.2　DK1419＋360 路基地温变化

该断面所处位置与试验段的冻土环境条件类似，所不同的是该段路基高度低，且是一般填土路基。

图 4－8a 和图 4－8b 是根据断面测温数据绘制的等温线剖面图。图中的白色线条是多年冻土上限位置。经过两个以上年际冻融循环以后，多年冻土上限位置仍然在地表面以下，这种情况说明如果不采用特殊处理措施（换填、挤淤和片石气冷），存在湿地且没有处理，则会造成未处理部分的过大变形，甚至于出现现场滑动软弱面，使路基失稳。

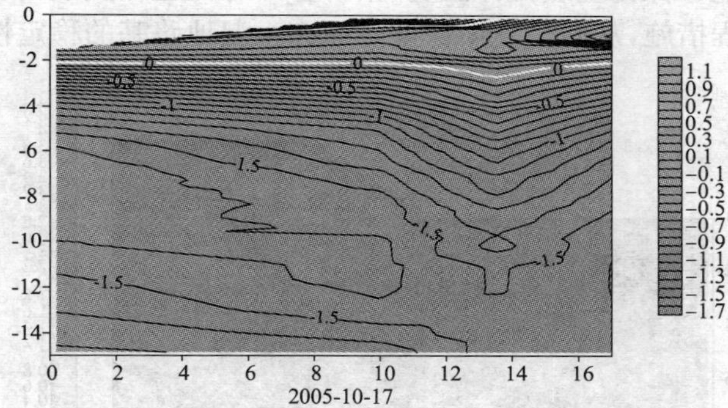

图 4－8a　DK1419＋360 断面地等温线剖面图

（白色为多年冻土上限位置）

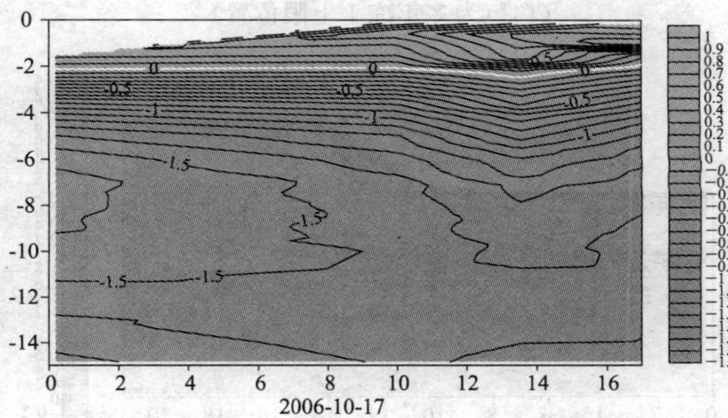

图 4－8b　DK1419＋360 断面地等温线剖面图

（白色为多年冻土上限位置）

4.3.3 DK1361+500 路基地温变化

该断面和试验段处于同一气候分区，图 4－9a 和图 4－9b 是根据该断面不同年份最大融化季节测试数据绘制的地温等温线图。从图中可以看出多年冻土上限的下降趋势。这种现象再一次说明对于高原冻土湿地路基来讲，必须采取基底处理措施，还要采用能够保持基底土体温度，抬升多年冻土上限的特殊路基结构和工程措施，从两个方面保证高原冻土湿地路基的稳定性。

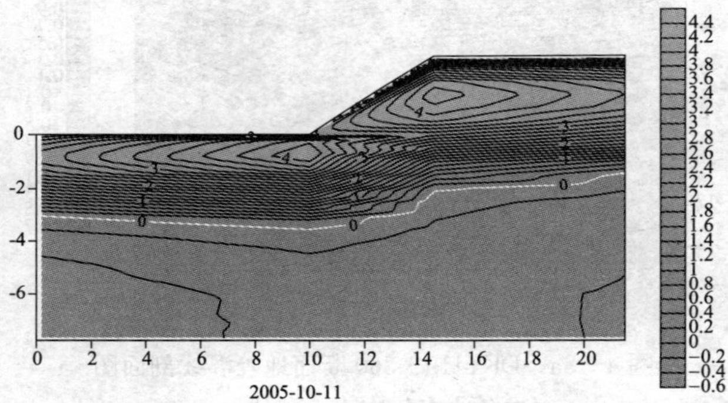

图 4－9a　DK1361＋500 地温等温线图

（白色为多年冻土上限位置）

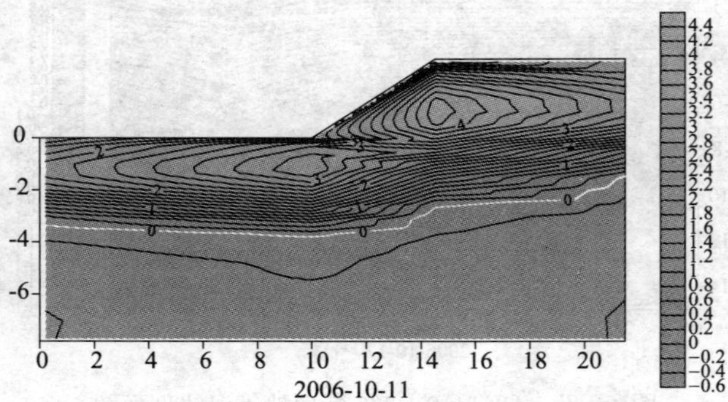

图 4－9b　DK1361＋500 地温等温线图

（白色为多年冻土上限位置）

4.4 小　　结

高原冻土湿地路基工程的修建从三方面影响了天然条件下的多年冻土：一是施工活动带来的热扰动，一般在第一个冻融循环表现最为强烈；二是路基工程的修建改变了原来散热面（地表面）的条件，同时路基结构本身的传热特征在运营后长期时间内影响基底多年冻土；三是湿地地基的换填改变了基底抗滑条件，从而改变了基底多年冻土的热交换条件。这三方面的改变造成的工程效果都改变了路基变形和整体稳定性条件。

(1)区域气候条件保证了试验工程结构效果

试验段处于唐古拉山北麓，根据安多气象站资料和五道梁气象站资料进行加权平均后可以得出试验段年平均气温在－4.8℃～－6.0℃。

年平均气温是多年冻土存在的能量条件，气温年较差是多年冻土冻融变化的控制因素。试验段区域平均气温年较差26.7℃，这致使该地段冻融变化深度较小。由于气温升高趋势影响，过余冻结指数有降低趋势。这些特点使该地段采用片石气冷工程措施效果比较明显。

(2)地温-深度曲线变化特征证明工程效果

地温-深度曲线的不同部位特点说明土体热交换特点，年平均地温曲线则可以说明土体不同部位全年热量收支特征，这些都是判断工程效果的主要依据。试验地段不同阶段的地温曲线特点都说明了采用片石气冷措施以后，改善了基底土体的热交换条件，增加了不同部位土体的散热效果，最终使多年冻土的热稳定性提高，使其在降低土体温度基础上，多年冻土上限稳定抬升，最终路基整体稳定性提高。

(3)路基横剖面地温等温线的特征

从试验段路基横剖面的地温等值线图来看，地温曲线形态比较平缓且对称性较好，在年际冻融过程中发生冻融变形的土层厚度差别较小，有利于减小横向路基变形的差异，使路基本体平顺性提高。

(4)高原冻土湿地路基整体稳定性分析的工程对策试验

试验工程从片石换填、路基填土控制、片石层气冷结构等几个方面改善了湿地冻土路基的稳定性。如前所述，湿地冻土路基稳定性主要从这几个方面加强：消除软弱土层，抬升多年冻土上限到路基本体内，改善冻融交界面抗滑性能。本章所涉及的典型地段工程试验都是从以上几个方面达到预期工程效果。

第5章 保证冻土湿地路基稳定的施工技术研究

冻土湿地的施工技术是湿地地基处理效果的工程保证。根据前面章节对冻土湿地路基稳定性的分析，施工技术的核心包括以下几个方面：

(1)当多年冻土上限处在最不利位置(即没有抬升甚至于下移)时，为保证湿地地基土体的抗压缩和抗剪强度所进行的换填施工技术；

(2)为保证保护冻土和抬升多年冻土上限效果而进行的片石气冷路基结构施工技术；

(3)多年冻土路基填土的填筑施工技术；

(4)湿地路基周围水热环境的改善施工技术。

以上施工技术的关键就是严格按照设计要求，深度处理湿地上层饱和土层，严格按照保护冻土原则去进行特殊路基结构的施工。

5.1 多年冻土地区路基填筑施工技术与工艺控制

5.1.1 路基填料的选择

对所选取土场的填料进行取样试验，严禁使用塑性指数大于12、液限大于32％的细粒土，用富含腐质的土、草炭土、草皮以及冻土作为路堤填料；还应考虑冻结层上水的发育情况及填料的冻胀敏感性，有条件时尽可能采用卵碎石土等粗颗粒土作为填料；

用于基床表层的填料宜用粗粒土。路堤底部必须填筑一层粗颗粒土，以隔断毛细水的上升通道。

5.1.2　路堤基底处理

少冰冻土、多冰冻土属低含冰量冻土。当路堤基底2倍天然上限深度范围内含土冰层的累计厚度小于0.15 m，饱冰冻土层的累计厚度小于0.4 m，富冰冻土层的累计厚度小于0.6 m时，在基底处理时按低含冰量冻土对待。

路堤通过低含冰量冻土分布地段时，基底处理根据路堤高度按以下方法进行：

当地面横坡缓于1∶5，路堤高度大于或等于2.5 m时，将原地表平整压实，但不得清除地表植被；路堤高度小于2.5 m，基底强度不符合要求时，将基底土层翻挖并分层回填压实，翻挖深度满足设计要求。

当地面横坡陡于1∶5，路堤高度大于或等于2.5 m时，将原地面挖成宽度不小于1.0 m的台阶后压实；路堤高度小于2.5 m，基底强度不符合要求时，将基底土层翻挖，作宽度不小于1.0 m的台阶，并进行分层回填压实。

回填土压实标准规定如下：回填土位于基床以下时，按基床以下部位填土质量标准控制；回填土位于基床范围时，按基床填土质量标准控制，回填土质量要求同基床填筑标准。

5.1.3　多年冻土区路堤填筑工艺及质量检测

路堤填筑采用机械摊铺、平整、压实的施工方法。挖掘机配自卸汽车装运填料，推土机配合平地机摊铺平整，振动压路机碾压密实，K_{30}荷载仪和灌砂法进行检测。

(1)基床以下路堤填筑

基床以下路堤填筑施工按照“三阶段、四区段、八流程”的机械化作业施工工艺组织施工。填筑压实工艺流程如图5－1

所示。

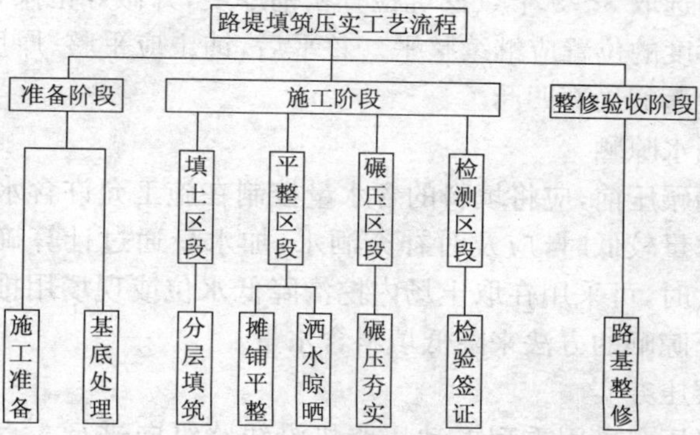

图 5—1　填筑压实工艺流程

1)分层填筑

路堤填筑按横断面全宽纵向水平分层的方法填筑压实，每两个相近结构物之间或每 200～300 m 作为一个填筑施工区段，每一填层全宽采用同一种填料。填土虚铺厚度依据工艺试验确定的工艺参数进行控制。根据车容量计算堆土间距卸土，其计算公式为：$S=V/H$（S 为单车摊铺面积；V 为单车运量；H 为松铺厚度），用石灰画方格（方格面积为单车铺摊面积）或中心标记，并在现场安排专人指挥车辆卸车，保证运土车辆严格按划定的位置卸土。为保证边坡压实质量，填筑时路堤两侧各加宽 30 cm 左右。路堤第一层填筑时，采取纵向卸土、边填筑边推进的方式，保证机械车辆在已填土的路基上行走或移动，不得直接压在原地面上，避免破坏地表植被。

2)摊铺平整

填料摊铺平整，使用推土机初平，平地机终平。施工时在路基两侧每隔 10 m 插立红白相间度为 10 cm 的短钢筋，然后用带线标志旗相连，控制填土虚铺厚度。对于非渗水土填料，平整面做成向两侧 4％横向排水坡。从两边向中间平整，严格按挂线高度找平，机械整平不到位的地方，辅以人工配合整平，整平后应按平整范围选取 3～5 个点挖坑检查松铺厚度，并做好记录，超过规定松铺厚度的位置应继续整平。整平后，铺土应平整、厚度均匀、层面无显著的局部凹凸。

3)洒水晾晒

现场碾压前，应将填料的含水量控制在施工允许含水量范围内。含水量较低时，应及时补充洒水，加水量通过计算确定。含水量过大时，可采用在取土场内挖沟降低水位或现场用推土机松土器松土晾晒的方法来降低填料含水量。

4)碾压夯实

路堤压实采用重型振动压路机沿线路纵向进行。直线段先两侧后中间，曲线段先内侧后外侧压实，先静压，后振动碾压，先慢后快，先弱振后强振。各区段交接处相互重叠压实，纵向搭接长度不小于 2.0 m，沿线路纵向行与行之间压实重叠不小于 0.4 m。路堤填筑时两侧应各加宽 30 cm 来保证路基边坡的夯实质量。路基设计宽度范围都应达到规定的密实度要求。振动压路机工作行驶速度不得大于 3 km/h，压实层面应碾压大致平整，局部凹凸不大于 30 mm。

当护道与路堤采用同一种填料填筑时，护道与路堤应同时填筑，同时平整，同时碾压。

5)质量检测

路堤检验包括填料与压实密度的检验，填料的复查应在填筑过程中取样检验，其试验项目、频次按规范要求进行。

路堤填筑压实的质量检测应随分层填筑碾压施工分层进行。检测项目主要有相对密度、K_{30}值。相对密度检测采用灌砂法，地基系数 K_{30}值检测选用配备计算机自动处理系统的车载 K_{30}自动测试仪，达到快速、准确检测目的。压实质量标准按表 5－1 控制，检测频率按《青藏铁路(格拉段)多年冻土地区路基工程(含环保)施工技术细则》执行。

表5—1　基床以下部位填料的压实度

填筑部位	填料类别压实指标	细粒土和黏砂、粉砂	细砂、中砂粗砂、碎砂	砾石类	碎石类	块石类混合料
不浸水部分	压实系数 K_h	0.86				
	地基系数 K_{30}(MPa/cm)	0.7	0.7	0.8	0.8	1.0
	相对密度 Dr		0.65			
浸水部分及桥涵缺口	压实系数 K_h	0.89				
	地基系数 K_{30}(MPa/cm)	0.8	0.8	1.0	1.0	1.2
	相对密度 Dr		0.7			

施工控制中，按照工艺试验确定的有关参数(例如铺土厚度、含水量、碾压遍数、机械组合、振动碾压能量等)达到要求合格后再进行下一层填筑施工，否则要求重新压实，直到合格为止。

6)路基整修

为保证路基填筑标高和适用标准的准确控制和掌握，每填筑5层必须进行一次测量放样：定出路基中边桩、测量路基面宽度及标高，对路基进行整修。路基填筑完成后对路堤表面排水横坡、平整度、边坡等进行整修，整修严格按照设计结构尺寸进行，对于加宽部分在整修阶段人工挂线、夯拍刷坡，路基整修达到表5—2质量标准要求，并按表中检查方法和频率进行检验。

表5—2　基床以下路堤质量标准及检测频次

项次	检查项目		规定或允许偏差	检查方法和频率
1	纵断面高程(mm)		±50	每100 m用水准仪检查3点
2	中线至边缘(mm)		±50	每100 m用经纬仪检查3点
3	宽度(mm)		不小于设计值	每100 m检查2点
4	横坡		±0.5%	每100 m检查2个断面
5	边坡		不大于设计值的3%	用坡度尺每100 m检查2点
6	平整度(mm)		15	每100 m用2.5 m直尺检查10点
7	K_h	浸水部分	0.89	每层沿纵向每100 m检测3点(距路边1 m处2点，中间1点)
		不浸水部分	0.86	

续上表

项次	检查项目		规定或允许偏差	检查方法和频率
8	K_{30}	浸水部分	0.8	每填高 0.9 m,100 m 范围内检测 1 点(距离路基边 2 m 处 1 点)
		不浸水部分	0.7	

(2)基床填筑

基床填筑施工方法与基床以下路堤相同,其施工工艺流程如图5－2 所示。

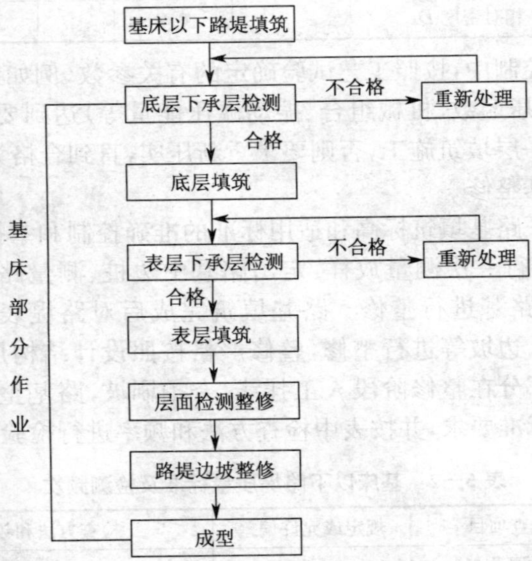

图 5－2　基床施工工艺流程

在填筑基床底层之前对基床底层下承层进行质量检查与验收,合格后方可进行基床施工。基床表面局部不平整要洒水加细料补平并补压,使其质量达到设计要求,已完工的基床表面禁止任何车辆通行。

基床的压实度标准如表 5－3 所示,基床表层质量标准检查方法和频次如表 5－4 所示。

表5—3　基床压实质量标准

层位	填料类别 / 压实指标	细粒土和黏砂、粉砂	细砂、中砂粗砂、碎砂	砾石类	碎石类	块石类混合料
表层	压实系数 K_h	0.91				
	地基系数 K_{30}(MPa/cm)	0.9	1.0	1.2	1.2	
	相对密度 Dr		0.75	0.75		
底层	压实系数 K_h	0.89				
	地基系数 K_{30}(MPa/cm)	0.8	0.8	1.0	1.0	1.2
	相对密度 Dr		0.7	0.7		

表5—4　基床表层质量标准及检测频次

项次	检查项目	规定或允许偏差	检查方法和频率
1	路肩高程(mm)	±30	每20 m用水准仪检查1点
2	中线至路基边缘(mm)	≤30	每20 m检查1点
3	宽度(mm)	不小于设计值	每20 m检查1点
4	横坡	±0.5%	每20 m检查1个断面
5	平整度(mm)	15	每10 m用2.5 m直尺检查2点
6	K_h	0.91	每层沿纵向每100 m检测3点(距路边1 m处2点,中间1点)
7	K_{30}	0.9	在路肩表层进行检测,每100 m检查1点(距路基边路基边2 m处1点)

5.2　基底处理施工技术与工艺控制

5.2.1　少冰、多冰冻土分布地段及融区路堤基底处理

(1)地面横坡缓于1∶5

路堤高度 H 大于或等于2.5 m时,保存地表植被,平整地面,重型压路机压实;H 小于2.5 m时,基底土强度不符合要求时,按设计标准将基底土层翻挖并回填压实。

(2)地面横坡陡于1∶5

路堤高度 H 大于或等于2.5 m时，将地表挖成宽度不小于1.0 m 的内倾台阶，并压实，压实标准同于路堤要求；H 小于2.5 m时，按设计深度翻挖原地面，并做成宽度大于1.0 m的内倾台阶，而后分层回填压实，压实标准同于路堤相应部位的要求。

5.2.2 高含冰量冻土分布地段(富冰、饱冰冻土区和含土冰层)路堤基底处理

(1)地表横坡缓于1∶5

$H \geqslant H_s$(最小设计高度，基底多年冻土处于冻结状态的最小填筑高度，也即路堤的保温层厚度)且 $H \geqslant 2.5$ m时，保存地表植被，平整地面，重型压路机压实，基底表层和第一层填土可不做压实检测。

(2)地表横坡陡于1∶5

$H \geqslant H_s$ 且 $H \geqslant 2.5$ m时，地表挖成不小于1.0 m宽台阶，平整压实，压实标准同路堤。

(3)$H < H_s$ 且 $H < 2.5$ m时，按设计宽度、深度进行基底换填处理。

换填土要分层回填压实，压实质量标准视回填土层位置而定。当回填土层位于基床以下时，按路堤本体填筑控制。位于基床范围内时，按基床填土质量标准控制。当用粗颗粒土作换填料时，须在地面铺设做成4%的横坡复合土工膜防渗层，防渗层的铺设和处理应满足设计要求。另外，基底换填要注意临时隔热防护，防护的主要方法是保温覆盖和搭遮阳棚等。

5.2.3 不良冻土现象分布地段路堤基底处理

冰锥、冻胀丘、热融滑塌、热融湖塘、沼泽湿地等不良冻土现象分布地段的基底处理，首先核查清楚水的来源，地下水的流向、流量、多年冻土的工程类别等，然后修建永临结合的排水系统，用挡水埝或盲沟的形式拦截疏通，排干地表和冻结层上水，对已出

露的高寒冰量冻土应支挡和覆盖，使其不再融化，最后采用清除或抛石挤淤法排除软弱层的影响，按高含冰量冻土地段基底处理原则做进一步的压实或换填处理。沼泽湿地严禁取土，也不能开挖排水沟，不得挖除表层和草皮。

5.3 片石通风路基施工技术和工艺控制

5.3.1 片石通风路堤的结构形式

片石通风路堤的结构形式是根据片石通风路堤的填土高度 H 值确定的，其结构形式有下列 2 种：

①当填土高度 $H \geqslant 3.5$ m 时，片石通风路堤自下而上的结构为：0.3 m 厚土拱＋1.2 m 厚片石＋0.2 m 厚碎砾石＋0.2 m厚中粗砂反滤层＋路堤填土层。

②当填土高度 $2.5\ \text{m} \leqslant H < 3.5$ m 时，片石通风路堤自下而上的结构为：0.3 m 厚土拱＋1.0 m 厚片石＋0.2 m 厚碎砾石＋0.2 m 厚中粗砂反滤层＋路堤填土层。

路堤填筑片石层如图 5－3 所示。

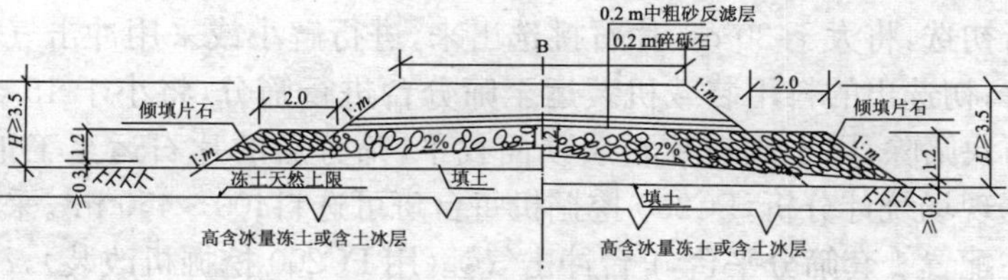

图 5－3　路堤填筑片石层图

5.3.2 片石开采及质量控制

倾填片石通风路堤对片石粒径要求很高，设计片石粒径规格为 15～30 cm。片石粒径控制的好坏，直接关系着通风效果。因此，片石的生产是倾填片石通风路堤施工中的质量控制关键。在倾填片石通风路堤开工初期，我们曾尝试在施工现场对片石质量进行控制，但效果较差。后来主要采取了在采石场控制片石质量。在片石生产过程中，我们采取了如下措施：

(1)采石场设备机具及劳力配备

采石场设备及机具配备如表 5—5 所示，安排劳力 50 人。

表 5—5　采石场设备机具配备表

序号	设备名称	规格、型号	单位数量	备注
1	空压机	9 m^3/min	4 台	
2	空压机	3 m^3/min	10 台	
3	挖掘机	PC200	8 台	
4	装载机	ZL50	1 台	
5	冲击锤		1 台	
6	筛分台		1 套	

(2)爆破：采取小洞室爆破方案，通过合理选择爆破施工的各项技术参数，取得良好的爆破效果，对片石的粒径进行初步控制。

(3)选料：选料是控制片石质量的关键。我们在采石场工作面设置了筛分台，筛分台采用工字钢搭建。I_{20} 工字钢 9 m，按15 cm间距布置，坡度为 1∶1，台下净空满足装载机作业要求。采用挖掘机进行初选，将大于 30 cm 片石挑选出来，进行解小或采用冲击气锤分解；初选出的料用装载机装运至筛分台进行筛分，将小于 15 cm 的石块筛除，用于倾填片石层顶面找平，筛分后的片石运至工地。根据现场统计分析，PC200 挖掘机每台班可选料400～450 m^3 。采石场在配置 1 套筛分平台，1 台冲击气锤(用 PC200 挖掘机改装)，7～8 台挖掘机的情况下，每日可选料3 500 m^3。

5.3.3　片石通风路堤施工工艺和技术参数

(1)材料要求

倾填片石强度不小于 30 MPa，石料应洁净，无风化、水锈、裂纹、无级配，耐冻性好，粒径控制在 10～30 cm。粒径在 30～40 cm间的片石不得超过 5%。施工时要严格控制片石质量。

(2)施工步骤

1)基底处理

按设计和《青藏铁路高原多年冻土区路基工程(含环保)施工技术细则》的要求保存地表植被，抛填片石处理，其质量按基床以下路堤的压实标准控制。

值得注意的是，基底处理时，严禁清除多年冻土区原地面的植被和泥土，避免多年冻土环境被破坏引起地基多年冻土衰退，甚至融化，严重危及路堤的稳定和安全。

2)基底土拱填筑

基底处理完毕后，选用A、B组填料填筑基底土拱，基底土拱设2%的排水横坡：地面为斜坡时，土拱为单面坡；地面为平坡时，土拱为人字坡。坡脚处填筑厚度不小于30 cm，土拱填筑质量按基床以下路堤质量标准控制。

3)倾填片石施工

①现场设备机具及劳力配备

倾填片石施工现场每个工作面设备机具配备如表5—6所示，相应配备劳力50人。每个工作面每日可完成倾填片石700～750 m^3。

表5—6　倾填片石通风路基设备机具配备表

序号	设备名称	规格型号	单位数量	备注
1	挖掘机	CAT320	1台	
2	推土机	140	1台	
3	自卸汽车	12T	25台	运距5 km
4	冲击锤		1台	

②倾填片石施工

采取后倾法填筑片石，人工配合挖掘机进行倾填片石层整形，边卸车边整理。按顺序一次成型。

填筑时，先根据片石层厚度及宽度、虚堆系数等计算填石数量，并在土路拱表面上用白灰划出方格网，按方格网卸料。采用插钢筋挂线方法，控制片石层厚度。片石层顶面坡度应与路拱顶面一致。

对少量不合格的片石，应及时进行清理。小石块用于顶面找平，大石块人工改锤。

施工时，应安排好石料运输路线，专人指挥，片石填筑应先低后高、先两侧后中央投料、水平不分层。在不影响通风效果的前提下，对边坡片石适当归整，路堤边坡坡脚采用粒径大于 25 cm 的硬度石料码砌。抛填时注意防止挖掘机将底部填土带起，以免影响通风效果。

4)倾填片石表面找平及碾压

表面找平采用人工配合挖掘机找平，个别不平处人工用小石块找平，小石块粒径应控制在 5～10 cm。碾压采用 YZ18T 重型振动压路机碾压倾填片石层。应先压两侧，后压中间，纵向进行，反复碾压，碾压遍数经实验确定，一般不少于 6～8 次。碾压时，纵向行与行之间重叠 0.4 m 以上，前后相邻区段重叠 2 m 以上，以控制倾填片石层整体稳定性。

片石碾压后，采用 K_{30} 荷载板进行检测，当 $H \geqslant 3.5$ m时，地基系数 K_{30} 取 0.8 MPa/cm；当 $2.5\ \text{m} \leqslant H < 3.5$ m 时，地基系数 K_{30} 取 1.0 MPa/cm。

5)碎砾石及中粗砂过渡层填筑

因倾填片石层顶面无法行车，故碎砾石填筑紧随通风片石层平行施工。

①倾填片石施工完毕，并经监理工程师检测签认后，方可进行碎砾石施工。

②碎砾石施工前，先行在倾填片石边坡铺设彩条布并伸入护道顶面 50 cm，以防碎砾石滑入边坡堵塞空隙，从而影响通风效果。

③填筑前，在倾填片石顶面上用白灰线划出方格网，按照方格网进行布料。

④插杆挂线控制碎砾石虚铺厚度 30 cm，推土机配合人工摊平，YZ18T 压路机碾压，碾压采用静压法。检测合格后，进行中粗砂填筑。

⑤中粗砂施工前，首先需对中粗砂进行外观、筛分析、细度模量、含泥量、有机物含量等检验，要求选用颗粒级配良好、质地坚硬耐久的中粗砂，砂中不得含有杂草、垃圾及粒径大于10 mm的石块等杂质，含泥量不得大于 5%。

⑥中粗砂填筑方法与碎砾石相同。

⑦在填筑碎砾石和中粗砂时，路基边部采用人工配合摊铺整平，以防止填料落下。

碎砾石和中粗砂垫层的压实度如表 5—7 所示。

表 5—7　碎砾石和中粗砂垫层的压实度

	碎砾石压实标准	中粗砂压实标准
压实系数 K_h	0.86	
地基系数 K_{30}	0.8	0.7
相对密度 Dr	0.65	0.65

6)路基土方填筑

倾填片石通风路基完成后，其上的土方填筑按一般路基填筑方法施工。

7)工艺流程(图 5—4)

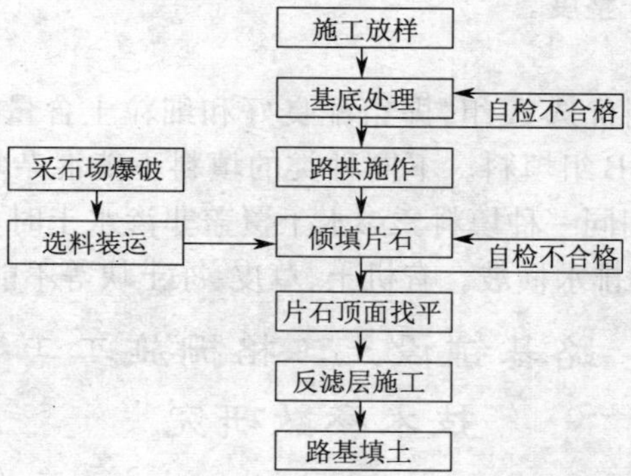

图 5—4　倾填片石通风路基施工工艺流程

(3)质量标准

1)土路拱质量标准

路拱边坡填筑厚度不小于 30 cm,人字形排水坡率 2%。填料采用弱冻胀性的粗粒土,顶面平整。

2)倾填片石层质量标准

片石层厚不小于设计标准,反滤层顶面密实平整,边坡平顺。

5.3.4 质量控制要点

(1)路拱填筑

严格控制填料质量,并确保路拱面平整度、标高、横坡及压实度达到验标要求。

(2)倾填片石层填筑

重点控制片石粒径,在料源上把关,不合格的片石严禁运往工地。另外要保证倾填片石层的厚度符合设计要求,顶面找平时将孔洞堵塞严密,保证通风效果。

(3)反滤层铺设

严格进行碎砾石层、中粗砂的选料,严格控制粒径、细度模量、含泥量等各项指标。填筑时,控制好虚铺厚度、碾压遍数,保证压实度和平整度。

(4)填料

路堤填料优选 A 组,即组配良好和细粒土含量小于 15%的粗粒土,次选 B 组填料。不同种类的填料不能混杂填筑,每一水平层全宽采用同一种填料。渗水土覆盖非渗水土时,非渗水土表面应做 4%的排水横坡。有机土、草皮、冻土块等不能用作填料。

5.4 路基铺设土工格栅施工工艺和技术参数研究

5.4.1 冻土湿地路基中铺设土工格栅的原因

冻土湿地路基施工之所以特殊,是因为在土体中有冻土的成分，路堤的冻胀和融沉是因为土体中水分固、液两种状态转化的结果。天气转暖，水分由固体转化为液体时，造成土体体积减小，可压缩性增大，路堤自重的影响或铺轨后路基上部载物的增加而使路堤下沉。当土体中的液体水变为固体水时，土体体积增大，强度增大，形成路堤的体积膨胀，也就是所谓的冻胀，要消除这两种病害对路堤的影响，路堤填筑高度在设计高度固定的前提下，可对路堤进行加筋处理，即用铺土工格栅来处理路堤的变形。

5.4.2　冻土湿地路基土工格栅技术指标

土工格栅的性能技术参数：

(1)抗拉强度不小于 25 kN/m。

(2)采用的最大拉伸应变不大于 10%。

(3)−45℃低温下冻融循环 200 次抗拉强度不小于设计标准。

(4)具有长期的抗老化性能。

5.4.3　土工格栅的备料、运输及储存

所购土工格栅每批需查验生产厂家的产品合格证和材料报单，并抽样进行检验，检验的数量每批不超过 15 000 m^2；土工格栅必须用黑色包皮包装，运输、储存和堆放必须避免阳光照射，并保持通风、干燥和远离高温源，以保证其性能不受影响。

5.4.4　土工格栅的施工技术和工艺控制

试验工程中使用的土工格栅为双向塑料土工格栅，双向塑料土工格栅横向和纵向都能满足设计的力度要求，所以它可以以横向或纵向任何一向垂直于路基轴线铺设。

(1)施工步骤及工艺流程

1)施工准备

①将路基面整平压实，密实度达到设计要求(路基面不做成路拱形，而是做成水平，如果在有路拱的路基面上铺土工格栅，地

基下沉后，土工格栅松弛达不到预期效果，只有下沉到一定的程度后，土工格栅才能起到作用，平整无路拱的路基，可以在路基刚开始变形就起到预期的作用）。然后进行施工放样打出路基中线，在曲线上每 10 m 打一桩，在直线上每 20 m 打一桩，再用灰线洒出所铺设土工格栅的宽度，测出路基的标高，实际测量标高必须在设计铺设土工格栅标高的±5 cm 范围之内才可以进行铺设。

②土工格栅材质工地抽检

工地试验频次按所购材料的批次进行，如每批大于 15 000 m^2 以 15 000 m^2 为一批，土工格栅工地抽检项目如表 5－8 所示。

表 5－8　土工格栅工地抽检项目

序号	试验项目	频　次	备　注
1	单位面积质量	1 次/批	必须试验项目
2	厚度	1 次/批	选做试验项目
3	孔径	1 次/批	选做试验项目
4	条带拉伸	1 次/批	必须试验项目

③机械劳力组织

现场准备推土机（D25）1 台，重型压路机（16 t 以上）1 台，轻型压路机（6～8 t）1 台，平地机 1 台，自卸汽车 8～10 台，劳力 30 人，另外准备好土工格栅的切割工具和连接“U”型卡。

2）土工格栅的铺设

①当路堤填筑至第一层土工格栅铺设高程时，将路基面整平压实，并检测其压实度（密实度必须达到规范要求），当路堤填料为细颗粒土时，应按设计要求铺设上下砂垫层，严禁路基面上有坚硬突出物，离土工格栅 8 cm 范围内的填料不得有大于 6 cm 粒径的硬物。

②土工格栅铺设强度高的方向与其受力方向一致，双向塑料土工格栅根据铺设的省功或进度快来确定铺设的方向，土工格栅用土工绳绑扎连接，连接时的搭接宽度不小于 15 cm，连接强度不

低于材料容许的抗拉强度，另一方向应密贴排放，土工格栅铺设时必须铺平，人工拉直，不允许有褶皱，绑扎完毕，用“U”型卡固定，避免填土时土工格栅有移动。

③土工格栅的铺设宽度与路基等宽。

④土工格栅摊铺以后应及时填筑填料，以避免其受到长时间的直接暴晒，一般情况下，间隔时间不应超过 48 h。

3)土工格栅完成后的路堤填筑

土工格栅铺设完成后并经质量检验合格后应及时进行路堤填筑，第一层填土摊铺宜采用轻型推土机或前置式装载机，严禁装料车和碾压机械在已经铺好的土工格栅上直接碾压；土工格栅保护层以上的填土按路堤本体或基床填筑施工工艺和质量标准执行。

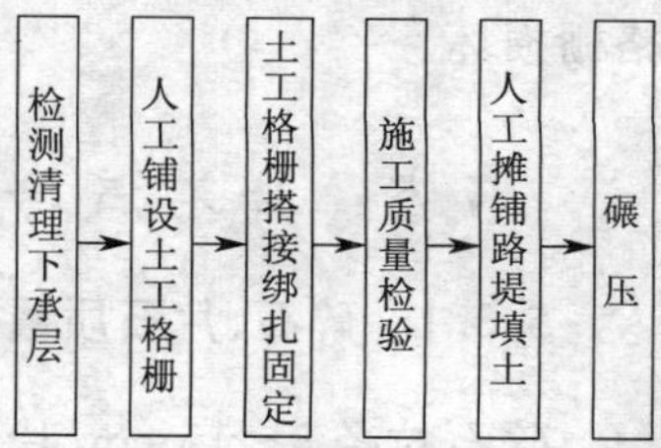

图 5—5　土工格栅铺设施工工艺流程

4)土工格栅工艺流程(图 5—5)

(2)质量检验标准

土工格栅铺设完成后，对施工质量进行检测，检验要求及频次如表 5—9 所示。

表 5—9　路堤填筑质量检测项目及频次

序号	项　目	允许偏差	检验数量
1	下层平整和拱度	符合设计要求	每 100 m 检查 3 处
2	搭接缝错开距离	符合设计要求	每 100 m 检查 3 处
3	筋材铺设长度	不小于设计要求	每 100 m 检查 3 处
4	筋材铺设层数	不小于设计要求	每 100 m 检查 3 处，且每段不小于 3 处
5	筋材铺设层距	±5 cm	每 100 m 检查 3 处，且每段不小于 3 处
6	筋材连接处强度	符合设计要求	每 100 m 检查 3 处

5.4.5 质量控制要点

(1)土工格栅下垫层路基面施工,重点要控制好路基顶面的标高和平整度,保证土工格栅和路基面完全密贴、接触良好,避免褶皱。

(2)土工格栅铺设采取用“U”型卡固定,避免填土时土工格栅有移动。

(3)土工格栅上垫层路基填土必须采取人工摊铺,防止土工格栅损坏。

5.5 片石气冷结构施工技术和工艺

5.5.1 碎石、片石质量要求

碎石粒径 5～15 cm,片石粒径 15～30 cm,石料表面清洁无污染,质地坚硬,不易风化,无裂纹,抗压强度 30 MPa 以上。片石形状不受限制,但其中部厚度不得小于 15 cm,用作镶面的片石表面平整,尺寸较大。

5.5.2 片石通风护道和碎石护坡的施工工艺

(1)测量放线

在已施工填筑完毕需进行碎石或片石护道施工的路基段,严格按设计坡比打路基边线桩及坡脚边线桩。

(2)收刷边坡

根据路基边线桩及坡脚边线桩,人工收刷路基边坡。

(3)片石护道砌筑

严格按片石护道尺寸及坡比砌筑,砌筑前,应将片石基底土夯实,较大石块置于底层,石块间交错咬搭,空隙用碎石填实,护道石块外露面平整,线形平顺。

(4)倾填碎石

片石护道砌筑完毕后倾填路基护坡碎石，倾倒碎石前，计算每 5 m 或每 10 m 碎石方量，由此人工指挥倾倒碎石车数，同时挖机及时进行碎石粗次收刷坡。

(5)碎石坡面修整

碎石倾填并挖机初次收刷坡完毕后，人工用铁漏耙进行精刷坡修整。

(6)工艺流程(图 5—6)

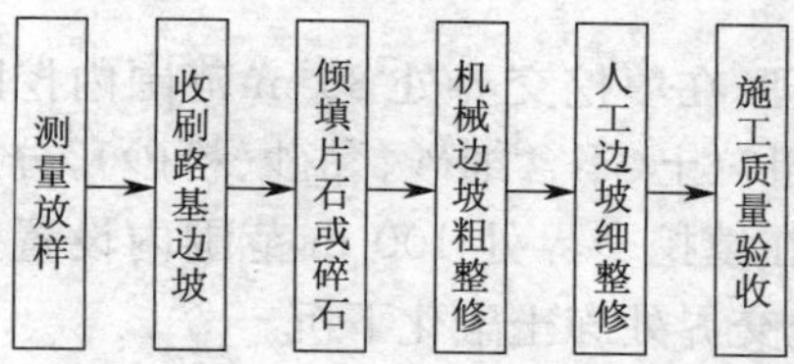

图 5—6　片石通风护道和碎石护坡的施工工艺流程

5.5.3　质量控制要点

严格控制碎石、片石材质各项要求，确保原材料合格；严格控制倾填片石、碎石层的厚度使其符合设计要求。

5.6　过渡段施工技术

冻土湿地路基中比较特殊的是路堤和路堑的过渡段，通常称为填挖过渡段。

对于非特殊结构路基来讲，过渡段的特殊性在于填土路堤部分必须满足最小路堤填筑高度，挖方部分必须进行保温换填；而交界处必须延伸 30 m 进行处理。

5.6.1　过渡段及其处理

(1)过渡段形式(图 5—7)。

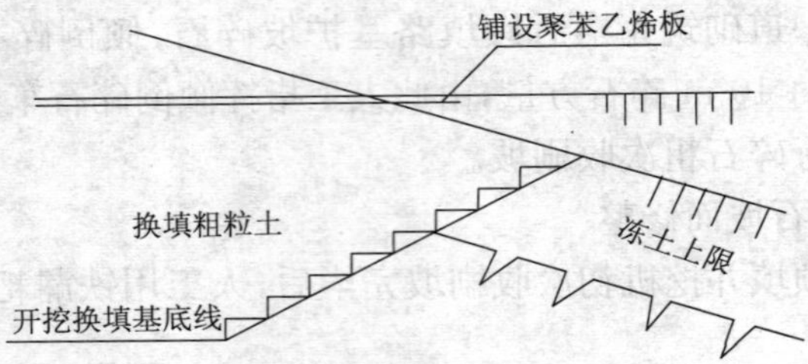

图 5－7 冻土湿地路基填挖过渡段施工原理图

(2)基本原理：在填挖交界处 30 m 范围内挖除含冰冻土层，深度 6 m，换填粗粒土(不含细砂、黏砂、粉砂)，分层夯实，减少挖方冻土层融化；在填挖交界处 100 m 范围内设置遮阳棚，减少阳光照射引起填挖交界处冻土融化下沉。

(3)施工要点：做好防排水工程，避免积水洼地破坏冻土区；当回填土层位于基床以下时，按路堤本体控制；当回填土层位于基床范围时，按基床填土控制。

5.6.2 质量控制

(1)质量检查

内容包括：基底处理，填料含水量，挤塑聚苯乙烯板、SBS 防水卷材、土工格栅的搭接与固定，压实密度，压实面平整度。对检查的数据进行分析，发现问题定出对策，及时改进。

填土层检查项目及标准(表 5－10)。

表 5－10 填土层质量检查项目及标准

序号	检查项目	规定值	检查方法
1	铺土厚度	30～35 cm	每 240 m 检查 6 处
2	压实度	底层 90%，基床 95%	每 240 m 检查 6 处
3	压实面平整	允许偏差±10 cm	挂线检查

(2)检测仪器

核子密度湿度仪、K_{30}荷载板。

5.7　冻土湿地路基周围排水设施施工技术

冻土湿地处理技术关键一个环节是对湿地水分来源的处理。地表水、冻土层上水组成影响冻土湿地路基稳定性的特殊水热环境，因此，冻土湿地路基处理的关键在于对影响湿地地基热稳定性的水热环境的综合处理。

5.7.1　冻土湿地路基挡水埝高度计算

挡水埝在填筑成型后，由于人为原因造成冻土上限上移，形成"冻土核"（图 5－8），"冻土核"顶面称为人为上限，根据大断面经验公式：

$$h_p = A \times H - 0.2 \tag{5-1}$$

式中　H——挡水埝中心高度(m)；

h_p——"冻土核"上升高度(m)；

A——土质系数。

土质系数随土质不同而不同，但相差很少，计算时取平均值 0.9。挡水埝要隔离冻结层上水，应使埝下"冻土核"顶面始终高于最大水厚 B_{max}（图 5－8）。

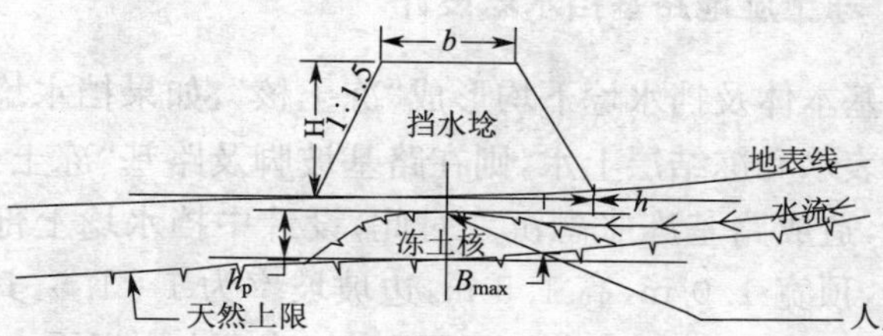

图 5－8　冻土湿地挡水埝隔水原理图

即
$$h_p > B_{max} + \Delta H \tag{5-2}$$

式中　B_{max}——最大水厚，即冻结层上水达到冻土核顶面高度；

ΔH——横向损失高度，其几何关系为：

$$\Delta H=(H/m+b/2)/(m+\text{ctg}i_h) \qquad (5-3)$$

式中　H——挡水埝中心高度；

m——边坡坡率，设计采用1∶1.5；

b——挡水埝顶部宽度，设计采用1.0 m；

i_h——地表与水平线间夹角。

由于冻结层上水在地表出露时，从地表排走，可认为水层厚度不再增加了，此时，最大水厚为天然上限，挡水埝高度为极限高度，得：

$$H_L=[h_L+0.2/A+0.5/(m+\text{ctg}i_h)]\div[m+1/(m+\text{ctg}i_h)]$$

式中　H_L——挡水埝极限高度(m)；

h_L——天然冻土上限(m)。

当可以忽略横坡影响时，得：

$$H_L=0.46h_L+0.26$$

青藏高原多年冻土区天然冻土上限平均高度约2.5 m，得H_L=1.41 m。实际上，由于地质、环境温度、填料等条件的影响，挡水埝冻土核的实际高度与理论高度有一定差异，为确保挡水埝的隔水效果，设计中取挡水埝高度为1.5 m，并加设防水板等措施来保证隔水效果。

5.7.2　冻土湿地路基挡水埝设计

由于路基本体及挡水埝下均形成"冻土核"，如果挡水埝不能有效隔离地表水和冻结层上水，则在路基坡脚及路基"冻土核"一侧形成积水，造成路基冻胀融沉。对此，设计中挡水埝上部采用黏性土填筑，顶宽1.0 m，高1.5 m，边坡坡率为1∶1.5，其中心距路堤坡脚不小于7.0 m；下部开槽至多年冻土上限以下0.5 m，埋设防水板并出露地表伸入挡水埝0.4 m，以有效隔离埝外地表水及冻结层上水破坏路基本体范围冻土环境，避免路基冻胀融沉，这是保证路基工程质量的一种防护措施(如图5—9)。

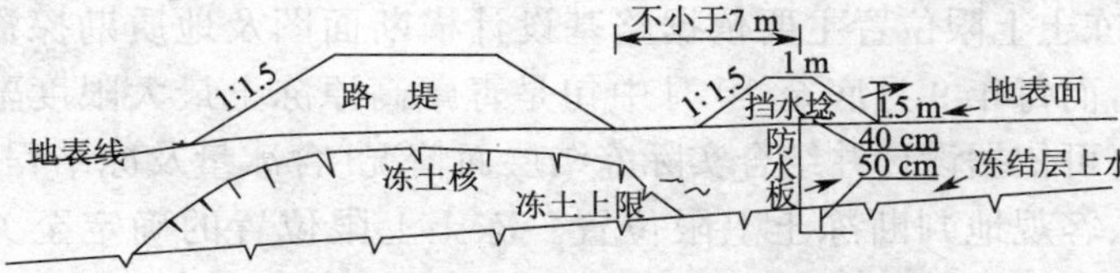

图 5－9　冻土湿地挡水埝设计施工原理图

5.7.3　冻土湿地路基挡水埝施工工艺

冻土湿地挡水埝施工工艺流程如图 5－10 所示。

测量放线定位后，挖掘机倒退开挖，挖至冻土上限以下 0.5 m 后，在间隔 30 m 处，凿出坑壁上尖锐突出物，焊接并埋设防水板后用原土分层回填坑槽并夯实，坑槽回填后，用自卸汽车从取土场拉运黏性土至现场填筑挡水埝上部，最后进行顺坡整平。施工中，重点控制好以下工艺要点。

(1)核对设计

根据设计原理及功效，挡水埝应设在路基地势较高一侧，以隔离地表水及冻结层上水对路基本体的破坏。因此，施工前，必须结合设计图纸进行现场踏勘，核对挡水埝设计位置是否准确直顺，挡水埝外无积水坑并与桥梁、涵洞等排水设施顺接。

(2)测量放线

施工前，根据挡水埝设计原理放线定位并作适当调整，以保证线型直顺美观，同时撒石灰粉标出开挖界线及行车界线，当遇有低洼地势时，挡水埝应顺势向外移，以保证挡水埝外侧不形成积水坑。测量放线必须保证挡水埝中心距路基坡脚不小于7.0 m，线型见挡水埝施工工艺工艺流程(图 5－10)。

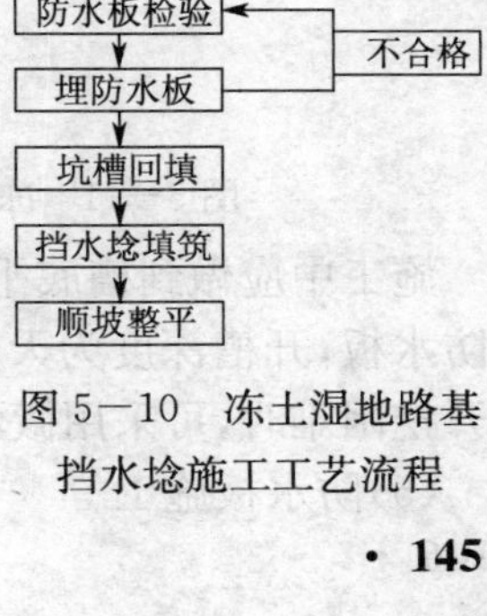

图 5－10　冻土湿地路基挡水埝施工工艺流程

(3)确定多年冻土上限

冻土上限位置主要依据路基设计横断面图及地质勘探资料确定，而每年 9 月底至 10 月中旬是青藏高原冻土最大限度融化时间，可依据设计并结合实际冻结层面情况（含冰量及冻结程度）准确、客观地判断冻土上限位置。冻土上限位置的确定至关重要，是保证挡水埝防护效果的关键。

(4)开挖坑槽

坑槽开挖选择在 6～7 月，此时，冻土初融，易挖不易垮，开挖后，应尽快进行下道工序施工，以缩短暴露时间。坑槽施工采用挖掘机倒退开挖，挖出的土堆至坑壁两侧，以备回填坑槽时用。开挖前，先根据设计上限深度计算出土方量及临时堆土面积（设以冻土上限为 2.5 m 为例，则开挖 3.0 m 深，挖土方 3.0 m^3，每侧堆 1.5 m^3，按 1∶1 坡度堆土，仅需堆 0.8 m 高），在实际施工中，不可能按一般情况堆土，因此，施工中，在挡水埝两侧平铺 1.0 m 宽塑料布并用小彩旗标出堆土界线及行车界线以有效保护周边冻土环境（图 5—11）。

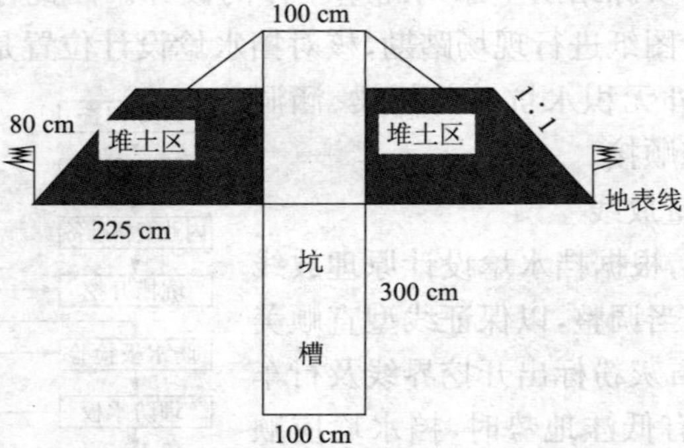

图 5—11　冻土湿地路基挡水埝施工界限图

施工中应做到槽底平整，槽壁无尖锐块石或突出物，以免刺穿防水板，开槽深度为天然上限以下 0.5 m，宽度 1.0 m，遇挖掘机开挖困难时，可采用微弱爆破配合施工。

(5)防水板施工

防水板起着隔离冻土上限以上冻结层上水，防止其透过挡水埝破坏路基本体范围冻土环境的作用，因此，防水板的物理力学性能及埋设质量至关重要：

1）板的物理力学性能

拉伸强度：纵向横向均≥25 MPa；

断裂伸长率：纵向横向均≥400%；

低温柔韧性：−35℃，$r=15$ mm，无裂纹；

加热伸缩量：伸长及缩短均≤0 mm；

不透水性：在（0.3 MPa，1 h）情况下无渗透现象；

耐碱性能：$Ca(OH)_2$ 常温浸泡 168 h 后，拉伸强度保持率≥80%；

耐热性能：在（80℃，168 h）情况下，拉伸强度保持率≥80%。

2）防水板的粘接

施工中，根据坑槽深度及设计要求防水板出露地表 0.4 m，从而可确定防水板宽度，当防水板宽度不够时，必须对其做焊接粘接，粘接时其搭接宽度不小于 8 cm，保证焊接牢固并密不透水。

3）防水板的埋设

防水板的埋设范围为天然上限以下 0.5 m 至地表以上伸入挡水埝 0.4 m，要求伸展不卷曲，不被刺破。施工中尽量将焊缝埋设在靠近坑槽底，当冻土上限上移时，将焊缝冻结在冻土上限以下，更能保证隔水效果。

（6）回填坑槽

防水板定位后，要及时用原基坑土回填坑槽，回填过程中，采用手扶式振动夯分层夯实，同时应尽量减小热扰动，使之尽快恢复至原冻土环境。

（7）挡水埝上部填筑

挡水埝上部填料宜采用黏性土，回填夯实后与原地基形成整体，一则可以使冻土上限位置上移，减小冻胀融沉，二则可以更好地防止地表水渗透过挡水埝破坏路基本体范围冻土环境；如因取用黏性土困难而采用粗颗粒土填筑时，应保证迎水面挡水板防护工程的质量，以免地表水渗透过挡水埝。挡水埝施工尽量避免破坏原地面，当地形较陡时，应挖 1.0 m 宽台阶后再填筑，填筑宜分层进行，松铺厚度不得大于 25 cm，用小型手扶式压路机或振动夯碾压密实，为了防止地表水渗透过挡水埝，其密实度必须符合设计及验标要求，同时，挡水埝顶面的坡度应平缓，平面线型直顺，美观。

(8)顺坡整平

挡水埝填筑成型后，对埝顶按每时每 100 m 拉线顺坡，使埝顶坡面直顺，同时对埝内、埝外高低不平、排水不畅的地段要按一定坡度对流水面尽行顺坡整平，使埝内、埝外不积水，确保排水畅通，并引至桥涵处排出。

(9)机械设备及劳动组织

由于挡水埝为线性工程，施工中按一定长度划分出若干工作面。本工艺中机械设备及劳动组织按实际施工中划分的每 500 ～800 m 一个工作面进行安排，在配备下述设备及劳力情况下，每 3 天便能完成一个工作面，有效提高了工程进度。

(10)质量控制要点

挡水埝严格按《青藏铁路高原多年冻土区路基工程施工技术细则》和《青藏铁路高原多年冻土区路基工程质量检验评定及验收标准》施工，重点控制以下几个方面：

1)冻土上限的确定必须准确，采取“宁深勿浅”的原则。

2)坑槽必须开挖至冻土上限以下 0.5 m。

3)防水板性能及埋设质量符合规范。

4)挡水埝与路基坡脚地段必须顺坡整平，保证不积水。

5)选择合理的施工季节，并分段施工，保证野生动物通过。

6)坑槽回填及挡水埝上部夯实质量符合标准。

7)施工中，严格控制行车范围及堆土范围，有效保证周边冻土环境。

5.8 冻土堑施工技术与工艺控制

5.8.1 工程概况

青藏铁路 DK1398＋519～DK1398＋981 为多年冻土区，且存在高含冰量冻土，该段海拔在 4 900 m 以上，气候属于青藏高原冰雪型气候区，全长 462 m，地形较为平坦，呈现四周低、中间高之势，其地表层为第四系全新统冰水沉积粉土、圆砾土，厚 8～14 m，为富冰冻土、多冰、少冰冻土，下伏侏罗系石灰岩。

5.8.2 主要施工技术

(1)高含冰量深路堑的爆破开挖

适用于高原多年冻土的爆破和一些整体性强、联结性好、较难爆破的土体、岩石。采用潜孔钻成孔，成孔后底部合理的装药量，小松动爆破，增大成孔底部面积，然后进行二次大剂量装药起爆，二次起爆采用起爆顺序微差网络。

1)原理：潜孔钻成孔后，根据冻土地质情况，确定底部扩孔的合理装药量，既能达到成孔底部面积的扩大，又不使成孔的上部破坏。然后装药实施小松动爆破，达到成孔底部面积扩大的效果。最后清孔，实施二次大剂量装药起爆，二次起爆导爆管网络实施起爆顺序微差作用，先起爆的作为后起爆的临空面。

2)施工工艺：本方法与传统的爆破施工方法相同，只是成孔后，在成孔的底部实施了一次小松动爆破，扩大了成孔底部的面积，增大了底部装药量。在二次起爆中采用了微差起爆顺序，先起爆的冻土是后起爆冻土的临空面。

3)工艺流程：定位→钻孔→清孔→合理装药→起爆→清孔→大剂量装药→联结起爆网络→起爆→检查爆破效果。

4)施工方法：

①合理的底部扩孔装药量：

潜孔钻成孔后，要进行成孔底部成功扩孔，装药量至为关键。确定药量要结合冻土地质情况和正式爆破前进行的“试炮”装药量经验，选定合适的装药量。只有这样才能既达到扩孔增腔的效果又不破坏上部的成孔。图 5－12a、图 5－12b 分别为传统爆破成孔装药示意图和扩孔增腔后爆破装药示意图。

②导爆管起爆顺序微差网络：

扩孔成功后，采取二次大剂量装药，完毕后，起爆网络采用导爆管非电起爆系统。具体做法是：在同列安置同段的毫秒雷管，不同列间安置跳段毫秒雷管，串联起爆雷管均为同段。这样，利用

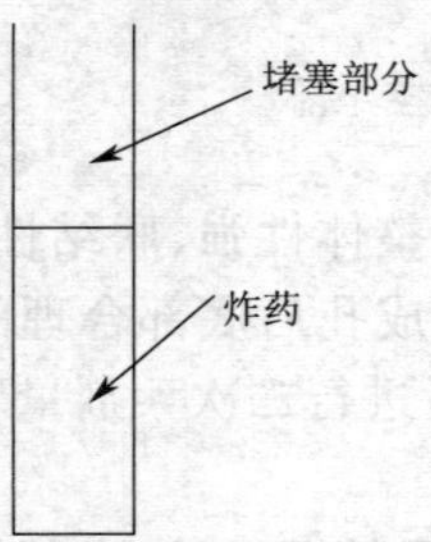

图 5－12a　传统爆破成孔装药示意图

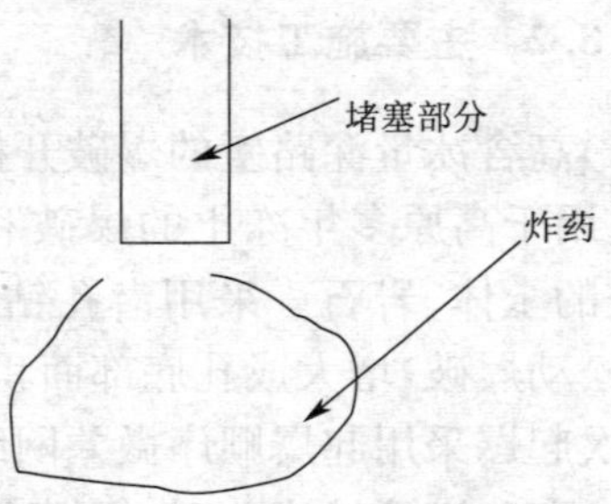

图 5－12b　扩孔增腔后爆破装药示意图

毫秒雷管的微差起爆时间，为后起爆冻土的爆破力提供一个导引方向，即临空面。而不像传统爆破，没有临空面，冻土的整体性又好，爆破力只能冲天而起，炸成一个个土窝。毫秒雷管安置如图 5－13 所示。

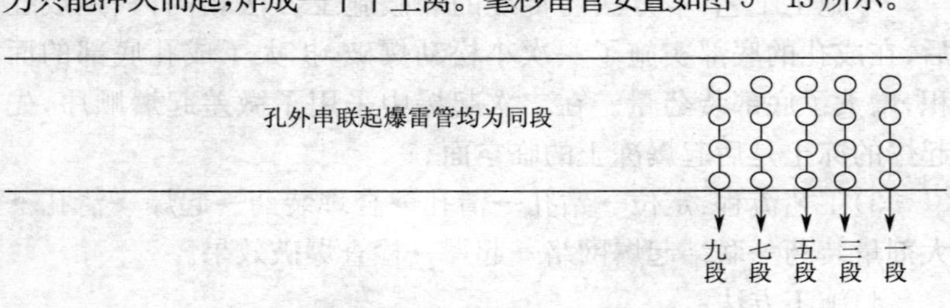

图 5－13　毫秒雷管安置示意图

③施工注意事项：

第一次扩孔增腔爆破，要采用火雷管、导爆索爆破，随成孔随爆破扩孔，爆破是为了扩孔增腔，所以不用堵塞炮眼。扩孔成功后，就进行二次大剂量装药，若发现冻土有融化迹象，要选用乳化炸药。

二次大剂量装药时，不同段别间的导爆管安装一定要正确，否则影响爆破效果。装药时要用炮棍反复捣实药卷。

确保二次装药后孔口的堵塞质量。

在堵塞过程中，要用炮棍反复捣实，注意不要损坏导爆管，堵塞长度不小于1 m，堵塞材料不应使用钻出的冻土，要选取一定湿度的含砂黏土。孔口预留50 cm用炮泥堵塞紧密，炮泥要求不能太稀。

④质量标准：

爆破开挖路堑后，宽度、堑底标高、边坡坡度要符合设计要求。

⑤安全检查：

成功爆破后要及时检查，一要检查爆破效果；二要检查是否有哑炮。若有导爆管断裂形成的哑炮，应立即引爆。

(2)基床施工

1)基本原理：路基面下0.8 m处设挤塑聚苯乙烯板，用于隔断地基与基床之间的温度传播，减小地基温度升高；路基面下0.2 m处铺设SBS防水卷材，防止地表水渗入地基破坏冻土层结构，引起地温升高；路基面双侧各加宽0.4 m，防止地基融化、下沉，提高地基和路堤的稳定性。

2)工艺流程：施工过程分为三阶段、五区段、六流程。三阶段：准备阶段，施工阶段，竣工阶段；五区段：地基处理区，保温板铺设区，填、摊、碾、检区，防水卷材铺设区，填、摊、碾、检区；六流程：施工准备，地基处理，铺设保温板，填、摊、碾、检，铺设防水卷材，填、摊、碾、检。

3)施工要点：

①测量放桩，依据设计文件规定的尺寸，放出路堑坡脚线，并设明显标志。

②基底处理，挖除基底含土冰层、富冰层、整平压实、换填粗粒土（不含细砂、粉砂、黏砂），分层夯实。

③铺设保温板：

铺设方法：挤塑聚苯乙烯板接缝处应密闭，上下铺设一层0.2 m厚中粗砂垫层。

保温层下垫层铺设：选用颗粒级配良好、质地坚硬的中粗砂，砂中不得含有杂草、垃圾及粒径大于10 mm的石块等杂质，其含泥量不得大于5%。施工前，路基基床或本体应检验合格，将其表面清理、平整并设置标高桩，下垫层压实后的厚度为20 cm。采用压路机或平板式振捣器压实，严禁采用喷水饱和方法。密实度标准应达到相对密度不小于0.7。

挤塑聚苯乙烯板的铺设：铺设前应检查、核对所用材料的规格及性能是否符合设计要求。下垫层应平整，表面的杂物要清理干净，并进行测量放线，标出铺设范围。保温板用人工密贴排放，外观基本平整，无明显的膨胀和收缩变形。检查合格后，及时铺筑上垫层，避免保温板长时间暴露。保温层铺设质量标准和检查频次如表5—11所示。

表5—11　保温层铺设质量标准和检查频次

项次	检查项目	规定或允许偏差	检查方法和频率
1	保温层厚度	±5 mm	每100 m检查20点，钢针
2	保温层宽度	不小于设计值	每100 m检查5点，尺量
3	中线至边缘	±30 mm	每100 m检查5点，直尺量测
4	保温层接缝	符合设计要求	每100 m检查20点，尺量、目测

保温层上垫层铺设：上垫层采用颗粒级配良好、质地坚硬的中粗砂，砂中不得含有杂草、垃圾及粒径大于10 mm的石块等杂质，其含泥量不得大于5%。上垫层填筑采用人工摊铺，人工平整，严禁机械、车辆直接驶入保温层表面。上垫层压实后的厚度为20 cm，

其虚铺厚度、垫层材料的含水量根据试验确定。采用光轮压路机碾压，不得使用重型压路机，采用静压的方法先两侧后中间，先慢后快，碾压轮纵向碾压重叠宽度为 20～25 cm，压路机碾压不到之处，可用平板夯实机械配合夯实。施工质量要求如表 5—12 所示。

表 5—12　上垫层施工质量要求

项次	检查项目	规定或允许偏差	检查方法和频率
1	上垫层厚度	±10 mm	每 100 m 检查 3 点，尺量
2	上垫层宽度	不小于设计值	每 100 m 检查 3 点，尺量
3	平整度	15 mm	每 100 m 检查 10 点，直尺量测
4	顶面高程	±50 mm	每 100 m 检查 3 点，水准仪

保温层施工工艺流程(图 5—14)。

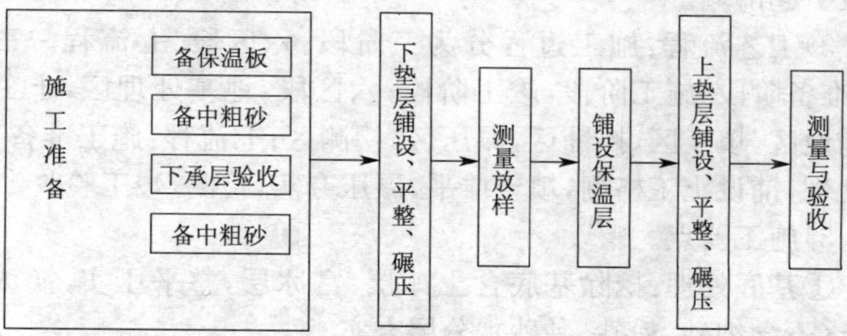

图 5—14　保温层施工工艺流程

然后进行填土，方法同普通路基填筑。

铺设防水卷材：铺设前检查、核对所用材料的规格及性能是否符合设计要求。平整下层砂垫层，清理表面杂物，要求砂垫层表面无尖锐杂物和碎石。测放铺设范围，平整铺设 SBS 防水卷材，防水卷材与“U”型侧沟沟底防水卷材一同铺设，不得在水沟附近搭接。搭接宽度不得小于 30 cm。坡面上铺设时，自下而上进行，连接处要高端在低端上。然后铺设上层砂垫层。防水卷材施工质量要求及检测频次如表 5—13 所示。

表 5-13　防水卷材施工质量要求及检测频次

项次	检查项目	规定或允许偏差	检查方法和频率
1	下承基面平整度、拱度	符合设计要求	每 100 m 或每作业段检查 3 处
2	搭接宽度(mm)	500	每 100 m 检查 3 处
3	横向铺设宽度(mm)	不小于设计值	每 100 m 检查 3 处
4	砂垫层厚度(mm)	200	每 100 m 垫层长检查 3 处
5	粘接及焊接处的抗渗性	不允许渗露	每 100 m 或每作业段检查 3 处

(3)边坡防护

1)基本原理:路堑两侧边坡挖除 5.6 m 厚度含土冰层、富冰层进行换填处理,坡比 1∶1.75,隔断阳光照射以免引起冻土融化、滑塌;路堑边坡挖 2 m 宽台阶,台阶与保温层间铺设 4.0 m 的双向塑料土工格栅,防止边坡滑塌,增强其稳定性;路堑堑顶设置包角形式,进行保温处理,并铺设 SBS 防水卷材,防止地表水渗入边坡引起滑塌。

2)工艺流程:施工过程分为三阶段、六区段、七流程。三阶段:准备阶段,施工阶段,竣工阶段;六区段:地基处理区,土工格栅铺设区,填土区,摊铺区,碾压区,检测区;七流程:施工准备,地基处理,铺设土工格栅,填土摊平,碾压夯实,检测,竣工验收。

3)施工要点

①基底处理:挖除基底含土冰层、富冰层,整平压实,换填粗粒土(不含细砂、粉砂、黏砂),分层夯实。

②铺设双向塑料土工格栅:铺设方法同 5.4。

(4)填挖过渡段

1)过渡段形式(图 5-15)。

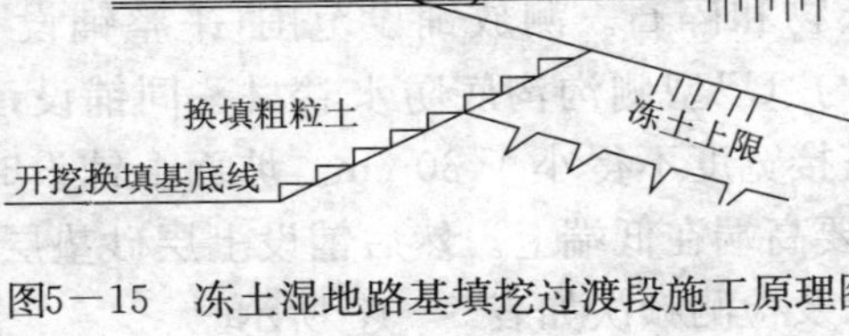

图5-15　冻土湿地路基填挖过渡段施工原理图

2)基本原理：在填挖交界处 30 m 范围内挖除含冰冻土层，深度 6 m，换填粗粒土(不含细砂、黏砂、粉砂)，分层夯实，减小挖方冻土层融化；在填挖交界处 100 m 范围内设置遮阳棚，减小阳光照射引起填挖交界处冻土融化下沉。

3)施工要点：做好防排水工程，避免积水洼地破坏冻土区；当回填土层位于基床以下时，按路堤本体控制；当回填土层位于基床范围时，按基床填土控制。

5.8.3　质量控制

(1)质量检查

内容包括：基底处理，填料含水量，挤塑聚苯乙烯板、SBS 防水卷材、土工格栅的搭接与固定，压实密度，压实面平整度。对检查的数据进行分析，发现问题定出对策，及时改进。

填土层检查项目及标准(表 5－14)。

表 5－14　填土层质量检查项目

项次	检查项目	规定值	检查方法
1	铺土厚度	30～35 cm	每 240 m 检查 6 处
2	压实度	底层 90％，基床 95％	每 240 m 检查 6 处
3	压实面平整	允许偏差±10 cm	挂线检查

(2)检测仪器

核子密度湿度仪、K_{30}荷载板。

5.9　遮阳棚施工技术与工艺控制

5.9.1　工程概况

青藏铁路里程 DK1398＋530－DK1398＋660 段，线路以低填及挖方形式通过布曲河左岸一山头，该段为多年冻土区，且存在高含冰量冻土。地形较为平缓，呈现四周低、中间高之势，地表植被发育,覆盖率约占 60%。该段地层表层为第四系全新统冰水沉积粉土、圆砾土,厚 8～14 m,为富冰冻土,多冰、少冰冻土。冻结层上水基本不发育,连续性差,多呈"团状"分布。水位随时间及地表水发育情况而随时改变,其储存位为圆砾土,排泄条件良好。多年冻土区地温:$-0.5℃>ICP>-1℃$,为高温不稳定多年冻土区,多冰冻土弱融沉,富冰冻土融沉,饱冰冻土强融沉。地震基本烈度七度。

5.9.2 总体施工方案

首先进行路基施工,完成后进行钻空灌注桩基础施工,同时对立柱、檩拖、檩条等钢构件的制作及除锈喷漆工厂化作业(格尔木),将有关构件组合成安装单元,待基础施工完毕达到设计强度后运到施工现场进行连接、焊接、钉铆等安装作业;压型彩钢购置后直接运到施工现场安装。

5.9.3 施工方法

(1)路基施工(在前面章节中已详述,此不再赘述)

(2)基础施工

1)钻孔施工

旋挖钻机自行到位,钻机钻头与桩位对位,其位置偏差不大于 2 cm。钻机一旦就位,成孔前不得随意移动。钻孔插入桩施工时可按孔径大于桩径 10 cm 钻孔,钻至设计标高后及时清孔。对成孔的中心位置、孔深、孔径、垂直度、桩孔清底、钢筋笼安放等进行检查验收,保证达到《验标》规定。

2)灌注桩芯混凝土

桩芯混凝土采用导管法施工,混凝土采用 C30 低温早强耐久混凝土。浇注临近结束时要预埋桩身与承台间的连接钢筋骨架。桩基施工完毕后采用低应变动测法对桩身质量进行检查,采用静载试验对桩身承载力进行判定。

3）承台施工

承台下及周边均设150 cm厚聚苯板及粗砂垫层，承台顶部必须根据钢立柱的几何尺寸预埋连接螺栓。

（3）钢结构材料、构造、制作与安装

1）钢结构材料

①门式刚架主梁、柱（H钢柱）构件：Q345B《底合金结构钢》（GB/T 1591－94）；屋面压型钢板型号为YX—40—250—750—0.4。

②次要结构：Q235B《碳素结构钢》（GB 200—88）。主体钢架连接采用高强度螺栓，其余为普通螺栓。

③钢材必须保证抗拉强度、伸长率、屈服点、冷弯等要求，且必须具有碳、磷、硫含量合格保证。

④焊接材料及焊缝厚度如表5－15、表5－16所示。

表5－15　焊接材料

焊接方法	钢号	焊接材料
手工电弧焊	Q345B	焊条：E50系列
埋弧自动焊		
CO_2气体保护电弧焊		
手工电弧焊	Q235B	焊条：E43系列
埋弧自动焊		
CO_2气体保护电弧焊		

表5－16　焊缝厚度

焊件最小厚度t(mm)	$t \leqslant 7$	$8 \leqslant t \leqslant 10$	$11 \leqslant t \leqslant 13$	$14 \leqslant t \leqslant 16$
焊缝厚度h_f(mm)	6	8	10	12

⑤粗制螺栓、螺母和垫圈采用（GB 700—88）规定的Q235钢制作；高强螺栓、螺母和垫圈采用《优质碳素结构钢钢号和一般技术条件》（GB 699—88）中规定的钢材制成10.9级，连接的技术条件应符合（GB/T 1231－91）的规定。

2)结构构造、制作

①H型钢翼缘板与腹板的接料焊缝应互相错开200 mm以上,并与钢架分段接口处及转折处错开500 mm以上,所有对接焊缝的质量等级不得低于二级。

②钢材加工前应进行矫正,使之平直,以免影响制作精度。焊前施工应严格检查焊件部位的组装和表面清理的质量,对非密闭的隐藏部位,应按设计要求进行除锈、涂漆,处理后,方可进行组装。

③高强螺栓摩擦面上严禁有电弧、气割污点、毛刺等不洁物。高强螺栓采用钻成孔,高强螺栓连接处构件接触面采用喷砂处理,要求摩擦系数不小于0.45。摩擦范围内不得涂漆。

3)结构安装

①构件运输过程中要绑扎牢固,以防止变形和损伤。

②结构安装前对构件进行全面检查,如构件的数量、长度、垂直度、安装拼接处螺栓孔之间的尺寸是否符合国家现行施工与验收规范的要求。

③在安装钢柱前要检查柱脚螺栓间的尺寸、露出基础顶面的尺寸、基础顶面标高及柱脚锚栓螺纹的损伤情况。

④结构吊装可以用两台16 t吊车完成,防止产生过大的弯扭变形。

⑤结构就位完毕后应及时安装支撑和其它连接杆件,以保证结构的稳定性。

⑥将有关构件组合成安装单元,在地面进行现场焊接吊装后整体吊装,以减少高空现场焊接量。

⑦所有上部系统结构的吊装,必须在下部系统结构就位、校正并安装支撑构件后方能进行。

⑧高强螺栓的施工要求:为使构件紧密结合,在连接处构件接触面上严禁有电弧、气割污点、毛刺等不洁物;安装前,将螺栓和螺母配套,并在螺母内涂抹少量矿物油。

4)构件涂装

①除锈:所有钢结构构件在涂刷防锈蚀涂料前必须将构件表面的毛刺、铁锈、油物及附着物清除干净,使钢材表面露出银灰色。除锈方法采用喷砂除锈,除锈质量等级要求达到 Sa21/2 级标准(GB 8923—88)。

②涂漆:底漆采用云母氧化铁底漆,面漆采用醇酸磁漆 CO2—42。涂漆环境为室外弱侵蚀性。主钢经除锈处理后应立即用刷子或无油无水压缩空气清除灰尘和锈垢,并喷涂防锈底漆(工厂)二度,面漆二道,要求涂层厚度不小于 150 μm;檩条经除锈处理后应立即用刷子或无油无水压缩空气清除灰尘和锈垢,并喷涂防锈底漆二度、面漆二度(均为工厂化)。

③修补:对在施工中损伤的部位应按上述要求修补,安装螺栓如拆除,孔的周围及孔壁也应按上述要求涂层。

④防火:采用 JG-276 防火涂料,钢结构梁柱防火涂料应达到 2.0 h。

5.10　骨架护坡施工技术与工艺控制

青藏铁路第 17 标段内路基坡面防护均采用方格骨架护坡形式。方格骨架由 C20 混凝土预制杆件拼装而成。每方格骨架中间距为 1.5(2.0)m,为了骨架稳定,在接头处另加锚杆进行锚固。锚杆采用长 1 m,直径为 20 mm 的螺纹钢筋,外露 1 cm 与垫板焊接,钢垫板尺寸 15 cm×15 cm×1 cm。骨架周边铺设 C20 混凝土预制块板,块板尺寸 42 cm×30 cm×15 cm,除坡脚块板不用锚固外,其余周边块板均采用ϕ 20 螺纹钢筋进行锚固。所有预制板块及杆件均集中预制。

5.10.1　施工方法

(1)先对路肩部位板块进行挖槽安装并锚固。

(2)整平坡面,放线,标定骨架方格位置,然后按杆件埋设要求挖槽,挖槽顺序为由上往下。

(3)杆件对接拼装,拼装后及时回填坑槽并夯实。

(4)将锚杆垂直坡面打入土中约 85 cm 时,把垫板套在锚杆上继续打,力量由重渐轻,满足设计要求时将垫板与锚杆焊接成一体。

(5)防护处理:垫板及锚杆外露部分涂一层防锈漆。

(6)骨架拼装完毕,在骨架两边及坡脚铺设混凝土块板,并锚固。

5.10.2 质量控制要点

(1)杆件由预制厂集中预制,搬运时应轻装轻卸,严禁损伤。

(2)施工时应自上而下进行。

(3)放线时应注意保持杆件顺直平行。

5.11 施工技术是冻土湿地路基处理效果的保证

冻土湿地路基处理措施的工程效果需要先进的施工工艺和施工技术作为保证。本章对施工技术的实践和分析说明:

(1)冻土湿地路基处理的根本,首先是要保证基底软弱层处理能够达到设计要求,避免在不利条件(多年冻土上限位置不变甚至于下移)下求得路基整体稳定。因此,片石换填必须保证片石粒径和材料纯度,保证换填深度达到设计要求。

(2)路基周围水文条件的改善是冻土湿地路基处理以后长期效果的保证,路基上游端截水和纵向排水施工是不可忽视的重要环节。

(3)冻土湿地路基基底多年冻土上限位置抬升和稳定是冻土湿地路基稳定的关键因素,片石气冷结构施工必须在片石粒径、片石层厚度、过渡层铺设达到设计要求的前提下。

（4）当片石气冷结构发挥作用以后，多年冻土上限和年际冻融过程中冻融交界面基本位于路基填土内，因此路基填料性质就是保证冻土湿地路基稳定性的关键因素，因此填土施工必须达到设计要求。

第6章 唐古拉山区冻土湿地路基稳定性评价

区域冻土环境地质条件，冻土湿地地基稳定性理论计算，冻土湿地地基处理的过程试验观测以及研究区域温度场变化趋势预测是唐古拉山区冻土湿地路基稳定性评价的基本依据。

6.1 典型断面路基整体性稳定分析

根据施工单位所提供的相关资料，选取 DK1405＋700 和 DK1405＋650 富冰冻土区两个抛填片石路堤填筑断面，DK1410＋300 低温基本稳定冻土区一个抛填片石＋土工格栅路堤断面和 DK1418＋900 多冰冻土区一个加双向土工格栅路堤断面。考查路堤稳定性，从断面图来看，DK1405＋700 和 DK1405＋650 路基断面形式基本具有相同的结构形式，故选 DK1405＋700 分析其稳定性；在 DK1410＋300 和 DK1418＋900 中选择路堤较高的 DK1410＋300 断面。

6.1.1 DK1405＋700 富冰冻土区抛填片石路堤填筑断面

(1)断面工程地质、水文地质特点

该断面属富冰冻土区，冻土上限 2.34 m，下部土层主要为角砾土。采用工程措施：路基基底为 1.2 m 倾填片石层，其上为 0.2 m厚碎砾石和 0.2 m 厚中粗砂反滤层；路基两侧各加宽 0.4 m预留沉降量；路堤左侧设 1.6 m 宽、右侧设 0.8 m 宽碎石护坡，路堤中心高度 3.70 m。路堤断面形式如图 6—1 所示。

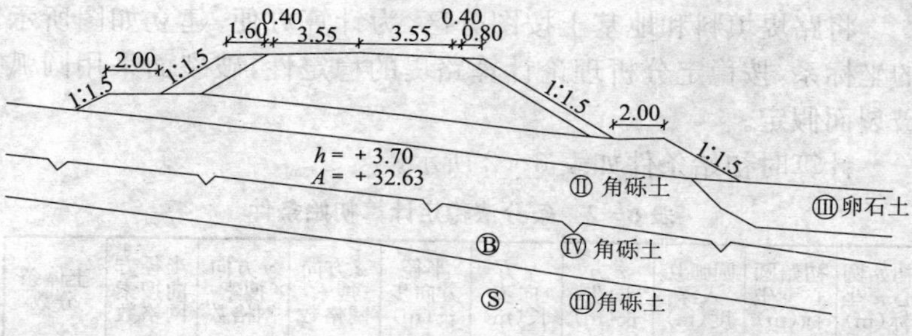

图 6－1　DK1405＋700 典型断面图

(2)填料物理力学性质指标

在对路堤进行稳定性分析时，不同填料的物理力学性质指标如表 6－1 所示。

表 6－1　计算中材料参数

土层	材料	天然容重(kN/m^3)	饱和容重(kN/m^3)	c'_{cd}(kPa)	φ'_{cd}(°)
1	砂土	21	22	0	33
2	碎石	22	23	0	38
3	片石	22	23	0	36
4	角砾土	21	22	20	34
5	角砾土	21.5	22	20	34
6	角砾土	21	22	20	34

(3)路堤整体稳定性分析

1)竣工时稳定性检算(图 6－2)

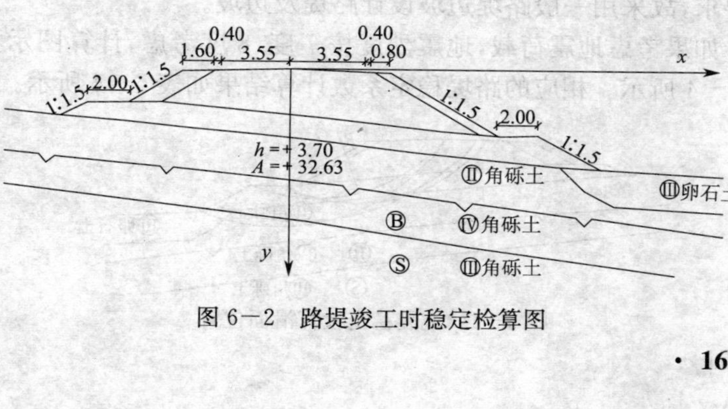

图 6－2　路堤竣工时稳定检算图

将路堤填料和地基土按图分区，为计算方便，建立如图所示的坐标系，按稳定分析理论计算路堤的稳定性，破裂面采用圆弧破裂面假定。

计算时初始条件如表 6—2 所示。

表 6—2　条分法稳定计算初始条件

初始圆心 x 坐标(m)	初始圆心 y 坐标(m)	圆弧切入深度(m)	x 方向步长(m)	y 方向步长(m)	半径方向步长(m)	x 方向搜索网格数	y 方向搜索网格数	半径方向搜索网格数	土体条分数
7.0	−6.0	2.5	0.2	0.2	0.2	10	10	10	20

路堤竣工稳定检算滑面位置如图 6—3 所示。

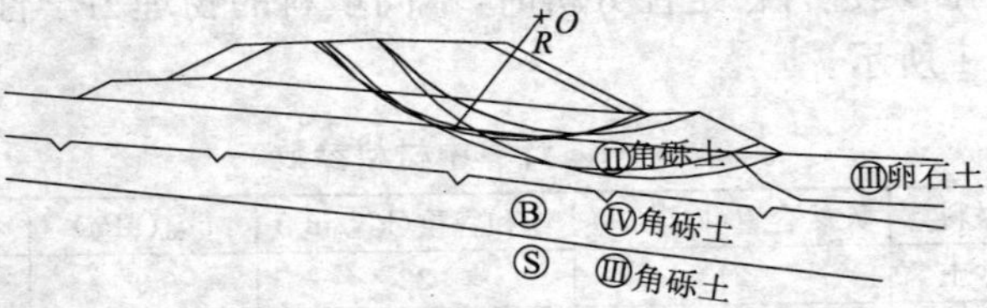

图 6—3　路堤竣工稳定检算滑面位置

计算结果如表 6—3 所示。

表 6—3　条分法稳定计算结果

临界圆心 x 坐标(m)	临界圆心 y 坐标(m)	圆弧切入深度(m)	稳定系数 F_{min}
5.6	−4.0	4.5	8.28

计算结果表明，一般情况下，路堤自身稳定性可以满足稳定性要求，故采用一般路堤边坡设计路堤及边坡。

如果考虑地震荷载，地震烈度按 7 度、8 度考虑，计算图示如图 6—4 所示。相应的路堤稳定系数计算结果如表 6—4 所示。

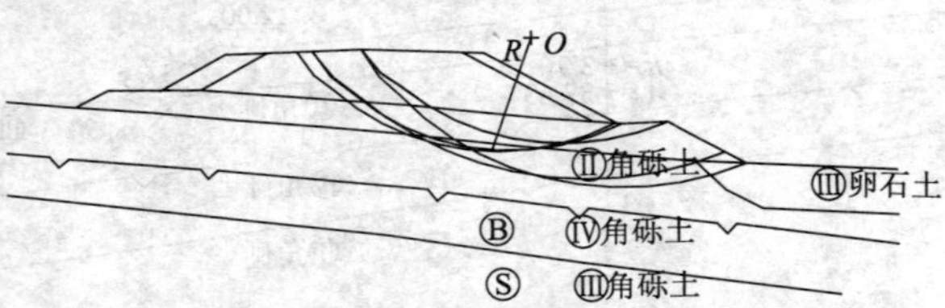

图 6—4　地震稳定检算滑面位置

表 6—4　考虑地震条分法稳定计算结果

临界圆心 x 坐标(m)	临界圆心 y 坐标(m)	圆弧切入深度(m)	稳定系数 $F_{\min}$	
			地震烈度(7 度)	地震烈度(8 度)
5.6	—4.0	4	7.06	6.27

计算结果表明,在考虑地震影响时也能满足稳定要求。

2)运营期稳定性检算

考虑列车荷载作用时,换算土柱高度取 2.86 m,宽度取 3.2 m。计算图式如图 6—5 所示。

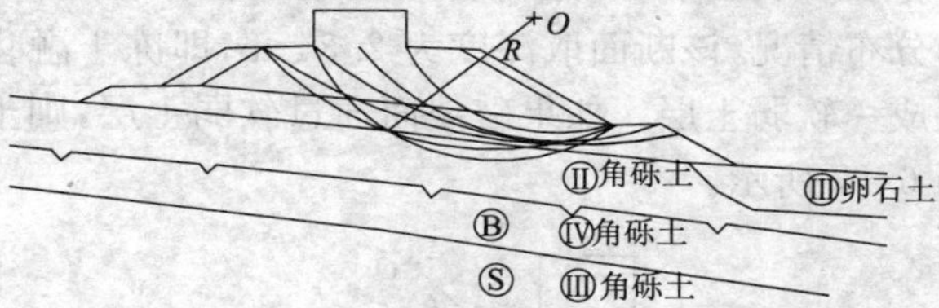

图 6—5　运营期稳定检算图

计算结果如表 6—5 所示。

表 6—5　列车荷载作用条分法稳定计算结果

临界圆心 x 坐标(m)	临界圆心 y 坐标(m)	圆弧切入深度(m)	稳定系数 $F_{\min}$
6.2	—3.0	4.4	2.25

计算结果表明,列车荷载作用时,路堤自身稳定性可以满足稳定性要求。

如果考虑地震荷载,地震烈度按 7 度、8 度考虑,计算图示如图 6—6 所示。相应的路堤稳定系数计算结果如表 6—6 所示。

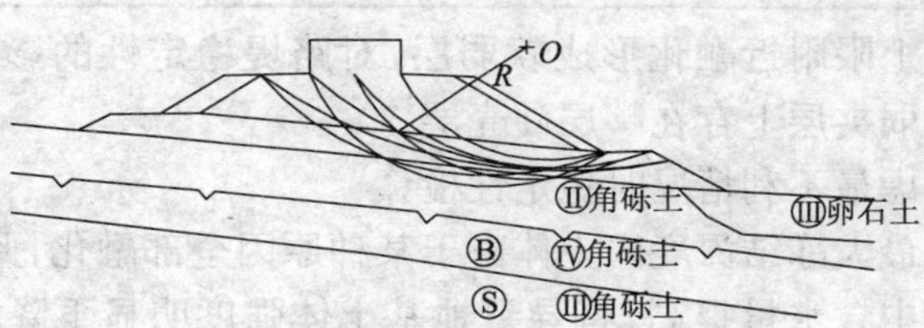

图 6—6　运营期考虑地震稳定检算图

表 6—6 运营期考虑地震条分法稳定计算结果

临界圆心 x 坐标(m)	临界圆心 y 坐标(m)	圆弧切入深度(m)	稳定系数 F_{min}	
			地震烈度(7 度)	地震烈度(8 度)
6.2	—3.0	4.4	2.04	1.90

计算结果表明，考虑地震时，路堤稳定性满足要求。

3)多年冻土上限下降冻土融化形成软弱层时稳定性检算

冻土在融化后，如果在冻土上限附近形成一融化层，此时地基土层中存在软弱土层，将会降低地基土的整体稳定性，根据冻土上限的分布情况，该断面取深度为 2.34 m，即冻土融化后在上限附近形成一软弱土层。如果破裂面通过软弱土层，则土体破坏形式如图 6—7 所示。

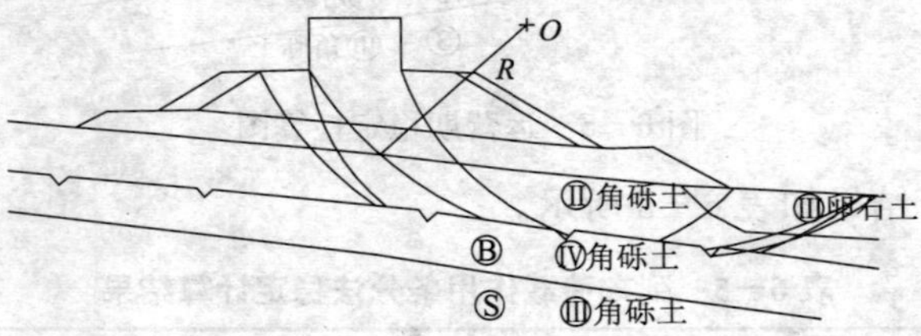

图 6—7 冻土融化有软弱层时稳定检算图

计算结果如表 6—7 所示。

表 6—7 有软弱层时稳定计算结果

临界圆心 x 坐标(m)	临界圆心 y 坐标(m)	圆弧切入深度(m)	稳定系数 F_{min}
8.5	—4.6	5.7	3.32

冻土上限附近融化形成软弱层，对路堤稳定性的影响不大，原因是软弱夹层上存在一层硬壳层。

4)考虑最不利情况时稳定性检算

如果最大冻结深度内土体由于某种原因全部融化，此时由于地基土体中含水量提高，将导致地基土体强度明显下降(摩擦角下降幅度≥9°)，填料由于为粗粒土，可认为其强度没发生变化，材料强度指标如表 6－8 所示。

表 6－8　计算中材料参数

土层	材料	天然容重(kN/m³)	饱和容重(kN/m³)	c'_{cd}(kPa)	φ'_{cd}(°)
1	砂土	21	22	0	33
2	碎石	22	23	0	38
3	片石	22	23	0	36
4	角砾土	21	22	0	25
5	角砾土	21.5	22	0	25
6	角砾土	21	22	0	25

此时加筋土路堤路基稳定性计算结果如表 6－9 所示。

表 6－9　有软弱层时稳定计算结果

临界圆心 x 坐标(m)	临界圆心 y 坐标(m)	圆弧切入深度(m)	稳定系数 F_{min}
6.5	－5.6	2.4	1.332

在这种条件下,加筋土路堤的稳定性明显降低,但尚能满足稳定要求。如果同时考虑地震因素,稳定计算结果如表 6－10 所示。

表 6－10　有软弱层时且考虑地震时稳定计算结果

临界圆心 x 坐标(m)	临界圆心 y 坐标(m)	圆弧切入深度(m)	稳定系数 F_{min}	
			地震烈度(7 度)	地震烈度(8 度)
6.5	－5.6	2.4	1.17	1.08

此时在 7 度烈度地区,路堤的稳定系数已不能满足稳定要求,必须对地基土进行进一步处理,如将融化的冻结水及时从地基土体中排出,以防土体强度降低太多。

6.1.2　DK1410＋300 低温基本稳定冻土区抛填片石＋土工格栅路堤断面

(1)断面工程地质、水文地质特点

该断面属低温基本稳定冻土区,冻土上限 3.11 m,下部地层为细砂，粉质黏土及泥岩。路基基底为 1.2 m 倾填片石层，其上为 0.2 m 厚碎砾石和 0.2 m 厚中粗砂反滤层；路基两侧各加宽 0.6 m预留沉降量；路堤左侧设 1.6 m 宽、右侧设 0.8 m 宽碎石护坡；自路基顶面向下 2.2 m 铺设三层土工格栅。路堤中心高度 6.13 m。路堤断面形式如图 6－8 所示。

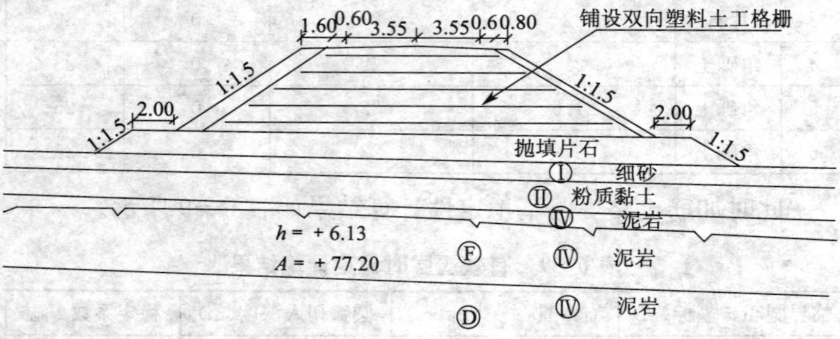

图 6－8 DK1410＋300 典型断面图

(2)填料物理力学性质指标

在对路堤进行稳定性分析时，不同填料的物理力学性质指标如表 6－11 所示。

表 6－11 计算中材料参数

土层	材料	天然容重(kN/m³)	饱和容重(kN/m³)	c'_{cd}(kPa)	φ'_{cd}(°)
1	砂土	21	22	0	33
2	碎石	22	23	0	38
3	片石	22	23	0	36
4	细砂	21	22	0	34
5	粉质黏土	18.5	21	80	21
6	泥岩	21	22	45	34

(3)路堤稳定性分析

1)竣工时稳定性检算

将路堤填料和地基土按图分区，为计算方便，建立如图 6－9

所示的坐标系，按稳定分析理论计算路堤的稳定性，破裂面采用圆弧破裂面假定。

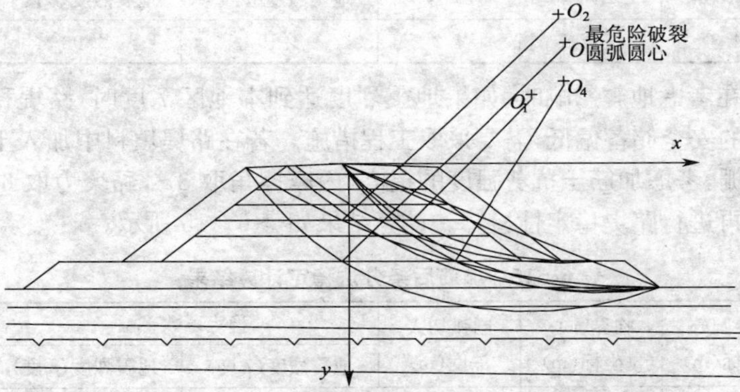

图6—9 路堤竣工时稳定检算图

计算时初始条件如表6—12所示。

表6—12 条分法稳定计算初始条件

初始圆心 x 坐标(m)	初始圆心 y 坐标(m)	圆弧切入深度(m)	x 方向步长(m)	y 方向步长(m)	半径方向步长(m)	x 方向搜索网格数	y 方向搜索网格数	半径方向搜索网格数	土体条分数
9.6	—11.2	3.5	0.2	0.2	0.2	10	10	10	20

计算结果如表6—13所示。

表6—13 条分法稳定计算结果

临界圆心 x 坐标(m)	临界圆心 y 坐标(m)	圆弧切入深度(m)	稳定系数 F_{min}
14.3	—12.7	4.2	1.354

计算结果表明，一般情况下，路堤自身稳定性可以满足稳定性要求。

如果考虑地震荷载，地震烈度按7度、8度考虑，相应的路堤稳定系数如表6—14所示。

表 6—14　考虑地震条分法稳定计算结果

临界圆心 x 坐标(m)	临界圆心 y 坐标(m)	圆弧切入深度(m)	稳定系数 F_{min}	
			地震烈度(7 度)	地震烈度(8 度)
14.3	−12.7	4.2	1.19	1.03

在考虑地震影响时,如果地震烈度达到本地区 7 度时,路堤稳定性的安全储备偏低,需要采取工程措施。若在路堤填料中加入土工格栅,考虑加筋土抗剪强度的提高,内摩擦角取 37°,黏聚力取 60 kPa,再进行路堤稳定性检算。计算结果如表 6—15 所示。

表 6—15　加筋后条分法稳定计算结果

临界圆心 x 坐标(m)	临界圆心 y 坐标(m)	圆弧切入深度(m)	稳定系数 F_{min}	
			地震烈度(7 度)	地震烈度(8 度)
9.0	−15.6	3.5	9.52	8.26

计算结果表明,加筋后路堤本身可以满足在地震条件下稳定性要求,自然满足一般条件下稳定性。

2)运营期稳定性检算

考虑列车荷载作用时,换算土柱高度取 2.86 m,宽度取 3.2 m。计算图示如图 6—10 所示。

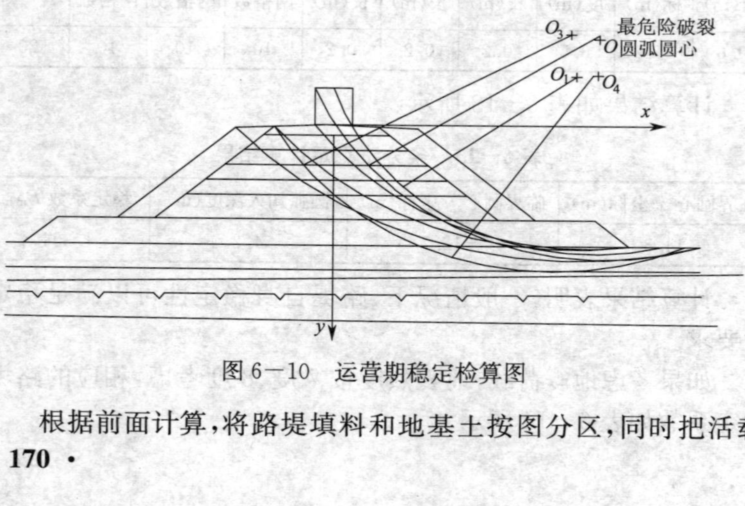

图 6—10　运营期稳定检算图

根据前面计算,将路堤填料和地基土按图分区,同时把活载换算为与Ⅰ区路堤填料同样容重的土柱，为计算方便，建立如图6—10所示的坐标系，按稳定分析理论计算路堤的稳定性，破裂面采用直线破裂面、圆弧破裂面和折线破裂面假定。计算中各土料指标见表 6—11。

计算时初始条件，见表 6—16。

表 6—16　运营期条分法稳定计算初始条件

初始圆心 x 坐标(m)	初始圆心 y 坐标(m)	圆弧切入深度(m)	x 方向步长(m)	y 方向步长(m)	半径方向步长(m)	x 方向搜索网格数	y 方向搜索网格数	半径方向搜索网格数	土体条分数
12.5	−14.0	5.0	0.5	0.5	0.5	20	20	20	20

计算结果见表 6—17。

表 6—17　运营期条分法稳定计算结果

临界圆心 x 坐标(m)	临界圆心 y 坐标(m)	圆弧切入深度(m)	稳定系数 F_{min}
13.5	−15.2	6.5	10.21

计算结果表明，路堤加筋后一般情况下不考虑地震荷载时，路堤自身稳定性可以满足稳定性要求。

如果考虑地震荷载，地震烈度按 7 度、8 度考虑，计算图示和相应的路堤稳定系数计算结果分别见图 6—11 和表 6—18。

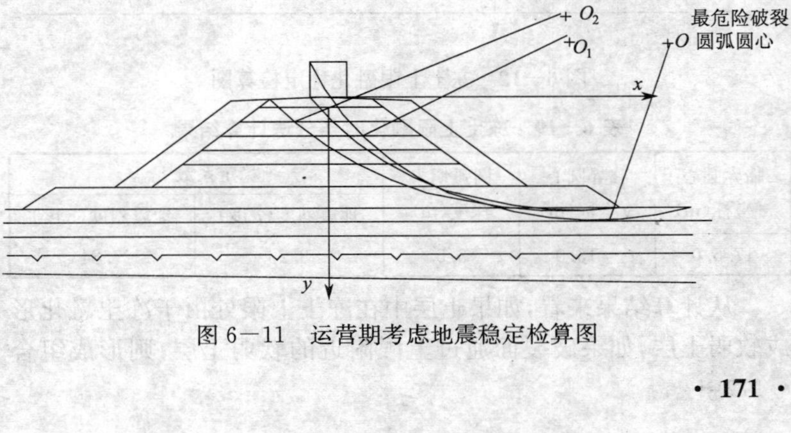

图 6—11　运营期考虑地震稳定检算图

表 6—18　考虑地震条分法计算结果

临界圆心 x 坐标(m)	临界圆心 y 坐标(m)	圆弧切入深度(m)	稳定系数 F_{min}	
			地震烈度(7 度)	地震烈度(8 度)
14.0	−16.0	6.5	8.64	7.52

计算结果表明，同时考虑荷载和地震影响，加筋后路堤本身可以满足稳定性要求。

3)假设冻土融化后形成软弱层时稳定性检算

冻土在融化后，如果在冻土上限附近形成一融化层，此时地基土层中存在软弱土层，将会降低地基土的整体稳定性，根据冻土上限的分布情况，取其深度为 3.11 m，即冻土融化后在上限 3.11 m深形成一软弱土层。计算图示和相应的计算结果分别如图 6—12 和表 6—19 所示。

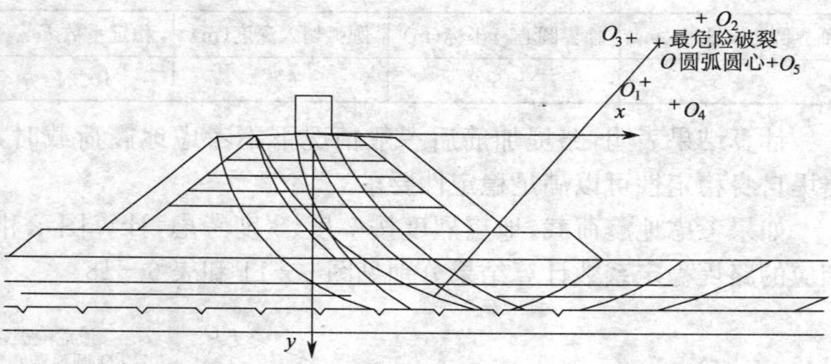

图 6—12　冻土上限融化稳定检算图

表 6—19　冻土上限融化时条分法计算结果

临界圆心 x 坐标(m)	临界圆心 y 坐标(m)	圆弧切入深度(m)	稳定系数 F_{min}	
			地震烈度(7 度)	地震烈度(8 度)
17.5.0	−16.0	3.5	8.23	7.84

从计算结果来看，如果土层中在冻土上限处由于冻土融化形成软弱土层，如果破裂面通过上限附近的软弱土层，则形成组合

破裂面，在软弱面上滑动破裂面为平面，路基本身的稳定性也可以满足稳定性要求。这是由于软弱土层以上土层厚度平均达 3 m，地基土层的性质相对较好，故不会对路堤的稳定性产生影响。

6.1.3　考虑现场测试结果的稳定分析结论

根据现场地温测试结果，冻土上限有所上升，这说明不同技术措施或工程措施条件下的路基热稳定性较好，不会出现上限附近冻土融化或上限下移的情况。因此上述分析中的最不利情况不会发生，同时也表明不同技术措施和不同技术参数施工的路基的稳定性是能够得到保证的。

根据相邻地区一些观测数据，证明在类似地区保证路基基底多年冻土上限稳定抬升是保证路基稳定性的关键问题。

根据地基承载力和路堤稳定性检算的理论，通过对在不同工况下的路堤稳定性进行检算分析可以得到以下认识和结论：

(1)路堤稳定性受地基土层性质、路堤填料性质、路堤边坡坡度和高度以及外荷载等诸多因素的影响；

(2)在进行路堤的设计、施工时，首先要进行地基承载力和变形检算，如果地基承载力和变形不能满足路基设计要求，必须进行地基处理；

(3)在地基承载力满足设计要求条件下，如果是由于路堤填筑引起的路堤不稳定，可以只进行填料处理以提高路堤整体稳定性；

(4)多年冻土地区在气候条件变化或其他因素作用下引起冻土状态变化时，如出现冻土上限附近部分冻土融化，上限以上地基土层性质较好，则部分冻土融化对路基整体稳定性影响不大；

(5)由于地基具有较好的热稳定性，综合考虑了最不利影响因素，稳定分析表明，无论是运营前后还是地震条件下，不同技术措施和不同技术参数施工的路基均是稳定和安全的。

6.2 典型断面路基变形分析

在试验段选取 DK1410＋300 断面进行路基沉降变形的计算。此地段为低温基本稳定冻土区，路基处理方式为抛填片石＋铺设双向塑料土工格栅。冻土上限 3.11 m，路基基底为 1.2 m 倾填片石层。其上为 0.2 m 厚碎砾石和 0.2 m 厚中粗砂反滤层；路基两侧各加宽 0.6 m 预留沉降量；路堤左侧设 1.6 m 宽、右侧设 0.8 m 宽碎石护坡路；自路基顶面向下 2.2 m 铺设 3 层土工格栅。路堤中心高度 6.13 m。下部地层为细砂，粉质黏土及泥岩。其路基横断面和路基各层物理参数分别如图 6－13 和表 6－20 所示。

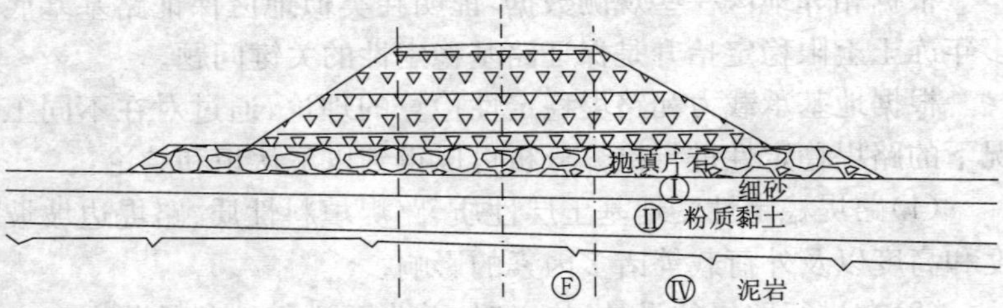

图 6－13　DK1410＋300 路基横断面图

表 6－20　路基各层物理参数表

路基	路基土分层	土名	最大干容重	最优含水量	计算容重
路堤填料	填料 1	角砾土	2.13	5.8	2.02
	填料 2	抛填片石			2.32
地基土	地基土层 1	细砂土	2.08	5	1.96
	地基土层 2	粉质黏土	2.18	7	1.95
	地基土层 3	泥灰岩			2.20

6.2.1 地基土的压缩沉降

路堤在填筑的过程中，下部地基土在上部填料荷载的作用下，会产生压缩沉降。天然地基的总沉降量包括瞬时沉降、固结沉降和次固结沉降三部分。地基土在加荷后因浅层土发生变形而侧向挤出，出现瞬时沉降（初始沉降或变形沉降），这时土的体积并不改变。这种沉降量不大，且很快完成。固结沉降是指由于孔隙减小而土体压缩所产生的沉降。固结沉降是总沉降的主要部分。一般用分层总和法求地基固结沉降量。次固结沉降是指孔隙水压力消散后在固定的有效应力作用下土骨架蠕变的结果。

假定地基土受压后不能侧向膨胀，只产生竖向压缩，根据持力层中的受力情况，计算压缩层范围内各土层的固结沉降量。各土层的固结沉降量之和即是地基的总固结沉降量。

首先根据断面尺寸及填料情况来计算基底压力。为了方便沉降计算，根据天然上限以上土层的土质情况及厚度进行分层，然后计算每层地基土底面的附加应力的大小。根据分层总和法计算天然上限以上地基土的压缩沉降量。地基中附加应力沿深度的分布如图 6－14 所示。

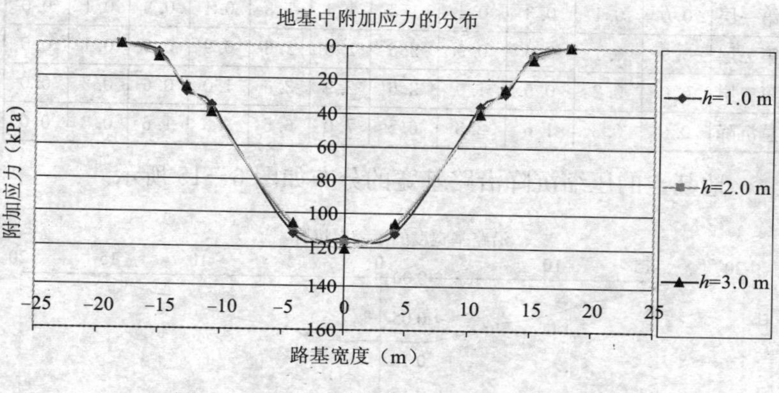

图 6－14　地基中附加应力沿深度的分布

路堤填筑后地基土中附加应力分布如表 6－21 所示，地基土的压缩沉降量如表 6－22 所示。

表 6－21　路堤填筑后地基土中附加应力分布(kPa)

深度(m)	各点离路基中心的距离(m)										
	－18.5	－15.5	－12.9	－10.9	－4.15	0	4.15	10.9	12.9	15.15	18.15
1	0.1	4.3	28.0	35.7	111.7	115.5	111.7	35.7	28.0	4.3	0.1
2	0.4	6.1	25.9	39.5	108.2	118.0	108.2	39.5	25.9	6.1	0.4
3	0.3	7.3	25.0	40.8	106.2	123.6	106.2	40.8	25.0	7.3	0.3
4	0.3	8.5	24.6	40.5	105.6	127.1	105.6	40.5	24.6	8.5	0.3
5	0.7	9.9	24.8	40.5	105.4	127.6	105.4	40.5	24.8	9.9	0.7
6	1.6	11.6	25.8	41.3	105.0	126.0	105.0	41.3	25.8	11.6	1.6
7	2.9	13.6	27.5	42.7	104.0	123.1	104.0	42.7	27.5	13.6	2.9
8	4.6	15.9	29.5	44.4	102.4	119.6	102.4	44.4	29.5	15.9	4.6
9	6.7	18.4	31.7	46.1	100.4	115.7	100.4	46.1	31.7	18.4	6.7
10	8.8	20.8	33.8	47.6	98.1	111.6	98.1	47.6	33.8	20.8	8.8

表 6－22　地基土的压缩沉降量统计

沉降(cm)	各点离路基中心的距离(m)										
	－18.15	－15.15	－12.9	－10.9	－4.15	0	4.15	10.9	12.9	15.15	18.15
第一层	0.0	0.1	0.3	0.4	1.3	1.4	1.3	0.4	0.3	0.1	0.0
第二层	0.0	0.1	0.6	0.9	2.6	2.8	2.6	0.9	0.6	0.1	0.0
第三层	0.0	0.2	0.6	1.0	2.6	2.9	2.6	1.0	0.6	0.2	0.0
总沉降	0.0	0.3	1.6	2.3	6.5	7.0	6.5	2.3	1.6	0.3	0.0

地基土的压缩沉降沿路基宽的分布如图 6－15 所示。

沿路基宽度的压缩层沉降

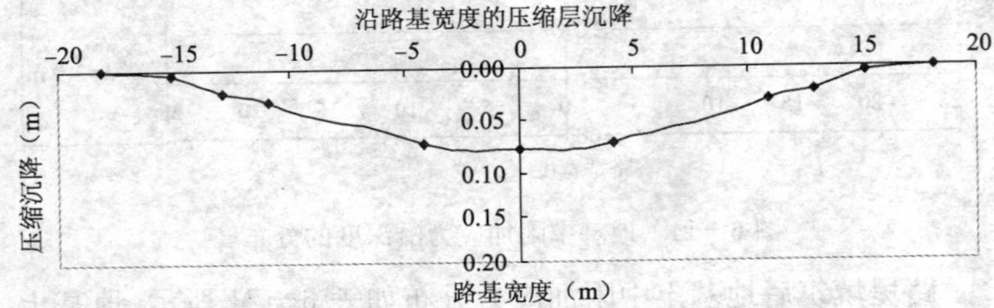

图 6－15　地基土的压缩沉降沿路基宽度的分布

由于气温的循环变化，季节活动层也会相应地发生冻胀与融沉变形。季节活动层的沉降为压缩沉降与融化沉降之和。在沼泽冻土区，季节活动层含水量较大，地基土的冻胀与融沉系数也较大，因此，其冻胀量与融沉量也较一般地区为大。季节活动层的沉降沿路基宽度的分布如图 6－16 所示。

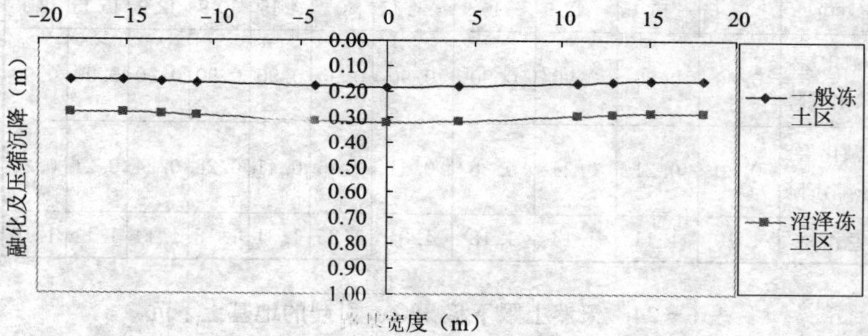

图 6－16　季节活动层的沉降沿路基宽度的分布

在冻土区，一般土体的冻胀与融沉在经过几个冻融循环后，其冻胀与融沉逐渐趋于稳定，冻胀量与融沉量大致相等，所以在这里对冻胀量不再讨论。

6.2.2　地基土中冻土上限下移引起的沉降

路基在修建以后，会影响地基中冻土的热状况，这样的影响包括两个方面。一种是上部填料起到保温的作用，使地基中的冷量不至于散失和外部的热量不能进入到下部土层，从而使得冻土上限上移。另外一种就是在路堤填筑中，因人为活动的影响致使路堤填料中蓄积着大量的热量，在地基土与填料中发生热量交换，以及阻止外部冷量的进入，引起冻土上限的下移。冻土上限是上移还是下移，与施工季节、填料性质及施工方法密切相关。

在这里，考虑不同的冻土上限的下移值，分别计算此路基断面的融化下沉和在附加应力的作用下的压缩沉降(附加应力分布如图 6—14 所示）。天然上限下移 10 cm、30 cm、50 cm、1 m 所引起的地基土下沉分别如表 6—23、6—24、6—25 和表 6—26 所示。

表 6—23　天然上限下移 10 cm 引起的地基土下沉

沉降(cm)	各点离路基中心的距离(m)										
	−18.15	−15.15	−12.9	−10.9	−4.15	0	4.15	10.9	12.9	15.15	18.15
融化层融化沉降	0.90	0.90	0.90	0.90	0.90	0.90	0.90	0.90	0.90	0.90	0.90
融化层压缩沉降	0.20	0.21	0.24	0.28	0.41	0.45	0.41	0.28	0.24	0.21	0.20
总沉降	1.10	1.11	1.14	1.18	1.31	1.35	1.31	1.18	1.14	1.11	1.10

表 6—24　天然上限下移 30 cm 引起的地基土下沉

沉降(cm)	各点离路基中心的距离(m)										
	−18.15	−15.15	−12.9	−10.9	−4.15	0	4.15	10.9	12.9	15.15	18.15
融化层融化沉降	2.70	2.70	2.70	2.70	2.70	2.70	2.70	2.70	2.70	2.70	2.70
融化层压缩沉降	0.31	0.33	0.36	0.39	0.52	0.57	0.52	0.39	0.36	0.33	0.31
总沉降	3.01	3.03	3.06	3.09	3.22	3.27	3.22	3.09	3.06	3.03	3.01

表 6—25　天然上限下移 50 cm 引起的地基土下沉

沉降(cm)	各点离路基中心的距离(m)										
	−18.15	−15.15	−12.9	−10.9	−4.15	0	4.15	10.9	12.9	15.15	18.15
融化层融化沉降	4.50	4.50	4.50	4.50	4.50	4.50	4.50	4.50	4.50	4.50	4.50
融化层压缩沉降	0.55	0.57	0.60	0.63	0.76	0.80	0.76	0.63	0.60	0.57	0.55
总沉降	5.05	5.07	5.10	5.13	5.26	5.30	5.26	5.13	5.10	5.07	5.05

表 6－26　天然上限下移 1 m 引起的地基土下沉

沉降(cm)	各点离路基中心的距离(m)										
	－18.15	－15.15	－12.9	－10.9	－4.15	0	4.15	10.9	12.9	15.15	18.15
融化层融化沉降	9.00	9.00	9.00	9.00	9.00	9.00	9.00	9.00	9.00	9.00	9.00
融化层压缩沉降	1.16	1.17	1.20	1.23	1.37	1.41	1.37	1.23	1.20	1.17	1.16
总沉降	10.16	10.17	10.2	10.2	10.4	10.4	10.4	10.2	10.2	10.17	10.16

6.2.3　在路堤和列车静载作用下下伏多年冻土的蠕变沉降

冻土在上部荷载的作用下会发生瞬时变形与蠕变变形。在多年冻土区,冻土在上部路堤填料和列车静载的作用下必然会发生一定量的下沉。

以青藏铁路安多段 DK1410＋300 断面为例,该断面在路堤修建后,其断面如图 6－8 所示。计算在路堤及列车静载附加应力下,地面以下 4～10 m 的冻土的蠕变变形。

列车静载按换算土柱高度以均布荷载计算。则在路基表面上分布着 67.5 kPa 的静荷载。在计算附加应力时,基底压力应考虑列车荷载。在路堤及列车静载作用下,下伏冻土层的蠕变变形如表 6－27 所示。由于蠕变是时间的函数,所以在这里以几种时间间隔来计算其蠕变变形量。

表 6－27　在路堤及列车静载作用下冻土层的蠕变变形

时间(年)	位　置		
	左路肩(cm)	路基中心(cm)	右路肩(cm)
1	0.00	0.36	0.00
2	0.01	0.72	0.01
3	0.01	1.08	0.01
5	0.02	1.79	0.02

续上表

时间(年)	位置		
	左路肩(cm)	路基中心(cm)	右路肩(cm)
10	0.03	3.59	0.03
20	0.06	7.17	0.06
30	0.09	10.76	0.09
50	0.15	17.93	0.15

由于路堤在地基土中的附加应力相对较小,所以在这里不考虑上部荷载对冻土冻结温度的影响。

6.2.4　多年冻土区路基的总沉降量

多年冻土区路基沉降的计算与施工时间、填料成分和施工方法密切相关。对于在夏季施工的路基(如 7、8 月份),一般认为季节活动层已达最大融化深度(上限)附近,则在沉降量计算中不考虑季节活动层的融化沉降。如果在其他时间施工,则要考虑融化位置到上限附近土层的融化沉降量。表 6－28 为冻土融化深度达到上限附近开始施工,且冻土上限下移 1.0 m 时的路基沉降。

表 6－28　路基修筑 3 年后各部分沉降计算统计表

沉降组成＼沉降位置	左地面坡角处(cm)	左护道坡角(cm)	左路肩(cm)	路基中心(cm)	右路肩(cm)	右护道坡角(cm)	右地面坡角处(cm)
路堤填料的压密下沉	0	0.5	1	1	1	0.5	0
季节活动层的压缩沉降	0.3	2.3	6.5	7.0	6.5	2.3	0.3
上限下移引起的融化沉降	9.00	9.00	9.00	9.00	9.00	9.00	9.00
上限下移引起的压缩沉降	1.17	1.23	1.37	1.41	1.37	1.23	1.17
冻土层的蠕变沉降	0	0	0.01	1.08	0.01	0	0
总沉降	10.47	13.03	17.88	19.49	17.88	13.03	10.47

对于一般地区,6 m 高路堤填料的压密下沉为 1 cm 左右。但在冻土地区,因施工过程中填料有时候夹杂着相当部分的冰块,暖季时,这部分冰块融化,会引起路堤填料的相当大的

下沉量（在这里不考虑路堤填料中夹杂冰块的情况）。

路基的融化沉降和压缩沉降一般在 1～3 年内就可完成。从表 6－28 中可以看出，在路基中心位置，冻土上限下移引起的融化沉降和压缩沉降在路基的整个沉降变形中占大部分，为 3 年内路基沉降的 50％左右，沉降量是相当大的。

前面，我们计算季节活动层和冻土上限下移的融化沉降时，冻胀与融沉系数是在含水量较大（达到饱和）时，通过封闭条件下的室内试验所得，没有考虑到在季节活动层和下伏冻土层中有冰夹层的情况。如果在季节活动层和下伏冻土层中有冰夹层，则其融沉量将变得非常大，其融沉量就应根据土层中的冰层厚度及位置来确定。

对于蠕变沉降部分，由于蠕变变形是与时间呈线性变化的，所以随着时间的增长，蠕变沉降量会不断的增长，50 年后，其沉降变形可达 18 cm 左右，这个变形也会成为路基多年以后的主要变形组成部分。

6.3　试验段相邻地区路基稳定分析

试验段附近相似地段的温度场变化，说明了研究组在试验段采用的工程措施及其观测结果的可靠性。

(1)DK1406＋770

该断面地质情况与试验段类似，路基宽度 7.0 m，高度 4.4 m，采用片石气冷措施。经过 2005、2006 两个冻融年际变化观测，得出图 6－17a 和图 6－17b，显示了多年冻土上限的变化。

根据地质钻探资料和测温资料，区段天然上限位置在－3.8 m 左右，修筑路堤以后，由于区域气候因素的作用，多年冻土上限会得到抬升，但是因为该段属一般填土路基，因此抬升幅度仅 0.6 m。如果试验段湿地路基不进行基底换填处理和采用片石气冷措施，则会导致基底饱和土体由于没有冻结造成过大沉降而形成薄弱面，使路基整体滑移。

图 6－17b 所显示的地温变化并不明显，说明路堤修筑完成

以后，热交换过程已经处于相对稳定状态，因此上述分析对于 2006 年的测试状况仍然适用。

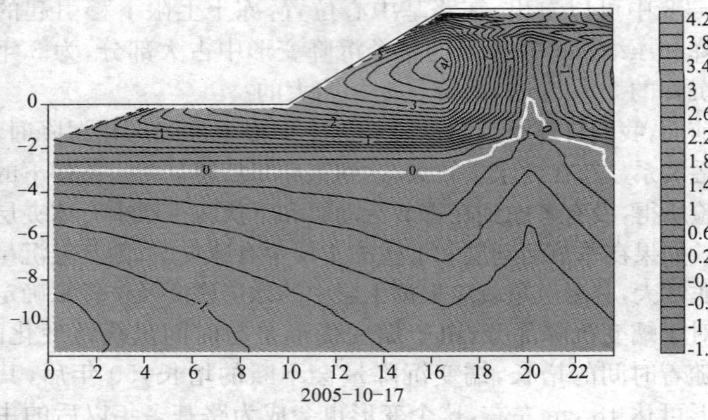

图 6－17a　DK1406＋770 断面路基地温场

（图中白色线为最大融化季节多年冻土上限位置）

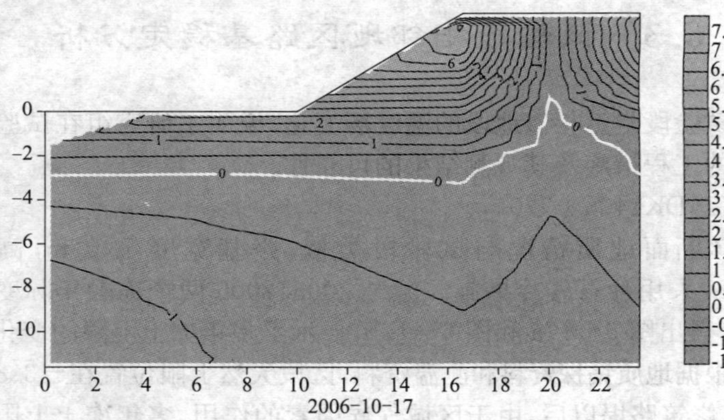

图 6－17b　DK1406＋770 断面路基地温场

（图中白色线为最大融化季节多年冻土上限位置）

（2）DK1419＋360

该断面所处位置与试验段的冻土环境条件类似，所不同的是该段路基高度低，且是一般填土路基。

图 6－18a 和图 6－18b 是该断面不同年份测温数据绘制的等温线剖面图。图中的白色线条是多年冻土上限位置。经过两个以上年际冻融循环以后，多年冻土上限位置仍然在地表面以下。这种情况下，如果不能及时采用特殊处理措施（换填、挤淤和片石气冷），或者还存在湿地且没有处理，就会造成未处理部分的过大变形，导致现场滑动软弱面，使路基失稳。

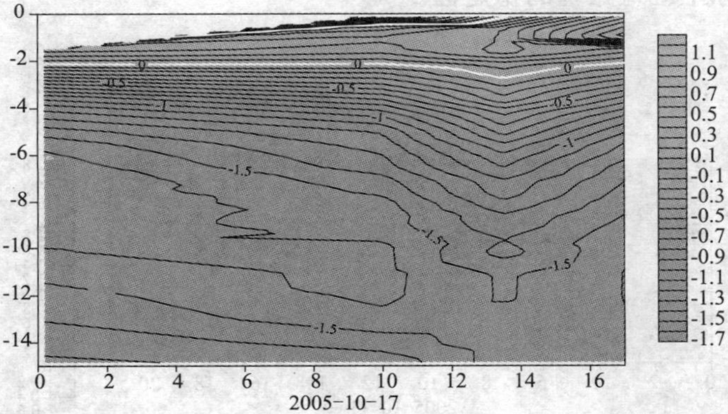

图 6－18a　DK1419＋360 断面地等温线剖面图（白色为多年冻土上限位置）

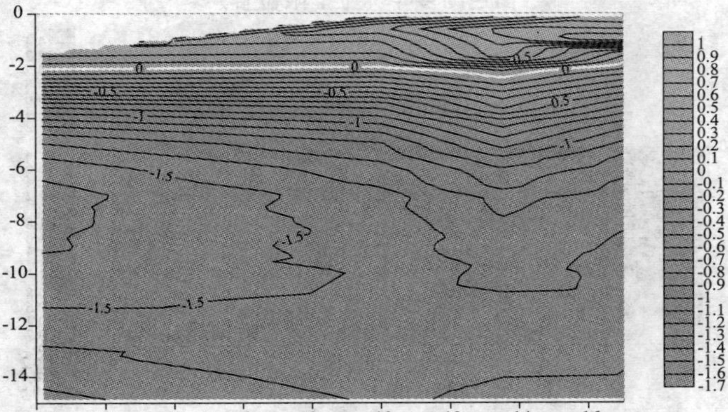

图 6－18b　DK1419＋360 断面地等温线剖面图（白色为多年冻土上限位置）

(3)K1361＋500

该断面和试验段处于同一气候分区，图 6－19a 和图 6－19b 是该断面不同年份最大融化季节测试数据绘制的地温等温线图，如图中所示，多年冻土上限正处于下降趋势。在这种趋势下，冻土湿地路基必须采取基底处理措施，尽量降低基底土体温度，从而抬升多年冻土上限的特殊路基结构和工程措施，从两个方面来保证冻土湿地路基的稳定性。

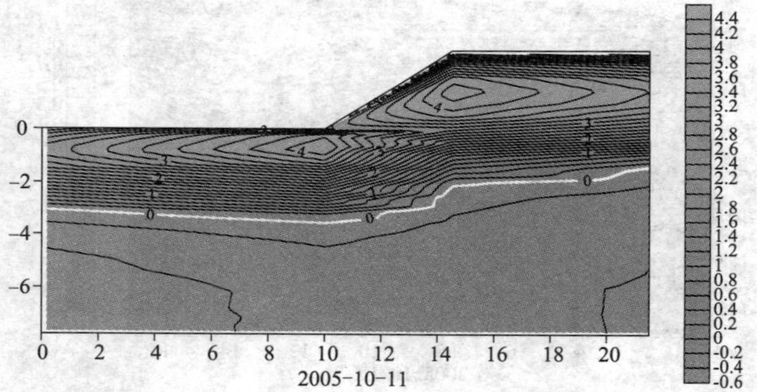

图 6－19a　DK1361＋500 最大融化季节地温等温线图
（白色为多年冻土上限位置）

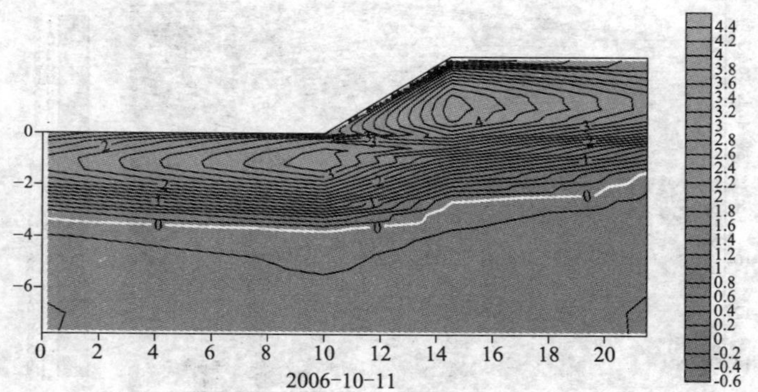

图 6－19b　DK1361＋500 最大融化季节地温等温线图
（白色为多年冻土上限位置）

6.4　唐古拉山区高原冻土湿地路基地温场变化趋势预测

采用实验研究观察实体工程效果，在此基础上应用理论分析求出对高原冻土湿地稳定性起到主导作用的地温变化的长期影响因素，全面衡量判断工程效果的可靠性和施工技术的保证作用。一个物理过程的最可靠数据资料应该从实验测量得到，然而，采用实物进行实验研究是极其昂贵的，多数情况下周期较长，有些条件下（例如判断工程长期效果）甚至是不可能实现的；而模型实验并不是总能模拟实体的各方面特征，测量在许多情况下存在着相当大的困难，测量仪表本身也存在着误差，且所得结果推广到实体时无一般规律可循。所以，实验研究效率不高，必须与其他方法相结合。理论分析通过求解基于实际的物理模型和实验结果建立的数学模型。尽管数学模型解析解的结果具有普遍意义，但由于实际问题中只有很少一部分方程组可以获得解析解，而得到的解析式往往含有无穷级数、特殊函数以及关于特征值的超越方程，应用价值不高。相对而言，数值模拟方法有明显的优点。数值模拟方法是伴随计算机的飞速发展以及计算方法的不断改进而产生的分析问题的工具，目前已上升为一种对科学的定量化起重要作用的、与实验研究和理论分析相并列的第三种科学方法。

从某种意义上说，在特定参数下采用计算机进行一次数值模拟相当于进行了一次试验。事实上，即使在进行实验研究时，人们也同样希望同时获得数值模拟求得的数值解，以补充资料和进行理论分析。因此，在冻土路基热状况的研究中，数值模拟是基本的和有力的工具，采用数值模拟方法是必要的。

考虑冻土区路基工程和冻土本身之间的作用是一个复杂的热学和力学过程，路基工程修建后一般需要 3～5 年才能进入稳定的变化期。而其后漫长的时间过程，将受缓慢变化的气候因素影响，冻土呈现缓慢的退化趋势，修建其上的路基工程与冻土成为一个热学整体，也将发生一些缓慢的变化。因此，短期工程表现和观测数据还不能够回答一些有关路基工程长期稳定性问题，而设计和施工都必须以路基长期稳定性作为目标，这就有必要根据工程观测数据和短期工程表现，在已经建立的表征冻土区路基工程数学模型基础上进行数值模拟分析，对已经修建的冻土区路基工程的长期变化过程进行预测、预报，根据这种数值分析结果，判断影响路基变形和长期稳定性的因素及其影响强度，从工程角度予以削弱和克服。

对试验段典型路基结构片石层＋碎石护坡复合路基、片石层气冷路基、片石护坡路基，为便于对比相邻地段普通填土路基，根据试验段区域气候条件（－4.0℃，－3.5℃和－3.1℃），进行了考虑未来 50 年年平均气温升高 2.6℃情况下，路基温度场的变化的数值模拟预测，根据计算结果对高原冻土湿地路基工程措施的长期可靠性进行评价。

6.4.1 数学模型

对路堤中涉及空气对流的块石层、碎石护坡层、铁路道碴层，将空气流动简化为自然对流，同时假设空气和相邻块石骨架之间能瞬间达到局部热平衡，对空气作 Boussinesq 近似，即把流体看成是不可压缩的，因此，其控制方程为：

（1）连续性方程：

$$\frac{\partial u}{\partial x}+\frac{\partial v}{\partial y}=0 \tag{6-1}$$

（2）动量方程：

$$u\frac{\partial u}{\partial x}+v\frac{\partial u}{\partial y}=-\frac{1}{\rho}\frac{\mathrm{d}p}{\mathrm{d}x}+\mu\frac{\partial^2 u}{\partial y^2} \tag{6-2}$$

$$u\frac{\partial v}{\partial x}+v\frac{\partial v}{\partial y}=-\frac{1}{\rho}\frac{\mathrm{d}p}{\mathrm{d}y}-g+\mu\frac{\partial^2 v}{\partial x^2}=\beta g(T-T_\infty)+\mu\frac{\partial^2 v}{\partial x^2} \tag{6-3}$$

(3)能量方程：

块石路基中能量方程应将固体和气体分开考虑，然后合并。考虑到两者的体积百分比，可得：

1)路基中固体导热的能量方程为：

$$(1-\phi)(\rho c)_{\mathrm{s}}\frac{\partial T}{\partial t}=(1-\phi)k_{\mathrm{s}}\nabla^2 T \tag{6—4}$$

2)路基中气体导热的能量方程为：

$$\phi(\rho c)_{\mathrm{f}}\frac{\partial T}{\partial t}+(\rho c)_{\mathrm{f}}(V\cdot\nabla)T=\phi k_{\mathrm{f}}\nabla^2 T \tag{6—5}$$

3)总体能量方程为：

$$(\rho c)_{\mathrm{t}}\frac{\partial T}{\partial t}+(\rho c)_{\mathrm{f}}(V\cdot\nabla)T=k_{\mathrm{t}}\nabla^2 T \tag{6—6}$$

式中，$(\rho c)_{\mathrm{t}}=\phi(\rho c)_{\mathrm{f}}+(1-\phi)(\rho c)_{\mathrm{s}}$ 为等效容积热容量，$k_{\mathrm{t}}=\phi k_{\mathrm{f}}+(1-\phi)k_{\mathrm{s}}$ 为等效热传导系数。对冻土路基及路堤砂砾层等其他层均只考虑传导导热。

6.4.2　年平均气温－4.0℃时片石层路基的计算分析

以海拔 4 900 m 处的路基结构为计算模型，计算域如图 6－20 所示，对于黏性土天然地表年平均温度为－1.5℃，在未来 50 年气温升高 2.6℃情况下，天然地表 AB 和 IJ 边的温度按下式变化：

$$T_n=-1.5+12\sin\left(\frac{2\pi}{8\ 760}t_{\mathrm{h}}+\frac{7\pi}{12}+\alpha_0\right)+\frac{2.6}{365\times24\times50}t_{\mathrm{h}} \tag{6—7}$$

路堤和道床斜坡 $BCDE$ 和 $FGHI$ 边的温度按如下正弦规律变化：

$$T_{\mathrm{s}}=0.7+13\sin\left(\frac{2\pi}{8\ 760}t_{\mathrm{h}}+\frac{7\pi}{12}+\alpha_0\right)+\frac{2.6}{365\times24\times50}t_{\mathrm{h}} \tag{6—8}$$

路基中路面 EF 的温度变化规律为：

$$T_{\mathrm{p}}=1.5+15\sin\left(\frac{2\pi}{8\ 760}t_{\mathrm{h}}+\frac{7\pi}{12}+\alpha_0\right)+\frac{2.6}{365\times24\times50}t_{\mathrm{h}} \tag{6—9}$$

地热通过 LM 边的热流密度为 $q=0.06\text{W/m}^2$。空气的流体边界条件为没有流体通过计算域的边界，即通过各边界的法向流速为零。

在海拔 4 500 多米高度处，空气的定压比热 $C_a=1.004\ \text{kJ/kg}\cdot℃$，热传导系数为 $\lambda=2.0\times10^{-2}\ \text{W/m}\cdot℃$，密度为 $\rho_a=0.641\ \text{kg/m}^3$。动力黏性系数为 $\mu=1.75\times10^{-5}\ \text{kg/m}\cdot\text{s}$。

在图 6—20 所示片石层路基结构中，区域Ⅰ为直径约 5 cm 的道砟，区域Ⅱ为碎石与砂砾，区域Ⅲ为亚黏土，区域Ⅳ为弱风化基岩，区域Ⅴ为直径约 10 cm 片石，其热力学参数为 $\lambda=0.387\ \text{W/m}\cdot℃$，$C=1.015\times10^6\ \text{J/m}^3\cdot℃$，渗透系数为 $k=1.58\times10^{-6}\ \text{m}^2$。热力学参数如表 6—29 所示，空气渗透系数如表 6—30 所示。

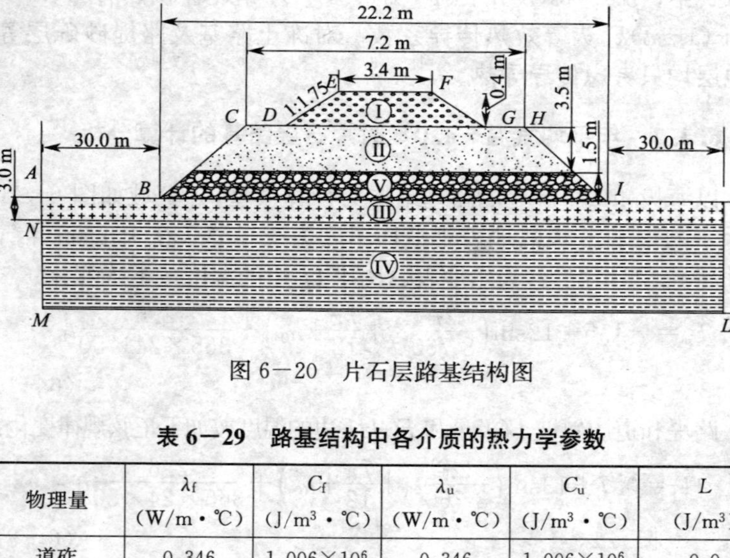

图 6—20　片石层路基结构图

表 6—29　路基结构中各介质的热力学参数

物理量	λ_f (W/m·℃)	C_f (J/m³·℃)	λ_u (W/m·℃)	C_u (J/m³·℃)	L (J/m³)
道砟	0.346	1.006×10^6	0.346	1.006×10^6	0.0
砂砾	1.980	1.913×10^6	1.919	2.227×10^6	20.4×10^6
亚黏土	1.351	1.879×10^6	1.125	2.357×10^6	60.3×10^6
弱风化岩	1.824	1.846×10^6	1.474	2.099×10^6	37.7×10^6

表 6－30　路基结构中各介质的空气渗透系数

介质名称	道砟	砂砾	亚黏土	弱风化岩
$k(m^2)$	6.32×10^{-7}	3.0×10^{-10}	3.0×10^{-11}	3.0×10^{-11}

下面对图 6－20 所示 7 月 15 日完成施工的高原冻土湿地片石层路基结构在未来 50 年的温度场分布进行分析。

图 6－21a 和图 6－21b 分别是片石层路基运营 1 年后 4 月与 10 月温度场分布，从图 6－21a 中可以看到，此时路基下的最高温度是 16℃，天然地表下的是 10℃，显见路基中心下的最低温度低于天然地表下的，并且 0℃等温线的坐标值在天然地表下为：$x=-20.55$ m，$y=-1.76$ m；而在路基中心下为：$x=0$ m，$y=2.56$ m。在图6－21b中，路基中心区形成了 3℃～7℃的高温区，在路基下 0℃等温线还没有超过天然地表；同时天然地表下也存有大面积的融区。

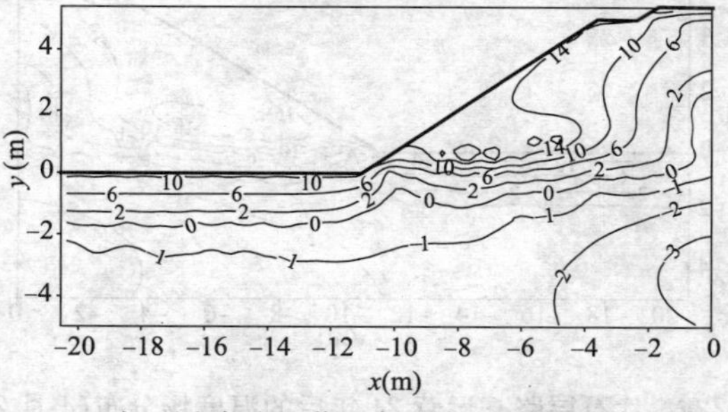

图 6－21a　片石层路基运营 1 年后的温度场分布（4 月 1 日）

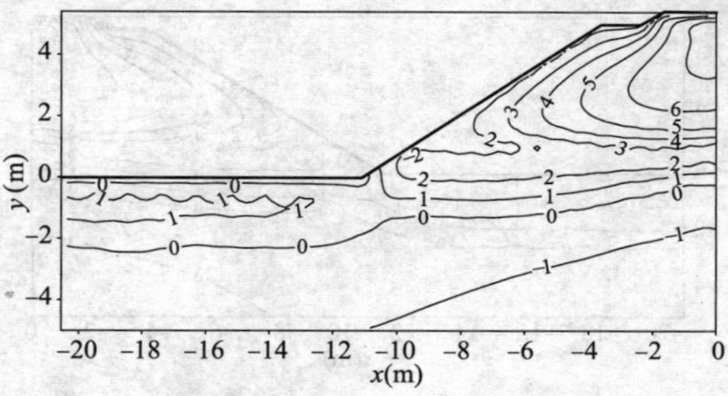

图 6－21b　片石层路基运营 1 年后的温度场分布（10 月 15 日）

图 6－22a 和图 6－22b 是片石层路基运营 24 年后 4 月与 10 月的温度分布。图 6－22a 是路基被运营到 24 年后 4 月 24 日的温度分布，此时可以看到路基下的最低温度在－2℃之下，而在天然地表下－1℃等温线已经退化了，比较图 6－22a 和 6－22b 可知，该路基经过 24 年的运营后，路基下的最高温度没有发生明显的变化，但在整个计算域内，0℃等温线有所下降，并且在路基下的下降值（2. 56 m－1. 92 m＝0. 64 m）大于天然地表下的（－1. 76 m－（－1. 92）m＝0. 16 m）。在图 6－22a 中，0℃等温线的坐标值在天然地表下为：x＝－20. 55 m，y＝－2. 72 m；在路基中心下为：x＝0 m，y＝－0. 2 m，比较图 6－22a 和 6－22b，可知随着时间的推移，路基及天然地表下的地温在缓慢的抬升，并且在天然地表下抬升更快。

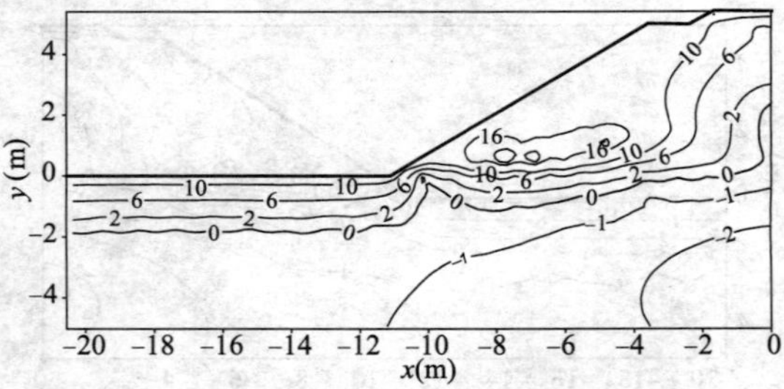

图 6－22a　片石层路基运营 24 年后的温度场分布（4 月 24 日）

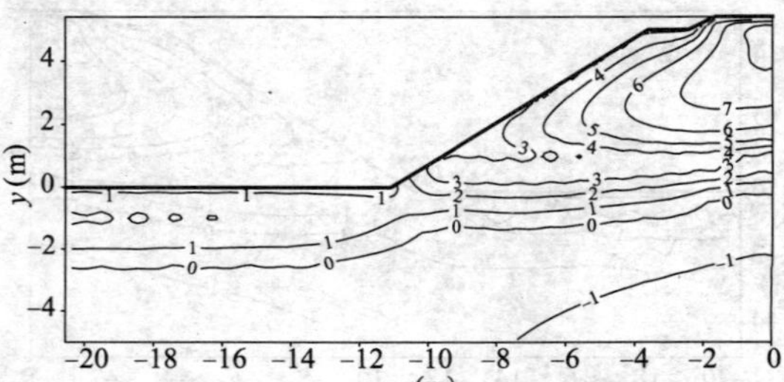

图 6－22b　片石层路基运营 24 年后的温度场分布（10 月 15 日）

图 6－23a 和图 6－23b 分别是片石层路基运营 50 年后 10 月与次年 4 月的温度分布。从图 6－23a 可以看出，此时路基中有 18℃～20℃高温区，比图 6－22a 所示的温度高出了 2℃，0℃等温线的坐标值为：在路基中心下为：$x=0$ m，$y=1.2$ m；在天然地表下为：$x=-20.55$ m，$y=-1.92$ m，与图 6－22a 所示的相应值相比，0℃等温线还在下降。图 6－23b 和图 6－23a 的不同之处在于 0℃等温线的位置下移，地基土中的温度升高。图 6－23b 表明路基及天然地表下 0℃融化盘的面积不但扩大，而且连接成片，尤其在路基下融化盘面积的扩大将对路基的稳定性带来威胁。当路基运营到第 51 年 4 月 15 日时，0℃等温线遍及整个计算域，也就是说

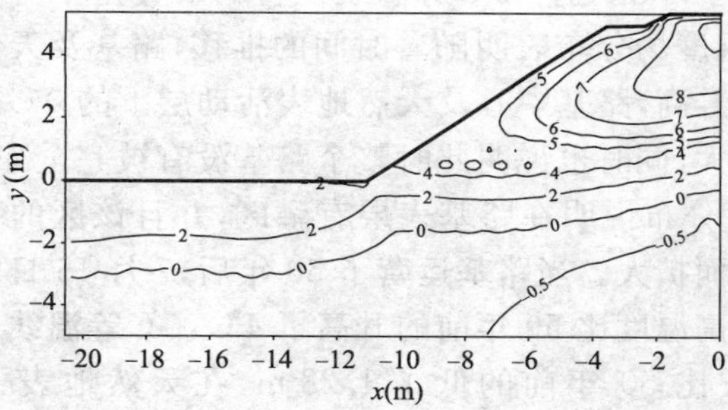

图 6－23a　片石层路基运营 50 年后的温度场分布(10 月 15 日)

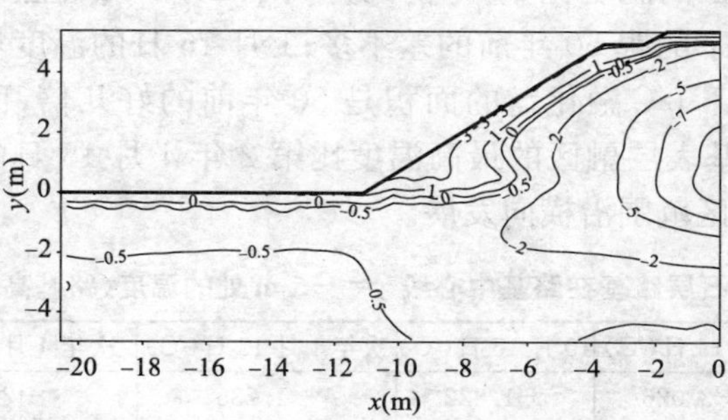

图 6－23b　片石层路基运营 50 年后的温度场分布(次年 4 月 15 日)

天然地表出现了融化带，此时路基表面的最高温度达到了3℃，整个路基下的温度出现升高趋势。

片石层路基在路基中心线 $y=-5$ m 处的温度如表6－31所示。综上所述，当天然年平均温度在未来50年由－1.5℃升到1.1℃，也就是说在50年内的平均抬升值为2.6℃的情况下，片石层路基结构的温度场变化情况大致如下：当路基经过24年的运营后，在7月15日时表现为路基中的最高温度比24年前的升高了2℃（由16℃升为18℃），0℃等温线的位置在路基中心下比24年前的低了0.64 m，在天然地表下的低了0.16 m，地基土中的温度升高了1℃；在10月15日表现为路基中心高温区的温度比24年前的升高了1℃，当然0℃等温线位置的下移是不可否认的；1月15日的温度场分布表明随着时间的推移，路基及天然地表的最低温度在升高，路基中心及天然地表活动层下的0℃融化盘面积在不断增大，同时也说明此时整个路基没有被完全冻结。4月15日的温度分布说明在路基表层有融区，并且该区的范围随着时间的发展而扩大。当路基运营了50年后，7月15日时表现为路基中的最高温度比50年前的升高了4℃，0℃等温线的位置在路基中心下比50年前的低了1.28 m，在天然地表下的低了0.18 m，地基土中的温度升高了将近2℃；在10月15日表现为路基中心高温区的温度比50年前的升高了2℃，0℃等温线的位置在路基中心下的跟50年前的差不多；1月15日的温度场分布表明此时路基下0℃融化盘的面积是50年前的好几倍，而在4月15日时，路基表层融区的最高温度比第2年4月15日的高出了3℃，并且融区范围沿横向发展。

表6－31　片石层路基在路基中心线 $y=-5$ m 处的温度（路基高度5.0 m）

时间(年)	7月15日(℃)	10月15日(℃)	次年1月15日(℃)	次年4月15日(℃)
1	－3.026	－1.822	－1.235	－2.546
24	－2.391	－1.474	－0.997	－1.708
50	－1.306	－0.797	－0.545	－0.464

6.4.3　年平均气温−3.5℃时片石层路基的计算分析

计算区域如图6－20所示，该气温条件下黏性土天然地表 AB 和 IJ 边的温度按下式变化：

$$T_n = -1.0 + 12\sin\left(\frac{2\pi}{8\,760}t_h + \frac{7\pi}{12} + \alpha_0\right) + \frac{2}{365\times24\times50}t_h \tag{6-10}$$

路堤和道床斜坡 $BCDE$ 和 $FGHI$ 边的温度按如下正弦规律变化：

$$T_s = 1.2 + 13\sin\left(\frac{2\pi}{8\,760}t_h + \frac{7\pi}{12} + \alpha_0\right) + \frac{2}{365\times24\times50}t_h \tag{6-11}$$

路基中路面 EF 的温度变化规律为：

$$T_p = 2.0 + 15\sin\left(\frac{2\pi}{8\,760}t_h + \frac{7\pi}{12} + \alpha_0\right) + \frac{2}{365\times24\times50}t_h \tag{6-12}$$

地热通过 LM 边的热流密度为 $q=0.06\,W/m^2$。

图6－24a和图6－24b分别是片石层路基运营1年后10月与次年4月的温度场分布。从图6－24a中可以看到，此时路基下的最高温度是15℃，天然地表下的是9℃，路基中心下的最低温度低于天然地表下的，并且0℃等温线的坐标值在天然地表下为：$x=-20.55$ m，$y=-1.76$ m；而在路基中心下为：$x=0$ m，$y=2.72$ m。在图6－24a中，路基中心区形成了3℃～7℃的高温区，在路基下0℃等温线还没有达到天然地表，同时天然地表面存有融化带。图6－24b是片石层路基被运营到第2年4月15日的温度分布，此时除了在路基表层的温度稍稍高于0℃而外，整个路基及近邻地区都被完全冻结，并且路基中心的最低温度可达－11℃，天然地表下的也能达到－3℃。

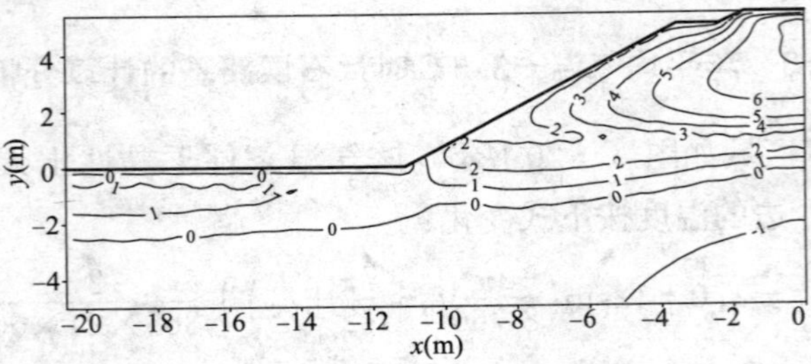

图6－24a　片石层路基运营 1 年后的温度场分布(10 月 15 日)

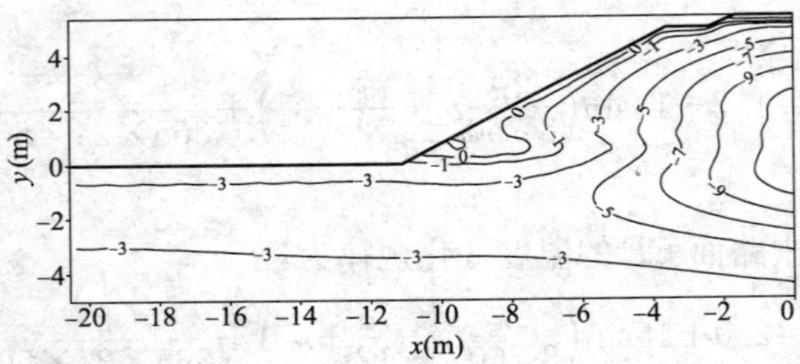

图6－24b　片石层路基运营 1 年后的温度场分布(次年 4 月 15 日)

图 6－25a 和图 6－25b 分别是片石层路基运营 24 年后 10 月与次年 4 月的温度分布。图 6－25a 是路基被运营到第 24 年 10 月 15 日的温度分布,此时可以看到路基下的最低温度在－2℃之下,而在天然地表下－1℃等温线有向路基下退化的趋势,比较图6－25a和 6－24a 可知,该路基经过 24 年的运营后,路基下的最高温度升高了 2℃,在整个计算域内,0℃等温线有所下降,并且在路基下的下降值(1.60 m)大于天然地表下的(0.0 m)。在图 6－25b中,0℃等温线的坐标值在天然地表下为:x＝－20.55 m,y＝－2.56 m;在路基中心下为:x＝0 m,y＝－0.48 m,比较图 6－25b和 6－25a,可知随着时间的推移,路基及天然地表下的地温在缓慢的抬升,并且在天然地表下抬升更快。图 6－25b 比图 6－25a在路基中心及天然地表下有更大面积的断续的 0℃融化盘,由此表明,该路基运营到第 25 年的 4 月 15 日时,其中心 0℃

融化盘面积没有显见的增大，但在天然地表下表现出相反的结果。图6－25b表明整个路基差不多完全冻结，但在路基表层融区的水平深度比图 6－24b 所示的有轻微的增大，尤其是坡脚处，此时该处的最高温度大于 0℃。

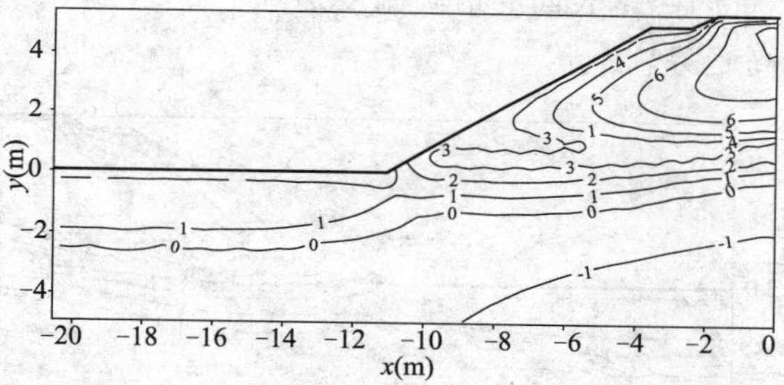

图 6－25a　片石层路基运营 24 年后的温度场分布(10 月 15 日)

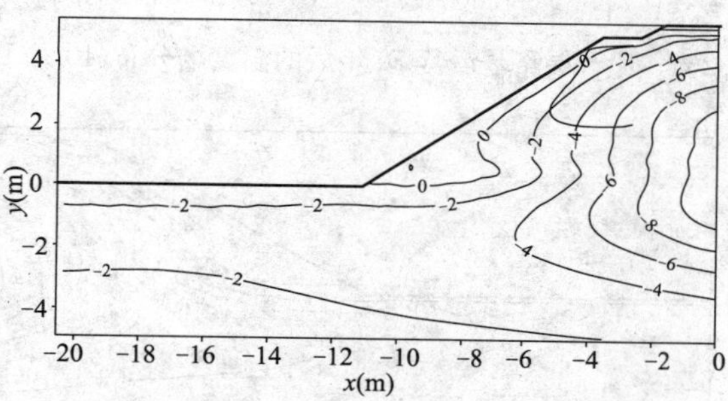

图 6－25b　片石层路基运营 24 年后的温度场分布(次年 4 月 15 日)

图 6－26a 和图 6－26b 分别是片石层路基运营 50 年后 10 月与次年 4 月的温度分布，从图 6－26a 可以看出，此时路基中有 17℃～20℃高温区，比图 6－25a 所示的温度高出了 3℃，0℃等温线的坐标值为：在路基中心下是 $x=0$ m，$y=2.0$ m，在天然地表下是 $x=-20.55$ m，$y=-2.0$ m，与图 6－25a 所示的相应值相比，0℃等温线位置在下移。图 6－26b 和图 6－25b 的不同之处在于 0℃等温线的位置下移，地基土中的温度升高，并且在天然地

表下的活动层内出现了 2℃融区。图 6－26b 表明路基及天然地表下 0℃融化盘的面积不但扩大，而且连接成片，尤其在路基下融化盘面积的扩大将对路基的稳定性不利。当路基运营到第 51 年 4 月 15 日时，0℃等温线遍及整个计算域，也就是说天然地表出现了融化带，此时路基表面的最高温度达到了 2℃，整个路基下的温度出现升高趋势。

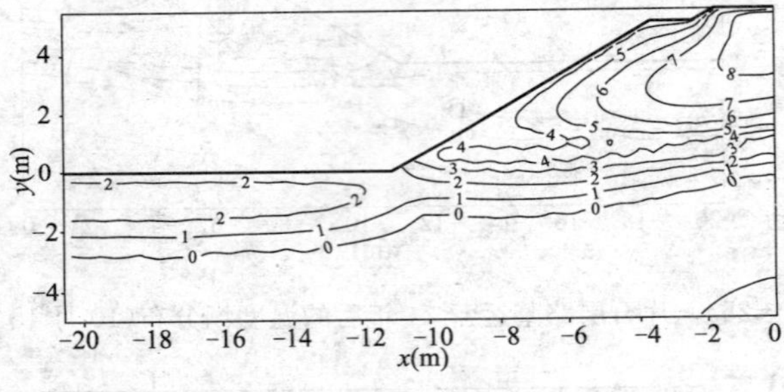

图 6－26a　片石层路基运营 50 年后的温度场分布(10 月 15 日)

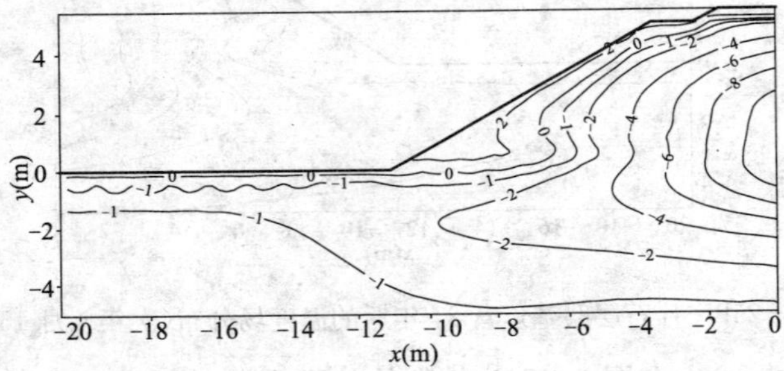

图 6－26b　片石层路基运营 50 年后的温度场分布(次年 4 月 15 日)

综上所述，从统计表 6－32 可以看出，在天然地表年平均温度为－1.0℃，未来 50 年气温升高 2.0℃情况下，路基及天然地表下的温度都表现出不同程度的升温现象，但在一年中的不同月份又有不同的表现。具体如下：当路基经过 24 年的运营后，7 月 15 日时表现为路基中的最高温度比 24 年前的升高了 1℃，0℃等温线的位置在路基中心下比 24 年前的低了 1.60 m，在天然地表下没有发生变化，地基土中的温度升高了 1℃；在 10 月 15 日表现为路基中心高温区的温度比 24 年前的升高了 1℃，0℃等温线位置的有轻微的下移；1 月 15 日的温度场分布表明随着时间的推移，路基及天然地表的最低温度在升高，路基中心及天然地表活动层下的 0℃融化盘面积在不断增大，尤其在天然地表下，同时也说明此时整个路基没有被完全冻结；4 月 15 日的温度分布说明在路基表层有融区，并且该区的范围随着时间的发展而扩大。当路基运营了 50 年后，7 月 15 日时表现为路基中的最高温度(20℃)比 50 年前的(17℃)升高了 3℃，0℃等温线的位置在路基中心下比 50 年前的低了 0.64 m，在天然地表下的低了 0.24 m，地基土中的温度没有明显的升高；在 10 月 15 日表现为路基中心高温区的温度比 50 年前的升高了 1℃，0℃等温线的位置在路基中心下的跟 50 年前的差不多；1 月 15 日的温度场分布表明此时路基下 0℃融化盘的面积是 50 年前的 3 倍左右，而在 4 月 15 日时，路基表层融区的最高温度比第 2 年 4 月 15 日的高出了 1℃，并且融区范围沿横向发展，坡脚处表现尤为突出。

表 6—32 片石层路基在路基中心线 $y=-5$ m 处的温度(路基高度 5.0 m)

时间(年)	7 月 15 日(℃)	10 月 15 日(℃)	次年 1 月 15 日(℃)	次年 4 月 15 日(℃)
1	−2.533	−1.451	−0.948	−2.405
24	−2.653	−1.623	−1.087	−2.163
50	−1.814	−1.080	−0.716	−0.879

6.4.4 年平均气温−3.5℃时片石层＋片石护坡复合路基计算分析

图 6—27 所示，如天然地表为砂砾土面，则天然地表 AB 和 IJ 边的温度按下式变化：

$$T_n=-1.0+12\sin\left(\frac{2\pi}{8\ 760}t_h+\frac{7\pi}{12}+\alpha_0\right)+\frac{2.6}{365\times24\times50}t_h \tag{6-13}$$

路堤阳坡 $BCDE$ 边的温度按如下正弦规律变化：

$$T_{\mathrm{es}}=0.4+13\sin\left(\frac{2\pi}{8\ 760}t_{\mathrm{h}}+\frac{7\pi}{12}+\alpha_0\right)+\frac{2.6}{365\times24\times50}t_{\mathrm{h}} \tag{6-14}$$

路堤阴坡 $FGHI$ 边的温度按如下正弦规律变化：

$$T_{\mathrm{ws}}=-1.6+13\sin\left(\frac{2\pi}{8\ 760}t_{\mathrm{h}}+\frac{7\pi}{12}+\alpha_0\right)+\frac{2.6}{365\times24\times50}t_{\mathrm{h}} \tag{6-15}$$

路基中路面 EF 的温度变化规律为：

$$T_{\mathrm{p}}=0.2+15\sin\left(\frac{2\pi}{8\ 760}t_{\mathrm{h}}+\frac{7\pi}{12}+\alpha_0\right)+\frac{2.6}{365\times24\times50}t_{\mathrm{h}} \tag{6-16}$$

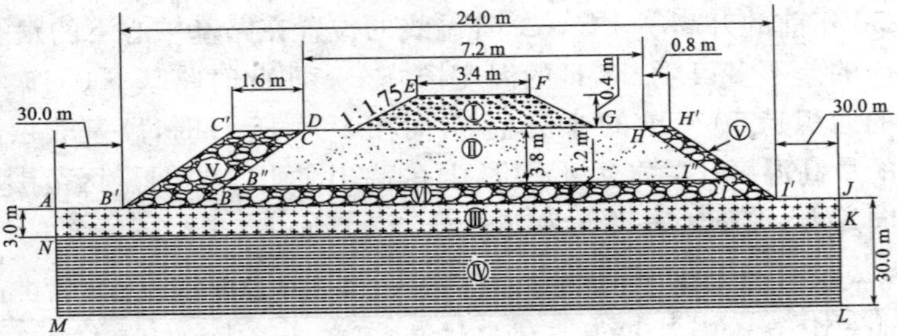

图 6－27　片石层＋片石护坡复合路基计算模型

图 6－28～图 6－32 为路基完工 1 年后、24 年后、50 年后的路基温度特性分析。图 6－28 为地表开始回冻，路基达到最大融深时的温度场，整个路基温度场比较对称，路基最高温度约 5.5℃(分布在阳坡脚及路基顶部表面)。同样在阴坡及阳坡坡脚处各有一高温集中区域。相同高度处，阳坡温度略高于阴坡。路基土几乎全部处于融化状态。0℃等温线比前 3 个月下降了很多，在各处的坐标为：$x=-20.677$ m，$y=-2.34$ m；$x=-12.55$ m，$y=-1.37$ m；$x=-0.21$ m，$y=0.27$ m；$x=-12.15$ m，$y=-1.58$ m；$x=-20.267$ m，$y=-2.34$ m。

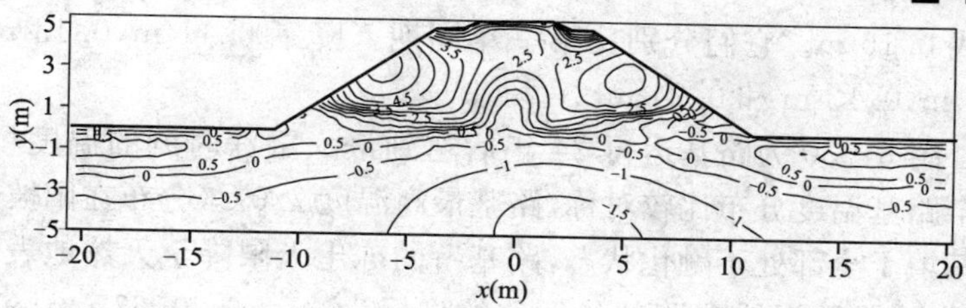

图 6－28　片石层＋片石护坡复合路基运营 1 年后暖季温度场分布(10 月 15 日)

图 6－29 为进入第 2 年冬季时刻的温度场，路基大部分已经冻结，但在路基填土的中心部位存在一融化盘（y＝0 m 以上部位）。路基整个温度分布比较对称。

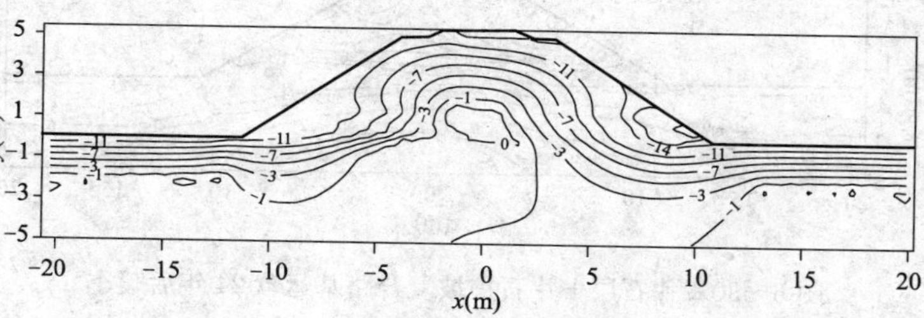

图 6－29　片石层＋片石护坡复合路基运营 2 年后寒季温度场分布(1 月 15 日)

图 6－30 和图 6－31 为路基运行到 24 年后的路基温度场。与路基运行 1 年后的路基温度分布相似，路基温度分布比较对称，路基最高温度 17℃(分布在阳坡坡脚)，在阴坡及阳坡坡脚处各有一个高温集中区域，在极小范围内阳坡脚度温度高于阴坡脚。路基大部分处于冻结状态。阴坡面的融化面积大于阳坡面，路基大部分处于冻结状态，0℃等温线在路基各部位的坐标为：x＝－20.677 m，y＝－1.82 m；x＝－12.55 m，y＝－1.05 m；x＝－0.21 m，y＝ 2.9 m；x＝－12.15 m，y＝－1.21 m；x＝－20.267 m，y＝－1.97 m。可见阳坡脚处的冻土上限位置比阴

坡浅 0.16 m。它们分别比第一年同期下降了 0.11 m,0.13 m,0.5 m,0.13 m 和 0.24 m。

图 6—30 为路基运行 24 年后达到最大融深时刻的温度场。整个路基温度分布比较对称,路基最高温度 7.0℃(分布在阳坡)。路基填土全部处于融化状态,路基下的冻土上限降至天然地表高度处。0℃等温线在路基各部位的坐标为:$x=-20.677$ m,$y=-2.63$ m;$x=-12.55$ m,$y=-1.47$ m;$x=-0.21$ m,$y=0$ m;$x=-12.15$ m,$y=-1.80$ m;$x=-20.267$ m,$y=-2.63$ m。与路基运行 1 年后同期相比它们分别降低了 0.29 m,0.11 m,0.26 m,0.26 m与 0.29 m。

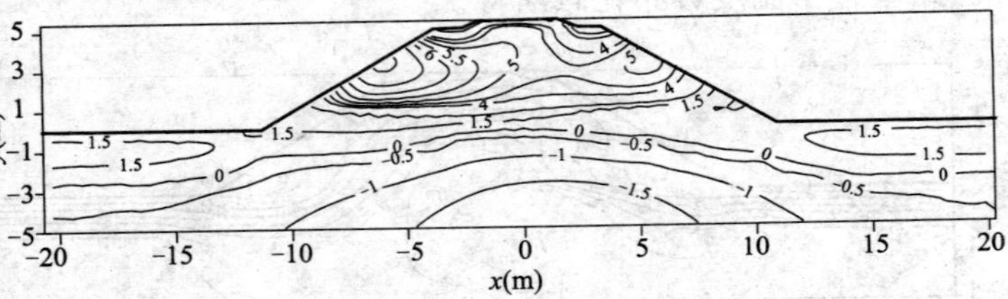

图 6—30　片石层+片石护坡复合路基运营 24 年后暖季温度场分布(10 月 15 日)

图 6—31 为进入第 25 年冬季时刻的温度场,路基大部分已经冻结,但在路基填土的中心部位存在一融化盘。路基整个温度分布比较对称。阴坡表面温度略低于阳坡。左右天然地表下有零星的较小融化区域存在。与 24 年前同期相比(路基运行 1 年后),融化盘在扩大,天然地表下的融化区域逐渐贯通在一起,路基整体的温度也比较高。

图 6—31 为达到最大冻结深度,且地表已经开始融化时的温度场。除阳坡脚处有一微小融化区域外,路基全部处于冻结状态,等温线在绝大部分区域呈现封闭特征。路基中心最低温度—11℃。

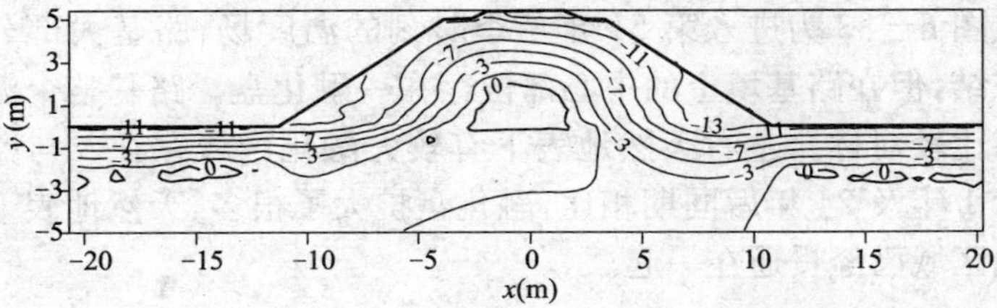

图 6－31 片石层＋片石护坡复合路基运营 25 年后寒季温度场分布(1 月 15 日)

图 6－32 为路基运行 50 后达到最大融深时刻的温度场。整个路基温度分布比较对称，路基最高温度 6.5℃(分布在阳坡)。但阳坡温度略高于阴坡，路基填土全部处于融化状态，阴坡与阳坡坡脚处的高温集中区消失。路基下的冻土上限处于天然地表以下。0℃等温线在整个路基中的分布比较对称，它在路基各部位的坐标为：$x=-20.677$ m，$y=-2.63$ m；$x=-12.55$ m，$y=-1.605$ m；$x=-0.26$ m，$y=-0.005$ m；$x=-12.15$ m，$y=-2.105$ m；$x=-20.267$ m，$y=-2.763$ m。与路基运行 24 年后同期相比，它们分别降低了 0 m，0.131 m，0.0 m，0.263 m 与 0.131 m。阳坡脚处的冻土上限位置比阴坡浅 0.50 m。阴坡坡脚冻土上限下降幅度最大。阳坡坡脚处冻土上限变化为阴坡的一半，路基土中部几乎没有变化。与路基运行 1 年后相比，它们分别降低了0.289，0.237 m，0.263 m，0.562 m 与0.421 m。阴坡坡脚及右边天然地面下冻土上限下降较大，路基中部、阳坡坡脚及左边天然地表下冻土上限下降较小。

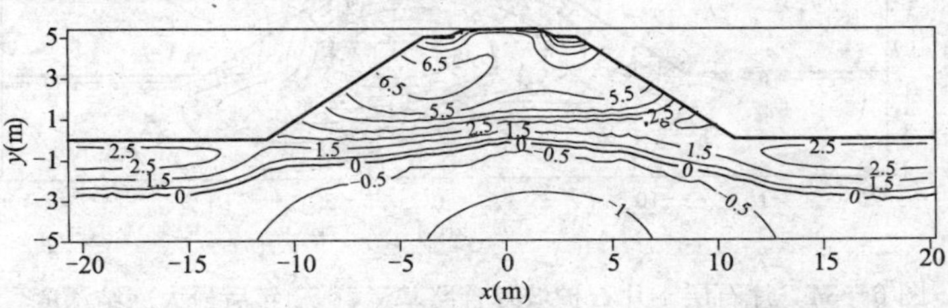

图 6－32 片石层＋片石护坡复合路基运营 50 年后最大融深温度场分布(10 月 15 日)

图 6－33 为进入第 51 年冬季时刻的温度场，路基大部分已经冻结，但在路基填土的中心部位存在一融化盘。路基整个温度分布比较对称。左右天然地表下有较大融化区域存在。与路基运行 1 年及 24 年后同期相比，融化盘扩大了很多，天然地表下的融化区域已经贯通在一起。

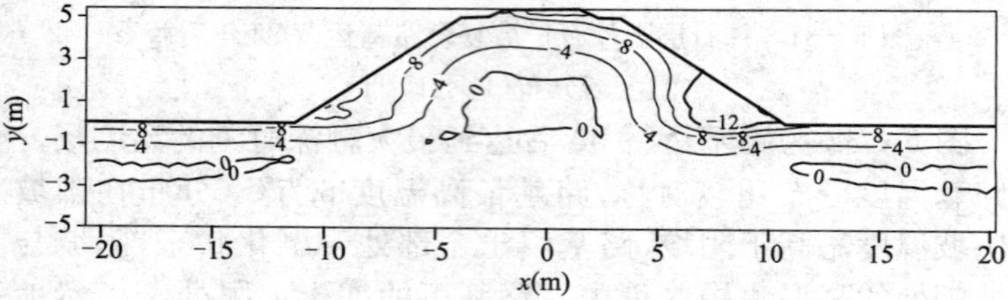

图 6－33　片石层＋片石护坡复合路基运营 51 年后寒季温度场分布（1 月 15 日）

图 6－34 为达到最大冻结深度，且地表已经开始融化时的温度场。除阳坡脚处有一微小融化区域外，路基全部处于冻结状态，等温线在绝大部分区域呈现封闭特征。路基中心部位的最低负温值比路基运行 24 年后同期高 2℃。

表 6－33 为路基中各点冻土上限 50 年的变化值及变化率（7 月 15 日）。从中可以看出 50 年后路基及天然地面下冻土上限的变化趋势。

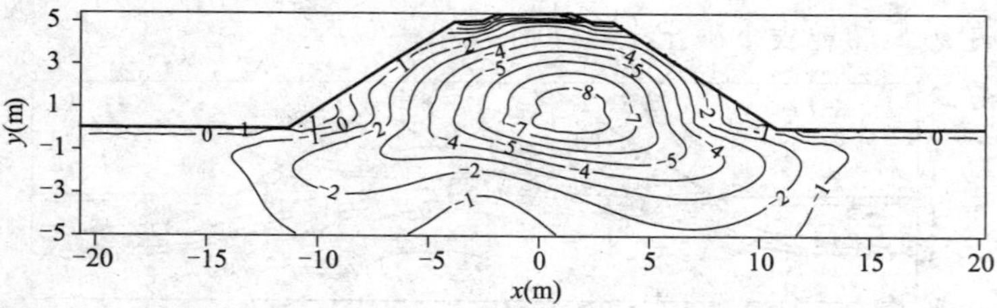

图 6－34　片石层＋片石护坡复合路基运营 51 年后最大冻结深度温度场分布（4 月 15 日）

表 6—33　路基中各位置冻土上限 50 年的变化值及变化率

位置	左天然地面	阳坡脚	路基中部	阴坡脚	右天然地面
实际值/m	2.631	1.605	0.005	2.105	2.763
变化值/m	−0.289	−0.237	−0.263	−0.526	−0.421
变化率/m/年	−0.006	−0.005	−0.005	−0.011	−0.008

说明:负号表示下降

表 6—33 说明:冻土上限在逐渐下降,阴坡坡脚与右边天然地面下冻土上限下降总体速率较大,路基中部、阳坡脚下及左边天然地面冻土上限降速率相当。

以上分析表明:在近地表温度为−1.0℃及 2.6℃/50 年的增温条件下,在片石层护坡与片石层路堤复合结构铁路路基中,路基的整体温度在逐渐、缓慢升高,在融化期中间阶段,阴坡与阳坡坡脚处各有一个高温集中区域,但在 3 个月后这种现象消失。路基阳坡表面温度略高于阴坡表面温度,但阳坡脚下冻土上限比阴坡脚下浅,50 年后两者相差达 0.50 m。

从整体来看:路基中温度分布比较对称。融化下沉速率极小,说明片石层护坡与片石层路堤复合结构路基能够延缓气温升高对冻土路基稳定性的不良影响,同时在阴阳坡铺设合适厚度的块石能够有效地防止路基下冻土不均匀沉降的产生,进而防治由此引发的路基纵向裂缝病害。本算例中阴坡破角处冻土退化速率较阳坡快。因此,应该再适当增加阴坡片石层的厚度。

6.4.5　年平均气温−3.1℃时片石层+片石护坡复合路基计算分析

以海拔 4 500 m 处的路基结构为计算模型,计算域如图 6—27所示,如天然地表为砂砾土面,对于天然地表年平均温度为−0.6℃,在未来 50 年气温升高 2.6℃情况下,天然地表 AB 和 IJ 边的温度按下式变化:

$$T_n=-0.6+12\sin\left(\frac{2\pi}{8\ 760}t_h+\frac{7\pi}{12}+\alpha_0\right)+\frac{2.6}{365\times24\times50}t_h \tag{6-17}$$

路堤阳坡 $BCDE$ 边的温度按如下正弦规律变化：

$$T_{es}=1.4+13\sin\left(\frac{2\pi}{8\ 760}t_h+\frac{7\pi}{12}+\alpha_0\right)+\frac{2.6}{365\times24\times50}t_h \tag{6-18}$$

路堤阴坡 $FGHI$ 边的温度按如下正弦规律变化：

$$T_{ws}=-0.6+13\sin\left(\frac{2\pi}{8\ 760}t_h+\frac{7\pi}{12}+\alpha_0\right)+\frac{2.6}{365\times24\times50}t_h \tag{6-19}$$

路基中路面 EF 的温度变化规律为：

$$T_p=1.2+15\sin\left(\frac{2\pi}{8\ 760}t_h+\frac{7\pi}{12}+\alpha_0\right)+\frac{2.6}{365\times24\times50}t_h \tag{6-20}$$

地热通过 LM 边的热流密度为 $q=0.06\ \mathrm{W/m^2}$。空气的流体边界条件为没有流体通过计算域的边界，即通过各边界的法向流速为零。

下面对 7 月 15 日完成施工的片石层路基结构在未来 50 年的温度场分布进行分析(作为护坡的片石层层部分未画入路基温度场中)。

图 6－35 为路基运营 1 年后的路基温度场，路基中的最高温度 17.0℃(阳坡坡脚处)，最低温度约－3.0℃(下覆路基土中部位置)，整个图示区域的温度分布比较对称。在阴坡及阳坡坡脚处各有一高温集中区域，在极小范围内阳坡脚度温度高于阴坡脚。路基大部分处于冻结状态。0℃等温线的分布也比较对称。在路基各部位的坐标为：$x=-20.677$ m，$y=-1.71$ m；$x=-12.55$ m，$y=-1.08$ m；$x=-0.21$ m，$y=3.37$ m；$x=-12.15$ m，$y=-1.26$ m；$x=-20.267$ m，$y=-1.68$ m。可见阳坡脚处的冻土上限位置比阴坡浅 0.18 m。

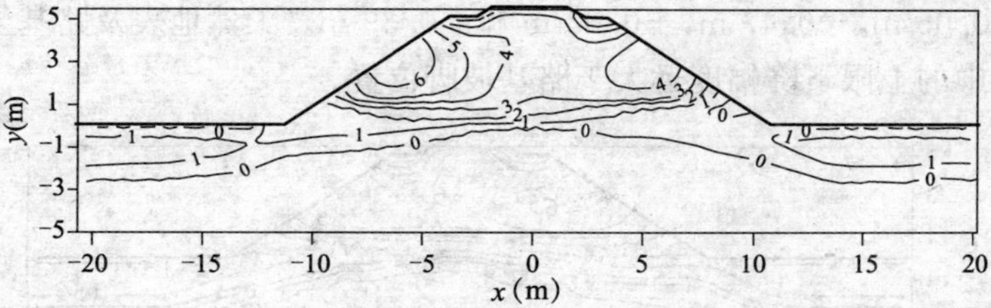

图 6—35　路基运营 1 年后的温度场(10 月 15 日)

图 6—36 为进入第 2 年冬季时刻的温度场，路基大部分已经冻结，但在路基填土的中心部位存在一融化盘($y=0$ m 以上部位)。路基整个温度分布比较对称。阴坡表面温度略低于阳坡。左右天然地表下有零星的融化区域存在。

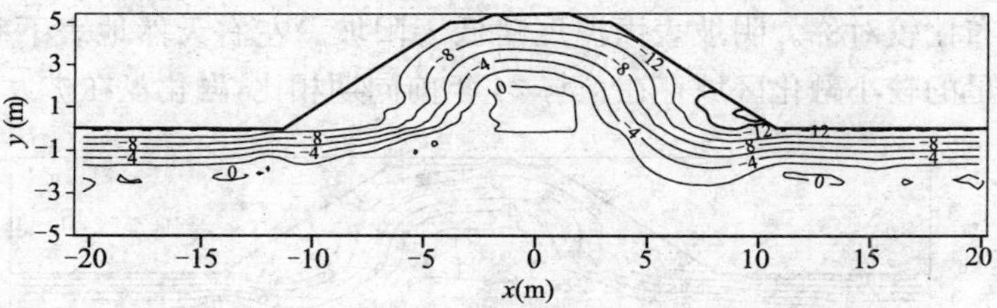

图 6—36　路基运营 2 年后的温度场(1 月 15 日)

图 6—37 为路基运营到 24 年后的路基温度分布。与路基运行 1 年后的路基温度分布相似，路基温度分布比较对称，路基最高温度 19℃(分布在阳坡坡脚)，在阴坡及阳坡坡脚处各有一高温集中区域，在极小范围内阳坡脚度温度高于阴坡脚。路基大部分处于冻结状态。阴坡面的融化面积略大于阳坡面，路基大部分处于冻结状态，0℃等温线在整个路基中的分布比较对称，它在路基各部位的坐标为：$x=-20.677$ m，$y=-2.11$ m；$x=-12.55$ m，$y=-1.13$ m；$x=-0.21$ m，$y=2.9$ m；$x=-12.15$ m，$y=-1.24$ m；$x=-20.267$ m，$y=-2.08$ m。阳坡脚处的冻土上限位置比阴坡浅 0.11 m。它们分别比第一年同期变化了−0.39 m，

−0. 05 m，−0. 47 m，+0. 03 m 和−0. 39 m。天然地表及路基土体中的上限下降幅度远大于路基坡脚位置。

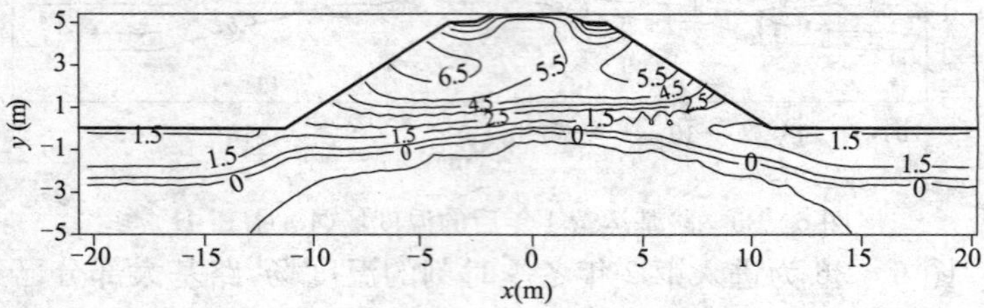

图 6—37　路基运营 24 年后的温度场(10 月 15 日)

图 6—38 为进入第 25 年冬季时刻的温度场，路基大部分已经冻结，但在路基填土的中心部位存在一融化盘。路基整个温度分布比较对称。阴坡表面温度略低于阳坡。左右天然地表下有零星的较小融化区域存在。与 24 年前同期相比，融化盘在扩大，

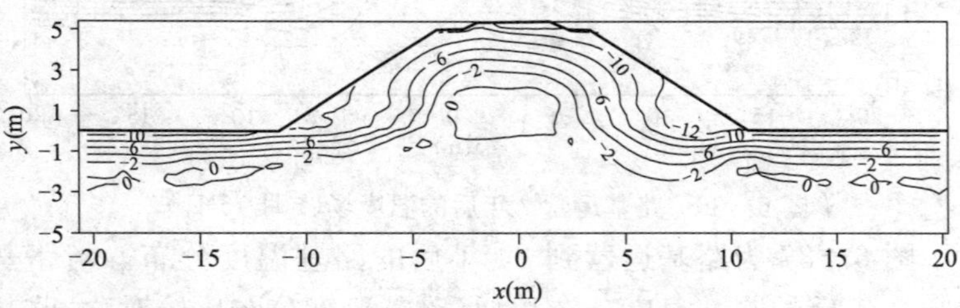

图 6—38　路基运营 25 年后的温度场(1 月 15 日)

天然地表下的融化区域逐渐贯通在一起，路基整体的温度也比较高。除阳坡脚处有一微小融化区域外，路基全部处于冻结状态，等温线在绝大部分区域呈现封闭特征。

图 6—39 为路基运营到 50 年后的路基温度场。与路基运行 1 年及 24 年后的路基温度分布相似，路基温度分布比较对称，路基最高温度 20℃(分布在阳坡坡脚)，在阴坡及阳坡坡脚处各有一高温集中区域，在极小范围内阳坡脚度温度高于阴坡脚。路基部

分处于冻结状态。0℃等温线在整个路基中的分布比较对称，它在路基各部位的坐标为：$x=-20.677$，$y=-2.11$ m；$x=-12.55$ m，$y=-1.10$ m；$x=-0.21$ m，$y=2.77$ m；$x=-12.15$ m，$y=-1.55$ m；$x=-20.267$ m，$y=-2.11$ m。它们分别比第 24 年同期变化了 0.0 m，+0.03 m，−0.13 m，−0.32 m 和−0.03 m。阴坡坡脚冻土上限下降最多。阳坡脚处的冻土上限位置比阴坡浅 0.45 m，天然地表下 0℃线几乎没有变化，阳坡脚下 0℃线略有上升，路基土体中 0℃线下降较大。

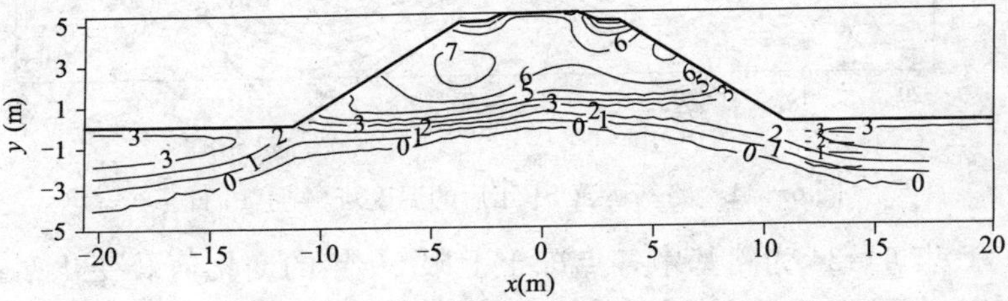

图 6−39　路基运营 50 年后的温度场(10 月 15 日)

图 6−40 为进入第 51 年冬季时刻的温度场，路基大部分已经冻结，但在路基填土的中心部位存在一融化盘。路基整个温度分布比较对称。阴坡表面温度略低于阳坡。左右天然地表下有融化区域存在。与路基运行 1 年及 24 年后同期相比，融化盘扩大了很多，天然地表下的融化区域逐渐贯通在一起，逐渐扩大。路基整体的温度也比较高。

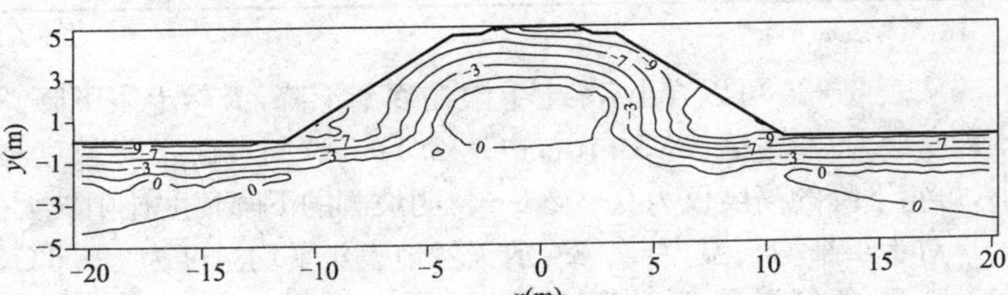

图 6−40　路基运营 51 年后的温度场(1 月 15 日)

图 6－41 为达到最大冻结深度，且地表已经开始融化时的温度场。除阳坡脚处有一微小融化区域外，路基全部处于冻结状态，等温线在绝大部分区域呈现封闭特征。路基整体温度比路基运行 24 年后同期高。50 年后 10 月 15 日路基中心部位的温度值比路基运行 1 年后约高 1℃。

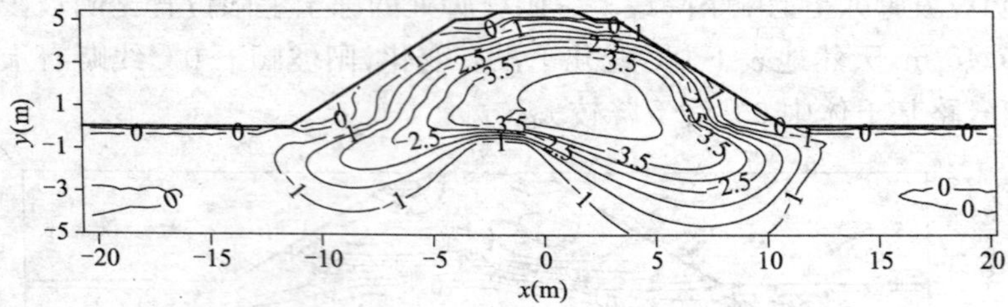

图 6－41　路基运营 51 年后的温度场(4 月 15 日)

表 6－34 为路基中各点冻土上限 50 年的变化值及变化率。从表中可以看出 50 年后路基及天然地面下冻土上限的变化趋势。

表 6－34　路基中各位置冻土上限 50 年的变化值及变化率

位置	左天然地面	阳坡脚	路基中部	阴坡脚	右天然地面
初始值/m	3.947	1.579	0.263	2.105	3.500
变化值/m	－1.368	－0.105	－0.268	－0.342	－1.026
变化率/m/年	－0.027 4	－0.002 1	－0.005 4	－0.006 8	－0.020 5

注：负号表示下降

从表 6－34 可以看出，冻土上限在逐渐下降，天然上限下降总体幅度最大，左边达 3.95 m，右边达 2.11 m。阳坡脚下降幅度最小，每年下降的高度仅为 0.002 1 m。阴坡脚的下降幅度比阳坡大。

对于年平均气温为－4.3℃或天然地表年平均温度为－0.6℃，在未来 50 年气温升高 2.6℃情况下，碎石路基在路基中心线 $y=-9.2$ m 处的温度(路基高度 5.0 m)如表 6－35 所示。

表 6－35　碎石路基在路基中心线 y＝－9.2 m 处的温度(路基高度 5.0 m)

时间(年)	7 月 15 日(℃)	10 月 15 日(℃)	次年 1 月 15 日(℃)	次年 4 月 15 日(℃)
1	－0.418	－0.543	－0.433	
24	－0.909	－0.964	－0.805	－0.658
50	－0.509	－0.552	－0.485	－0.412

以上分析表明：在近地表温度为 0.6℃及 2.6℃/50 年的增温条件下，在片石层护坡与片石层路堤复合结构铁路路基中：路基的整体温度在逐渐升高，在融化期中间阶段，阴坡与阳坡坡脚处各有一个高温集中区域，但在 3 个月后这种现象消失。路基阳坡表面温度略高于阴坡表面温度，但阳坡脚下冻土上限比阴坡脚下浅，50 年后相差达 0.53 m，这种差异的增加率在第 1 年为 0.289 5 m/年，中间 24 年为 0.002 1 m/年，后 26 年为 0.003 8 m/年，50 年的平均值为 0.010 6 m/年。

从整体来看：路基中温度分布比较对称。融化下沉速率极小，说明片石层护坡与片石层路堤复合结构路基能够延缓气温升高对冻土路基稳定性的不良影响，同时在阴阳坡铺设合适厚度的块石能够有效地防止路基下冻土不均匀沉降的产生，进而防治由此引发的路基纵向裂缝病害。本算例中阴坡破角处冻土退化速率较阳坡快。因此，应该再适当增加阴坡片石层的厚度。

6.4.6　年平均气温－4.0℃时普通填土路基计算分析

为了说明高原冻土湿地路基采用特殊片石气冷结构的必要性，对普通填土路基在年平均气温为－4.0℃时基底温度特性进行了计算分析。图 6－42a～c 为普通填土路基在开始计算年月为 7 月 15 日完工 1 年后的温度分布。从图 6－42a 可以看到在 7 月 15 日该路基的最高温度为 12℃，最低温度为－1℃。图 6－42b为路基使用 1 年零 3 个月，即在 10 月 15 日的温度分布。此时路基的最高温度为 3.5℃，最低等温线为－0.5℃。在路基下 0℃等温线的坐标为 y＝1.02 m，在路基中心线上 y＝－5 m 处的冻土温度为－0.48℃。图 6－42c 普通填土路基完工 1 年半后，即在第 2 年的 1 月 15 日的温度分布图，在该时最低等温线为 −10℃，在路基下有一个很大的融化盘。

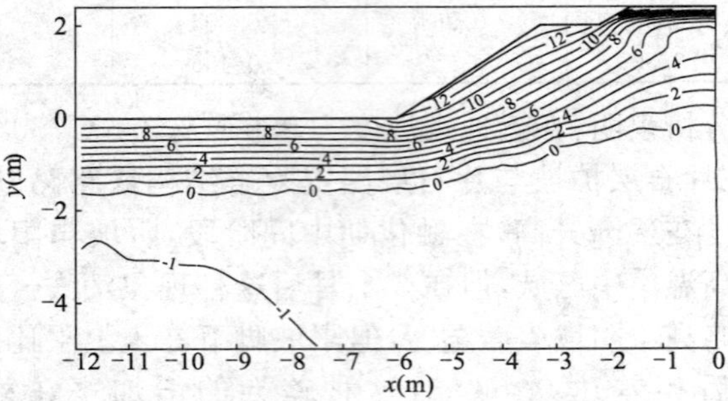

图 6—42a　普通填土路基修建 1 年后的温度分布(7 月 15 日)

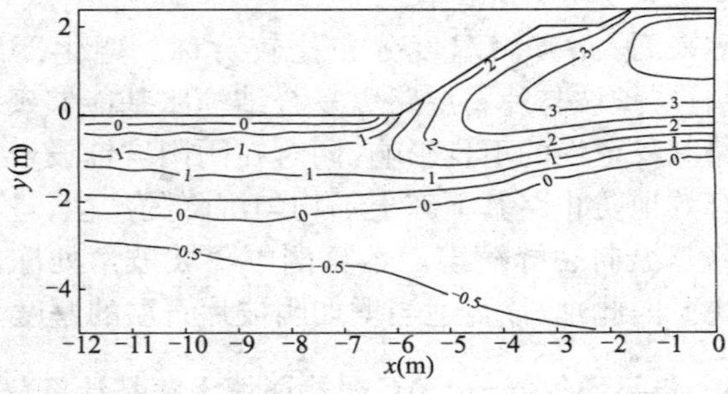

图 6—42b　普通填土路基修建 1 年后的温度分布(10 月 15 日)

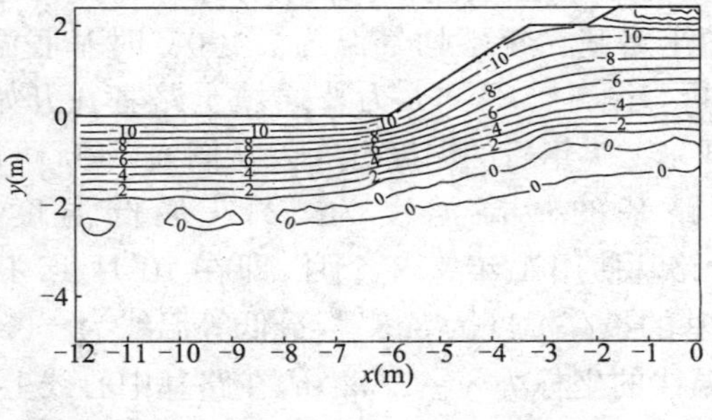

图 6—42c　普通填土路基修建 2 年后的温度分布(1 月 15 日)

图 6－43a～c 为普通填土路基完工 24 年后的温度分布图，从图6－43a可以看到在 7 月 15 日完工 24 年后，路基的最高温度为 12℃。图 6－43b 表明在第 24 年的 10 月 15 日，路基的最高温度为 3.5℃，最低等温线为－0.5℃，在路基下 0℃等温线的坐标为y=－1.02 m。在路基中心线 y=－5 m 处的冻土温度为－0.59℃。图 6－43c 为路基完工后第 25 年 1 月 15 日的温度分布，此时在路基中心线上 y=－5 m 处的冻土温度已升到－0.48℃。在第 25 年的 4 月 15 日该点的温度已升到－0.44℃。

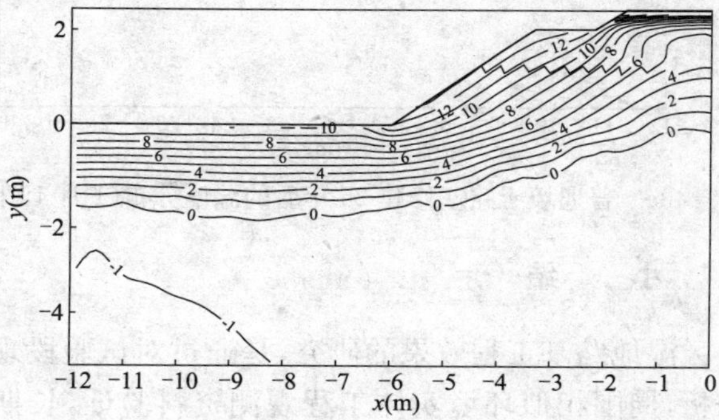

图 6－43a　普通填土路基修建 24 年后的温度分布(7 月 15 日)

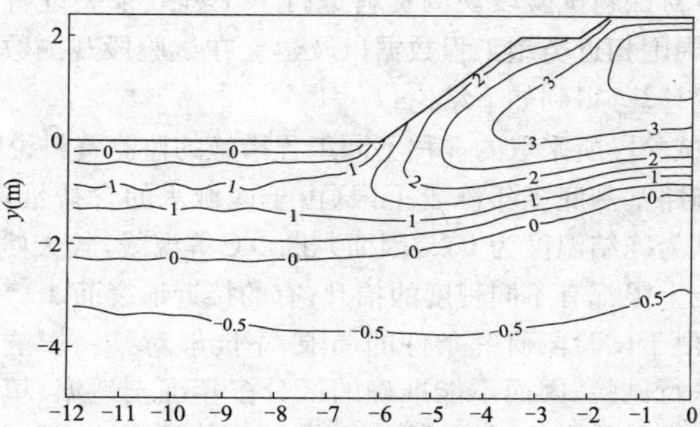

图 6－43b　普通填土路基修建 24 年后的温度分布(10 月 15 日)

这种温度提升及其发展趋势对保证湿地路基的整体稳定性是不利的,对路基变形也是不利的。

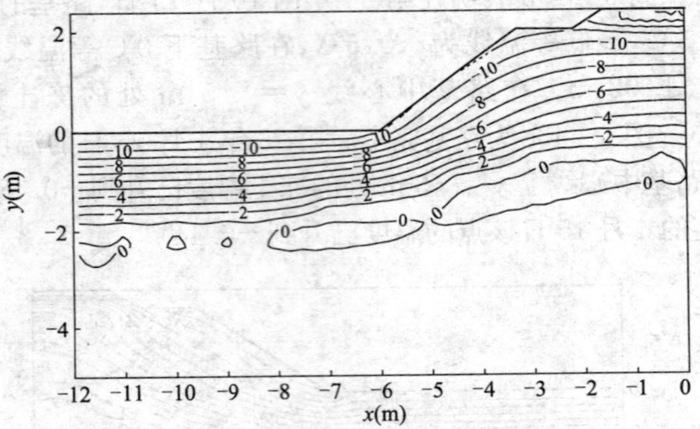

图 6－43c　普通填土路基修建 25 年后的温度分布(1 月 15 日)

6.4.7　小　　结

冻土区湿地路基工程效果的研究,是通过对试验段现场观测资料的分析,周围相似环境实体工程观测资料验证,长期工程效果理论计算 3 个方面进行的。

本章对课题试验段观测资料进行了工程效果关键特征值分析,结合周围相近类型工程数据以及建立在试验段观测数据基础上的理论计算,得到如下结论:

(1)试验段所采取的 3 种不同工程措施的监测资料说明,3 种不同措施路基基底多年冻土上限(由于区域水的含盐量较低,因此可以认为冻结温度为 0℃,因而判断 0℃等温线)较天然条件的多年冻土上限都有不同程度的抬升,有的接近地表面。

(2)由于试验段研究条件的局限,不能够对某一影响因素作对比和平行试验,因而不能准确的区分多年冻土地温、填土厚度等对工程效果的影响,但是根据区域气候条件,尤其是区域冻结能力和过余冻结能力的分析,结合周边相似工程观测数据均可以证明，在本课题 3 种工程措施中，片石层＋片石护坡复合结构的工程效果最能满足湿地路基稳定性要求。

(3)3 种措施效果中多年冻土上限的抬升，尤其是本课题试验段所在的唐古拉山区这样年平均气温和多年冻土地温较低的区域地段，抬升幅度比较大，甚至于进入片石层以内，这使湿地路基的基础都处在冻结状态，有利于路基整体稳定。

(4)计算表明，片石气冷结构对路基土体的冷储量有大幅度提高，运营以后相当长一段时间(30～50 年)多年冻土上限仍然保持在地表面以上，使湿地路基在相当长一段时间内可以保持整体稳定。

(5)当多年冻土上限开始下降，甚至于下降到地表面以下时，上限形态是近似于中间低两侧稍高的状态，这也是有利于保持湿地路基整体稳定的一种表现。

(6)计算表明，对湿地路基坡脚部分的加强和坡面防护的加强，工程效果都是从保护了冻土和提高了坡脚力学稳定性两个方面显示的。

第7章 结论和创新

冻土湿地，是指多年冻土上限以上季节融化层部分土体颗粒较细，含水量饱和或过饱和，形成暖季积水的地质现象。由于温度对湿地状态的影响和水在液态和固态具有不同的导热性能，对湿地进行处理时还要考虑温度对其下多年冻土的作用。

为此，本书围绕冻土湿地处理和施工关键保证技术进行了一系列室内试验、工程实体试验观测、施工工艺研究和理论计算，得出了一系列研究成果和结论。

(1)冻土湿地路基稳定原则

第一，路基基底地基土体具有足够的稳定性，使路基本身作为一个整体不至于沿基底薄弱界面发生滑移。

第二，路基自身填土和基底以下土体的冻胀融沉变形，能够保证轨道的平顺性，保证列车平稳运行。

(2)冻土湿地稳定性影响因素

由于路基施工以后多年冻土上限位置变化有4种可能，因此冻土区湿地路基整体稳定性(滑移可能性)判断有4种条件，即：

1)多年冻土上限下降，最大融化季节冻融界面下移，而且由于上限附近含冰量大导致冻融界面附近含水量大，形成软弱带，以致地基按照瑞典圆弧法滑动。这是最危险的情况。

2)多年冻土上限基本没有变化，软弱带仍然在多年冻土上限附近，滑动面近似瑞典圆弧，但是上限以下多年冻土成为滑动底限。

3)多年冻土上限上升，但是仍然在天然地面以下，上限形态为沿路基中心不对称形态，由于路基边坡坡向不同，上限深度不同，沿较深的阳坡面滑动的可能性较大。

4)多年冻土上限上升到天然地面以上、路基本体以内时,通过调整路基边坡坡度设计可以避免滑动发生,对于采用特殊路基结构(片石气冷路基)的路基,这种滑动基本不会发生。

(3)冻土湿地处理原则

冻土湿地路基地基处理应主要注意以下几个方面:

1)湿地换填,既要保证换填以后地基土强度和承载力的提高,又要保证换填以后土层传热性能将有利于基底多年冻土的生存。如果是路堑工程,基床部分全部换填,边坡上部全部换填并进行坡面防护。

2)湿地处理以后,修建路堤时多年冻土上限会出现不同变化,按最不利条件考虑时,多年冻土上限不变或降低,湿地必须全部换填处理。

3)根据当地气候条件,如果修建路堤以后多年冻土上限能够抬升,则可以采用挤淤处理方法,挤淤深度可以关键修建路堤以后上限抬升过程而定。

4)考虑将来铁路运营期间的气候变化影响,冻土湿地地基处理无论采用何种处理方式,路基工程设计应该贯彻"冷却地基土体"的设计思想,采用能够降低土体温度的路基特殊结构,如热棒路基、片石气冷路基。

(4)冻土湿地处理方法

冻土湿地一般由含水量很大的细颗粒土组成,按照最不利原则进行设计时,首先需要对这种土体进行一定的深度处理。处理方法有两种:一是粗颗粒土换填,二是片石挤淤。同时要进行排水疏导,防止地表水的侧向浸泡。

片石气冷结构路基综合效应,反映了片石通风路堤结构在降低路堤堤身和基底温度、保护多年冻土稳定等方面的优势。

土工格栅加筋可以在路基开始变形时起到加固作用。

采用聚苯乙烯保温材料,增大热阻,以减小外界热量对冻土地基热干扰,防止多年冻土地下冰融化和上限下降。

设置挡水埝排水隔水，阻挡地表水对路堤的侧向热侵蚀。挡水埝的设置可以有效地排除地表水，隔水板的埋设排除冻结层上水对路基的侵蚀作用。

（5）冻土湿地施工关键技术

对少冰、多冰冻土分布地段及融区路堤，高含冰量冻土分布地段（富冰、饱冰冻土区和含土冰层），不良冻土现象分布地段路堤的基底处理时，要分别采用不同的施工工艺。

采取不同工程措施的质量控制要点不同，施工季节和方法的选择也不同。

（6）湿地冻土路基稳定性评价

通过试验工程观测、地质条件和工程类似地段观测资料辅证和计算机数值模拟计算 3 方面研究，验证了本课题采用的冻土湿地处理工程措施的可靠性。

冻土湿地路基稳定包括两方面标准：

第一，路基基底地基土体具有足够的稳定性，使路基本身作为一个整体，不会沿基底薄弱界面发生滑移。

第二，路基自身填土和基底以下土体的冻胀融沉变形，能够保证轨道的平顺性，保证列车平稳运行。

（7）冻土湿地地基处理除了考虑换填以后的地基土强度和承载力，还要考虑换填以后土层传热性能是否能保证基底多年冻土的生存。湿地处理以后修建路堤时，多年冻土上限会出现四类不同变化，依据不同变化条件，处理深度会有所不同。多年冻土上限不变或降低，湿地必须全部挤淤换填处理。根据当地气候条件，如果修建路堤以后多年冻土上限能够抬升，挤淤换填深度可以关键修建路堤以后上限抬升过程而定。

参 考 文 献

[1] 中交第一公路勘察设计研究院. 青藏公路高温高含冰量多年冻土区地基稳定性研究[R]. 西安:中交第一公路勘察设计研究院,2006.

[2] 章金钊. 青藏公路多年冻土区路基病害机理探讨[J]. 公路交通科技,2004,21(4):52-54.

[3] 汪双杰,陈建兵,章金钊. 保温护道对冻土路基地温特征的影响[J]. 中国公路学报,2006, 19(1):13-16.

[4] 汪双杰,陈建兵,黄晓明. 冻土路基护道地温特征研究[J]. 岩石力学与工程学报,2006, 25(1):147-150.

[5] 汪双杰,陈建兵,黄晓明. 热棒路基降温效应的数值模拟[J]. 交通运输工程学报,2005,5(3):42-46.

[6] 喻文学, 武憋民. 青藏公路多年冻土区沥青路面路基高度问题[J]. 西安公路学院学报,1986(1):25-42.

[7] 交通部第一公路勘察设计院. 青藏公路整治工程科研设计文献汇编[C]. 西安:交通部第一公路勘察设计院,1996.

[8] 交通部第一公路勘察设计院. 高原多年冻土地区公路修筑技术研究[R]. 西安:交通部第一公路勘察设计院,1999.

[9] 汪双杰,李祝龙,武憋民. 多年冻土地区公路筑路技术研究现状与新课题[J]. 冰川冻土,2003,25(4):471-475.

[10] 周幼吾,杜榕恒. 青藏高原冻土初步考察[R]. 兰州:中国科学院地理研究所冰川冻土室,1963.

[11] 吴青柏,李新,李文君. 全球气候变化下青藏公路沿线冻土变化响应模型的研究[J]. 冰川冻土,2001,23(1):001-005.

[12] 潘卫东,赵肃昌,等. 热棒技术加强高原冻土区路基热稳定性的应用研究[J]. 冰川冻土,2003,25(4):433-438.

[13] 汪双杰,章金钊,等. 青藏公路沿线多年冻土分布及影响因素分析[A]. 2004 年道路工程学术交流会论文集[C]. 北京:人民交通出版社,2004,133-139.

[14] 汪双杰,霍明,等. 青藏公路多年冻土路基病害[J]. 公路,2004(5):22-26.

[15] 汪双杰,吴青柏,刘永智. 沥青路面下冻土热稳定性和热融敏感性的变化[J]. 公路交通科技,2003,20(4):20-22.

[16] 陈建兵，章金钊. 国际冻土研究动态-第八届国际冻土大会综述[J]. 公路，2004(1)：94-98.

[17] 吴中海，赵希涛，吴珍汉，等. 西藏纳木错及邻区全新世气候与环境变化的地质记录[J]. 冰川冻土，2004，26(3)：275-282.

[18] 杨海学，姚檀栋. 近 2000 年来古里雅冰芯记录及 19-20 世纪的气候变暖[J]. 冰川冻土，2004，26(3)：289-293.

[19] 汤懋苍，程国栋，林振耀. 青藏高原近代气候变化及对环境的影响[M]. 广州：广东科技出版社，1998.

[20] 姚檀栋，等. 青藏高原中部冰冻圈动态特征[M]. 北京：地质出版社，2002.

[21] 秦大河. 中国西部环境演变评估综合报告[M]. 北京：科学出版社，2002.

[22] 丁一汇. 中国西部环境演变评估第二卷[M]. 北京：科学出版社，2002.

[23] 代寒松，盛煜，陈继. 青藏公路路基纵向裂缝病害及其发生规律[J]. 公路，2006，No. 1：86-88.

[24] 窦明建，胡长顺，何子文，等. 青藏公路多年冻土段路基病害分布规律[J]. 冰川冻土，2002，24(6).

[25] 金会军，李述训. 气候变化对中国多年冻土和寒区环境的影响[J]. 地理学报，2000，55(2)：161-170.

[26] 长安大学，等. 高原多年冻土地区路基路面典型结构研究总报告[R]. 西安：长安大学，2000.

[27] 周幼吾，郭东信，邱国庆，等. 中国冻土[M]. 北京：科学出版社，2000.

[28] 周幼吾，郭东信. 我国多年冻土的主要特征[J]. 冰川冻土，1982，4(1)：1-19.

[29] 苏联科学院西伯利亚分院冻土研究所. 普通冻土学(郭东信，刘铁良等译)(M). 北京：科学出版社，1988.

[30] 徐学祖，王家澄，张立新. 冻土物理学(M). 北京：科学出版社，2001.

[31] 崔托维奇. 冻土力学(张长庆，朱文林译)(M). 北京：科学出版社，1985.

[32] 中国科学院地理研究所冰川冻土室. 青藏公路沿线冻土考察论文集[C]. 北京：科学出版社，1965.

[33] 王家鼎，冯学才，孟兴民. 黄土斜坡稳定性的模糊信息分析法[J]. 山地学报，1991. 01.

[34] 木下诚一. 冻土物学(王异，张志校译)[M]，长春：吉林科学技术出版社，1985.

[35] 铁道部第一勘测设计院. 新建铁路青藏线格尔木至拉萨段预可行性研究[R]. 兰州：铁道部第一勘测设计院，2000：158-159.

[36] 吴青柏. 人类工程活动下环境变化和工程适应性研究[D]. 兰州：中国科学院寒区旱区环境与工程研究所，2000.

[37] 王绍令,赵林,等.青藏公路多年冻土段沥青路面热量平衡记录及稳定性研究[J].冰川冻土,2001,23(2):111-118.

[38] 路勋,王绍令.青藏公路多年冻土区内路基下的地下水调查[A].第五届全国冰川冻土学大会论文集[C],兰州:甘肃文化出版社,1996,1179-1184.

[39] 李述训,吴紫汪.青藏高原多年冻土区沥青路面下融化盘形成变化特征[J].冰川冻土,1997,19(2):133-140.

[40] 刘永峰,丁靖康,赫贵生,等.聚苯乙稀隔热层在多年冻土区路基工程中的应用[J].冰川冻土,2000,22(Suppl):26-32.

[41] 温智,盛煜,马魏.保温材料在青藏铁路路基工程中应用的数值分析[J].冰川冻土,2004,26(增刊):83-89.

[42] B. A. 库德里亚夫主编.工程地质研究中的冻土预报原理(郭东信,马世敏,丁德文等译)[M].兰州:兰州大学出版社,1992.

[43] 童伯良,李树德.青藏高原多年冻土的某些特征及其影响因素[A].青藏冻土研究论文集[C].北京:科学出版社,1982.

[44] 吴紫汪.高原多年冻土区地温曲线的基本类型及工程应用地温参数的计算方法[A].青藏冻土研究论文集[C],北京:科学出版社,1982.

[45] 童长江,吴青柏,刘永智,章金钊.青藏公路沿线冻土环境工程地质评价及冻土工程处理[A].第五届全国冰川冻土学大会论文集[C],兰州:甘肃文化出版社,1996.

[46] 程国栋,王绍令.论中国高海拔多年冻土带的划分[J].冰川冻土,1982,Vol. 4,No. 2:1-17.

[47] 李树德.青藏高原多年冻土年平均地温和厚度[A].中国地理学会冰川冻土学术会议论文集[C],北京:科学出版社,1982.

[48] 徐学祖,王家澄.中国冻土分布及其地带性规律的初步探讨[A].第二届全国冻土学术会议论文选集(冻土学)[C],北京:科学出版社,1982:3-12.

[49] 金会军,李述训.气候变化对中国多年冻土和寒区环境的影响[J].地理学报,2000,55(2):161-170.

[50] 吴紫汪,程国栋,朱林楠,等.冻土路基工程[M].兰州:兰州大学出版社,1988.

[51] B. A. 库德里亚夫主编.工程地质研究中的冻土预报原理(郭东信,马世敏,丁德文等译)[M].兰州:兰州大学出版社,1992.

[52] 赖远明.特殊路基应力场和温度场的非线性分析[D].南京:东南大学交通学院,2002.

[53] Kontraluev, V. G. New methods of strengthing roadbed bases on very icy permafrost soils, Proc. of Int. Symp. on Cold Regions Engineering. China,1996:7-10.

[54] Liu Jiankun, Wu Ziwang, MaWei. Prediction of temperature region of roadbed on permafrost considering water fitration, Ground Freezing and Frost Action in Soil 1997.

[55] Gandahl, R. Some aspects of the design of roads with boards of plastic foam, Proc. of 3th Int. Conf. on Permafrost, Canada, 1978:792-797.

[56] Johnson, G. H. Performance of an insulated roadway on permafrost, Proc. of 4th Int. Conf. on Permafrost, Alaska, 1983:548-555.

[57] 德德什科. 童伯良,译应用聚合材料消除土质路基冷生变形[A]. 多年冻土区交通建设和环保的工程冻土译文[C]. 兰州:中国科学院寒区旱区环境与工程研究所, 2001,7-14.

[58] Zarling, John P., Bill Connor, P. E., Goering, D. J. Air duct systems for stabilization over permafrost area, Proc. of 4th Int. Conf. on Permafrost, Fairbanks, 1983: 1463-1468.

[59] Odom, William B. Practical applieation of under slab ventilation system: Prudhoe Bay case study, Proc. of 4th Int. Conf. on Permafrot, Washington D. C., 1983: 940-944.

[60] Cheng K. T., Tung P. L., Lo H. B. Experimental research on an area with massive ground ice at the lower limit of alpine permafrost, Proc. of 3th Int. Conf. on Permafrost, Canada, 1978: 199-222 .

[61] Nixon, J. F. Geothermal aspects of ventilation pad design, proc. of 3th Int. Conf. on Permafrost, Canadla, 1978:841-846.

[62] Goering, D. J. Thermal respons of air convectin embankments to ambient temperature fluctuations, Proc. of 8th lnt. Conf. on permafrost, Switzerland, 2003: 291-296.

[63] Goering, D. J. Experimental investigation of air convection embankment for permafrost-resistant roadway design, Proc. 7th Int. Conf. on Permafrost, Canada, 1998:319-326.

[64] Goering, D. J. Convective cooling in open rock embankments, Proc. 11th Int. Conf. on Cold Regions Engineering, Alaska, 2002:629-644.

[65] Jahns, W. O., Miller, T. W., Power, L. D., et al. Permafrost protection for pipeline. Proc. of 1th Int. Conf. on Permafrost, U. S. S. R., 1973:673-684.

[66] Wayne Tobiasson. Permafrost of the Thule hangar soil cooling systems. Proc. of 1th Int. Conf. on Permafrost, U. S. S. R., 1973:752-758.

[67] Grechishchev, S. E., Kazarnovsky, V. D., et al. Experimental road structures

for permafrost regions, Proc. of 8th Int. Conf. on Permafrost, Switzerland, 2003:309-311.

[68] 朱林楠,吴紫汪,臧恩穆. 冻土退化与道路工程[J]. 第五届全国冰川冻土学大会论文集[C]. 兰州:甘肃文化出版社,1996,333-340.

[69] 李东庆. 青海省214国道(青康公路)多年冻土退化与路基稳定性分析研究[D]. 兰州:中科院寒区旱区环境与工程研究所,1999.

[70] 令锋. 冻土路基热状况动态特征的数值模拟与预报研究[D]. 兰州:中科院寒区旱区环境与工程研究所,1999.

[71] 丁靖康,赫贵生. 年平均气温临界值-设计青藏高原多年冻土区路堤临界高度的一个重要因素[J]. 冰川冻土,2000,22(4):353-358.

[72] 吴紫汪,朱林楠,郭兴民,等. 青康公路多年冻土路堤的临界高度[J]. 冰川冻土,1998,20(1):36-41.

[73] 原喜忠. 大兴安岭北部多年冻土地区路基沉陷研究[J]. 冰川冻土,1999,21(2):158-162.

[74] 马巍,程国栋,吴青柏. 多年冻土地区主动冷却地基方法研究[J]. 冰川冻土,2002,24(5):579-586.

[75] Lai, Y. M., et al. Nonlinear analysis for the coupled problem of temperature and seepage fields in Cold regions tunnels. Cold Regions Science and Technology, 1999(29):89-96.

[76] 陈飞雄. 饱和正冻土温度场、水分场和变形场三场耦合理论构架[D]. 西安:西安理工大学岩土工程研究所,2001.

[77] 冯文杰,马巍,等. 碎块石护坡在寒区道路工程中的应用[J]. 冰川冻土,2003,25(6):628-631.

[78] 喻文兵,赖远明,等. 块石层与碎石层降温效果室内试验研究[J]. 冰川冻土,2003,25(6):638-643.

[79] 孙志忠,马巍,李东庆. 多年冻土区块、碎石护坡冷却作用的对比研究[J]. 冰川冻土,2004,26(4):435-439.

[80] 牛富俊,俞祁浩,赖远明. 青藏铁路管道通风试验路基地温变化及热状况分析[J]. 冰川冻土,2003,25(6):621-627.

[81] 潘卫东,赵肃昌,等. 热棒技术加强高原冻土区路基热稳定性的应用研究[J]. 冰川冻土,2003,25(4):433-438.

[82] Taylor, G. S., Luthin, J. N. A model for coupled heat and misture transfer during soil freezing. Canadian Geotech 15,1978:548-555.

[83] 藏恩穆,吴紫汪. 多年冻土退化与道路工程[M]. 兰州:兰州大学出版社,1999.

[84] 令锋,吴紫汪等. 冻土应力-应变曲线的分形逼近算法. 中国科学(D),1999,29(1):1520.

[85] 令锋,张鲁新. 青藏高原风火山铁路试验路基热状况变化趋势研究. 见:中国铁道科学技术的进步与发展. 北京:中国铁道出版社,2000, 678-683.

[86] Ling Feng, Wu Ziwang. Fractal approximation of the stress-strain curve of frozen soil. Science in China. Series D. 1999,42(Supp. 1):17～22.

[87] Ling Feng, Yan Ding-qi, Qian Zheng-yu. Numerical Investigation of thermal regime of roadbed under different types of driving surface in Huashixia Valley, China. Journal of Glaciology and Geocryology. Vol. 2000,22(Suppl.),118-121.

[88] Ling Feng, Wu Yun-sheng, Zhang Lu-xin. Changing trend of the temperature field of roadbed constructed on a slope in permafrost region. Journal of Glaciology and Geocryology. Vol. 2000,22(Suppl.),121-124.

[89] Ling Feng, Zeng Zheng, Zhang Luxin. The effect of the construction of revetment in the side of embankment. In: Ground Freezing 2000, Thimus (ed.). Balkema, Rotterdam, 2000, 43-46.

[90] Ling Feng, Zeng Zheng, Zhang Luxin. Impact of construction seasons on the maximum thawing depth of a roadbed. In: Ground Freezing 2000, Thimus(ed.). Balkema, Rotterdam, 2000, 43-46.

[91] 程国栋. 青藏高原多年冻土区路基工程地质研究. 第四纪研究,2003,23(2):134-141.

[92] 程国栋. 用冷却路基的方法修建青藏铁路. 中国铁道科学,2003,24(3):1-4.

[93] 程国栋, 马巍, 吴青柏. 青藏铁路工程与多年冻土相互作用及其环境效应. 中国科学院院刊, 2004,19(1):43-45.

[94] 程国栋. 用冷却路基的方法修建青藏铁路. 中国铁道科学. 2003,24(3):1-4.

[95] 赖远明, 张鲁新, 张淑娟等. 气候变暖条件下青藏铁路抛石路基的降温效果. 科学通报,2003, 48(3):292-297.

[96] 李栋梁, 郭慧, 王文, 魏丽. 青藏铁路沿线平均年气温变化趋势预测. 高原气象, 2003,22(5):431-439.

[97] 马巍、余邵水、吴青柏、张鲁新. 青藏高原多年冻土区冷却路基技术现场实效监测研究. 岩石力学与工程学报,2006,25(3):563-571.

[98] 吴青柏,赵世运,马巍,刘永智,张鲁新. 青藏铁路块石路基结构的冷却效果监测分析. 岩土工程学报,2005,27(12):1386-1390.

[99] Anisimov, O. A and Nelson, F. E. Permafrost distribution in the Northern Hemisphere under scenarios of climate change. Global and Planetary Change, 1996

(14):59-72.

[100] Brown, J. and Grave, N. A. Terrain disturbances and ground temperature regimes. In: Proceddings of 3rd International Conference on Permafrost, Ottawa, 1979a , Vol 3.

[101] Brown, J. and Grave, N. A. Physical and thermal disturbance and protection of permafrost 1979b ,CREEL special report 79-5.

[102] Brown J and Hemming J E. Workshop on environmental protection of permafrost terrain. Northern Engineering, 1980, 12(2):30-36.

[103] Brown J and Grave N A. Physical and thermal disturbance and protection of permafrost. CREEL special report, 1979b, 79-5.

[104] Brewer, M. C. Petroleum exploration and protection of the environment on the national Petroleum reserve in Alaska. In: Proceddings of 4th International Conference on Permafrost, Vol. 2, Washington D. C. , National Academy Press, 1983, 133-134.

[105] Crainic, T. , Florian. , Leal, J. E. A Model for the strategic planning of national freight transportation by rail. Transportation Science, 1990(24):1-24.